KB150103

축소되는 세계 :

SMALLER CITIES IN A SHRINKING WORLD
Copyright © 2023 by Alan Mallach
All rights reserved.

Korean Translation Copyright © 2024 by Sa-I Publishing

Korean edition is published by arrangement with Island Press through Duran Kim Agency.

이 책의 한국어판 저작권은 듀란킴 에이전시를 통한 Island Press와의 독점계약으로 ㈜사이에 있습니다.
저작권법에 의해 한국 내에서 보호를 받는 저작물이므로 무단전재와 무단복제를 금합니다.

축소되는 세계 :

인구도, 도시도, 경제도, 미래도, 지금 세계는 모든 것이 축소되고 있다

앨런 말라흐 지음
김현정 옮김

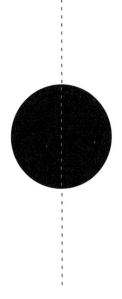

사이

축소되는 지구에서 살아가기

인구 증가가 곧 재앙이 될 거라고 믿었던 시대

—

1960년대에서 1990년대 사이에 성인이 된 사람들은 대개 인구 폭발과 세계의 미래는 떼려야 뗄 수 없는 관계라고 믿었다. 세계적인 진화생물학자이자 환경학자인 폴 R. 에얼릭Paul R. Ehrlich은 1968년에 "모든 인류를 먹여 살리기 위한 투쟁은 끝났다"라는 불같은 한탄이 담긴 말로 시작하는 『인구 폭탄The Population Bomb』이라는 저서를 발표했다. 많은 사람에게 이 책은 그 시대를 상징하는 결정적인 작품이었다. 에얼릭은 "지금 당장 어떤 프로젝트를 급조하더라도 1970-1980년대에는 수억 명의 사람이 굶어 죽을 것"이라고 기술했다.[1] 에얼릭과 동시대의 많은 사람들은 가파른 인구 성장이 지구에서 살아가는 사람들의 삶의 질뿐만 아니라 인류 문명의 생존 자체를 위협한

그림 1   서기 1200-2000년 사이 세계 인구의 증가

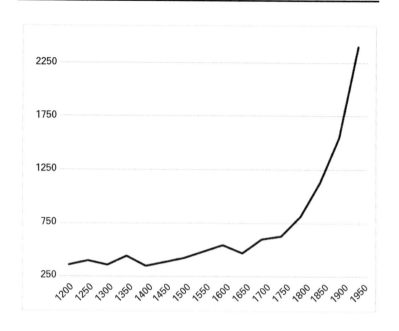

다고 믿었다.

에얼릭의 출발점은 단순한 그래프였다(〈그림 1〉 참조). 현대 의학의 등장, 위생 상태 개선, 기술 발전 등을 통해 수천 년 동안 세계의 인구 증가를 제한해 왔던 기근, 전염병, 높은 영유아 사망률이라는 제약으로부터 자유로워진 인류는 이제 통제할 수 없을 정도의 속도로 번식했다. 맬서스의 예언이 마침내 실현됐고 인류가 생존하려면 기하급수적으로 상승하는 인구 성장 곡선을 평평하게 만들어야 한다고 결론 내린 많은 전문가 중 가장 저명한 인물이 바로 에얼릭이었다. 그는

자신의 저서에서 "우리의 가치 체계가 변하면서 인구 감소가 자연스럽게 이루어지기를 바라지만 자발적인 방법이 실패한다면 강압적인 방식을 사용해서라도" 인구 성장을 둔화시켜야 한다고 주장했다.[2]

이와 같은 결론이 도출되자 일각의 반대에도 불구하고 유엔, 세계은행World Bank, 여러 정부 조직 및 비정부 기구의 주도하에 필요한 모든 수단을 동원해 인구를 조절하기 위한 십자군 전쟁이 시작됐다. 그 결과 세계 각지에서 자발적인 인구 조절 프로그램이 시행되었는데, 인도에서는 1970년대에 수백만 건의 불임 수술이 강제 시행됐고 중국에서는 1979년에 강압적인 한 자녀 정책이 도입됐다.

세계가 발전함에 따라 도시도 발전했다. 농촌 이주민들이 도시로 몰려들자 도시의 성장 속도가 한층 빨라졌는데 글로벌 사우스Global South* 지역에서 이런 현상이 특히 두드러졌다. 또한 한때는 소도시에 불과했던 곳이 거대 도시로 발전하면서 도시를 에워싸고 있는 무허가 임시 거주지에서는 수백만 명에 달하는 주민이 인구 밀도도 높고 비위생적인 환경에서 힘들게 생활했다. 라고스(Lagos, 나이지리아의 이전 수도)와 킨샤사(Kinshasa, 콩고민주공화국 수도)의 인구도 폭발적으로 증가했다. 1950년에는 각각 20만 명과 30만 명에 불과했던 두 도시의 인구는 1990년이 되자 400만 명과 500만 명으로 폭증했다. 1950년에 이미 인구 100만 명이 넘었던 자카르타와 마닐라는 1990

---

* 원래 미국, 독일, 프랑스 등 유럽 주요국과 러시아, 한국, 일본 등 선진국을 뜻하는 '글로벌 노스Global North'와 대비해 주로 남반구나 북반구의 저위도에 위치한 아시아, 아프리카, 남아메리카 등의 개발도상국을 일컫는 용어로 통칭돼 왔다. 오늘날에는 인도, 사우디아라비아, 브라질, 멕시코 등을 비롯한 120여개 국가들이 글로벌 사우스로 분류된다.

년이 되자 각각 인구 800만 명이 넘는 거대 도시로 발돋움했다. 도시가 된다는 것은 곧 성장을 의미했고, 특히 글로벌 사우스에 속하는 도시들은 기하급수적으로 성장했다.

사실만 따져 본다면 이 같은 설명에는 잘못된 부분이 전혀 없다. 1960~1970년대에는 전 세계의 인구가 급증했고 수백만 명이 뉴델리와 상파울루 같은 도시에 몰려들어 도시 주위에 거대한 빈민가가 형성됐다. 물론 이들은 대개 인구통계학적인 이유보다는 경제적인 이유로 도시로 이주했다. 하지만 지금까지의 설명은 근본적으로는 틀린 설명이다. 왜냐하면 사실 자체에 문제가 있어서가 아니라 그런 사실을 이해하고 해석하는 방식이 잘못됐기 때문이다. 사람들은 폭발적인 도시 성장을 사회적 및 경제적 요인을 비롯한 다양한 요인의 영향을 받는 과도기적인 순간으로 바라보기보다는, 한때 인구 성장을 저지했던 제약 요인에서 해방된 후 번식에 열을 올리는 인류가 맞이한 필연적인 과정으로 여겼다. 따라서 대부분의 사람들은 에얼릭이 "의도적인 인구 조절conscious regulation of human numbers"[3]이라고 불렀던 방법을 사용하지 않으면 인류는 결국 대재앙을 맞게 될 것이라고 생각했다.

이런 식으로 지구의 현실을 정의하는 방식은 지금까지도 우리의 사고에서 중요한 역할을 한다. 1960~1970년대에 선의를 가진 많은 지식인이 했던 생각을 탓할 의도는 없다. 결국 이런 문제가 생기는 것은 변화의 소용돌이 한복판에 서 있을 때는 변화를 알아차리기가 쉽지 않기 때문이다. 하지만 눈앞에서 현실이 바뀌고 있으며, 우리는 50년도 훨씬 전인 머나먼 과거에 주입된 사고방식에 여전히 사로

잡혀 있다.

우리가 맞이하게 될 가장 근본적인 변화로는 세계 인구의 증가 속도가 매우 둔화됐다는 점과, 가장 정교한 인구 통계 분석가들의 설명에 따르면 지금부터 수백 년 후인 먼 미래가 아니라 현재 지구상에 존재하는 수많은 사람이 살아 있는 동안 세계 인구가 줄어들기 시작할 것이라는 점을 꼽을 수 있다. 전 세계의 주요 지역 중 이런 현상이 나타나지 않을 것으로 보이는 곳은 사하라 사막 이남의 아프리카가 유일하다. 다양한 이유로 전 세계의 나머지 지역 대부분에서 인구 성장률이 둔화되고 결국에는 멈추게 되더라도 이 지역에서만큼은 인구 성장이 지속될 것이다. 그동안은 각국 정부와 국제 기구가 인구 조절을 위해 도입한 강압적인 정책이나 자발적인 방안과는 거의 혹은 전혀 관련이 없는 다른 이유로 인구 성장이 둔화됐다. 2장에서 설명할 여러 이유를 고려하면, 지금은 확실히 과도기적인 순간이 아닐 가능성이 크다.

하지만 우리는 이 같은 사실을 쉽게 인정하지 않는다. 세계적으로 가장 권위 있는 인구 예측 기관 중 한 곳인 워싱턴 대학교의 건강지표평가연구소Institute for Health Metrics and Evaluation를 이끄는 뛰어난 분석가 크리스토퍼 머레이Christopher Murray는 다음과 같이 지적한다.

"인구 폭발로 인한 문제와 무분별한 인구 증가라는 위협에 대해 사람들이 1960년대식 관점에 지나치게 사로잡혀 있어서 지난 몇 년 동안 일부 국가를 제외한 나머지 나라의 사람들과 관련 대화를 할 때마다 나는 그들이 그저 웃어넘긴다는 사실을 발견했습니다. 그 사람들은 인구 폭발에 대해 걱정해야 한다는 교육을 받아왔기 때문에 인구가 감소할 일은 절대 없다고 이야기합니다."[4]

인구 증가세가 둔화되고 있을 뿐 아니라 곧 그 추세가 역전될 상황이라고 해서 기후 변화, 사막화, 해수면 상승, 그 외의 인위적인 변화에서 비롯된 실존적인 위험에 대해 안일하게 생각해서는 안 된다. 그와 같은 위험은 실제로 존재한다. 하지만 이런 위험은 어느 정도는 인구 문제에 해당하지만 좀 더 크게 보면 소비와 자원의 문제이기도 하다. 신기술에 열광하는 일부 전문가와 경제학자를 제외하면 지구의 수용력이 무한하다고 믿는 사람은 없지만 이는 사실상 그리 문제가 되지 않는다. 지구에는 오늘날 이 땅 위에서 살아가는 80억 명의 인구 혹은 세계 인구가 정점에 달했을 때 존재할 90-100억 명의 인구를 충분히 먹이고, 입히고, 재울 여력이 있다는 데 동의하는 전문가가 많다. 하지만 같은 전문가들이 지적하듯이 심각할 정도로 불평등한 자원 접근성, 지속 불가능한 수준의 화석 연료 사용, 온실가스 및 기타 오염 물질 배출 문제 등을 바로잡지 않은 채 지금과 같은 방식으로 살아간다면 불가능할 것이다. 하지만 이는 지구에서 살아가는 전체 〈인구수〉와는 매우 다른 문제다.

축소되는 인구, 축소되는 도시, 축소되는 파이

—

축소되는 지구에서 살아가려면 지금까지 우리가 익숙하게 여겼던 것과는 다른 사고방식이 필요하다. 전 세계는 지난 100년이 넘는 세

월 동안 "더 많이, 더 많이, 더 많이!"를 모토로 삼았다. 경제학자, 도시 계획 설계자, 공무원, 기업 경영진은 모두 인구, 건설 환경, 인적 자본 및 금융 자본, 종류를 막론한 모든 재산은 당연히 성장한다고 가정해 왔다. 인구 증가만 반기지 않았지 나머지 성장은 인류의 바람직한 궤도로 여겼다. 하지만 이제는 달라질 것이다. 인구가 계속해서 성장할 것이라 가정하는 경제 모델과 기업 전략은 재고될 수밖에 없다. 출생아가 줄어든다는 것은 인구가 고령화된다는 것을 의미하고 재화와 서비스에 대한 수요 또한 급격한 변화를 맞게 됨을 뜻한다. 물론 인구 감소가 인류가 당면한 일부 환경 문제를 해결하는 데 도움이 될 수도 있다. 하지만 인구가 줄어든 탓에 재원 부족 현상이 심각해지고 줄어드는 파이를 차지하기 위한 투쟁이 한층 치열해진다면 환경 문제 또한 해결하기가 한층 어려울 수 있다.

앞으로 수십 년 동안 파이가 축소될 것은 거의 확실하다. 인구 감소와 고령화에 따라 수요와 소비가 줄어들고, 유럽과 동아시아의 노동력 감소와 기후 변화의 여파로 생산성 또한 줄어들 것이다. 특히 향후 수십 년 동안 충격적인 사회적 변화와 인구통계학적 변화를 겪게 될 중국에서 이런 현상이 더욱 두드러질 것으로 보인다. 지정학적으로 불안감이 지속되고 세계 각지에서 민족주의 정권과 신파시즘 정권이 등장하면서 지난 수십 년 동안 세계 번영의 기틀이 됐던 글로벌 교역 시스템 또한 약화될 것이다. 제아무리 일론 머스크 같은 사람이 마법 같은 신기술을 내놓더라도 이런 추세가 반전될 가능성은 상당히 희박하다.

하지만 이 책의 목적은 다음과 같은 두 가지의 진정한 목적을 위한 장을 마련하는 것이다.

첫째, 나는 인구 감소와 경제 성장 둔화와 함께 각 국가와 도시의 운명에 영향을 미치는 또 다른 추세, 그중에서도 특히 기후 변화까지 함께 결합해 그것들이 앞으로 수십 년 동안 전 세계의 국가와 도시에 어떤 영향을 미칠지 살펴볼 생각이다. 다른 모든 곳이 그렇듯 도시의 인구 역시 감소하겠지만 강렬한 이주 추세 때문에 인구 감소 현상은 지역에 따라 큰 차이를 보일 것이다. 많은 도시가 국가보다 빠른 속도로 축소되겠지만 일부 도시, 그중에서도 주로 가장 규모가 큰 도시는 국가 전체의 인구가 감소세에 접어든 상황에서도 성장을 이어나갈 것이다. 이미 동유럽에서 이런 현상을 확인할 수 있다. 불가리아와 벨라루스의 총인구는 이미 하락세에 접어들었고 양국의 소도시에서도 인구가 줄어들고 있지만 불가리아 수도 소피아Sofia와 벨라루스 수도 민스크Minsk는 성장을 이어나가고 있다.

둘째, 인구 감소와 그에 따른 어려움에도 불구하고 규모가 작은 축소 도시(shrinking city, 짧은 기간 안에 상당수의 인구가 줄어드는 도시)가 앞으로 번성할 수 있는 방법도 함께 제안할 생각이다.

우리가 도시를 이해하는 방식은 달라질 것이다. 오랫동안 우리는 도시와 성장을 분리할 수 없다고 생각했다. 사회학자 하비 몰로치Harvey Molotch의 인상적인 표현을 빌리자면, 우리는 도시를 〈성장 기계growth machine〉로 여겼다.[5] 그래서 축소 도시, 특히 미국의 축소 도시들은 성장이라는 표준에서 벗어난 아웃라이어(outlier, 평균치에서 크게 벗어나서 다른 대상들과 확연히 구분되는 표본) 취급을 받았다. 도시의 쇠퇴는 학자, 언론인, 영화 제작자들의 관심을 끌었으며 일부 냉정한 관찰자들은 이런 현상을 〈폐허 포르노ruin porn〉라고 불렀다. 앞으로 수십 년 동안 축소 도시는 늘어나고 성장 도시는 줄어들 것이다. 2100년이 되면 전 세계 대다수 도시가 축소 도시가 될 것이다. 이 책에서는 2050년까지의 시간대를 다룰 계획이고, 2050년이 되더라도 축소 도시가 전 세계 도시 대부분을 차지하는 현상은 나타나지 않겠지만 축소 도시는 더 이상 표준에서 벗어난 것으로 여겨지지 않을 것이다. 즉 축소 도시는 점차 〈표준〉이 될 것이다.

　도시가 중요한 데는 여러 가지 이유가 있다. 전 세계 인구의 절반 이상이 도시에 거주하며, 도시화가 지속되는 만큼 앞으로도 수십 년 동안 도시 거주자의 비율은 꾸준히 늘어날 것이다. 도시는 오랫동안 국가와 세계의 경제적 및 사회적 엔진 역할을 해왔으며 인구 비중을 훨씬 뛰어넘는 수준의 경제 활동, 혁신, 사회적 소란, 문화적 창의성 등을 만들어냈고 앞으로도 이런 역할은 계속될 것이다. 또한 도시는 고대부터 수백만 명의 사람들이 새로운 기회를 얻고 경제적으로 또는 사회적으로 상향 이동을 꿈꾸는 곳이기도 했다. 뉴욕 브루클린의 다락방으로 이사 가는 디지털 기술에 관심 많은 밀레니얼 세대나 뭄바이의 빈민가로 이사하는 가난한 인도 농부 모두에게 도시는 여전히 그런 역할을 한다. 이런 것들은 도시의 고유한 특징이다. 여러 측면에서 도시는 인간이 능력을 실현할 수 있는 매개체로 진화해 왔다고 볼 수 있다. 도시가 발달하면 세계도 발달한다.

　따라서 인류가 새로운 현실에 적응할 방법을 찾아내려면 인구 감소 시대에도 국가와 도시가 힘을 합쳐 계속해서 지금과 같은 역할을 해내고 번성할 수 있을지, 그러기 위해서는 어떤 방법이 필요할지,

또한 앞으로 수십 년 동안 기후 변화의 충격 속에서 도시가 지속 가능하고 건강한 존재로 남을 수 있을지, 그러기 위해서는 어떤 노력을 해야 할지 등의 해답을 찾는 것이 무엇보다 중요하다. 다만 우리가 살고 있는 세계가 변화에 어떻게 대응할지 논의할 때 마치 이 세계를 체계적이고 일관성 있으며 단일화된 존재로 그리는 것이 가능하기라도 한 듯한 태도로 접근하면 논의 자체가 모호해질 수밖에 없다. 하지만 앞으로 다가올 변화가 각 국가와 도시에 어떤 영향을 미칠지, 그들이 변화에 어떻게 대응할지 살펴보면 이런 모호함을 넘어설 수 있다. 앞으로 수십 년 동안 이 세계가 변화에 대처하는 방식은 무수히 많은 개별 주체들이 어떻게 도전에 맞서고 실패하는가에 달려 있다. 그중에서도 가장 중요한, 아마도 그 무엇보다 중요한 주체는 바로 전 세계의 도시일 것이다.

이는 어려운 문제가 될 것이다. 지금까지는 축소 도시가 어찌 보면 아웃라이어 같은 존재로 인식되었지만, 미국과 일부 유럽 지역을 중심으로 우리에게 미래를 위한 소중한 교훈을 주는 축소 도시들의 사례는 이미 충분히 많았다. 이런 교훈을 토대로 우리는 잠시 멈춰야 한다. 축소란 단지 숫자가 바뀌는 것이 아니다. 사실은 그 반대다. 축소의 역학은 도시마다 국가마다 매우 다르지만 축소는 사회적, 경제적, 물리적, 행동적인 측면에서 심각한 피해를 유발한다. 또한 미래에 또 다른 도전 과제가 나타날 것으로 예상되는 상황에서 이런 피해는 국가와 도시의 활력과 회복력에 영향을 미친다. 우리는 향후 수십 년 동안 인구 감소를 겪을 수많은 도시에서 이 같은 변화가 어떻게 나타날지 파악해야 한다. 환경운동가들처럼 인구 감소가 환경적인 측면에서 좀 더 지속 가능한 세상으로 나아가는 데 도움이 되는 축복이라고 주장하는 것은 순전히 희망적인 생각에 불과하다.

이런 주제는 학자이자 활동가로서 내가 가진 성향과도 잘 맞는다. 나는 항상 큰 그림에 관심이 가긴 했지만 중요한 무언가가 결여된 듯한 기분이 들었다. 내게는 구체적이고 작은 것에 끌리는 성향이 있다. 지난 수십 년 동안 인구 감소를 겪은 도시는 수백 곳도 넘지만 그중에서도 딱 두 곳만 예를 들면, 1992년부터 인구의 25%가 줄어든 불가리아의 중소 도시 플레벤Pleven이나 같은 기간 동안 전체 인구의 30%가 줄어든 리투아니아의 도시 샤울랴이Siauliai를 들 수 있는데 그곳에서 어떤 일이 벌어졌는지 궁금증이 생긴다. 인구 감소가 이들 도시의 사회적, 경제적, 물리적 구조에 어떤 의미가 있는지, 향후 수십 년 동안 이 도시들이 어떻게 대처할지, 샤울랴이 현지 지도자들은 자신들의 도시가 없어서는 안 될 중요한 도시로 거듭날 수 있도록 노력하는 반면 플레벤의 지도자들은 그런 노력을 기울이지 않는 이유 등을 알고 싶다.

하지만 이렇게 세부적으로 접근하면 주제가 한없이 복잡해진다. 세계적인 변화가 사람들이 실제로 살아가는 각 지역 차원에서 어떤 반향을 일으킬지 예측하는 것은 중요한 일이기도 하고 거부할 수 없을 정도로 매력적인 일이기도 하다. 샤울랴이와 플레벤은 탈공산주의와 유럽 도시로서의 정체성이라는 공통점을 가졌지만 샤울랴이의 문화적, 정치적, 경제적 상황과 물리적인 형태는 플레벤과는 완전 다르다. 하지만 미국 오하이오주 북동부에 있는 공업 도시인 영스타운Youngstown이나 애크런Akron, 일본이나 중국, 태국의 축소 도시와 비교할 때보다는 두 도시 간의 공통점이 많다. 그러나 이 모든 도시는 비슷한 도전과 마주하고 있으며 모두가 다른 도시의 성취, 실수, 실패로부터 교훈을 얻을 수 있다.

샤울라이와 플레벤의 미래를 결정하는 것은 각 지역 관계자들의 행동뿐만이 아니다. 각 지역, 국가, 유럽연합에서 일어나는 일들은 규모는 작지만 지속 가능한 미래를 만들어 나가는 도시의 역량에 영향을 미칠 것이다. 또한 전 세계에서 벌어지는 일 역시 도시의 이런 능력에 중요한 방식으로 영향을 미칠 것이다. 하지만 지금부터 이 책에서 살펴보겠지만 도시의 미래를 설계하고 세계 인구가 감소하는 상황에서도 활력을 유지할 방법을 찾아낼 수 있는 특별한 기회가 우리에게 남아 있다.

이 책의 구성

—

1장에서는 먼저 세계 인구 변천의 역사를 개략적으로 살펴본 후 이미 진행 중인 도시 축소를 세계적인 현상으로 바꿔놓을 수 있는 변화에 대해 살펴볼 것이다. 또한 세계 각지의 사례를 소개하고 축소되는 국가와 도시의 규모 및 분포 현황을 설명할 것이다. 2장에서는 인구 변화를 초래하는 인구통계학적인 요인을 살펴볼 것이다. 전 세계적으로 출산율이 하락하고 연령 구조가 변화하는 이유와 그 여파를 알아보는 동시에 장기적인 세계 인구 전망, 도시화와 인구통계학적 변화 사이의 관계, 저출산과 인구 감소를 초래하는 지금의 추세가 역전될 가능성이 낮은 이유 등 인구 감소와 축소 세계를 초래하는 원인과 그 영향을 살펴볼 것이다.

3장에서는 인구 변화의 또 다른 주요 동인인 이주migration에 대해 살펴볼 것이다. 자국 내에서의 이주 현황과 국제 이민을 분석해 이 모든 추세가 다양한 도시와 지역, 국가에 어떤 영향을 미치고 또 이것이 인구통계학적 변화와 어떻게 상호작용하는지 살펴볼 것이다. 또한 각기 다른 부류의 도시가 이주로 인해 어떤 방식으로 영향을 받는지, 일부 도시, 그중에서도 특히 소도시가 다른 도시보다 빠른 속도로 축소되는 이유가 무엇인지 등을 살펴볼 것이다.

4-5장에서는 지금까지 등장한 전 세계 축소 도시의 경험을 토대로 인구 감소가 도시와 도시에서의 삶에 어떤 영향을 미치는지, 또한 각기 다른 물리적, 사회적, 경제적 환경에 처한 다양한 국가에서 도시 축소가 어떤 식으로 진행되는지 살펴볼 것이다. 4장에서는 인구 감소가 물리적, 환경적으로 어떤 영향을 미치는지 살펴볼 것이다. 즉 지속적인 인구 손실이 어떻게 건물과 땅을 텅 비게 만드는지, 어떤 방식으로 인프라를 변화시키는지, 또한 이미 개발된 토지를 자연 상태나 반자연 상태로 되돌아가게 만드는 등 지역의 물리적인 환경과 자연환경의 근본적인 변화를 어떤 방식으로 초래하는지 등을 살펴볼 것이다. 그런 다음 5장에서는 인구 감소가 빈곤과 경제 쇠퇴 같은 경제적 및 사회적 상태에 어떤 영향을 미치는지, 나날이 줄어드는 재정 상태가 정부에 어떤 영향을 미치는지, 또 고령 인구 증가와 학령 인구 감소가 어떤 영향을 미치는지 살펴볼 것이다.

6장에서는 미국을 집중적으로 조명할 생각이다. 먼저 많은 사람들이 생각하는 것보다 미국에서 훨씬 빨리 인구 감소가 시작될 가능성이 크다는 점을 언급할 것이다. 그런 다음 인구 감소가 북동부에서 남서부 사막 지역에 이르는 미국 전역의 도시에 어떤 영향을 미칠지 살펴보고, 미국 도시들이 작지만 강하고 활력 넘치는 도시로 발돋움하는 데 걸림돌이 되는 골치 아픈 난관을 어떻게 헤쳐 나갈 수 있을지 집중 조명할 것이다.

7장에서는 세계로 눈을 돌려 전 세계 국가들이 지금부터 2050년까지 맞닥뜨리게 될 도전 과제에 대해 살펴볼 것이다. 앞으로 어떤 일이 닥칠지를 설명하기 위해 현재 상황이나 지금까지의 상황을 설명하는 방식에서 벗어나 2050년까지 이 세계가 마주하게 될 가능성이 가장 큰 도전 과제를 소개할 것이다. 여기에는 기후 변화와 그에 따른 여러 영향뿐 아니라 일의 본질 변화, 기술 변화, 민족주의와 신파시즘 부상, 지정학적인 불안감 확대 같은 문제도 포함된다. 이 모든 것을 국가와 지역, 세계의 인구 감소라는 맥락에서 바라보며 이런 과제들이 지속 가능성에 어떤 영향을 미칠지 살펴볼 것이다.

8장부터는 이전까지의 설명 위주 내용에서 벗어나 문제 해결을 위한 처방에 주력할 것이다. 1-7장에서 살펴본 구체적인 문제에서 한 걸음 물러나 인구 감소 문제를 제대로 해결하려면 오랫동안 전 세계인의 경제적 사고 속에 굳건히 뿌리내린 〈성장 패러다임〉을 근본적으로 수정해야 한다는 근원적인 문제를 살펴볼 생각이다. 오늘날의 글로벌 성장 모델을 대체할 수 있는 새로운 모델, 즉 네트워크화된 지역주의networked localism라고 이름 붙인 성장 모델도 제안할 것이다. 급진적이지만 현실에 깊이 뿌리내린 이 전략은 축소 도시들이 현재 놓여 있는 세계화의 덫에서 벗어나 성장이 둔화되는 상황에서 미래의 활력과 지속 가능성을 위한 길로 나아가는 데 도움이 될 것이다.

8-9장에서는 지속 가능한 길로 들어서는 데 핵심이 되는 요소를 소개할 것이다. 8장에서는 도시의 인구 감소와 관련된 인구통계학적, 경제적, 사회적 변화에서 비롯된 도전 과제를 다룰 생각이다. 축소 도시들이 현재의 기술을 어떻게 활용해야 지역화된 경제와 분산 에너지 시스템을 구축할 수 있고, 또 역사적으로 도시를 발전시키는 원동력이 됐던 성장 없이도 변화하는 인구의 요구에 대응할 수 있을지 살펴볼 것이다. 따라서 8장을 비롯한 이 책 곳곳에서 지속 가능한 경제 구축은 경제적인 과정인 동시에 사회적이며 정치적인 과정이라는 점을 언급할 생각이다. 또한 포용적이고 참여적인 거버넌스 방식과 사회 구조를 발전시켜 신경제를 만들어 나가는 과정에서 공동체에 속한 모든 기관과 사람들의 참여를 끌어내는 도시의 능력이 지속 가능한 경제 구축에 매우 중요하다는 점을 강조할 생각이다.

마지막으로 10장에서는 1-9장에서 살펴본 핵심 주제를 간략히 요약한 후 어떻게 하면 국가, 주, 지역 차원에서 구축한 파트너 관계가 변화를 막는 장벽을 극복하고 나날이 작아지는 축소 도시를 활력 넘치는 미래로 이끄는 데 도움이 될지 설명할 것이다.

2050년의 세계는
지금보다 나빠질 것이다
—

어느 현자가 이야기했듯이 예측은 힘들고, 미래에 관한 예측은 특히 더 어렵다. 미래학자 앨빈 토플러Alvin Toffler가 이야기했듯 미래주의futurism란 문자 그대로의 예측을 의미하는 것이 아니라. 그보다는 "무엇이 가능한지 질문을 열어두는 것"으로 "반드시 어떤 미래가 도래할 것인가가 아니라, 어떤 미래가 찾아올 가능성이 있는지" 고찰하는 것이 미래주의의 목적이다.[6] 나는 미래를 예측하기보다 이 세계가 어디로 향할 가능성이 큰지, 또한 점점 힘들어지는 세상 속에서 도시가 활력 넘치고 회복력 뛰어난 존재로 남으려면 무엇이 필요한지 제안하고자 한다.

앞으로 수십 년 동안 이 세계가 나아갈 방향에 대한 대략적인 윤곽은 이미 드러나고 있다. 기후 변화와 그것이 초래한 모든 결과는 현실이 되었다. 또한 기후 변화는 앞으로도 계속될 것이다. 그것이 얼마나 빠른 속도와 강도로 영향을 미칠지, 앞으로 전 세계에서 도입될 조치가 그 영향을 얼마나 완화시킬지를 놓고 논쟁을 벌일 수도 있다. 하지만 과학적인 사고를 하는 사람이라면 날이 갈수록 분명해지는 범위 내에서 논쟁을 벌이게 될 것이다. 인구 감소 역시 마찬가지다. 세계적인 인구 성장 둔화와 궁극적인 감소를 견인하는 인구통계학적인 추세는 경제와 사회 현상에 그 뿌리를 두고 있다. 소위 출산 장려 정책은 이러한 추세를 기껏해야 약간 늦추는 것 그 이상의 역할을 할 가능성은 극도로 낮다.

그 밖의 문제를 생각해 보면 상황은 더욱 불확실하다. 기후 변화나 해수면 상승을 예측하는 것과 그로 인한 변화가 초래할 경제적 파급 효과를 예측하는 것은 또 다른 문제다. 물론 그런 변화가 긍정적이기보다는 부정적인 영향을 미칠 가능성이 좀 더 크다. 마찬가지로 인공지능과 로봇공학 분야에서 앞으로 수십 년 동안 혁신이 계속될 것이라고 가정하는 것이 합리적이긴 하지만 혁신이 실제로 얼마나 채택될지, 그 혁신이 인간에게 남아 있는 일자리의 수와 종류에 어떤 영향을 미칠지 예측하는 것은 훨씬 더 어렵다.

이제 과거의 경험은 확신을 갖고 추론할 수 있도록 이끌어주는 길라잡이의 역할을 거의 하지 못한다. 사실 사람들은 적어도 1950년대부터 여러 문제에 대해 자신 있게 예측해 왔지만 평균 타율은 형편없었다. 21세기에 접어든 지도 꽤 됐지만 하늘을 나는 자동차를 타고 다니거나 달에서 휴가를 보내려면 아직도 한참 멀었다. 물론 우리가 알고 있는 문명이 곧 붕괴될 것이라고 예상하는 격변론자들의 생각에 대해서도 나는 매우 회의적이다. 2050년의 세계는 분명히 지금과는 다를 것이다. 아마도 여러 측면에서 지금보다 더 나빠지겠지만 여전히 현재와 닮은 부분도 있을 것이다.

모든 미래주의는 추론에서 시작된다. 추론이란 이미 눈에 보이는 추세와 현상을 해석하고 앞으로 그것이 계속되거나 변화하거나 종식될 가능성을 예측하기 위해 다양한 기법을 적용하는 것을 뜻한다. 물론 미래주의를 문자 그대로 혹은 맹목적으로 받아들여서는 안 된다. 월가의 현자라고 불리는 나심 니콜라스 탈레브Nassim Nicholas Taleb가 이야기한 블랙 스완black swan, 즉 "엄청난 결과를 초래하며 대규모로 발생하는 예측 불가하고 불규칙한 사건"[7]은 항상 존재할 것이다. 2020년에 전 세계를 뒤흔든 코로나19 팬데믹은 블랙 스완이었고 2022년 초에 발발한 러시아의 우크라이나 침공 역시 마찬가지였다. 물론 예측 가능한 모든 결과는 끔찍할 정도로 나쁠 것으로 보이지만 팬데믹의 결과는 여전히 불확실하고 우크라이나 전쟁 결과 역시 마찬가지다. 그 누구도 두 사건을 예측할 수 없었다. 또한 두 사건이 장기적으로 어떤 결과를 낳을지 예측할 수 있는 사람도 없다. 하지만 이미 일은 벌어졌으니 어떤 결과가 나타날 〈가능성이 있는지〉는 예측할 수 있다.

향후 30년 동안 또 다른 블랙 스완이 등장할 가능성은 매우 크다. 또다시 전쟁이나 팬데믹이 발생할 수도 있지만 그 외의 다른 일이 벌어질 수도 있다. 미래에 나타날 블랙 스완의 성격이나 빈도를 알 수 없기 때문에 분석에 포함할 수는 없다. 하지만 복잡한 글로벌 시스템에 내재한 거대한 불확실성의 본질상 블랙 스완이 나타날 가능성이 있다는 사실만큼은 인정해야 한다. 하지만 그보다 더욱 중요한 점은 우리가 불확실성을 예측하는 법을 배울 수 있을 뿐 아니라 회복력을 키우고 탈레브가 이야기하는 안티프래질antifragile, 즉 충격의 결과로 더욱 강해지는 법을 배울 수 있다는 것이다.

1

—

고대 로마에서 21세기 대한민국까지, 전 세계 인구 변천사

> "사람으로 가득했던 도성이 어찌하여 이토록 적막하게 방치돼 있는가."
> — 예레미야 애가Lamentations, 1장 1절

중동의 여러 지역을 여행하다 보면 중동의 특징과도 같은 완만한 언덕과는 확연하게 구분되는 불규칙한 흙더미를 곳곳에서 발견하게 된다. 이스라엘, 시리아, 이라크 등 중동에 있는 여러 국가에서 그와 같은 흙더미 수천 개를 발견할 수 있다. 히브리어와 아랍어로 〈텔tel〉이라고 불리는 이런 흙더미는 수천 년 전에 인구가 줄어들거나, 버려지거나 파괴된 고대 도시의 흔적들이다. 이후 수 세기에 걸쳐 바람을 타고 날아온 흙이 도시의 폐허 주변에 쌓였고 결국 도시 전체를 완전히 덮어버린 것이다. 〈그림 1.1〉에 있는 흙무더기 텔 카시시Tel Qashish는 요크님이라는 이스라엘의 현대 도시 북쪽에 있는 이스르엘 골짜기에 자리 잡고 있다.

고대 중동에서는 인구 감소나 도시 파괴가 비극적이긴 하지만 충분히 예측 가능한 사건이었다. 침략자들이 주기적으로 도시를 약탈

그림 1.1 　　이스라엘의 텔 카시시

출처: 하나이 크리에이티브 커먼즈

했고 주민들은 살해당하거나 노예 신세가 되거나 추방당하곤 했다. 기원전 586년에 바빌로니아의 침략으로 예루살렘이 파괴됐을 때도 이런 일이 벌어졌다. 「예레미야 애가」(바빌로니아 군대에 의해 예루살렘이 멸망한 후 예레미야 선지자가 지은 다섯 편의 슬픈 노래)의 작가는 하느님의 계명을 따르지 않은 벌로 도시가 파괴됐다고 여겼다. 마찬가지로 그로부터 100여 년 전에 예루살렘이 아시리아인의 침략에서 벗어날 수 있었던 것 역시 하느님의 은총으로 여겼다. 하지만 좀 더 현대적인 관점에서 보면, 두 사건 모두 중동에서 발생한 힘의 정치에 따른 우여곡절의 결과에 불과했고, 고대 유대 같은 작은 나라는 힘의 정치에 휘말린 힘없는 노리개 같은 존재에 불과했다.

도시는 전쟁으로 파괴될 뿐만 아니라 전염병으로 인구가 대거 줄어들 수도 있고, 물 공급이 중단될 수도 있고, 기근으로 땅이 황폐해질 수도 있고, 새로운 지도자가 다른 도시를 새 수도로 선택한 다음 기존의 수도는 천천히 쇠퇴하도록 내버려둘 수도 있다. 물론 기존 도시가 사라지고 남은 폐허 위에 새로운 도시가 건설되는 경우도 많다. 현재 이스라엘 중남부에 위치해 있으며 한때 필리스티아(고대 가나안 지역 서부 지중해 연안에 살던 민족으로 팔레스타인 민족의 원래 명칭)의 도시였던 텔 게제르Tel Gezer에서 고고학자들은 기원전 3500년경부터 로마 시대 초기까지 건설된 총 25개의 각기 다른 정착지의 흔적을 발견했다. 하지만 결국 게제르도 버려지고 그 위에 텔이 형성됐다. 즉 고대 도시들은 만들어졌다가 사라진 것이다.

8세기 만에 110만 명에서 3만 명으로 감소한 로마제국, 1세기 만에 40만 명에서 100만 명으로 증가한 원나라

—

모든 고대 도시가 사라진 것은 아니었다. 〈그림 1.2〉의 로마와 베이징이 그렇듯 수백 년 이상 건재했던 거의 모든 대도시는 한 차례 이상 성장과 쇠퇴의 주기를 거쳤다. 전성기를 누렸던 서기 2-3세기 무렵의 고대 로마는 인구가 약 110만 명에 달했다. 하지만 이후 거의 2천 년에 걸쳐 쇠퇴와 재성장이 이루어지는 하나의 긴 주기가 뒤따랐다. 고대 로마는 서기 300년 이후 서서히 쇠퇴하기 시작했는데, 서

그림 1.2   2천 년에 걸친 로마와 베이징의 인구 증가와 감소

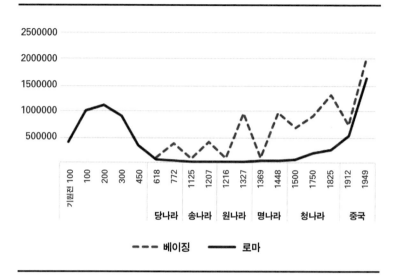

고트족과 반달족에 의한 로마 약탈Sack of Rome과 로마제국과 고트족 사이에 일어난 고트 전쟁Gothic Wars 이후 쇠퇴 속도는 더욱 빨라졌다. 하지만 무엇보다 서기 541년부터 549년까지 지중해 지역을 황폐하게 만든 유스티니아누스 페스트가 고대 로마의 쇠퇴에 지대한 영향을 미쳤다.

서기 600년경 로마의 인구는 약 10-20만 명으로 줄어들었고, 서기 1000년경에는 3만 명 미만으로 급감했다. 그 무렵 서기 3세기에 건설된 성벽 안쪽 땅은 대부분 사람이 살지 않는 버려진 땅이라는 뜻의 디스아비타토disabitato라고 불렸다. 그중 상당 부분은 질병과 강도가 들끓는 늪지대였다. 도시 인구가 다시 17여만 명으로 늘어난 18세기 중반에는 이렇게 버려졌던 토지 일부가 농경지로 사용되

기도 했지만 대부분의 땅은 여전히 고대 유적이 반쯤 파묻힌 상태로 버려져 소가 풀을 뜯어먹는 목초지로 사용됐다.

이탈리아 군대가 성벽을 무너뜨리고 교황의 통치를 종식시킨 후 로마를 통일된 이탈리아의 수도로 정한 1870년에도 디스아비타토는 여전히 사람이 살지 않는 곳이었다. 당시 그곳의 상당 부분은 도시에 거주하는 부유한 가문을 위한 농장이나 시골 영지로 바뀌어 있었다. 하지만 이후 50년 동안 다시 사람들로 채워졌다. 1931년이 되자 로마의 인구는 다시 100만 명을 넘어섰고 오늘날에는 300만 명에 육박하게 되면서 사람들의 주거지는 옛 성벽 너머로까지 확장되었다. 그러나 로마제국 쇠퇴기 때보다는 속도가 훨씬 느리긴 하지만 로마의 인구는 또다시 감소하기 시작했다.

이와는 대조적으로 역사상 여러 왕조가 등장함에 따라 인구가 늘어났다 줄어들기를 반복하는 과정에서 베이징은 여러 차례 성장과 쇠퇴 주기를 겪어야 했다. 송나라에서 원나라(몽골)로 바뀌는 시기에 베이징의 인구는 40만 명에서 9만 1,000명으로 급감했다. 이후 원나라 후기로 접어들자 거의 100만 명으로 늘어나면서 베이징은 당시 세계에서 가장 큰 도시가 됐다. 하지만 원나라가 명나라로 바뀌는 격변기에 들어서자 다시 10만 명 이하로 급감했다. 하지만 중화인민공화국이 건국된 1949년에는 200만 명에 달했다. 현재 베이징의 인구는 2,000만 명을 웃돈다.

19세기 유럽과 미국의 산업화, 그로 인한 인구 폭발

—

도시는 쇠퇴와 재건이 반복되는 주기를 거친다는 생각은 산업화 이전 사회에 널리 퍼져 있던 순환적인 세계관의 핵심이었다. 하지만 역사를 진보, 확장, 성장으로 보는 선형적인 해석이 역사를 순환적인 과정으로 보는 관점을 대체하기 시작하면서 어느 순간 이런 관점이 바뀌기 시작했다. 이 같은 변화는 먼저 유럽에서 나타났고 이후 점차 전 세계로 퍼져나갔다. 도시가 성장 기계라는 사회학자 하비 몰로치의 표현 속에 잘 요약된 이런 생각은 계속해서 우리의 사고에 영향을 미치지만 현실이 변화함에 따라 이전과는 다른 새로운 사고 방식이 요구되는 만큼 이런 관점은 점차 문제가 된다.[1]

고대 그리스로 거슬러 올라가는 그 같은 사고의 기원뿐 아니라[2] 그 것이 언제 어디서 처음으로 서구 문명에 영향을 미치기 시작했는지에 대해서도 역사학자들마다 의견이 분분하다. 하지만 변화의 시작점을 영국의 산업혁명으로 보든, 그보다 빠른 17세기 암스테르담으로 보든, 혹은 그보다 더 이른 르네상스 시대의 이탈리아나 북유럽 도시들로 구성된 한자동맹(Hanseatic League, 중세시대에 유럽의 여러 도시가 상거래를 위해 맺은 동맹)으로 보든, 발전(즉 성장)이라는 개념은 도시의 의미에 근본적인 변화를 갖고 왔다. 성장을 지향하는 자본주의가 전통 경제를 대체하고, 미국의 문명평론가 루이스 멈포드Lewis Mumford의 지적처럼 도시가 "시장에서 시장 경제from marketplace to market economy"[3]로 거듭나자 경제 성장과 인구 증가는 권력, 무역, 종교적 숭배의 중심지라는 도시의 역할로 인해 생겨난 부수적인 부

산물로 여겨지기보다 도시의 목적에 내재한 본질적인 목표가 되어 버렸다. 그때부터 사람들은 더 이상 쇠퇴를 거대한 존재의 수레바퀴가 굴러가는 과정에서 나타나는 불운한 회전으로 여기지 않고 하나의 문제 혹은 그보다 심각한 오점으로 여기기 시작했다.

물론 경기 순환의 영향에 따라 유럽의 도시들이 쇠퇴를 거듭하는 때도 있었다. 18세기 초 암스테르담은 서구 최대의 무역 중심지였다. 하지만 네덜란드의 황금기가 끝나면서 상업적 우위가 사라지자 18세기 중후반에는 암스테르담의 인구가 거의 20%나 줄어들었다. 암스테르담은 1820년에 바닥을 친 후 무역 중심에서 제조업 중심으로 거듭나며 다시 성장하기 시작했다. 또 다른 예로 세비야는 스페인이 황금기를 누렸던 16세기에 스페인 최대 도시로 발돋움했다. 하지만 식민지에서 부를 착취하는 스페인의 능력이 약화되고 1649년에 전염병까지 창궐한 탓에 17세기 중반에는 인구가 절반 이상 줄어들었다. 세비야의 인구는 19세기 말이 돼서야 16세기 수준을 회복했다. 하지만 유럽의 도시들은 대개 느리지만 꾸준히 성장했고 19세기에 이르러서는 성장 속도도 빨라졌다.

성장을 강조하는 원칙이 이전에는 존재하지 않았다면 19세기 사상가들이 그 원칙을 발명해 냈을 것이다. 〈성장 중심〉의 사고가 19세기에 딱 들어맞기 때문이다. 유럽과 북미에서는 인구통계학적 변화의 첫 번째 물결이 가파른 인구 성장으로 이어졌고, 노동 집약적인 산업화가 이어지면서 빈곤하고 인구가 밀집된 시골 지역에서 도시로 이주민들이 꾸준히 유입됐다. 성장과 산업화는 동시에 진행되었는데 특히 미국에서 이런 현상이 두드러졌다. 지리학자 피터 고힌Peter Goheen이 지적하듯이 "대도시의 성장과 대도시 경제의 산업화는 1840년 이후 수십 년 동안 19세기 미국 사회의 주요 이슈가 됐다."[4]

유럽 도시들 역시 비슷한 이유로 성장했다. 독일 루르 계곡에 자리 잡은 에센Essen의 인구는 나폴레옹 전쟁이 끝날 무렵 5,000명도 채 되지 않았다. 하지만 19세기 말경에는 거의 25만 명에 달하는 번화한 산업 도시로 발돋움했다. 맨체스터의 인구는 한 세기 만에 7만 명에서 50만 명 이상으로 급증했고, 버밍엄의 인구 역시 8만 8,000명에서 60만 명으로 늘어났다. 좀 더 동쪽에 있는 우치(Łódź, 폴란드 중부에 있는 공업 도시)의 인구 변화도 살펴보자. 폴란드의 섬유 공업 중심지이긴 하나 당시에는 러시아 제국의 일부였던 우치의 인구는 1829년에는 4,000명에 불과했으나 19세기 말에는 무려 35만 명으로 늘어났다. 2장에서 자세히 살펴보겠지만 당시는 전반적으로 인구가 전례 없는 수준으로 증가하는 시기였고 그런 탓에 도시의 폭발적인 인구 성장은 유럽과 북미를 휩쓸었던 좀 더 광범위한 인구 변화의 일부였다.

하지만 미국 도시의 성장이 유럽 도시의 성장을 앞질렀다. 19세기에 미국은 높은 출산율과 대규모 이민이라는 강력한 조합에 힘입어 인구가 적은 농경 국가에서 세계에서 가장 강력한 산업 국가로 거듭났다. 미국의 인구는 1840년부터 1850년 사이에 2배로 늘어났다.[5] 인구 3만 명의 작은 도시에 불과했던 시카고는 1850년부터 1900년까지 무려 인구 170만 명에 달하는 대도시로 성장했다. 물론 곳곳에서 기차가 서지 않거나 광산이 폐쇄된 탓에 쇠퇴하는 마을이 등장하기도 했지만 한 세기 동안 눈부신 성장과 도시화가 이뤄졌다는 점에 미뤄보면 당시에 도시의 쇠퇴는 매우 드문 예외적인 현상에 불과했다.

글로벌 사우스 지역에서 도시가 폭발적으로 성장한 최근 몇 년과는 대조적으로 19세기 말과 20세기 초의 급속한 도시 성장은 유럽과 북미에 국한돼 있었다. 물론 아시아와 아프리카, 남미의 도시도 성장을 하긴 했지만 이 지역에서는 대개 시골에서 도시로 이주하는 인구가 성장을 주도했는데 점점 도시의 성장이 느려지다가 결국엔 멈춰 섰다. 인도가 대표적이다. 인도는 처음으로 인구 조사를 시행한 1871년부터 1921년까지 농촌에서 도시로 인구가 꾸준히 이동했음에도 불구하고 인도의 연간 도시 인구 증가율은 1%가 채 되지 않았다.[6] 왜냐하면 이 기간 동안 인도에서는 출산율과 사망률이 모두 높았고 도시가 특별히 건강한 곳이 아니었기 때문이다. 기근, 역병, 전염성 질환은 20세기에 들어서도 인도 아대륙을 자주 괴롭혔다.

20세기 미국의 제조업 붕괴,
도시도 쇠퇴하고 인구도 감소하다

—

대부분의 미국과 유럽 도시는 20세기 초반에도 꾸준히 성장세를 이어갔다. 적어도 대공황이 닥치고 제2차 세계대전이 발발하기 전까지는 그랬다. 하지만 도시가 쇠퇴하는 징후가 처음 나타난 것은 20세기 초였다. 매사추세츠주의 선구적인 산업 도시 로웰Lowell, 로렌스Lawrence, 폴리버Fall River, 뉴베드퍼드New Bedford의 인구는 모두 1920년에 정점을 찍은 후 감소하기 시작했다. 1차 산업혁명 당시 대부분의 도시가 그랬듯 이 네 도시의 경제 역시 섬유 공업을 기반으로 했다. 하지만 1920년대에 접어들어 미국의 섬유 산업이 남쪽 지역으로 이동하자 네 도시 모두 쇠퇴하기 시작했다. 다만 최근 몇 년 동안 사실상 보스턴의 교외 지역으로 변신한 로웰의 인구는 다시 원래 수준으로 돌아왔고 로렌스 역시 주로 도미니카공화국 이민자 덕에 과거의 인구 유출을 상당 수준 회복했지만 폴리버와 뉴베드퍼드의 인구는 여전히 계속해서 줄어들고 있다. 폴리버와 뉴베드퍼드의 현재 인구는 1920년 인구의 4분의 3을 밑도는 수준이다.

매사추세츠에서 발달한 초기 산업 도시에 관한 이야기는 간략하게 살펴볼 만하다. 수력이 산업용 공장을 가동하기 위한 유일한 값싼 에너지원이던 시절에 건설된 위의 네 도시는 모두 해발고도 차이를 이용해 댐이나 물레방아를 건설하기에 가장 효율적인 강가에 자리 잡고 있었다. 그 도시들이 발전하는 데는 위치와 시기가 좋았다. 인근의 보스턴은 기업가와 자본을 공급해주는 역할을 했고, 당시 빠르게 성장 중이던 미국은 다양한 섬유 제품을 필요로 했으며, 남부의 노예 경제 덕분에 미국 내에서 충분한 양의 면화까지 조달받을 수 있었다. 게다가 뉴잉글랜드의 넘쳐나는 농촌 인구는 공장에 근면 성실한 젊은 남녀 노동자를 제공했다. 이후 한 세기에 걸쳐 처음에는 퀘벡 출신의, 그다음에는 유럽 출신의 이민자가 이들을 보완했고, 결국에는 그들이 기존 이민자를 완전히 대체했다.

이 도시들은 19세기를 거쳐 20세기 초까지 번성했다. 하지만 제

1차 세계대전이 끝날 무렵이 되자 상황이 바뀌었다. 노후화된 공장은 점차 쓸모없어졌고 1912년에 로렌스에서 발생한 유명한 〈빵과 장미Bread and Roses〉(빵은 생존을, 장미는 인권을 상징) 파업을 비롯한 노동쟁의가 잇따라 발생하면서 신규 투자 의욕을 꺾었다. 또 석탄이 수력을 대거 대체하자 이 도시들이 한동안 누렸던 지역적인 이점은 무의미해졌다. 게다가 면화를 공급받기에도 훨씬 수월하고 노조에 가입하지 않은 저임금 노동자가 넘쳐나는 미국 남부에 새로운 공장들이 들어서면서 그 지역에 새로운 일자리를 제공하기 시작했다.

그렇다고 그 도시들이 완전히 사라진 것은 아니다. 정도의 차이는 있지만 모두 21세기 경제에 적응하기 위해 노력했다. 이들 도시는 운이 좋게도 경제 기반 상실이 도시의 미래에 치명적인 영향을 미치는 지역이 아니라 나날이 번성하고 성장하는 미국 동부 매사추세츠에 위치해 있었다. 앞서 설명했듯이 로웰은 사실상 보스턴의 교외 지역이 됐다. 보스턴행 기차가 자주 운행되고 있으며 매사추세츠 주립 대학의 주요 분교가 있는 곳이기도 하다. 관광 산업과 어업이 발달한 뉴베드퍼드처럼 다른 산업이 발달한 경우도 있지만, 나머지 세 도시가 오늘날 맡고 있는 주요한 경제적 역할은 주변 지역 경제에 기여하는 저임금 노동자들을 위한 값싼 거주지를 제공하는 것이다. 즉 네 도시에 거주하는 직장인 대다수가 도시 밖의 일터로 통근하는 현상이 공통적으로 관찰된다.[7]

로웰과 폴리버 같은 도시의 궤적은 제2차 세계대전 이후 미국과 서유럽 대부분에서 나타난 훨씬 강력한 추세, 즉 역사적인 〈산업 도시의 쇠퇴〉를 예고했다. 이는 인구가 정점을 찍은 연도를 기준으로

그림 1.3 **인구 5만 명 이상인 미국 축소 도시의 총인구 변화 추이**
(각 연도의 그래프 막대는 인구 5만 명이 넘는 미국 축소 도시에 거주하는 총인구를 나타낸다)

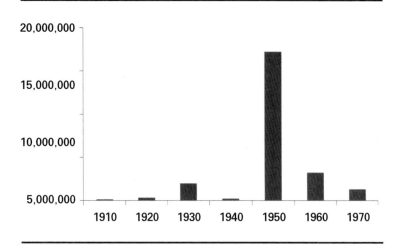

출처: 미국 통계청

미국 도시가 언제부터 축소됐는지 보여주는 〈그림 1.3〉을 통해 생생하게 확인할 수 있다. 1950년 이전에 인구가 감소한 도시는 대부분 소도시였으며 이런 도시의 총인구는 1930년 당시 미국 총인구의 약 2%에 불과한 300만 명 미만이었다. 하지만 1950년 이후 인구가 감소한 29개 도시에는 필라델피아, 디트로이트, 시카고 등 미국 최대 도시 10개 중 8개가 포함돼 있었다. 이 도시들의 인구 총합은 1,700만 명으로 미국 총인구의 11%에 달했다. 이 중 일부 도시는 1950년 대에는 약간만 쇠퇴했지만 이후 수십 년 동안 쇠퇴가 가속화된 반면 나머지 도시들은 상당한 손실을 경험했다. 보스턴, 세인트루이스, 밀워키의 인구는 1950년대에 각각 10만 명 이상씩 감소했지만 당시 미국의 총인구는 2,800만 명 이상 증가했다.

출산율이 높고 나라의 총인구가 증가했던 전후 시기에 미국에서 그토록 많은 도시가 쇠퇴한 데는 여러 가지 원인이 있다. 관련 내용은 3장과 4장에서 자세히 살펴볼 것이다. 우선 제2차 세계대전이 끝난 후에는 〈화이트 플라이트White flight〉* 현상이 나타나 수백만에 달하는 백인 가정이 도심에서 벗어나 빠르게 성장하는 교외 지역으로 이주했다. 또한 또 다른 수백만 가정이 북동부와 중서부의 오래된 도시를 완전히 떠나 더 푸르지는 않을 수도 있지만 좀 더 따뜻한 지역인 남부와 남서부로 향했다. 이들의 이주 규모는 남부에서 북부로 향하는 흑인들의 대이동과 맞먹을 정도였다.

미국 안에서 도시로 이주하는 흑인 인구가 상당했지만 결국 전후 기간에 도시로 이주하는 흑인 가정보다 도시를 떠나는 백인 가정이 훨씬 많았고 그 결과 디트로이트, 클리블랜드 같은 도시에서는 1950년에 비해 인구가 절반 이상 줄어드는 과정이 시작됐다. 백인 인구의 도시 탈출은 1940년대 말에서 1950년대에 시작됐다. 그리고 1960-1970년대에는 이들 도시에서 역사적인 제조업 기반이 붕괴하기 시작했다. 19세기와 20세기 전반기에는 산업이 도시의 성장을 이끌었다. 1950년에는 클리블랜드, 디트로이트, 밀워키 같은 대도시 근로자의 40% 이상이 공장에서 일했으며, 인디애나의 게리Gary나 코네티컷의 브리지포트Bridgeport 같은 수많은 소도시에서는 제조업 종사자의 비중이 50%를 넘었다. 공장 근로자와 가족들에게 제품과

---

* 범죄율이 낮고 다양한 인종이 살지 않는 안전한 교외 지역으로 이동하는 백인들의 대이주를 뜻하는 말로, 백인 탈출이라고도 불린다.

서비스를 판매하는 각종 매장과 식당, 술집, 이들의 건강을 돌보는 의사와 그곳 아이들을 가르치는 교사, 공장에 각종 부품을 납품하는 수많은 소규모 기업까지 더하면 도시의 전통적인 기반인 제조업과 무관한 경제 활동은 드물었다. 즉 산업이 곧 도시를 정의했다. 디트로이트는 자동차 도시였고, 피츠버그는 철강 도시였다. 심지어 미국 경제의 중심지이자 세계 무역을 담당하는 독보적인 도시인 뉴욕에서도 보수적으로 추정하더라도 1950년 당시에는 제조업 부문이 뉴욕 경제의 약 50%를 주도한 것으로 보인다.

제2차 세계대전이 끝날 무렵 미국의 대규모 산업체, 특히 미국의 주력 산업인 철강과 자동차의 주요 공장은 주로 오래된 도시와 마을에 밀집해 있었다. 그런 도시로 가장 잘 알려진 곳은 디트로이트나 피츠버그였지만 오하이오주의 영스타운, 펜실베이니아주의 베슬리헴Bethlehem, 피츠버그 남쪽과 북쪽에 있는 머농가힐라강과 오하이오강을 따라 자리 잡은 작은 도시들에도 공장이 많았다. 그 공장들은 낡고 비효율적인 편이었지만 근로자들은 노조를 결성해 많은 급여를 받고 있었다. 이는 1930년대에 노조 결성과 임금 인상을 위해 때로는 유혈 사태를 감수하면서까지 격렬한 투쟁을 벌인 끝에 얻어낸 산물이었다. 제2차 세계대전이 끝난 직후 20년 동안 철강 산업과 자동차 산업은 수익성이 높기로 잘 알려져 있었다. 전쟁으로 다른 선진국의 제조 능력이 거의 파괴된 탓에 미국은 사실상 경쟁할 필요가 없었다. 역사학자 바츨라프 스밀Vaclav Smil이 지적하듯, 미국은 "만들어 내는 거의 모든 것을 팔 수 있었다. 미국 기업들은 생산량을 늘리고, 단기간에 수익을 올리고, 애초에 제품을 생산할 때부터 신제품이 머지않아 노후화되도록 설계하는 데 주목할 뿐 내구성이나 기능성, 우수한 디자인은 부수적인 것으로 여겼다. (물론 후자의 것들을 전혀 중요하게 여기지 않는 때도 있었다.)"8 노조와 계약을 맺을 때는 관대하게 굴었지만 날이 갈수록 노후화되는 공장에는 거의 돈을 투자하는 법이 없었다.

잿더미가 된 유럽과 일본의 제조업이 1960년대에 들어서면서 다시 살아나자 미국의 산업은 경쟁우위를 잃었고 공장은 문을 닫기 시작했다. 1970년대가 되자 산업 생산의 세계적인 과잉에 유가 상승과 석유 파동 사태가 더해져 세계 경제가 침체기에 접어들었다. 그와중에 한 철강 회사가 캠벨 공장 폐쇄를 발표한 1977년 9월 19일은 영스타운과 주위 마호닝 밸리에서는 지금까지도 〈검은 월요일Black Monday〉로 알려져 있다. 이후 4년 동안 영스타운에 있는 다른 제철소들도 차례로 문을 닫았다. 미국 전역의 산업 도시에서 이런 패턴이 반복됐다. 이후 새로운 공장들이 문을 열었지만 대부분은 남부나 서부의 소도시에 자리를 잡았다. 예를 들면 BMW는 사우스캐롤라이나, 폭스바겐과 닛산은 테네시, 토요타는 켄터키에 공장을 세웠다. 이런 공장들은 모두 노조에 가입하지 않은 인력을 고용했다.

1950년대에 광범위한 도시 축소가 시작된 이후 일부 도시들은 그와 같은 추세를 역전시키기도 했지만 다른 도시들은 여전히 하향세에서 벗어나지 못했다. 20세기 후반에 인구가 대거 감소했으나 이후 상당한 회복세를 보인 미국의 2대 도시로 워싱턴 DC와 보스턴을 꼽을 수 있다. 워싱턴 DC의 경우 2000년이 되자 1950년에 비해 인구가 23만 명, 즉 거의 30%가 줄어들었다. 이후 줄어든 인구의 절반 정도를 다시 회복했다. 하지만 대부분의 축소 도시에서는 인구가 계속해서 줄어들고 있다. 물론 늘어났다가 다시 줄어든 경우도 있다. 시카고의 인구는 요요처럼 줄어들었다 늘어나기를 반복하고 있다. 시카고의 인구는 1950년 이후 줄곧 감소했으나 1990년대에 들어서 11만 3,000명이 늘어났다. 그 후 10년 동안 다시 20만 명이 감소했고 2010년부터 2020년까지 겨우 5만 명이 늘어났다.

보스턴과 워싱턴 DC를 비롯한 대부분의 미국 대도시에서는 코로나19 팬데믹 기간에 인구가 줄어들었다. 물론 대도시의 인구 감소가 일시적인 현상인지 장기적인 추세인지는 아직 판단하기 힘들다. 통념과는 반대로, 인구 감소는 도시를 떠나는 인구가 많다는 사실보다는 도시로 유입되는 인구가 적다는 사실과 관련이 있다.[9] 보스턴이나 워싱턴 DC 같은 도시가 유출된 인구의 상당 부분을 되찾을 수 있었다는 사실은 곧 이들 도시에 경제적인 활력이 있으며 고학력 젊은이들이 이에 매력을 느낀다는 징후다. 이는 미국이라는 국가 전체의 인구와 경제가 여전히 성장하고 있다는 사실을 고려하면 한층 이해가 쉬워진다. 하지만 일본과 대부분의 동유럽 국가처럼 총인구가 줄어들고 있는 국가에서 도시의 성장은 결국 제로섬 게임에 불과하다. 즉 어느 도시에서 가구수나 일자리 수가 늘어난다는 것은 곧 다른 도시에서 그만큼 가구수나 일자리 수가 줄어든다는 뜻이다. 소도시에서 대도시로, 지방 도시에서 수도권과 비즈니스 중심지로 이주하는 사람들이 늘어나 인구 측면에서 〈승자〉로 분류되는 집단과 〈패자〉로 분류되는 집단이 생겨나기 시작하면서 많은 나라에서 바로 이런 일이 벌어지고 있다. 이 문제는 3장에서 좀 더 자세히 다룰 생각이다.

2차 세계대전 이후의 서유럽,
정점을 찍은 인구가 다시 줄어들다

—

전후 시기에 유럽의 도시는 미국의 도시보다 훨씬 심각한 문제에 직면했다. 도시가 처음 생겨났을 때부터 시작해서 시리아 내전으로 상공업 도시 알레포Aleppo가 파괴되고 IS와의 전쟁으로 이라크의 모술Mosul이 파괴된 최근에 이르기까지 전쟁은 항상 도시 인구에 비극적인 영향을 미쳤다. 제2차 세계대전 기간에는 폭격, 시가전, 역병, 기근 등이 더해져 유럽 전역에서 도시 인구가 급감했다. 전쟁 이전에는 폴란드의 바르샤바 인구가 130만 명에 달했으나 전쟁이 끝날 무렵에는 50만 명도 채 되지 않았으며 상당수가 지하실이나 임시 대피소에 거주했다. 당시 도시는 대부분 폐허 그 자체였다. 브로츠와프Wroclaw와 슈체친Szczecin 같은 폴란드의 다른 도시들 역시 전쟁 전보다 인구가 4분의 3이나 줄어들었다. 1945년에 연합군의 소이탄 공격으로 도시 대부분이 폐허가 된 독일 드레스덴Dresden의 인구 또한 전쟁 전에 비해 절반 가까이 줄어들었다.

유럽 국가들은 전쟁으로 황폐해진 도시를 재건하는 데 재빨리 뛰어들었다. 그 결과 모든 도시의 인구가 전쟁 이전 수준으로 회복되지는 않았어도 도시 인구는 다시 늘어났다. 전후 폴란드의 공산주의 정부에게 유서 깊은 도시 바르샤바를 재건하는 것은 경제적인 측면에서뿐 아니라 정치적인 측면에서도 중요한 일이었다. 1950년이 되자 30만 명이 넘는 사람들이 바르샤바로 돌아왔고 1960년대 말에는 전쟁 이전 수준으로 회복됐다. 주로 17세기에 지어진 바르샤바의 구시가지 스타레 미아스토Stare Miasto는 전쟁으로 폐허가 됐으나 역사적인 모습을 재현하는 데 상당 부분 성공했다. 철의 장막Iron Curtain 양쪽에서 독일 재건에 열을 올렸던 연합국 열강들 또한 독일의 도시를 재건하기 위해 애썼다. 1950년이 되자 드레스덴의 인구는 다시 거의 50만 명 수준으로 회복됐고, 심한 폭격을 받은 또 다른 독일 도시 에센의 인구는 1960년이 되자 전쟁 이전 수준으로 회복되는 데서 멈추지 않고 그 이상으로 더 늘어났다. 미국인들이 산업 도시를 떠나는 동안, 유럽인들은 전쟁의 폐허를 딛고 도시를 재건하고 도시의 인구를 늘리는 데 심혈을 기울었다.

하지만 미국에 영향을 미친 탈산업화의 여파가 유럽에도 닿은 탓에 제2차 세계대전 직후 10-20년 동안 유럽의 도시들이 경험했던 급속한 재성장은 그리 오래 지속되지 못했다. 탈산업화는 동유럽보다 서유럽에 먼저 영향을 끼쳤다. 1970-1980년대가 되자 구소련권 국가의 산업은 점점 시대에 뒤처졌고 경쟁력도 떨어졌다. 하지만 공산주의식 지휘 통제 시스템하에서 폐쇄적인 시장이 형성된 탓에 산업의 몰락과 도시의 쇠퇴는 오히려 수십 년이나 늦춰졌다. 이런 현상은 1989-1990년에 소련 체제가 붕괴한 후 이 지역 도시들에 끔찍한 결과를 안겼다.

일부 도시, 특히 영국의 몇몇 도시에서는 극심한 불황기였던 1930년대부터 인구가 감소하기 시작했는데 잉글랜드 북부에서 특히 두

드러졌다. 1931년에 84만 6,000명에 달했던 리버풀의 인구는 2001년이 되자 거의 절반 수준으로 줄어들었다. 이는 명백한 사실이었지만 이 수치에는 어느 정도 오해의 소지가 있다. 사실 리버풀의 인구가 감소한 것은 정부 당국이 1930년대부터 단호하게 슬럼가 정리 정책을 단행한 탓이 컸다. 당시 도심 한가운데의 슬럼가에서 행정 구역상 리버풀의 시 경계 너머에 있는 지역으로 쫓겨난 인구가 약 16만 명에 달했다.[10] 규모는 다소 작았지만 맨체스터에서도 비슷한 일이 벌어졌다. 맨체스터에서는 1930년대부터 인구가 거의 절반 가까이 줄어들었다가 지난 20년 동안 반등하기 시작했다.

1970년대에는 영국뿐 아니라 이탈리아, 프랑스, 서독의 많은 도시에서 인구가 정점을 찍었다. 하지만 이후 이탈리아에서는 제노바, 나폴리, 토리노와 함께 많은 소도시의 인구가 줄어들기 시작했고, 독일의 에센은 인구가 정점을 찍고 쇠퇴기에 접어든 많은 독일 도시 중 가장 큰 도시로 에센의 인구는 1961년에 72만 7,000명에 달한 후 줄어들기 시작했다. 고도로 산업화된 루르 계곡에서 가장 큰 도시이자 19세기 이후 군수품을 생산해온 크루프 가문Krupp family의 본거지로 악명 높은 에센의 인구는 현재 60만 명이 채 되지 않는다. 프랑스에서는 군수 산업으로 유명한 생테티엔Saint-Étienne이 프랑스에서 가장 오래된 항구 도시이자 조선업 도시인 브레스트Brest, 르아브르Le Havre와 함께 쇠퇴하기 시작했다.

유럽 국가들은 미국 정부보다 제조업 손실을 막기 위해 더 열심히 노력했지만 그 효과는 그리 오래가지 못했다. 무자비한 글로벌 자본주의가 득세하는 세상에서 자본주의를 거스를 수가 없었다. 1980

년대가 되자 서유럽 전역의 도시에서 인구 감소가 만연했고 두 명의 독일 학자는 이런 현상을 묘사하기 위해 〈축소 도시schrumpfende stadt〉라는 표현을 만들어냈다.[11] 미국에서와 마찬가지로 중공업의 쇠퇴 이외에도 다양한 요인이 서유럽 도시의 인구 감소에 영향을 미쳤다. 일부 도시, 그중에서도 특히 영국의 일부 도시에서는 교외화가 진행됐다. 미국에 비해서는 그 정도가 다소 약한 편이었지만 근본적으로는 차이가 없었다. 독일의 루르 계곡과 프랑스 북동부의 석탄 및 철강 생산지 같은 오래된 산업 지역의 인구가 바이에른, 파리 근교의 일드프랑스île de France 지역 등 좀 더 성장 속도가 빠른 지역으로 옮겨가면서 국내 장거리 이주도 진행됐다. 역사적으로 지역의 경제를 떠받쳤던 중공업의 몰락이 이주와 맞물린 것이다. 전쟁이 끝난 후 일시적으로 나타난 인구 증가세가 세월이 흐름에 따라 유럽 대륙 전역에서 둔화됐다. 20세기 말이 되자 여러 서유럽 국가에서 도시 축소는 점차 심각한 문제로 대두됐다.

그렇다고 해서 대부분의 도시가 축소됐다는 뜻은 아니다. 글로벌 사우스 지역에 해당하는 도시들의 폭발적인 성장에 비하면 훨씬 완만한 수준이긴 했지만 20세기 말에도 대부분의 도시는 여전히 성장하고 있었다. 그럼에도 지속적인 도시 축소는 일부 불운한 아웃라이어에 국한된 문제로 치부하기에는 힘들 정도로 만연했다. 하지만 머지않아 여러 구소련권 국가에서 훨씬 심각한 수준의 도시 쇠퇴 현상이 나타나면서 이 문제가 가려졌다.

20세기 후반 동유럽,
세계 역사상 전례가 없을 정도로 인구가 감소하다

—

1989년에 소련 체제가 붕괴되기 전까지는 소위 구소련권 혹은 공산권으로 분류되는 나라들의 경제 상황에 대한 정확한 정보가 거의 없었기 때문에 서구의 논평가들 대부분은 베를린 장벽이 무너지면 어떤 일이 벌어질지 전혀 예상하지 못했다. 하지만 공산주의 체제가 무너지자 이들 국가의 경제가 생각보다 훨씬 심각하고 인구통계학적 미래 역시 불확실하다는 것이 금세 분명해졌다. 이후 수십 년 동안 이들 국가의 경제가 고통스러운 구조조정을 거치게 되면서 유럽 내의 구소련 공화국들과 중부 유럽 및 동유럽에 위치한 공산주의 국가들은 전쟁, 전염병, 기근으로 인한 감소를 제외하면 세계 역사상 전례가 없을 정도의 인구 감소를 경험하게 된다. 1990년부터 2020년까지 이 지역에 속한 20개국의 인구는 1990년에 비해 10% 이상, 즉 2,000만 명 이상 감소했다. 같은 기간 러시아의 인구도 200만 명 줄어들었는데 중앙아시아에 위치한 구소련권 국가에서 대규모로 이민자가 몰려들지 않았다면 훨씬 더 큰 폭으로 줄어들었을 것이다.

예상한 대로, 이 지역에 있는 대부분의 도시에서 인구가 감소하기 시작했다. 1989년부터 2021년까지 우크라이나의 215개 도시 중 82%가 인구 감소를 겪었다. 그중 3분의 1에 해당하는 도시에서는 20% 넘게 줄어들었다. 1992년의 인구 조사 이후 불가리아에서는 50개 도시 중 4곳을 제외한 모든 도시에서 인구가 줄어들었고 21개 도시에서는 20% 이상 감소했다. 7개 도시에서는 30% 이상 감소했다. 구소련권 국가의 인구 감소는 출생률 감소와 해외 이주가 더해지면서 생긴 결과였다. 특히 대부분의 인구 감소가 이들 국가가 유럽연합에 가입해 시민들이 자유롭게 서유럽 국가로 이주할 수 있게 된 이후 더욱 두드러졌다. 하지만 이토록 많은 도시에서 인구가 감소한 또 다른 이유로는 이미 미국과 서유럽에서 관찰된 것과 유사한 두 가지 요인, 즉 국내 이주와 탈산업화를 들 수 있다.

대부분의 구공산권 국가에서 주축이 되는 것은 하나의 도시였다. 이런 도시는 국가의 수도이자 정부 소재지일 뿐 아니라 주요 기업과 금융 기관, 상업 시설이 위치한 곳이자 문화 도시이기도 하다. 인구는 소도시와 시골 지역에서 수도로 꾸준히 유입되며, 수도로 유입되는 인구보다는 적지만 수도 이외의 여러 대도시로도 인구가 유입된다. 불가리아에서 1990년 이후 인구가 늘어난 도시는 3대 도시에 속하는 플로브디프Plovdiv, 바르나Varna, 소피아뿐이다.[12] 플로브디프와 바르나의 인구가 약간 늘어나고 소피아의 인구가 10만 명 넘게 증가한 시기에 불가리아 전체 인구는 200만 명 줄어들었다. 마찬가지로 벨라루스의 수도 민스크의 인구는 벨라루스가 구소련과 분리된 후 40만 명 가까이 늘어났으며, 세르비아의 수도 베오그라드Belgrade 인구 역시 같은 기간 동안 10만 명 이상 증가했다. 하지만 벨라루스와 세르비아의 총인구는 대폭 줄어들었다. 모든 수도가 그런 것은 아니지만 이런 현상은 일반적이다.

두 번째 추세는 탈산업화다. 1989년에 베를린 장벽이 무너진 후 폐쇄 시장의 시대가 막을 내리고 구공산권 산업이 몰락하자 오랫동안 지연된 만큼 훨씬 더 고통스러운 결과가 찾아왔다. 체코의 철강 도시 오스트라바Ostrava는 2003년에 공개된 보고서에도 기록돼 있듯이 도시 쇠퇴의 전형적인 모습을 보여준다.

한때 체코슬로바키아의 철강 중심지로 잘 알려졌던 이 지역에서는 1989년 이전까지만 해도 수만 명에 달하는 근로자가 중공업에 종사했다. 하지만 오늘날 그 기업들은 모두 무릎을 꿇었고 오스트라바 주민들은 자신들이 쓰레기 더미 위에 버려졌다고 이야기한다. 인구가 120만 명에 달하는 지역에서 10만 명 이상이 실직 상태라는 수치가 이를 뒷받침한다.[13]

그 역사가 오스트리아-헝가리 제국의 산업 중심지였던 19세기 중반으로 거슬러 올라가는 오스트라바의 경제는 탄광과 철강 생산을 기반으로 했다. 하지만 1994년이 되자 탄광이 문을 닫았고 1998년에는 비트코비체 제철소가 폐쇄됐다. 또 다른 주요 제철소인 노바헛은 세계적인 거대 철강 기업 아르셀로미탈에 인수돼 현대화 과정을 거친 후 지금까지 운영되고 있지만 직원 수는 초창기보다 훨씬 적다.[14]

오스트라바는 탈산업화로 인해 쇠퇴한 동유럽의 많은 산업 도시 중 하나다. 비슷한 운명을 맞이한 도시로는 러시아의 이바노보Ivanovo, 헝가리의 미슈콜츠Miskolc와 페치Pecs, 폴란드의 우치와 카토비체Katowice가 있다. 일부는 중공업 중심지였고 우치와 이바노보는 주로 섬유 제조업의 중심지였다. 동독의 라이프치히Leipzig 같은 일부 산업 도시는 새로운 경제 동력을 찾아 강하게 반등했지

그림 1.4   2019년 5월 폴란드 우치 기차역

출처: 저자 촬영

만 대부분은 그렇지 못했다. 우치에서는 공장 단지 한 곳이 쇼핑과 엔터테인먼트를 즐길 수 있는 복합단지로 거듭났고 다른 공장 단지는 산업 박물관으로 변신했다. 두 단지 모두 유럽연합의 지원을 받아 새로운 시설로 탈바꿈했다. 이뿐만 아니라 폴란드에서는 역시 유럽연합의 상당한 재정 지원에 힘입어 총 4억 2,000만 유로가 투입된 거대한 최첨단 기차역이 신설됐다. 하지만 2019년 평일 정오 무렵에 우치에서 바르샤바로 가는 기차를 타본 나의 개인적인 경험을 돌이켜보면 우치역은 거의 버려진 곳이나 다름없었다(〈그림 1.4〉). 유럽연합의 지속적인 투자에도 불구하고 많은 도시의 전망은 그다지 밝

지 않다. 출생률 하락과 지속적인 인구 유출로 동유럽과 서유럽 전역에서 국가 총인구가 계속 감소할 것으로 예상되기 때문이다.

일본: 2040년 지자체의 절반이 소멸,
한국: 2020년 총인구 감소 시작,
중국: 2100년 인구의 절반이 감소
—

2020년을 기준으로 전 세계 축소 도시의 면면을 살펴보면 동유럽 대부분의 도시, 점점 늘어나는 서유럽 도시, 미국 러스트벨트(Rustbelt, 미국 제조업의 호황을 구가했던 중심지였으나 제조업의 사양화 등으로 불황을 맞은 지역)의 많은 도시가 포함된다. 여기에 동아시아, 특히 일본도 포함될 것이다. 물론 머지않아 중국에 역전당하겠지만 일본은 러시아 다음으로 국가 총인구가 가장 많이 감소하는 나라다. 2008년에 1억 2,800만 명을 약간 웃도는 수치로 정점을 찍은 이후로 일본의 인구는 200만 명 줄어들었다. 1970년대까지도 일본에서는 〈카소kaso〉라고 알려진 농촌 인구 감소가 심각한 문제로 대두됐다. 하지만 당시 농촌 인구가 감소한 것은 농촌을 떠나 여전히 성장 중인 도시로 이주하는 사람이 점차 늘어났기 때문이다. 덕분에 도시는 빠른 속도로 성장했다. 일본의 대도시 중에서도 요코하마와 후쿠오카의 인구는 1950년부터 1990년 사이에 3배 이상 늘어났고 나고야와 고베의 인구는 같은 기간 동안 2배 늘어났다. 반면 시골 지역은 쇠퇴했고 1970년대 중반까지 거의 300개의 마을이 소멸됐다. 농촌 인구 감소로 완전히 버려진 마을이 돼버린 것이다.[15] 하지만 1970년대에 접어들자 당시의 세계적인 담론에 따라 일본의 정책 입안자들은 계속해서 인구 과잉을 가장 시급한 문제로 인식했다.[16]

농촌 지역의 인구 감소 결과는 극명하며 그것은 여러 측면에서 불가피하다. 어느 작가는 이에 대해 다음과 같이 설명한다.

일부 시골 지역에서는 자연이 땅을 되찾고 있다. 사람들은 사용하지 않는 집을 허물어 그 땅을 다시 들판으로 바꿔놓고 있다. 하지만 인간이 수목과 토지 관리를 중단하자 일본 북부의 민가 근처에서 곰이 공격하는 사례가 증가하고 있다. 혼슈 곳곳에서는 야생 멧돼지가 농장을 파괴하고 있다.[17]

영국 학자 피터 마탄레Peter Matanle는 "현재 일본에는 인구의 100%가 75세 이상인 작은 마을이 250-300개에 달한다"라고 지적했다.[18]

일본은 오랫동안 농촌의 인구 감소와 고령화 문제를 고민했고 학자들과 지방 관료들은 경각심을 갖고 나날이 심각해지는 도시의 쇠퇴 문제를 지적해 왔지만 축소 도시는 최근에야 전국적인 관심을 받게 됐다. 일본에서 축소 도시 문제에 많은 관심이 쏟아진 데는 정치인 겸 연구자인 마스다 히로야増田寛也의 공이 컸다. 마스다가 2014년에 발표한 보고서는 커다란 충격을 안겼다. 보고서 내용의 일부를 소개하면 다음과 같다.

인구 감소는 처음에는 거대한 파도처럼 소규모 지자체를 강타한 다음 빠른 속도로 지역 전체를 덮친 후 결국에는 포악한 위력을 과시하며 대도시 지역을 집어삼킬 것이다. 현재와 같은 인구 감소 속도가 유지되면 30년 후에는 인간의 번식 잠재력이…… 급격히 줄어들어 많은 지역이 어쩔 수 없이 순서대로 사라질 가능성이 있다.[19]

마스다는 날카롭게도 일본의 수많은 소도시를 묘사하기 위해 〈쇼메쓰(shometsu, 소멸)〉라는 표현을 사용한다. 그는 2040년이 되면 일본 지자체가 절반 정도 사라질 것으로 예측했다.

마스다의 주장이 다소 억지스러워 보일 수도 있다. 주민이 몇 명 되지 않는 작은 시골 마을이 사라지는 것과 인구가 수십만 명에 달하는 도시가 사라지는 것은 완전히 다르다. 원격 근무와 사회적 안전망이 발달한 요즘 같은 시대에는 특히 그렇다. 하지만 그의 주장이 터무니없는 것은 아니다. 모든 사람이 떠나지 않더라도 가임기 여성 인구가 꾸준히 줄어들기만 해도 도시는 서서히 사라지게 된다. 상당한 인구 유입이 없는 상황에서 가임기 여성 인구가 꾸준히 줄어들면 결국 인구 붕괴가 촉발될 수밖에 없다. 물론 일본인들에게 경각심을 심어주기 위해 상황을 다소 과장해서 표현한 마스다가 인정하는 것보다는 인구 붕괴 과정이 훨씬 느리게 진행될 것이다. 확실히 2040년까지는 이런 일이 벌어지지 않을 것이다. 하지만 이 같은 상황을 심각하게 받아들여야 한다. 2005년부터 2020년까지 인구 15만 명이 넘는 일본 도시 중 절반에서 인구가 감소했다.

일본은 아시아 전역으로 확산 중인 도시 축소 흐름의 선두에 서 있다. 한국의 총인구는 2020년에 감소하기 시작했으며, 중국의 총인구 역시 몇 년 내에 줄어들기 시작할 것이다. 아니 어쩌면 중국 역시 이미 감소세에 접어들었을 수도 있다. 한국과 중국에서도 축소도시가 대거 등장하기 시작했고 향후 수십 년 동안 이 숫자는 늘어날 수밖에 없다. 2002년부터 2019년까지 한국의 85개 도시 중 31곳에서 인구가 줄어들었고, 그중 절반에 해당하는 도시에서는 10% 이상 인구가 감소했다. 한국의 인구는 점차 서울 주변으로 집중되고 있다. 서울 자체는 더 이상 성장하지 않고 있지만 주변 도시들은 빠른 속도로 성장 중이다. 위성도시 인천의 인구는 1992년부터 100만 명이나 늘어났고 안산, 의정부 같은 소도시의 인구도 2배 늘어났다. 반면 남쪽 끝에 자리 잡은 한국의 제2의 도시 부산에서는 같은 기간 동안 40만 명이나 줄어들었다.

다음 장에서 살펴볼 중국의 남녀 성비 불균형이 출산율에 점차 많은 영향을 미치고 있는 만큼 중국의 인구 변화는 처음에는 더딘 속도로 진행되겠지만 일단 감소가 시작되면 그 속도는 점차 빨라질 것이다. 어느 전망에 의하면 2050년에는 중국의 인구가 오늘날보다 1억 5천만 명이나 적을 것이며, 2100년이 되면 2020년에 비해 무려 절반으로 줄어들 수도 있다고 한다. 중국에서는 이미 많은 도시가 축소되기 시작했다. 역사적으로 광산과 중공업의 중심지였던 북동부에서 특히 이런 현상이 두드러진다. 최근에 진행된 어느 연구에 의하면, 중국에서는 2000년부터 2019년 사이에 500개가 넘는 도시에서 인구가 감소했다. 이는 그 어떤 나라보다도 많은 편이다.[20]

중국에서든 다른 어떤 나라에서든, 인구가 감소한다고 해서 대도시가 더 이상 성장하지 않는 것은 아니다. 지난 수십 년 동안 총인구의 성장세 둔화에도 불구하고 중국의 도시가 빠른 속도로 성장할 수 있었던 것은 수백만 명이 시골에서 도시로 이주했기 때문이다. 총인구가 감소한 탓에 2030년 이후에는 중국의 도시 성장이 주춤할 수도 있지만 그럼에도 도시화와 국내 이주는 계속될 것이다. 농촌 출신 이주자들은 소도시의 많은 주민과 함께 베이징, 상하이 같은 대도시나 선전, 광저우, 청두같이 상대적으로 규모는 작지만 여전히 중국의 주요 대도시로 여겨지는 곳들로 이주할 가능성이 크다. 이런 도시들은 한동안 성장세를 이어나갈 테고 2050년 이후에도 축소되지는 않을 것이다. 하지만 상대적으로 규모가 작은 도시는 향후 20년 이내에 축소되기 시작할 것으로 보인다. 2050년이 되면 축소 도시가 중국의 지배적인 도시 형태가 될 것이다.

지금 인구가 감소하는 국가는
앞으로도 계속해서 감소할 것이다

—

전 세계에서 축소 도시가 대거 늘어나는 원인이 되는 거침없는 인구 감소 추세가 나타나는 가운데 일본, 한국, 중국은 이런 변화의 선두에 서 있다. 중국, 한국과 함께 향후 5-10년 이내에 인구가 감소할 것으로 확실시되는 나라로는 태국, 대만, 이탈리아, 레바논, 쿠바 등이 있으며, 독일 역시 대규모 이민 행렬만 아니라면 인구가 감소할 수밖에 없는 상황에 놓여 있다. 보수적인 전망에 의하면, 향후 20년 동안 브라질과 스리랑카를 비롯한 여러 나라가 이 대열에 합류할 것으로 보인다. 좀 더 공격적인 전망에 따르면, 2020년까지 이미 마이너스 인구 성장을 기록하기 시작한 22개국 외에도 향후 30년 이내에 50여 개 국가가 마이너스 인구 성장으로 돌아설 것으로 예상된다. 6장에서 살펴보겠지만 무한 성장을 지속할 것이라는 공식 전망에도 불구하고 미국 역시 이런 나라 중 하나가 될 가능성이 크다.

이 같은 현상에는 지금부터 2050년까지 전 세계에서 축소 도시가 전례 없는 수준으로 늘어난다는 의미가 담겨 있다. 하지만 인구가 상당히 줄어드는 나라에서조차도 도시 축소는 단순한 현상도, 보편적인 현상도 아닐 것이다. 도시 축소에는 인구 감소 이외에도 다양한 요인이 반영돼 있기 때문이다. 이주 추세 역시 개별 도시가 실제로 겪게 될 일에 영향을 미칠 것으로 보이는데, 다양한 사회적, 경제적, 환경적 요인, 그중에서도 특히 기후 변화가 커다란 영향을 미칠 것이다. 대만, 태국, 브라질 같은 나라에서는 많은 도시가 축소되겠지만 이들 국가에서도 일부 도시는 2050년 이후에도 성장세를 이어나갈 것이다. 상파울루와 방콕은 계속 성장하겠지만 많은 소도시에서는 인구가 줄어들 것이다. 소도시나 농촌 출신 이주자들의 주요 목적지가 될 인도의 벵갈루루Bengaluru와 첸나이Chennai 역시 2050년 이후에도 성장을 이어나갈 가능성이 큰 반면 인도의 소도시들은 그 이전부터 축소되기 시작할 수 있다. 그렇다고 도시 축소가 소도시에만 국한되는 것은 아니다. 인도의 일부 도시에서는 이미 인구가 줄어들고 있으며 인도에서 세 번째로 큰 대도시권인 콜카타 역시 인구 감소를 겪고 있다.

전반적으로, 경제와 정치의 중심이 되는 대도시는 주변 소도시의 희생으로 성장할 가능성이 크다. 또 과거에 그랬던 것처럼 일부 도시는 축소되었다가 다시 성장할 수도 있고 시카고가 그랬듯 인구가 요요처럼 증가와 감소를 반복할 수도 있다. 하지만 국가의 총인구가 감소하는 만큼 이런 현상이 발생하는 빈도는 줄어들 것이다. 또한 개별 도시의 인구 성장 궤적 차이가 정치적으로 커다란 파급효과를 미칠 수도 있다. 미국의 많은 도시가 그랬듯 인구 감소라는 낙인 때문에 정부와 민간 기구들은 축소의 장기적인 여파를 보편적인 추세로 받아들이지 못하고 축소 도시를 다시 성장 궤도에 올려놓기만 하면 얼마든지 이런 문제를 고칠 수 있다는 주장을 고수하고 있다.

　인구 예측은 정확한 과학과는 거리가 멀다. 전쟁, 경제적 요인, 환경적 요인, 이주 등 국가의 인구 궤적을 변화시킬 수 있는 예측 불가능한 요인 또한 많다. 얼마나 많은 국가에서 인구가 줄어들지, 또 얼마나 많이 줄어들지 그 누구도 정확하게 알지 못한다. 다만 전 세계의 인구 성장이 둔화됨에 따라 각국의 인구 궤적이 하향세로 돌아서게 되면서 인구 감소를 겪게 될 나라가 점점 늘어날 것만은 틀림없다. 현재 인구가 감소하고 있는 국가에서는 앞으로도 계속해서 인구가 줄어들 것이다. 이런 추세가 역전될 가능성은 낮다. 2장에서는 이 추세를 좀 더 자세히 살펴보고 일단 인구 감소가 시작되면 그러한 추세가 지속될 가능성이 큰 이유는 무엇인지, 따라서 어떤 미래를 기대하는 것이 현실적인지 살펴볼 것이다. 어떤 상황에서든, 축소 도시는 미래 도시의 주요한 특징이 될 것이다.

2

—

2070년
전 세계 인구가 감소하기까지

"네 씨가 크게 번성하여 하늘의 별과 같고 바닷가의 모래와 같게 하리니."
― 창세기 22장 17절

단 두 개의 요인만으로도 전 세계와 각국의 성장 혹은 축소 여부와 그 속도가 결정된다. 〈인구통계학적 변화〉와 〈이주〉가 바로 그것이다. 두 가지 모두 근본적으로는 매우 단순하다. 인구통계학적 변화는 얼마나 많은 아기가 태어나고 얼마나 많은 사람이 죽는가에 따라 결정된다. 이주는 얼마나 많은 인구가 유입되고 유출되는지에 따라 결정된다. 인구통계학적 변화는 개별 국가뿐 아니라 전 세계에도 영향을 미치지만, 이주는 국가 간 인구 격차와 도시 간 인구 격차에만 영향을 미친다. 당분간은 지구와 다른 행성을 오가는 이주는 없을 것으로 보인다.

하지만 그 근본적인 단순함 이면에는 엄청난 복잡성이 숨어 있다. 수십억 명에 달하는 사람들이 내린 누적된 결정과 이들이 꾸려 나가는 삶의 결과에 영향을 미치는 요인은 수없이 많고, 끊임없이 변하며, 또한 모두가 완전히 이해되는 것은 아니다. 하지만 우리의 세계가 어떻게 현재의 인구에 도달하게 되었는지, 또 전 세계의 인구가 줄어들고 축소 도시가 넘쳐나는 시점에 빠르게 가까워지는 이유는 무엇인지 이해하려면 어떤 요인이 인구통계학적 변화와 이주를 주도하는지, 향후 수십 년 동안 이런 요인들이 어떻게 전개될지 이해하려고 노력해야 한다. 지금부터 살펴보겠지만 인구 변화는 생각보다 훨씬 큰 영향을 미치며, 사실상 운명과도 같다. 이 장에서는 인구통계학적 변화를 살펴보고 3장에서는 이주에 대해 살펴볼 것이다.

20세기 중반까지 인구 변천의 3단계

—

인구통계학자들이 장기적인 인구 추세를 설명할 때 사용하는 틀 혹은 모델은 인구통계학적 전환demographic transition 모델이라고 알려져 있다. 〈그림 2.1〉을 통해 확인할 수 있듯이 이 모델은 네 단계의 인구 전환을 거치는 과정에서 어떤 현상이 나타나는지를 설명한다.

첫 번째 시기에는 인구는 적지만 출생률과 사망률이 모두 높고 상대적으로 안정돼 있다. 인구가 급격하게 늘어난 두 번째 시기에는 사망률은 하락하지만 출생률은 매우 높고, 그 뒤를 이은 세 번째 단계에서는 인구 성장이 지속되긴 하지만 점차 감소하고 출생률 역시 감소하기 시작해 앞서 감소한 사망률과 비슷한 수준을 유지한다. 네 번째이자 마지막 단계에서는 출생률과 사망률이 모두 낮아지고 인

그림 2.1   고전적인 인구통계학적 전환 모델

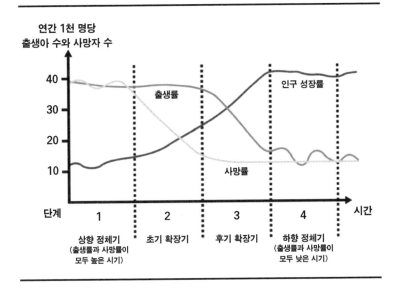

구는 다시 안정된다. 여기에 오늘날 일부 인구통계학자는 인구가 감소세로 접어드는 다섯 번째 단계를 추가하기도 한다. 그러한 시도가 분명 필요할 수도 있지만 실제로는 그 시기가 별도의 특별한 단계는 아니다. 대부분은 아니더라도 많은 경우에서 명확해지기 시작했듯이 소위 〈하향 정체기〉라고 불리는 네 번째 시기는 확장이 끝나고 감소가 시작되는 전환기일 뿐이다.

1단계: 태초부터 중세까지, 인구의 증가와 감소를 반복

18세기 말과 19세기 초에 서유럽 일부 지역에서 처음으로 지속적인 변화가 나타나기 전까지 인류 역사상 대부분의 기간 동안 전 세계는 첫 번째 단계에 속해 있었다. 여성들은 출산이나 감염성 질환

등으로 때 이른 죽음을 맞는 경우가 놀라울 정도로 많았는데 이와 같은 죽음으로 인해 가임 기간이 중단되지 않는 한 대개 6명 이상의 자녀를 출산했다.[1] 이때까지만 해도 전염병이 만연했고 죽음은 모든 사람이 일상적으로 겪는 경험 중 일부였다. 부모나 형제의 죽음을 목격하지 않고 성인이 된 아이는 거의 없을 정도였다.

당시의 평균 기대수명은 일반적으로 25-35세 사이였다. 하지만 전체 아동 인구의 약 4분의 1이 유아기에, 또 다른 4분의 1이 12세 이전에 사망한 만큼 이 수치에는 영유아의 사망 나이까지 포함되어 있어 다소 오해의 소지가 있다.[2] 일단 아동기를 무사히 넘겨 성인이 된 사람들의 기대수명은 대략 50-60세 정도였다. 그 시기는 대다수의 사람들이 땅을 경작하며 살던 농경 사회였다. 청소년기는 아예 존재하지도 않았고 아이들은 노동력을 활용할 수 있는 귀중한 경제적 자산으로 여겨졌다. 따라서 막강한 권력을 지닌 영주의 자식이든 소작농의 자식이든 간에 일정 정도의 나이가 되면 아이들은 모두 일터에 투입됐다. 14세기 부르고뉴의 귀족으로 부시코 원수라고도 불렸으며 당대 기사도의 모범이 될 만한 인물로 잘 알려진 장 르 맹그르Jean le Maingre 역시 불과 열두 살에 완전히 무장한 채 첫 전투를 치렀다.[3]

첫 번째 단계에서는 세계 인구가 주기적으로 증가와 감소를 반복했다. 중세 유럽의 인구는 대성당이 건축되고 위대한 혁신과 기술 변화가 이뤄진 역동의 시대였던 서기 1000-1300년 사이에 2배 증가한 것으로 추정된다.[4] 농경지 확대, 새로운 농사 기법 활용, 오랫동안 온화했던 기후 등의 영향으로 대거 늘어난 식량 공급이 중세의 인구 폭발을 이끈 주된 요인이었다. 이전에 유럽을 괴롭혔던 바이킹, 사라센(중세의 유럽인이 서아시아의 이슬람 교도를 부르던 호칭), 마자르족(9세기경 중앙아시아에서 서방으로 진출해 헝가리를 건국한 훈족의 후예) 등의 습격이 줄어들고 전염병이나 전쟁의 영향을 상대적으로 덜 받게된 것도 이 시기 인구 증가에 영향을 미쳤다.

하지만 이런 흔치 않은 상황은 오래 지속되지 않았다. 14세기 초오랜 기간 지속된 추위에서 비롯된 대기근으로 수백만 명이 목숨을 잃었다. 그 후 흑사병으로 전 세계 인구의 3분의 1에서 절반 정도가목숨을 잃었으며 곳곳에서 마을 전체가 통째로 사라지는 사태가 벌어졌다. 또한 15세기까지 계속된 백년전쟁(1337년부터 1453년까지 지속된 프랑스와 잉글랜드의 전쟁)은 서유럽의 많은 지역을 황폐화시켰다. 유럽의 인구는 1500년 이후에도 1300년 수준을 회복하지 못했다.

근대 이전에는 인구 변동이 오르락내리락했지만 증가 속도가 너무낮아서 한 사람이 일생을 살아가며 인구 변화를 느끼기는 거의 불가능할 정도였다. 세계의 인구는 로마제국 시대부터 르네상스 시대에이르기까지 기껏해야 2배 정도 늘어났다. 이후에 속도가 더 빨라져다음 300년 동안 대략 2배가 되어 1800년경에는 10억 명이 됐다.

2단계: 18-19세기, 기대수명 증가와 사망률 감소

위생 관념과 위생 시설 개선으로 사망률이 꾸준히 줄어들기 시작한 18세기 말에서 19세기 초에 영국, 스웨덴과 그 외 유럽 일부 국가에서 두 번째 단계가 시작됐다. 그 무렵 신뢰할 만한 통계 자료를 기록했던 몇 안 되는 나라 중 한 곳이었던 스웨덴의 기대수명은

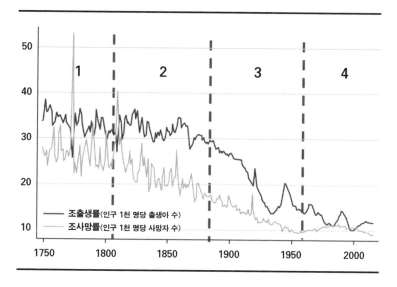

그림 2.2　**1750-2010년 사이 스웨덴의 출생률과 사망률**
（세로축은 인구 1,000명당 출생자 수）

그래프 범례:
- 조출생률(인구 1천 명당 출생아 수)
- 조사망률(인구 1천 명당 사망자 수)

1795년부터 1896년 사이에 36년에서 53년으로 늘어났다. 그와 동시에 〈그림 2.2〉에서 보듯이 출생률은 높은 수준을 유지했다. 19세기 중반이 되자 스웨덴은 1960-1970년대의 여러 개발도상국과 맞먹을 정도의 속도로 인구가 폭증했는데 그 결과 토지와 식량 공급에 극심한 압박이 가해졌다. 이로 인해 빈곤과 기아가 만연해졌고 결국 이는 대대적인 인구 유출을 통해 해결됐다. 1850년부터 1930년까지 약 150만 명의 스웨덴인, 즉 스웨덴 인구 약 20%가 해외 이주를 택했는데 대부분은 미국으로 향했다.[5]

3단계: 20세기, 도시화와 경제적 번영으로 출산율 하락

20세기 초 무렵, 합계출산율total fertility rate이 하락세로 돌아서자 스웨덴은 세 번째 단계에 접어들었다. 이 책에서 자주 등장하게 될 합계출산율이라는 용어는 한 국가가 현재 어느 단계에 와 있고 앞으로는 어느 단계로 가게 될지에 대한 정보를 제공하기 때문에 가장 중요한 인구통계학적 척도가 된다. 합계출산율이란, 여성이 가임기 동안 생존한다는 가정하에 연령별 출산율을 기준으로 〈여성 한 명이 평생 낳을 것으로 기대되는 출생아 수〉를 뜻한다. 인구가 장기적으로 안정적인 상태를 유지하는 데 필요한 수준을 뜻하는 대체출산율replacement fertility rate은 여성 한 명당 2.1명이다.

인구의 유입이나 유출이 없다는 가정하에 한 국가의 합계출산율이 2.1명보다 높으면 인구가 증가하고 2.1명보다 낮으면 인구는 감소한다. 물론 잠시 후에 살펴보겠지만 합계출산율이 2.1명 아래로 내려간 지 한참 지난 후에 인구 감소가 시작될 수도 있다. 19세기 후반에 거의 대부분 4.0명 수준을 유지했던 스웨덴의 합계출산율은 1910년에는 3.6명, 1920년에는 3.2명, 1930년에는 2.0명 미만으로 떨어졌다. 합계출산율이 대체출산율보다 낮다고 해서 한 나라의 인구가 반드시 감소하는 것은 아니다. 하지만 합계출산율 감소는 인구 감소로 이어지는 매우 중요한 과정이다.

인구통계학적 전환의 세 번째 단계를 주도한 것은 19세기 말에서 20세기 초에 유럽과 미국에서 시작됐으며 이후 전 세계로 퍼져나간 심오한 사회적, 경제적 변화였다. 오늘날에는 사하라 사막 이남의 아프리카 일부 지역을 제외한 전 세계 모든 국가가 세 번째 단계에 도달했거나 이미 그 단계를 넘어섰다. 1장에서 살펴봤듯이 19세기 후반기는 도시화의 분수령이 된 시기였다. 19세기에 서유럽의 도시 인구는 전체 인구의 21%에서 40%로 늘어났고, 19세기가 시작될 무렵에는 농업 국가였던 미국에서도 도시 인구가 전체 인구의 6%에서 40%로 늘어났다.[6] 성장 중인 산업 국가에서 부가 늘어나자 좀 더 많은 재화를 향한 욕구가 늘어났고, 정도의 차이는 컸지만 점점 더 많은 가정이 이런 욕구를 충족시킬 수 있는 수단을 갖게 됐다. 그와 동시에 교육, 특히 여성을 위한 교육이 널리 보급되고 의료 서비스와 위생, 식생활이 꾸준히 개선된 덕분에 사망률이 계속해서 감소했다. 현대화라는 광범위한 현상하에서 이 모든 변화가 나타났다.

20세기에 들어선 후에야 많은 지역에서 피임법이 널리 보급되었지만, 19세기 후반기는 지금까지도 널리 사용되는 피임법의 초기 버전을 비롯한 여러 피임법이 처음 도입된 시기이기도 했다. 여성들은 더 이상 임신을 조절하기 위해 질외 사정 같은 신뢰할 수 없는 방법이나 낙태처럼 위험도가 큰 방법에 의존할 필요가 없어졌다. 또한 대부분의 전염성 질환을 의학적으로 통제할 수 있게 된 것은 20세기에 들어선 이후였지만 19세기 후반에는 공중보건과 위생이 개선되어 영유아 사망률이 줄어들고 콜레라, 장티푸스 같은 치명적인 질병 발병률 또한 감소하기 시작했다. 20세기 중반이 되자 전 세계 아동 사망률은 50%에서 27%로 하락했고 서유럽과 북미에서는 5% 이하로 떨어졌다.[7]

도시화, 경제적 번영, 날이 갈수록 늘어나는 교육에 대한 수요는 자녀 양육에 관련된 경제적 계산법을 완전히 바꿔놓았다. 도시에서는 부모의 의무가 늘어났는데, 특히 아동 노동법이 통과된 후에는 더욱더 강조됐다. 하지만 자녀 양육을 통해 부모가 직접적으로 얻는 경제적 이익은 농경 사회 때보다 훨씬 적었다. 아동이 가정에 머무르는 시간이 길어지고 학교를 다니는 기간이 길어지자 부모가 체감하는 자녀들의 경제적 가치가 줄어들었을 뿐 아니라 양육 비용 역시 점차 늘어났다.

자녀를 양육하려면 부모, 그중에서도 특히 여성이 상당한 기회비용을 감수해야 하는데 중산층이 늘어나자 성인들은 자녀 양육에 모든 시간과 자원을 쏟기보다는 도시화에 따른 경제적 번영의 혜택을 누리는 동시에 새로운 기회를 활용하고 물질적 재화를 확보하는 데도 시간과 자원을 할애하게 됐다. 신뢰할 수 있는 피임 방법이 많아지고 성인이 될 때까지 생존하는 자녀가 많아지자 사람들은 점차 적은 수의 자녀를 원하게 됐다. 도시화와 경제적 번영, 교육 등이 문화적 변화를 초래해 출산 장려에 커다란 도움이 되는 대가족의 역할과 전통 종교의 영향력을 약화시켰을 가능성이 크다.

20세기 후반 유럽과 미국에서 시작돼 점차 전 세계로 확산된 세 번째 단계에서는 거의 모든 곳에서 인구가 증가했다. 몇몇 예외를 제외하면 합계출산율이 인구 재생산율(reproduction rate, 여성 한 명이 평생 몇 명의 〈여자아이〉를 낳는가를 나타내는 비율)보다 여전히 높았고, 기대수명이 늘어남에 따라 사망률도 감소했다. 하지만 20세기 내내 출산율을 낮추는 모든 요인이 한층 강해졌다. 당시에는 예측할 수 없었지만 세 번째 단계에 접어들자 향후에 점진적으로 인구 감소로 이어질 궤적이 생겨나기 시작했다.

4단계: 인구 감소기로의 전환,
출산율은 한번 하락하면 다시 상승하기 어렵다

—

마지막 단계가 매우 중요하다. 인구 폭탄 이야기가 전 세계인의 의식 속에 한창 스며들던 시기에 미래의 인구 감소로 거침없이 이어질 추세가 이미 나타나기 시작했다. 제2차 세계대전 이후 전 세계에서 현대화와 도시화가 확산되자 출산율이 급감했다. 1960년에는 전 세계의 합계출산율이 4.98명이었다. 이후 1980년이 되자 3.71명으로 떨어졌고 2018년에는 2.41명으로 급락했다. 1960년에 합계출산율이 대체출산율 2.1명을 밑돈 나라는 2개의 구소련 국가를 포함한 5개국뿐이었다. 하지만 2018년에는 전 세계 국가의 거의 절반이 대체출산율보다 낮은 합계출산율을 기록했으며, 대부분의 경우 합계출산율은 대체출산율보다 훨씬 낮았다.

당시 합계출산율이 대체출산율보다 낮은 나라 중 약 절반은 유럽 국가였다. 사실 유럽 거의 모든 국가에서 합계출산율은 대체출산율을 밑돌았다. 나머지 절반 국가 중 대부분은 라틴 아메리카, 카리브해, 남아시아, 동남아시아 국가 등 글로벌 사우스 지역에 속했다.[8] 〈그림 2.3〉을 보면 글로벌 사우스의 지역별 출생률을 확인할 수 있다. 전체적으로 보면 동아시아, 라틴 아메리카, 카리브해에 위치한 개발도상국의 합계출산율은 대체출산율 밑으로 떨어졌고 여러 남아시아 국가에서도 머지않아 비슷한 일이 벌어질 것으로 보인다. 아랍 세계 역시 다소 그 시기가 늦긴 하지만 대체로 같은 과정을 밟고 있다. 이 그림에서 홀로 남다른 모습을 보이는 지역은 사하라 사막 이

그림 2.3　　1960-2018년 사이 글로벌 사우스의 지역별 합계출산율

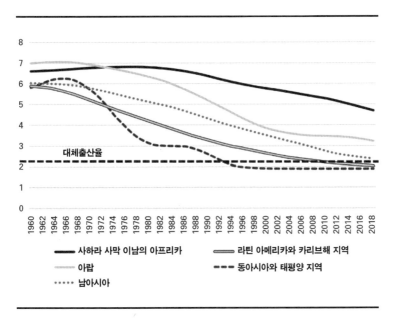

출처: 세계은행

남의 아프리카다. 그림에서 확인할 수 있듯이 이 지역에서 출산율이
하락하는 속도는 다른 지역에 비해 훨씬 느리다.

　다른 요인이 작용했을 수도 있지만 열악한 도시화 수준, 심각한
빈곤 문제, 여성들의 낮은 교육 수준 등과 같은 흔히 출생률을 높이
는 것으로 여겨지는 요인 때문에 사하라 사막 이남의 아프리카 지역
에서 출생률이 높게 나타날 가능성이 가장 크다. 아프리카에서 도시
화와 교육 분야에서 가장 빠른 진전을 보이는 남아프리카공화국의
출생률은 같은 대륙의 다른 나라보다 훨씬 빠른 속도로 둔화되고 있
다. 전 세계 인구에서 아프리카 인구가 차지할 비중이 점차 높아지

고 있는 만큼 아프리카는 향후 수십 년 동안 상당한 인구 성장을 보일 수 있는 유일한 지역이다. 이 책에서 다룰 내용은 아니지만 기후 변화에 직면한 상황에서 아프리카 각국 정부와 세계가 나날이 늘어나는 아프리카 대륙의 인구를 부양할 수 있을지, 또 얼마나 도울 수 있을지는 향후 수십 년 동안 세계가 직면할 가장 큰 도전 과제 중 하나가 될 것이다.

경제학자들이 사용하는 용어를 빌려서 설명을 해보자면, 이 데이터를 통해 인구 감소 추세가 〈끈적끈적하다sticky〉는 사실을 알 수 있다. 다시 말해서, 인구 감소 추세는 쉽게 바뀌지 않는다. 출산율은 일단 하락 국면에 접어들면 예측할 수 없는 지점에 도달할 때까지 계속해서 하락할 가능성이 크다. 그 지점에 도달할 때까지 약간의 변동은 있겠지만 그래도 그 폭은 크지 않을 것이다. 2008년에 대체 출산율보다 낮은 합계출산율을 기록한 64개국 중 단 1개국을 제외한 63개국의 합계출산율은 2018년에도 여전히 대체출산율을 밑돌았다. 단 하나의 예외 국가는 2015년부터 2018년까지 출산율이 꾸준히 증가한 이란이었다. 하지만 이란의 출산율은 2019~2020년에 역대 최저 수준으로 떨어져 이란의 정계와 종교 지도자들에게 많은 걱정을 안기고 있다.[9] 이란의 출산율이 낮은 것은 사실 놀라운 일이 아니다. 이웃국가에 대한 이란의 공격적인 태도와 종교적인 근본주의에 대해 어떻게 생각하든 간에 이슬람 율법은 대개 피임을 허용한다. 이란은 고학력 여성 인구가 많은 고도로 도시화된 국가이며 몇 년 전 갑작스럽게 정책을 바꾸기 전까지만 해도 국민들에게 강압에 가까울 정도로 피임을 권장했다. 이는 모두 저출산을 조장하는 요인이다.

언젠가는 모든 국가의 출산율이 안정될 것이라고 가정할 수도 있다. 하지만 특정 국가에서 그 시점이 언제인지 예측하려면 출산에 대한 개인과 가족의 결정에 영향을 미치는 모든 요인을 일일이 파악해야 하지만 그건 불가능하다. 과거에는 일부 인구통계학자들이 대체출산율을 밑도는 합계출산율이 일종의 〈인구통계학적인 실패〉이며, 결국은 합계출산율이 인구를 안정화시키는 대체출산율 수준까지 올라갈 것이라고 믿었다. 하지만 이런 믿음은 실증적 증거보다 희망적 사고에 근거한 것으로 보인다. 오히려 최근 몇 년 동안에 누적된 반대 증거가 훨씬 설득력 있다. 한 국가의 출산율이 대체출산율을 상당히 밑돌면 경제적, 사회적, 정치적 요인 및 기타 요인들로 인해 한동안 변동성을 보일 수는 있지만 대체로 대체출산율 이하로 머무를 가능성이 더 크다. 또 출생률을 끌어올리기 위한 정부의 정책은 단기적인 출산율 증가에 그칠 수 있다. 혹은 합계출산율 증가가 지속되더라도 기껏해야 그 효과는 제한적일 수 있다. 2015년 이후에 이란에서 나타난 현상을 통해 확인할 수 있듯이 이런 효과는 단기간에 그치는 경향이 있고, 출산율은 머지않아 대체출산율보다 낮은 수준으로 회귀한다. 프랑스나 스웨덴에서 그랬듯, 다른 나라에서도 합계출산율이 다시 상승할 수도 있지만 대체출산율만큼 높아지는 경우는 드물다. 그래도 출산 장려 정책이 없을 때보다는 그나마 좀 더 높을 수 있다.

1960-70년대:
인구가 폭발한다, 출산율을 낮춰라!

—

지난 수십 년 동안 많은 정부가 당대의 정치적 필요에 따라 출산 장려 정책이나 산아 제한 정책을 동원해 여성의 출산을 조절하려고 애썼다. 예를 들면 개발도상국의 가족계획(family planning, 부부의 생활 능력에 따라 자녀의 수나 출산의 간격을 계획적으로 조절하는 일)을 장려하기 위한 대규모 글로벌 캠페인이 1950년대에 시작돼 1960-1970년대에 힘을 얻었다. 이에 미 의회는 1969년에 미국 정부의 대외 원조 담당 기관인 국제개발처USAID의 가족계획 예산을 5,000만 달러(2020년의 가치로 환산하면 3억 6,500만 달러)로 늘렸고 1971년에는 다시 2배로 늘렸다.[10] 미국 정부뿐 아니라 유럽 정부(특히 스웨덴 정부), 각종 재단(특히 록펠러 재단), 세계은행도 이 캠페인에 동참했다.

유엔은 조직적인 가족계획 활동을 돕기 위한 기금을 조성해 전 세계에서 인구 조절 정책이 시행될 수 있도록 했다. 다른 곳에 투입되던 자금도 가족계획 분야로 흘러 들어갔다. 심지어 세계은행 총재 로버트 맥너마라Robert McNamara는 1969년에 "의료 시설은 대개 사망률을 떨어뜨려 결국 인구 폭발을 초래하는 만큼 인구 통제와 매우 엄격하게 관련되지 않은" 의료 활동에는 재원을 지원할 수 없다고까지 발표했다.[11] 1990년대 초까지는 노골적이거나 암묵적으로 강압이 동원된 관행은 거부됐지만 공공 부문이 가족계획을 지원한다는 개념은 자리를 잡았다. 1998년까지 전 세계 인구의 99% 이상이 거주하는 179개국 정부가 피임에 접근할 수 있도록 지원했다.[12]

가족계획과 출산율 사이에 관계가 있다고 가정하는 것이 합리적으로 보일 수도 있지만 출산 결과와 가족계획 프로그램, 특히 1970-1980년대에 도입된 인구 조절 방안 간의 관계는 찾기 힘들다. 이 문제에 대한 많은 연구를 비교 분석한 결과, 가족계획과 출산율은 관계가 약하거나 아예 관련성이 없는 것으로 밝혀졌다. 26개의 개별 연구를 분석한 어느 연구자는 "출산율 감소나 변동은 주로 각 지역 특유의 원인에 의해 발생했다"라며 "다시 말해서 가족계획 캠페인이 없었더라도 출산율 감소가 발생할 수 있었을 뿐 아니라 그와 같은 상황이 발생하도록 할 다른 수단이 있었을 것"이라고 결론내렸다.[13]

1989년에 시작된 이란의 가족계획 프로그램은 눈부신 결과를 낳는 것처럼 보였다. 1989년에 5.07명이던 합계출산율이 2000년이 되자 2.07명으로 떨어질 정도였으니까 말이다. 가족계획 옹호론자들은 이것을 〈이란의 기적Iranian Miracle〉이라고 불렀다.[14] 하지만 연구자들은 이란의 가족계획 프로그램과 출산율 하락 사이에서 강력한 연관성을 찾는 데 어려움을 겪었다.[15] 이란 여성들이 이미 출산 조절을 원하는 상태에서 피임 방법에 보다 합법적으로 접근할 수 있게 되자 출산 능력을 조절했을 가능성이 가장 크다. 다시 말해서, 피임이 출산에 영향을 미친 것이 아니라 합법적인 피임 방법의 등장 덕에 이미 출산 조절을 마음먹은 여성들이 더욱더 마음껏 피임을 선택할 수 있게 된 것이다.

중국의 한 자녀 정책이
출산율 하락을 가져온 것은 아니다

—

중국은 출산율을 낮출 목적으로 1979년부터 2015년까지 노골적이고 강압적인 방식으로 가혹한 조치를 동원했다. 악명 높은 중국의 〈한 자녀 정책one-child policy〉에 대해서도 비슷한 의문이 제기된다. 한 자녀 정책은 많은 비난을 받았지만 중국의 인구 궤적을 급격하게 변화시킨 것으로 널리 알려져 있다. 어느 학자는 "한 자녀 정책이 매우 성공적으로 시행돼 중국의 인구 성장률이 대폭 떨어졌다"고 기술했다.[16] 하지만 정말 그랬을까? 나는 확인을 위해 한 자녀 정책 실행 이전부터 이후까지 중국에서 나타난 출산율 궤적과, 개인의 자유에 따라 가족계획을 실행할 수는 있지만 그것이 강제적으로 시행되지는 않았던 인접한 두 나라, 즉 한국과 대만에서 같은 시기에 관찰된 출산율 궤적을 비교해 보았다.

〈그림 2.4〉를 통해 두 가지 사실을 알 수 있다. 첫째, 중국의 출산율은 한 자녀 정책이 시행되기 10년 전부터 이미 급락하고 있었다. 둘째, 중국의 한 자녀 정책 시행 이후 출산율 하락 궤적은 대만이나 한국보다 오히려 그 속도가 느렸다. 즉 한 자녀 정책이 시행될 무렵 중국에서는 이미 인구 변화가 한창 진행 중이었으며 급속한 도시화를 고려하면 한 자녀 정책을 시행하지 않았더라도 결국 지금과 같은 결과가 나왔을 것이 거의 틀림없다. 오늘날 중국의 합계출산율이 대만이나 한국보다 높은 것은 대만과 한국의 도시화 수준이 좀 더 높기 때문일 수도 있다. 1970-1980년대에 전 세계에서 가족계획이 주

그림 2.4 **중국, 대만, 한국의 출산율 궤적과 중국의 한 자녀 정책**
(세로축은 합계출산율)

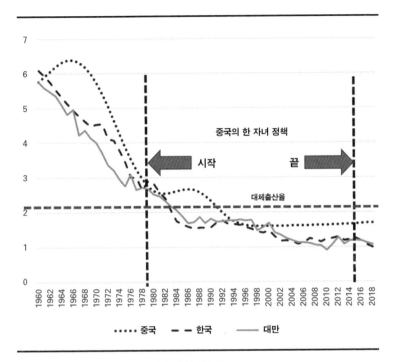

출처: 중국과 한국 데이터는 세계은행, 대만 데이터는 대만 통계청 자료.

목을 끌자 농촌에서 좀 더 막강한 사회적 통제력을 행사하기를 원했던 중국 지도자들이 가족계획을 다른 나라나 국제 기구로부터 형식적인 반대를 넘어서는 심각한 반응을 유발하지 않고 중국인들에게 통제를 가할 수 있는 수단으로 여겼다고 추측할 수밖에 없다. 중국의 지도자들이 자국의 인구 동향을 알지 못했다는 것은 그다지 신뢰가 가지 않는다.

더 많은 자녀를 낳도록 유도하는 출산 장려 정책 또한 출산을 늘리는 데 거의 도움이 되지 않았다. 중국 정부는 2015년에 도입한 〈두 자녀 출산 허용〉 정책이 추가 출산으로 이어질 것으로 예상했지만 이는 완전히 실패로 끝나고 말았다. 2021년에 도입한 가족당 〈세 자녀 출산 허용〉 정책 역시 별다른 효과가 있을 것으로는 보이지 않는다. 중국의 국영 통신사 신화 사가 실시한 "세 자녀 정책을 받아들일 준비가 됐습니까?"라는 제목의 설문조사에서 2만 2,000명의 응답자 중 2만 명이 "세 자녀 출산을 전혀 고려하지 않을 것"이라는 답을 택했다. 그러자 중국 검열 당국은 웹사이트에서 해당 여론조사를 재빨리 삭제했다.[17]

중국 남성 4명 중 1명은 결혼하지 못한다

중국의 한 자녀 정책은 총인구에는 거의 영향을 미치지 않았지만 남녀 성비 혹은 총인구 중 남녀의 상대적인 숫자에는 커다란 영향을 미쳤다. 사실, 남녀 성비는 중국의 미래 인구 궤적에 상당한 영향을 미칠 것이다. 한 자녀 정책이 시행되자 중국에서는 남아선호사상이 한층 강해졌다. 처음에는 그 격차가 적었지만 임신 중 조기 성별 판별법이 발달하자 남녀 성비 격차는 점차 커졌다. 2019년에 중국의 10-19세 인구의 성비는 여성 100명당 남성 119명이었다. 2030년이 되면 저숙련 성인 남성 중 무려 4명 중 1명이 결혼하지 못할 것이라는 연구 결과가 나오기도 했다.[18]

중국의 성비 불균형이 초래할 수 있는 결과는 다양하다. 학자들은 성비 불균형이 경제 성장률을 떨어뜨리고 범죄와 폭력을 증가시킬 것이라고 예측한다. 또한 결혼 적령기의 여성이 줄어들면 결혼 건수가 줄어들 것이고, 그렇다고 결혼한 부부가 상대적으로 적은 결혼 건수를 보완할 수 있을 만큼 많은 아이를 출산할 것이라고 기대할 이유도 없는 만큼 출생아 수는 당연히 감소할 것이다. 따라서 향후 수십년 동안 인구 감소 속도가 빨라지면서 중국의 인구가 급감할 수 있다. 가장 권위 있는 인구 예측 기관 중 한 곳인 워싱턴 대학교의 건강지표평가연구소는 금세기 말에는 중국의 인구가 현재 인구의 절반을 약간 웃도는 수준으로 줄어들 가능성이 있다고 예상한다.

프랑스와 싱가포르의 출산 장려 정책은
과연 효과가 있었을까?

—

전 세계에서 출생률이 감소함에 따라 많은 나라가 출산 장려 정책을 시행해 추세를 뒤집으려고 애쓰고 있다. 이란은 2014년에 갑작스럽게 정책 방향을 수정해 가족계획 프로그램에 대한 지원 예산을 대폭 줄이고, 정관 절제 수술을 불법화했으며, 다른 피임 수단에 대한 접근도 제한했다. 하지만 최근에 이 같은 정책으로 인한 출산율 증가가 단기간에 그쳤다는 증거가 속속 드러나자 이란 정부는 기업에 자녀가 있는 남성을 우선 고용하도록 강제하는 이례적인 조치를 비롯한 다양한 출산 장려 정책을 고려하고 있다.

대부분의 출산 장려 정책에는 좀 더 많은 자녀를 낳을 수 있는 분위기를 조성하거나 출산 가정에 인센티브를 제공하는 식의 조치가 중심이 되는 경향이 있다. 또한 대가족이 가정의 행복이나 국가적 자부심에 미치는 영향을 강조하는 홍보 캠페인이 등장하기도 한다. 싱가포르는 이런 접근 방법을 한 단계 더 밀어붙여(혹은 낮춰) 〈국가의 밤National Night〉을 지정했다. 국가의 밤이란 "경제적으로 여유가 있으며 안정적이고 헌신적이며 장기적인 관계를 맺고 있는 남녀 성인들에게" 잉태를 위한 관계를 맺을 것을 촉구하는 밤이다. 싱가포르 정부는 행사 홍보를 위해 캠페인을 벌이고 다음과 같은 가사가 담긴 중독성 있는 노래도 만들었다.

국가의 밤이 되었네
싱가포르의 출생률을 끌어올려 보세![19]

공정하게 말하자면 싱가포르는 같은 기간 동안 아동 수당 지급, 육아 보조금 지원, 세금 환급, 대형 주택 배정 시 대가족에게 우선권을 주는 방안 등 출생률 증가에 실질적으로 도움이 될 만한 많은 정책을 시행했다. 뿐만 아니라 낙태를 원하는 모든 여성과 자녀가 2명 이하이며 불임 시술을 원하는 여성은 의무적으로 상담을 받도록 했다. 또한 한때 관심을 끌었던 우생학적 사고를 받아들여 교육 수준이 높고 좀 더 부유한 사람들의 출산을 장려하는 정책을 펴기도 했다. 즉 대학을 졸업한 여성에게는 좀 더 많은 보조금이 지급됐고, 계층에 대한 암묵적인 편견이 담긴 "여유가 있다면 3명 이상의 자녀를 낳으세요"라는 전국적인 출산 장려 슬로건이 과거에 등장했던 "제발 2명에서 멈추세요"를 대체했다. 하지만 이런 정책은 가시적인 효과를 거두지 못했다. 1970년대 말에 대체출산율 밑으로 떨어진 싱가포르의 합계출산율은 하락을 거듭해 2020년에는 1.1명을 기록했고 결국 세계에서 합계출산율이 가장 낮은 나라 중 하나가 됐다. 싱가포르보다 출산율이 낮은 나라는 대만과 한국뿐이다.

프랑스는 오랫동안 세계에서 가장 포괄적인 출산 장려 정책을 시행했다. 그들의 다양한 정책 중 몇 가지를 소개하면 다음과 같다.

- 셋째 자녀 출산 후 1년간 직장을 쉬는 엄마에게 월 750유로(약 106만 원)의 현금 인센티브 제공
- 자녀가 있는 가정의 기차 요금을 대폭 할인해 주는 대가족 카드 제공
- 자녀 수가 늘어날수록 납부하는 세금이 줄어드는 소득세 제도
- 부모라면 남녀를 불문하고 누구나 사용할 수 있는 3년간의 유급 육아 휴직
- 3세 미만 영유아를 위한 어린이집 보조금 지원 및 3세 아동의 종일반 등교 지원

프랑스의 정책 입안자들은 자국의 출산 장려 정책 덕에 프랑스의 출생률이 다른 유럽 국가보다 높다고 확신한다. 사실 이 같은 주장을 증명할 길은 없지만 그렇다고 타당하지 않은 것도 아니다. 하지만 그와 동시에 프랑스의 합계출산율은 계속해서 대체출산율을 밑돌고 있으며, 현재 프랑스의 가족 수당 제도에 투입되는 예산은 프랑스 GDP의 4% 수준으로 막대한 재정 손실을 초래하고 있다.[20]

그렇다면 인구를 약간 늘리고 노동력 안정성을 소폭 개선하기 위해서라면 공공 자원을 대대적으로 투입해도 좋을까? 이는 어려운

그림 2.5　"요람보다 많은 십자가!"
1930년대부터 등장한 프랑스의 출산 장려 포스터

요람보다 많은 십자가!

출산을 장려하는 진정한 가족 친화 정책을 즉각 도입하지 않으면
이런 미래를 맞이하게 될 것이다.

출처: 후스, 마리-모니크. '제1차 세계대전과 제2차 세계대전 사이에 프랑스가 추진한 출산 장려 정책.' *Journal of Contemporary History* 25, 1호(1990년 1월): 39–68. https://doi.org/10.1177/002200949002500102.

질문이다. 하지만 프랑스의 정책 입안자들은 그만한 대가를 치를 가치가 있다고 생각하는 듯하다. 인구 성장은 경제 성장의 문제일 뿐만 아니라 매우 정치적인 문제이며 한 나라의 힘과 중요성에 대한 인식과도 밀접하게 연관돼 있다. 프랑스는 제1차 세계대전으로 발생한 끔찍한 인명 손실 문제를 해결하고 전쟁보다는 인구를 앞세운 방식으로 독일에 맞서기 위해 1930년대부터 대가족을 꾸리는 것을 애국적 의무로 강조하며 공격적인 출산 장려 정책을 추진하기 시작했다.[21] 프랑스의 이 같은 캠페인은 싱가포르와는 매우 다른 반응을 불러일으켰다.

하지만 현재의 인구 통계 상황을 조사한 결과 미래에 커다란 영향을 미칠 두 가지 결론이 도출됐다. 첫째, 출산율 하락은 끈적끈적한 추세로, 미래에 뒤바뀔 가능성이 적다. 둘째, 이런 추세를 저지하거나 뒤바꾸기 위한 공공 부문의 노력은 기껏해야 출산 시기 변화에서 비롯된 일시적인 출산율 증가로 이어질 뿐이고 결국 출산율은 머지않아 장기적인 추세로 회귀할 수밖에 없다. 미래 예측으로 눈을 돌려보면, 미래에 관해서는 그 무엇도 확실하지 않지만 미래에 인구가 감소할 것이라는 예측만큼은 변할 가능성이 적다. 이는 근거 없는 추측이 아니다.

출산율이 감소해도
바로 인구가 감소하는 것은 아니다

—

한 국가의 출산율이 대체출산율을 밑돈다고 해서 반드시 인구 감소가 임박했다고 볼 수는 없다. 오늘날 미국과 캐나다의 경우처럼 이민이 인구의 성장을 견인할 수도 있고, 이민이 없더라도 인구통계학적 모멘텀demographic momentum 혹은 인구 모멘텀population momentum(출산율에 변화가 생기더라도 한동안 인구가 계속해서 기존의 추세를 이어나가는 현상)이라고 알려진 또 다른 요인으로 인해 인구 감소가 수십 년 동안 지연될 수도 있다. 인구통계학적 모멘텀이 생겨나는 것은 인구 궤적이 코호트(cohort, 특정 연령이나 연령대에 속하는 사람들의 집합)를 따라 이동하기 때문이다. 이주와 조기 사망을 고려하더라도, X년도를 기준으로 20년이 지난 후 특정 국가의 20세 인구는 X년도에 해당 국가에서 태어난 출생아 수와 관련이 있을 수밖에 없다. 따라서 출생아 수는 출생률뿐 아니라 가임 연령대 혹은 그 코호트에 속한 인구 중 여성의 수에 따라 달라질 수 있다.

따라서 과거에 출생률이 높았던 국가에서 많은 아이가 태어날 경우, 여자아이가 성장해 다음 세대를 출산할 무렵이 되면 출생률이 대체출산율 수준보다 낮더라도 가임 여성의 수가 이전 세대보다 훨씬 많기 때문에 출생아 수는 전체적으로 여전히 높게 유지된다. X년도의 인구가 젊을수록 X년도에서 20년 이상 지난 후에 그 나라는 인구 모멘텀이 커진다. 인구통계학적 모멘텀의 메커니즘은 복잡하다. 인구통계학자들은 연령 분포, 출생률, 사망률을 바탕으로 특정 인구의 실제 모멘텀을 계산하기 위한 수학 공식을 만들었지만 다행히도 이 책에서 그 공식에 대해 자세히 설명할 필요는 없다. 하지만 인구 모멘텀은 미래의 인구를 정확하게 예측하는 데 있어 핵심 요소다.

게다가 인구 모멘텀은 출산율 감소가 사회에 미치는 가장 큰 영향이라고 볼 수 있는 국가의 〈연령 분포age distribution 변화〉를 유도하는 핵심 요소이기도 하다. 연령 코호트는 작은 설치류가 비단뱀의 몸을 통과하는 것처럼 인간의 생애주기를 따라 나아가기 때문에 각 코호트의 규모가 각각의 미래 세대 규모를 결정한다. 물론 미래 세

그림 2.6   **1946-2019년까지 일본의 출생자 수와 사망자 수**

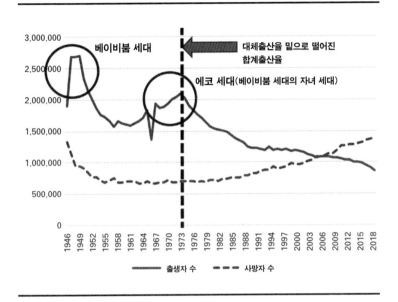

출처: 일본 통계청

대는 이주와 기대수명의 영향도 받는다. 일본은 인구가 해외로 유출
되거나 해외에서 유입되는 경우가 적은 데다 기대수명이 꾸준히 늘
어나고 있는 만큼 이런 과정을 관찰하기에 좋은 나라다. 일본에서
는 45년 동안 합계출산율이 대체출산율을 밑돌았고 결국 지금은 전
체 인구의 약 30%가 65세 이상인, 세계에서 가장 고령화된 나라 중
하나가 됐다. 〈그림 2.6〉에서 보듯 일본의 합계출산율이 대체출산
율 밑으로 떨어지자 출생아 수가 점진적으로 줄어들기 시작했고 결
국 사망자 수가 출생아 수를 넘어서면서 2007년에는 두 수치가 교
차하기 시작했다. 하지만 합계출산율이 대체출산율 밑으로 떨어졌

음에도 전체 인구가 실제로 감소하기까지는 30년이 걸렸다. 이 그래프를 보면 1947년부터 1952년까지, 즉 제2차 세계대전 종전 이후 짧은 기간 동안 출생아 수가 급증했으며(전후 베이비붐 세대) 그로부터 약 20년이 흐른 1960년대 말에서 1970년대 초에 상대적으로 규모는 적지만 비슷한 현상이 다시 나타났음을 알 수 있다. 즉 베이비붐 세대의 자녀들이 출산을 하기 시작한 것이다.

20세기 후반의 일본은 〈젊은이들의 나라〉였다
—

출생아 수가 줄어들고 인구가 고령화되자 일본의 연령 피라미드age pyramid가 바뀌었다. 연령 피라미드는 한 국가나 도시의 연령과 성별 분포를 보여주는 효과적인 방식이다. 〈그림 2.7〉은 각각 1950년, 1985년, 2019년 일본의 연령 피라미드를 보여준다. 변화는 극적이다. 1950년에 일본은 젊은이들의 나라였다. 총인구의 3분의 1 이상이 15세 미만이었고 65세 이상은 5%에 불과했다. 하지만 2019년이 되자 그 비율은 역전됐다. 15세 미만 인구는 총인구의 12%에 불과했지만 65세 이상 인구는 28%에 달했다.

〈도표 2.1〉은 평균 연령이 낮은 국가에서 고령 국가로의 전환을 의미할 뿐만 아니라 1950년부터 1990년까지 일본의 생산 가능 인구(working age population, 경제 활동이 가능한 만 15세부터 64세까지의 인구)가 얼마나 빨리 증가했는지 보여준다. 이 역시 인구통계학적 전환의 산물이며, 경제학자들은 이런 현상을 인구 배당 효과(demographic

그림 2.7 **1950년, 1985년, 2019년의 일본 연령 피라미드**
(세로축은 1세부터 100세까지, 가로축은 각 연령 코호트의 인구를 나타낸다.)

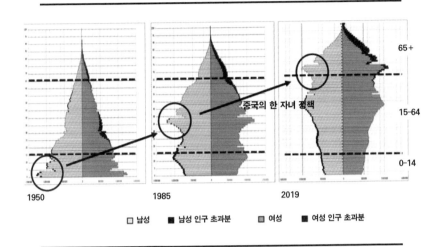

65+

15-64

0-14

중국의 한 자녀 정책

1950   1985   2019

□ 남성   ■ 남성 인구 초과분   □ 여성   ■ 여성 인구 초과분

출처: 1950년 자료와 1985년 자료는 공식적인 인구 조사 데이터를 기반으로 하는 리키1409의 저작물

dividend, 전체 인구에서 생산 가능 인구 비율이 증가하면서 부양률이 감소하고 경제 성장률이 높아지는 효과)라고 부른다. 베이비붐 세대가 성인이 되자 일본에서는 생산 가능 인구 규모가 총인구보다 훨씬 빠른 속도로 늘어났다. 이는 곧 생산에 동력을 공급할 대규모 노동력과 소비를 촉진할 새로운 가구가 대거 생겨났음을 의미한다. 1950년부터 1990년까지 일본의 인구는 47% 늘어난 반면 생산 가능 인구는 71%나 증가했다.

대부분의 경제학자들은 지난 수십 년 동안 일본과 중국 같은 나라의 경제가 성장을 하는 데 있어 인구 배당 효과가 핵심적인 역할을 했다고 생각한다. 그리고 어쩌면 앞으로는 아프리카의 경제 성장에

도표 2.1 **1950-2019년 사이 일본의 연령 분포 변화**(단위 1천 명)

	0-14세		15-64세		65세 이상	
	%	수치	%	수치	%	수치
1950년	35%	29,777	60%	50,133	5%	4,122
1990년	18%	22.497	70%	85,950	12%	14,833
2019년	12%	14,394	60%	75,128	18%	35,859

출처: 일본 통계청

서도 인구 배당 효과가 핵심적인 요인이 될 수 있다고 생각한다. 하지만 인구가 고령화되고 기대수명이 늘어나자 생산 가능 인구의 비중이 줄어들고 인구 배당 효과도 사라졌다. 일본에서는 생산 가능 인구가 1990년부터 1,000만 명 이상 감소한 반면 고령 인구는 2,100만 명 이상 늘어났다.

전 세계 인구가
감소하기 시작하는 변곡점은 2070년이다

—

일본의 인구 이야기를 강조하는 것은 그 어느 나라보다 일본이 인구 변화 과정을 생생하게 보여주기 때문이지만 사실 모든 나라는 저마다 다른 궤적을 보인다. 출생률이 계속해서 높은 수준으로 유지되는 나라가 있는 반면 미국과 캐나다처럼 상대적으로 관대한 이민 정책을 통해 낮은 출생률을 만회하는 국가도 있다. 반대로, 리투아니아와 불가리아 같은 나라에서는 생산 가능 인구에 속하는 젊은 세대가 좀 더 커다란 기회를 찾아 서유럽으로 이주하는 탓에 두뇌 유출이 발생해 그렇지 않아도 낮은 출생률이 더욱더 낮아진다. 하지만 출생률이 하락하고 세계 인구가 고령화되면서 점점 더 많은 국가와 도시가 일본과 같은 일을 경험하고 있다. 생산 가능 인구 감소는 경제 성장에 영향을 미칠 가능성이 크고 인구 고령화로 인해 충분한 연금과 의료 서비스, 사회 복지를 제공하라는 요구는 점점 커지고 있다. 하지만 많은 국가들이 이를 해결하는 데 어려움을 겪고 있다.

어쨌든 세계 인구는 향후 수십 년 동안에도 계속 증가하겠지만 그 속도는 점차 둔화될 것이다. 미래 인구의 전반적인 흐름에 대해서는 대체로 전문가들의 의견이 일치하지만 인구 둔화 속도에 대해서는 크게 엇갈린다. 예를 들면 지금부터 2050년까지 전 세계 인구는 11억에서 20억 명 정도 증가할 수 있는데 그 증가분의 전체 혹은 대부분이 사하라 사막 이남의 아프리카에서 관찰될 것이라는 예측이 있다. 하지만 어떤 시나리오가 펼쳐지든 간에 앞으로 수십 년 동안에는 점차 많은 나라의 인구 성장률이 둔화되거나 마이너스 성장으로 돌아설 것으로 예상된다. 또한 가장 수준 높은 예측 자료에 의하면, 전 세계 인구가 감소하기 시작하는 글로벌 변곡점은 2070년경에 도래할 것으로 예상된다. 워싱턴 대학교의 건강지표평가연구소는 2050년이 되면 65개 국가, 즉 전체 국가 중 3분의 1에서 인구 성장이 마이너스로 돌아서고, 또 다른 5분의 1 국가에서 연간 인구 성장률이 0.5%를 밑돌 것으로 예상한다. 미국 사례를 통해서 확인할 수 있듯이 축소 도시는 인구 성장 속도가 빠른 국가에도 있을 수 있지만, 성장 속도가 더딘 국가에서 더 많고. 마이너스 성장을 기록하는 국가에서는 한층 더 많을 것이다.

이제 국가의 인구 궤적, 특히 도시의 인구 궤적에 영향을 미치는 두 번째 글로벌 요소, 즉 이주에 대해 생각해볼 필요가 있다. 이주는 지구상에 가장 먼저 등장한 인류가 첫걸음을 내디딘 순간부터 변화를 초래하는 강력한 동인이었다. 하지만 향후 수십 년 동안 세계적인 변화를 초래하는 더욱 강력한 동인이 될 수 있다.

3

—

도시와 경제가 인구를 이동시킨다

"여호와께서 아브람에게 이르시되 너는 너의 고향과 친척과 아버지의 집을 떠나
내가 네게 보여줄 땅으로 가라."
— 창세기 12장 1절

인간은 끊임없이 이동하는 종이다. 약 5만-7만 5,000년 전에 동아프리카에서 출발한 인류는 일련의 이주를 통해 유럽과 아시아로, 아시아에서 오스트레일리아와 아메리카 대륙으로, 또 그 사이에 있는 많은 섬으로 이동하면서 전 세계로 퍼져나갔다. 인간은 그 이후로도 이주를 거듭했다. 성경에 나오는 유대 민족의 건국은 세 번에 걸친 이주에 관한 이야기다. 아브라함이 우르에서의 도시 생활을 버리고 목동과 같은 유목 생활을 시작한 것이 첫 번째고, 아브라함의 손자인 야곱과 그의 자녀들이 가나안의 기근을 피해 이집트로 떠난 것이 두 번째고, 모세가 아브라함과 야곱의 자손을 이끌고 이집트를 탈출해 약속의 땅으로 향해 유대 민족의 역사를 써 내려가기 시작한 것이 마지막이자 가장 유명한 대목이다.

이 세 가지 사건에는 인간의 이주를 둘러싼 각기 다른 이야기, 즉

가장 먼저 새로운 삶을 찾아 죄와 부패가 만연한 도시를 떠난 아브라함의 개인적인 여정, 이어서 굶주림에 직면한 가족의 필사적인 도피, 마지막으로 박해에서 벗어나 새로운 삶의 터전을 찾아 떠나는 한 민족의 여정에 관한 이야기가 담겨 있다. 또한 얼마나 다양한 맥락의 이주가 있는지, 지금까지 얼마나 다양한 형태의 이주가 행해져 왔는지 보여준다. 사실 2장에서 설명한 인구통계학적 문제와는 반대로 이주에 관한 근본적인 문제는 매우 복잡하다. 여러 분야의 학자들은 한 세기가 훨씬 넘도록 〈인간은 본래 한곳에 머물고 싶어 하며 필요에 의해서만 이주를 택하는 것인지〉 혹은 〈이주가 인간 본성에 내재한 것인지〉 같은 기본적이지만 답이 없는 질문에서 시작해 이주와 관련된 다양한 문제에 대해 논쟁을 벌여 왔다. 이 책에서는 답이 없는 이와 같은 질문에 대해서는 파헤쳐볼 생각이 없다.

한 국가나 지역 내에서의 이동, 한 국가에서 다른 국가로의 이동 등 온갖 형태를 띠는 다양한 이동 방식을 〈이주〉라는 단 하나의 단어로 표현할 수 있을까? 어떻게 박해를 피해 미얀마에서 달아난 로힝야족의 탈출을 뉴욕에 거주하는 부유한 가정이 교외 지역으로 이주하는 것과 똑같이 취급할 수 있을까? 하지만 국가 전체가 아닌 도시의 미래를 생각하는 경우라면 후자의 이주는 의미가 있을 뿐 아니라 중대하다. 물론 제아무리 상황과 결과가 다르더라도 이주의 기본적인 역학관계는 유사하다. 두 경우의 이주 모두 인간으로서의 주체성을 발휘해 한 장소에서 다른 장소로 이동해 삶을 변화시키려는 의식적인 결정이다. 한쪽은 위험과 고통으로 가득 차 있고 다른 한쪽은 대체로 고통 없이 심지어 즐거울 수도 있지만 두 가지 모두 관련된 여러 현상이 모여서 나타난 결과다.

난민은 이주민이라는 한층 커다란 세계 안에서도 뚜렷한 하위 범주를 형성한다. 1951년에 체결된 제네바 협정(Geneva Convention, 전쟁 포로의 인권을 규정한 국제 협정)은 난민을 다음과 같이 정의한다.

인종, 종교, 국적, 특정 사회 집단의 구성원이라는 정체성 또는 정치적 견해를 이유로 박해받을 수 있다는, 근거가 충분한 공포로 인해 출생 국가로 돌아갈 수 없거나 그럴 의향이 없는 사람.[1]

2021년 말 유엔은 전 세계에서 재정착을 기다리는 난민이 2,700만 명에 달한다고 발표했다.[2]

사람들은 다른 나라로 이주할 수도 있고 한 국가 안에서 이주할 수도 있는데, 후자의 경우는 국내 이주라고 부른다. 마찬가지로 이주는 영구적일 수도 있고 일시적일 수도 있다. 혹은 독일이 제2차 세계대전 이후 제철소와 광산에서 일할 인력을 확보하기 위해 고용했던 상당수의 튀르키예(터키의 새로운 국가명) 출신 외국인 근로자처럼 일시적인 체류를 위해 이주했으나 영구적으로 체류하는 경우도 있다. 당시 독일로 이주한 외국인 근로자의 자녀와 손주들이 오늘날 독일 인구의 상당 부분을 차지하고 있다. 반대의 경우도 있다. 1930년대에 반파시즘 활동을 하던 중 파시스트 정권에 체포돼 이탈리아 남부에 있는 작은 마을로 유배된 작가 카를로 레비Carlo Levi가 회고록 『그리스도는 에볼리에 머물렀다Christ Stopped at Eboli』에서 묘사한 것처럼, 이탈리아 남부의 모든 마을에는 아메리카니Americani, 즉 미국으로 떠났다가 고향으로 돌아온 사람들이 있었다.

가족과 친구를 두루 만나기에 충분할 정도로만 체류할 작정이었지만…… 미처 깨닫지도 못한 사이에 6개월이 흘러 재입국 허가증이 만료돼 이탈리아에 남을 수밖에 없는 상황이 됐다.

레비는 "비통함 그리고 이따금 아메리칸 드림을 놓쳐 버렸다는 쓰라림이 마음을 뒤흔든다는 점을 제외하면 그들은 다른 마을 주민들과 전혀 다르지 않았다"라고 적었다.[3]

국제 이주,
출생 국가를 떠나고 싶게 만드는 3가지 요인
—

국제 이주의 역학관계는 일관성 있는 이주 이론을 발전시키려는 학자들의 노력이 무색할 정도로 복잡하다. 폭력 사태에서 벗어나려는 난민의 필사적인 탈출과 할리우드에서의 성공을 꿈꾸는 중국인 영화 제작자의 이주에 이르기까지 그 모든 것이 국제 이주의 범주에 포함된다. 하지만 〈그림 3.1〉에서 확인할 수 있듯이, 국제 이주의 역학관계는 여러 개별 요소로 세분화될 수 있다. 각 이주에는 〈푸시push 요인〉, 즉 출생 국가를 떠나고 싶게 만드는 이유와 〈풀pull 요인〉, 즉 특정 목적지로 가고 싶게 만드는 이유가 있다. 바다나 산맥 같은 고유의 지리적인 조건과 이민 제한 정책 같은 인위적인 상

그림 3.1   그림으로 표현한 국제 이주 모델

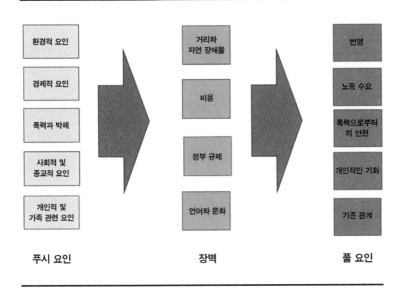

황을 모두 포함하는 일련의 조건들 때문에 이주가 완전히 중단될 수도 있고 덜 매력적인 곳으로 이주 목적지가 변경될 수도 있다. 1930년대에 히틀러를 피해 탈출하려던 독일의 유대인들이 그랬듯 푸시 요인이 충분히 강력하고 장벽이 엄청나게 높으면 사실 목적지 자체는 그리 중요하지 않을 수도 있다.

물론 국제 이주를 초래하는 요인은 다양하지만 오늘날 많은 이주 사례에서 관찰되는 공통점은 발전한 북반구의 선진국과 덜 번창한 남반구의 저개발국 사이에 존재하는 단층선이다. 경제적인 이유로 이주하는 경우에도 이러한 단층선이 자명하게 드러나지만, 아프리카와 중동 지역에서 벗어나 유럽으로 피신하려는 사람들의 절박한 여정을 담은 이미지가 보여주듯 종교적인 박해나 전쟁, 환경 위기를 피해 이주하는 경우에도 대개 이런 단층선이 존재한다.

대부분의 이주민은 경제적인 이유로 이주를 선택하고 지금도 그럴 가능성이 크다. 이주 이론의 아버지인 영국의 지리학자 에른스트 게오르그 라벤슈타인Ernst Georg Ravenstein은 1885년에 "이주의 주요 원인은 경제적인 이유"라는 사실이 "이주의 법칙" 중 하나라고 주장했다.[4] 고전 경제 이론은 이주를 효용을 극대화하는 바람직한 현상으로 여기곤 했다. 노동력이 풍부한 국가의 근로자가 노동력이 부족한 지역으로 이주하면 양국의 경제 상황이 모두 좋아진다. 마찬가지로 적은 돈을 받고 일하는 근로자가 같은 일을 하고도 좀 더 많은 돈을 벌 수 있는 나라로 이주하면 그 당사자에게도 도움이 될 뿐 아니라 양국의 임금 격차도 점차 줄어든다. 국제 이주에 관한 이런 낙관적인 관점을 여전히 지지하는 사람도 있지만 신랄한 비판을 가하는 사람도 있다. 지리학 교수 러셀 킹Russell King은 이주에 대한 낙관적인 관점이 "개인과 가족 및 사회문화적인 요인을 고려하지 않고, 국제 이동을 막는 여러 장벽의 정치적인 현실을 인정하지 않고, 다양한 식민주의 역사에 주목하지 않고, 의존과 저개발의 측면에서 글로벌 경제의 체계적인 구조화를 받아들이지 못한다"라고 지적한다.[5]

이는 모두 사실이다. 여기에 추가로 덧붙이자면 국제 이주에 대해 지나치게 낙관적인 관점은 해외에서 이주자를 받아들인 나라의 경우 기존에 있던 자국의 노동자가 받는 임금이 낮아질 가능성이 있고 인구가 해외로 이주한 나라의 경우 두뇌 유출 효과와 같은 중요한 사회적 문제가 발생할 수 있는데 이를 모두 외면한다. 이주자가 태어난 국가의 입장에서 좀 더 이야기해 보자면, 자국에서도 높은 임금을 받을 수 있는 가장 필요한 노동자가 이주를 통해 다른 나라로 떠나기 때문에 뛰어난 인재가 해외로 유출되는 결과가 발생하는 것이다. 국가와 지역 간 경제적 격차는 대부분의 이주 흐름을 계속해서 발생시키는 주요 역할을 한다. 이런 추세는 남아시아 노동자들의 사우디아라비아와 아랍에미리트 등으로의 이주에서부터 2007년 유럽연합 가입 이후에 나타난 불가리아와 루마니아 청년층의 서방 국가로의 이주에 이르기까지 다양한 형태를 띤다. 사하라 사막 이남에 거주하는 수많은 아프리카인들이 유럽에 가기 위해 필사적인 노력을 기울이는 것 역시 자신이 현재 살고 있는 지역과 경제적인 격차가 엄청날 뿐 아니라 특별한 기술이나 일자리 제안이 없어도 일단 유럽에 가기만 하면 삶의 질이 올라가고 고향에 있는 가족에게 약간이나마 돈을 보낼 수 있을 거라고 확신하기 때문이다.

여기서 생각해 봐야 할 점은 부유한 나라로 건너간 이주자가 본국으로 송금한 돈이 가난한 나라의 경제에 중요한 역할을 한다는 것이다. 이것이 국제 이주의 주요 특징임에도 사람들이 그 진가를 제대로 이해하지 못하는 경우가 많다. 세계은행은 글로벌 재분배의 한 형태로 볼 수 있는 그와 같은 총송금액이 2018년에 6,890억 달러에 달한 것으로 추정했다. 공식적으로 이런 해외 송금은 키르기스스탄, 타지키스탄, 네팔에서는 GDP의 25% 이상, 아이티, 온두라스, 엘살바도르에서는 GDP의 20% 이상, 아르메니아, 조지아, 자메이카, 세네갈, 우크라이나를 비롯한 여러 나라에서는 GDP의 10% 이상을 차지한다.[6] 이 돈이 없으면 이주자의 고향에 사는 사람들의 삶은 가늠할 수 없을 정도로 열악해질 수 있다.

경제적 기회를 찾는 사람과 폭력이나 박해를 피하고자 하는 사람 간의 경계는 그리 명확하지 않다. 마약과 갱단이 난무하고 절망적일 정도로 가난한 환경에서 벗어나기 위해 고군분투하는 온두라스인 에게는 둘 간의 경계를 긋는 것이 아마도 불가능할 것이다. 시리아 인의 경우처럼 경제적으로 힘든 상황에 놓인 상태로 지역 사회에 깊이 뿌리내리고 살아가던 사람들이 내전과 폭력 때문에 고향에서 탈출하는 경우도 있다. 하지만 일단 안전하게 고향에서 벗어난 후에는 경제적인 고려 사항이 적어도 부분적으로나마 이후의 결정에 영향을 미친다. 경제적인 이유로 이주를 하는 경우는 적어도 명목상으로는 자발적이다. 하지만 전쟁, 폭력, 박해를 피해 난민이 되는 경우는 그렇지 않다.

시간이 지날수록 전쟁 발발 건수가 늘어나는가 줄어드는가는 논쟁의 여지가 있다. 하지만 국가 간 총격전은 줄어드는 반면, 한 국가 내부에서 발생하는 내전은 지난 한 세기 동안 꾸준히 증가했다는 주장이 널리 받아들여지고 있다. 1980-1990년대에 정점에 달한 것으로 보이는 내전 발발 건수는 그 이후로 약간 줄어들긴 했지만 그래도 계속해서 높은 수준을 유지하고 있다.[7] 물론 오늘날에는 다른 나라의 공개적인 개입이나 은밀한 관여가 예외가 아닌 규칙이 돼버렸기 때문에 더 이상 내전을 한 나라에 국한된 것으로만 바라볼 수는 없다. 한 국가 〈내에서만〉 진행되는 것이라기보다는 한 국가를 〈둘러싼〉 전쟁이라고 보는 편이 더 나을 수도 있다. 러시아와 튀르키예는 시리아와 리비아의 내전에 개입했으며, 사우디아라비아와 아랍

에미리트 그리고 이란은 모두 예멘의 내전에 개입했고, 미국은 소말리아와 아프가니스탄의 내전에 개입했다. 직접 개입하지는 않았지만 전투원을 무장시키거나 다른 방식으로 지원한 나라까지 모두 더하면 그 수는 훨씬 늘어날 것이다.

내전이 수년씩 지속되자 수많은 난민이 광범위하고 때로는 무차별적인 살상을 피해 피난을 떠나는 일이 벌어지기도 한다. 시리아의 경우 2011년에 발발한 내전으로 인구의 절반 이상이 시리아를 떠났다. 2021년까지 전체 시리아인 3명 중 1명이 난민이 됐으며 또 다른 4분의 1은 시리아 내에서 낯선 곳으로 쫓겨갔다. 내전으로 거의 1,300만 명에 달하는 시리아인들이 삶의 터전을 잃었고 이들 중 500여만 명이 레바논, 요르단, 튀르키예 같은 인근 국가에서 비위생적이고 비인도적인 환경 속에서 살아가고 있다.[8] 2021년 말 유엔난민고등판무관실UNHCR은 3,700만 명에 달하는 아동을 포함해 박해, 분쟁, 폭력, 인권 침해로 어쩔 수 없이 고향을 떠난 난민의 숫자가 8,900만 명에 달한다고 발표했다. 이는 유엔난민고등판무관실 역사상 가장 많은 숫자였다. 이 수치에는 2,700만 명에 달하는 국제 난민 외에도 국내에서 살 곳을 잃은 5,300만 명과 거의 500만 명에 달하는 망명 신청자도 포함돼 있다. 시리아 외에도 최근 몇 년 동안 난민이 대거 발생한 나라로는 베네수엘라, 아프가니스탄, 남수단, 미얀마 등이 있다.[9]

마지막으로, 국제 이주를 초래하는 환경적 요인을 이해하는 것이 중요하다. 홍수나 지진 같은 자연재해와 기근과 가뭄 등은 오랫동안 이주를 유발하는 요인이었다. 야곱과 그의 자녀들이 기근 때문에 이

집트로 이주했다는 무미건조한 성경 묘사만 봐도 기근이 일상적이고 반복적이었다는 것을 알 수 있다. 기근은 지금까지도 선진국 사람들이 생각하는 것보다 훨씬 흔하다. 2017년에만 1,300만 명이 넘는 사람들이 가뭄 때문에 삶의 터전을 잃은 것으로 추정된다.[10] 기근은 단기적인 이주로 이어지기도 하는데 이때는 마침내 비가 오면 사람들이 고향으로 돌아가곤 했는데, 더욱 오랜 기간 동안 혹은 영원히 고향으로 돌아가지 못하는 경우도 있다. 1848년에서 1852년까지 지속된 아일랜드의 대기근으로 200만 명이 고국을 떠났다. 당시 대부분의 이주민은 미국으로 향했는데 이 같은 아일랜드인의 대량 이주는 미국 사회를 영구적으로 변화시켰다.

오늘날에는 정치적인 이유로 기근이 발생하는 경우가 많다. 요즘 예멘과 베네수엘라에서 발생하는 대량 이주는 대개 기아와 기근이 원인이지만 폭력과 경제적 붕괴, 국정 관리 실패, 잇속을 차리기 위한 식량 공급 제한, 부정부패 등이 복합적으로 작용해 일어나기도 하고 잔혹한 내전이 그 원인이 되기도 한다. 최근 수십 년 동안에는 국제 인도주의 단체의 구호 활동이 재난의 규모를 줄이고 대규모 이주를 막는 데 도움이 됐지만 예멘과 베네수엘라의 정부와 위정자들은 인도주의 단체의 활동을 방해했다. 한 마디로 기아와 전쟁, 빈곤과 이주는 떼려야 뗄 수 없는 관계다.

이 모든 것에 영향을 미치는 것이 기후 변화다. 특정 사건을 기후 변화와 연관 짓는 것은 불가능하지만 가뭄, 산불, 해안 침수, 그 외 다른 자연재해 또한 발생 빈도와 그 심각성이 증가하고 있을 뿐 아니라 앞으로도 수십 년 동안 계속해서 늘어날 것이라는 데에는 의심의 여지가 없다. 2021년 여름에는 독일과 중국에서 수백 명이 홍수로 사망했고 미국 오리건주 시골에서는 화재로 40만 에이커가 넘는 숲과 초원이 불에 탔다. 2022년 여름에는 남유럽의 가뭄으로 이탈리아에서 가장 긴 포강이 거의 바닥을 드러냈다.

교통과 통신이 발달한 덕에 여러 측면에서 국제 이주가 훨씬 쉬워졌다. 최초의 유럽 정착민들에게 아메리카 신대륙으로의 이주 결정은 몇 달 몇 년 혹은 가족과 고향과의 영원한 단절을 의미했다. 19세기 말이 되자 이전까지 몇 달이 걸렸던 신대륙으로의 항해 기간은 몇 주로 줄어들었지만 이탈리아나 러시아의 농촌 지역과의 우편 통신은 여전히 더디고 불규칙했다. 하지만 이제는 이주자가 뭄바이나 마닐라를 떠난 당일 혹은 그 다음 날에 미국에 도착할 뿐 아니라 왓츠앱WhatsApp이나 페이스타임Facetime을 이용해 고향에 있는 가족과 즉시 연락을 주고받을 수 있다. 오늘날 국제 이주를 가로막는 가장 큰 장벽은 산이나 바다, 거리가 아니라 이주를 좌절시키거나 막기 위해 각국 정부가 세운 인위적인 장벽이다.

국내 이주,

한 국가 안에서도 인구 이동은 다양한 형태로 나타난다

—

국내 이주는 국제 이주보다 훨씬 흔할 것이다. 국내 이주는 대개 두 가지 축을 따라 이뤄진다. 첫 번째 축은 〈지역 이주〉, 두 번째 축은 〈공동체 이주〉다. 국내 이주율은 국가마다 크게 다르지만 두 가지

그림 3.2 **2018년 불가리아의 지역별 1인당 GDP**

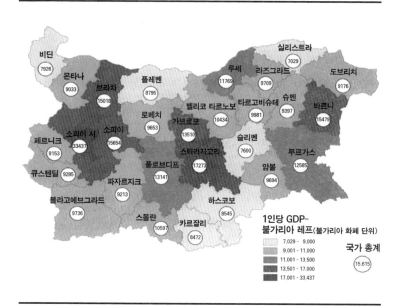

출처: 불가리아 통계청

유형의 이주 모두 전 세계에서 지속적으로 관찰된다.

지역 이주를 초래하는 원인으로는 경제적인 요인과 환경적인 요인이 있다. 아주 작은 국가를 제외한 모든 국가에서 경제적 상황은 지역에 따라 크게 차이가 난다. 비교적 작은 국가인 불가리아의 지역별 GDP를 보여주는 〈그림 3.2〉를 통해 이 같은 사실을 확인할 수 있다. 불가리아 수도를 포함하는 소피아 지역의 GDP는 불가리아에서 두 번째로 부유한 지역의 GDP보다 거의 2배나 많고 가장 가난한 지역의 GDP보다 4배 이상 많다. 최근 몇 년 동안 국내 이주를 통해 불가리아 내 다른 지역에서 소피아로 유입된 인구가 늘어난 결과 소피아 지역은 꾸준히 성장하고 있다.

브라질 북동부는 남부보다 훨씬 가난하다. 북동부 지역은 대개 불규칙적으로 내리는 비에 그나마도 얼마 안 되는 강수량과 반복되는 가뭄에 시달리고 있다. 2012년부터 2015년까지 그 지역에서 계속된 가뭄은 "그 강도와 영향력이 수십 년 동안 관찰된 적이 없을 정도로 강렬했으며…… 넓은 농경지를 파괴해 브라질 북동부 전역에서 수백 개에 달하는 도시와 마을에 영향을 끼쳤으며, 목장 주인들은 소떼에게 먹이와 물을 공급하는 데 어려움을 겪게 됐다."[11] 향후 수십 년 동안 이런 가뭄은 더욱 자주 발생할 것이고 그 강도 역시 더욱 커질 것이다.

사람들이 브라질 북동부 지역을 떠나기 시작한 지 벌써 100년이 넘었다. 1960년부터 1980년까지 그 지역에서 브라질의 다른 지역으로 순유출된 인구가 400만 명이 넘는다.[12] 역사적으로 북동부 출신 이주민들은 대개 좀 더 발전되고 산업화된 남동부로 이주했다. 하지만 최근 수십 년 동안은 북동부 출신 사람들이 상대적으로 인구가 적은 서쪽 아마존 지역으로 많이 갔는데 이런 식의 이주는 환경과 사회적 측면에서 심각한 문제를 초래한다.

미국의 경우 그 역사는 건국 초기부터 지역 이주 이야기로 가득하다. 최초의 정착과 원주민 정복에서부터 제2차 세계대전 이후에 진행된 미국 북부에서 텍사스, 애리조나 같은 선벨트 지역(Sunbelt, 기온이 따뜻하고 일조량이 많은 미국 남부 15개 주에 걸쳐 있는 지역)으로의 이주, 노년층의 플로리다 이주에 이르기까지, 서쪽으로의 이주가 미국의 역사와 신화를 지배한다. 미국에서 가장 눈에 띄는 지역 이주로는 600만 명에 달하는 아프리카계 미국인이 1910년에서 1960년대 사이에 미국 남부에서 북부로 이주한 흑인 대이동Great Migration을 꼽을 수 있다. 당시 북부로 이주한 대다수의 흑인은 뉴욕, 시카고, 디트로이트 같은 북부 도시에 정착해 자신들의 삶뿐 아니라 미국 도시 역사의 흐름까지 바꿔놓았다.

"도시의 공기가 자유를 만든다!"

또 〈그림 3.3〉에서 보듯이 지역 이동과 유사하거나 중복되는 방식으로 공동체 이주도 발생해 다양한 공동체를 오가는 서로 뒤엉킨 수많은 여정의 연결망이 생겨났다. 이런 이주 연결망은 해당 지역이나 국가를 아우르는 좀 더 거대한 궤적과는 별도로 개별 도시의 운명에 특히 커다란 영향을 미친다.

공동체 이주에 관한 고전인 스탕달의 유명한 소설『적과 흑The Red and the Black』은 신분 상승을 꿈꾼 주인공 줄리앙 소렐이 대도시에서 명성과 부를 얻기 위해 고향을 떠나는 이야기다. 물론 줄리앙도 그랬듯 이런 시도는 안 좋은 결말로 이어지는 경우가 많았다. 중세 유럽에서는 시골에서 도시로의 이주를 부추기는 관행이 널리 퍼져 있었다. 당시에는 농노가 도시에서 일정 기간 거주하면(대개 1년 1일) 영주는 다시 그 농노를 붙잡아 노예로 삼을 수 없었다. 이런 관행 때문에 "도시의 공기가 자유를 만든다Stadtluft macht frei"라는 말이 생겨났다. 물론 도시 생활이 좀 더 자유로울 수도 있지만 도시 거주자들은 전염성 질병과 유행병에 쉽게 노출되는 탓에 좀 더 치명적인 결

그림 3.3   공동체 이주 연결망

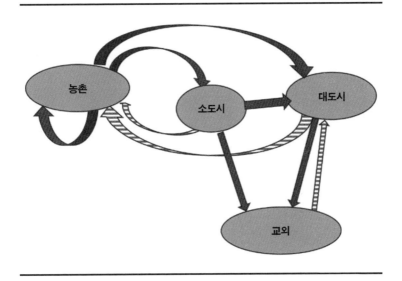

과가 뒤따를 때가 많았다. 19세기 중반까지만 해도 뉴욕에서는 천연두, 장티푸스, 말라리아, 황열병, 콜레라, 결핵이 번갈아 가며 유행했다. 따라서 현대에 가까워질 무렵까지만 해도 도시 거주자들의 사망률이 높았기 때문에 도시의 인구 유지나 성장을 위해서는 농촌 인구가 정기적으로 유입되어야만 했다. 결국 도시로 이주해서 얻을 수 있는 이익 때문에 수 세기에 걸쳐 수백만 명이 이주를 택한 후 도시에서 기회를 잡았다.

"도시의 공기가 자유를 만든다"라는 원칙은 여전히 유효하다. 시골에서 광저우 같은 도시로 이주한 젊은 중국인을 상대로 2007년에 실시한 설문조사를 통해 "고향의 어려운 경제 상황에 떠밀리기보다는 도시 생활의 기회와 자극에 매료돼 도시로 향하는 사람이 많다는 것이 드러났다……. 호기심이나 시골 생활의 지루함을 강조하는 사람도 있었고 부모나 뻔히 예상되는 직업 혹은 중매 결혼에서 벗어나고 싶다고 말하는 사람도 있었다."[13] 이 연구를 실시한 학자는 2009년에만 1억 4,500만 명의 중국인이 시골에서 도시로 이주했다고 설명한다.

도시는 여전히 많은 사람들에게 시골에서는 누릴 수 없는 기회를 제공하지만 도시에서의 삶을 원해서라기보다 생존을 위한 끊임없는 투쟁 때문에 도시로 이주하는 경우도 많다. 빈곤, 가뭄과 기근, 토지 손실은 오랫동안 농촌 사람을 도시로 내몰았고 좀 더 최근에는 농업의 산업화와 그로 인한 일자리 소멸이 농촌 주민이 고향을 떠나는 원인이 됐다. 지금도 여전히 이런 일이 벌어지고 있다. 2020-2021년에는 인도의 모디 총리가 이끄는 행정부가 농업 부문에 대해 규제를 완화하려 하자 그 계획에 반대하는 수천 명의 소농인들이 벌인 시위가 인도를 뒤흔들었다. 당시 인도의 농부들은 농업 부문에 대한 규제가 완화되면 농업의 산업화를 앞세운 자본주의 세력의 등쌀에 떠밀려 결국 자신들은 고향에서 내몰리게 될 것이라고 우려했다. 또한 브라질 북동부 지역이든 아프리카 사헬 지역이든 가뭄이나 기근에 내몰려 농촌을 떠난 사람들은 대도시 주위를 에워싸고 있는 빈민가나 판자촌에 거주한다.

농촌에서 도시로의 이주가 가장 잘 알려져 있긴 하지만 공동체 이주 형태는 여러 갈래로 나뉜다. 유목 생활뿐 아니라 새로운 땅을 경작용으로 개간하기 위해 잉여 인구를 시골 지역으로 보내는 중세 시대의 관행 등을 포함하여 농촌에서 농촌으로 오가는 이주 역시 수천 년 동안 일반적으로 행해졌다. 오늘날에는 인구 압력, 미개척지 부족, 유목민을 영구 정착지로 유인하거나 강제 이주시키려는 정부의 노력 등으로 인해 농촌에서 농촌으로의 이주가 줄어들긴 했지만 그렇다고 해도 완전히 사라진 것은 아니다. 사람들은 시골에서 고향 마을과 비교적 가까운 소도시로 이주하는 경우가 많고, 해당 세대나 자녀 세대가 좀 더 커다란 기회가 있는 대도시로 다시 이동하기도 한다.

마찬가지로 많은 해외 이주자가 안락하게 살 수 있을 만큼의 돈을 마련한 다음 고국으로 돌아가듯이 도시 이주자 역시 결국 고향 마을로 돌아가는 경우가 많다. 하지만 이주와 관련된 이례적인 사례도 있다. 2020년에 코로나19 팬데믹이 시작된 직후 재택 근무를 하면서 어느 곳에서든 일을 할 수 있다는 깨달음을 얻은 언론은 코로나바이러스를 피해 뉴욕을 떠나 뉴욕주 북부나 뉴잉글랜드의 작은 마을로 이주한 부유한 뉴요커의 뉴욕 탈출 행렬을 보도하기 시작했다. 2020년 가을에는 버몬트주의 어느 일간지가 〈새로운 버몬트주 주민들: 코로나19를 피해 그린 산맥에서 임시 피난처 혹은 영구 피난처를 찾는 새로운 주민들〉이라는 기사를 실었다.[14] 2023년의 시점에서 돌아보면 도시 탈출은 과장된 것이 분명해 보인다. 그럼에도 코로나19 팬데믹으로 시작된 재택 근무로의 전환은 장기적인 현상일 수도 있다. 이런 추세로 인해 향후에 주변 소도시로의 이주가 늘어날 수도 있고 그로 인해 작은 도시들이 좀 더 많은 기회를 얻게 될 수도 있다.

과거에 번성했던 산업 도시의 탈산업화든 농업의 기계화든, 경제와 산업의 구조조정은 항상 이주의 주요 동인이었다. 어쩌면 디트로이트, 맨체스터, 에센 같은 대도시와 그 외의 많은 소도시에서 수만 개의 고임금 일자리를 제공했던 제조업의 몰락이 20세기 중반의 미국과 서유럽, 탈공산주의 시대의 동유럽에서 축소 도시가 출현하게 된 가장 중요한 요인이었을 수도 있다. 중국의 경우에도 석탄 채굴이나 천연자원 개발에 의존하는 도시들과 함께 오래된 제조업 도시들이 나날이 증가하는 축소 도시의 선두에 서 있다.

교외로의 탈출, 이어진 밀레니얼 세대의 도시 복귀 운동

마지막으로, 중소도시나 대도시에서 도시 주위의 교외 지역으로 이동하는 현상을 일컫는 교외화suburbanization가 많은 나라에서 변화의 원동력이 됐다. 이런 현상은 미국에서 가장 두드러졌지만 그렇다고 미국에만 국한된 것은 아니다. 제2차 세계대전 이후 미국에서 시작된 교외화의 물결은 북동부와 중서부의 도시가 텅 비는 결과로 이어진 화이트 플라이트(백인 탈출) 현상을 비롯해 도시와 인근 지역의 사회적 및 경제적 성격을 변화시켰을 뿐만 아니라 정치적 역학관계까지 근본적으로 바꿔놓았다. 그 결과 교외 지역의 거주자가 미국 선거에서 중요한 역할을 하게 됐다.

문화적인 선호 때문이든 엄격한 토지 사용 규제 때문이든, 미국 외의 다른 나라에서는 상대적으로 덜한 편이지만 교외화가 세계적인 현상인 것만은 틀림없다. 느슨한 토지 이용 규제와 억눌린 수요 등으로 인해 동유럽의 대도시 주변에서는 어디에서든 교외 팽창 현상이 나타나 루마니아의 수도 부쿠레슈티Bucharest, 라트비아의 수도 리가Riga 같은 도시에서는 인구 감소 속도가 빨라지고 있다. 일본에서는 경제가 호황을 누렸던 1960년대에서 1990년 사이에 여러 대도시, 그중에서도 특히 도쿄 주위에서 교외 지역이 대거 성장했다. 이 시기에 도쿄 주위의 3대 교외 지역 중 두 곳인 지바현과 사이타마현의 인구는 470만 명에서 1,200만 명으로 늘어났다.[15] 도쿄 도심의 성장세도 여전히 지속됐지만 도쿄 지역 일대의 성장은 대부분 주변 교외 지역에서 이뤄졌다. 하지만 1990년대 이후 미국과 다른 선진국에서는 교외에서 다시 도시로 이동하는 움직임이 관찰됐다. 미국에서는 교외에서 유년기를 보낸 후 대학을 졸업하고 중심 도시로 이주하는 젊은이들이 이런 움직임을 주도했다. 모두가 그랬던 것은 아니지만 이들 중 상당수는 밀레니얼 세대였다.

일부 전문가들이 간과하고 있는 한 가지 눈여겨볼 만한 점은 미국에서 도시로 이주하는 사람들이 밀레니얼 세대 중 소수 집단인 대학 졸업자뿐이라는 것이다. 오늘날 샌프란시스코와 워싱턴 DC에 거주하는 성인 4명 중 1명은 25-34세의 대학 졸업자다. 교외에서 자녀를 양육한 후 자녀가 성장하고 나면 도심의 작은 주택이나 아파트로 집을 줄여서 옮겨가는 일부 빈둥지족도 〈도시 복귀 운동back to the city movement〉에 동참한다. 널리 알려져 있을 뿐 아니라 많은 비난을 받는 젠트리피케이션 현상과도 관련 있는 이러한 추세는 20세기가 끝나기 전에 뉴욕, 샌프란시스코 같은 미국의 일부 도시에서 먼저 시작됐다. 하지만 2000년 이후에는 좀 더 널리 확산되어 볼티모어, 필라델피아, 세인트루이스 같은 도시에서도 변화를 촉진했다.

이주라는 주제와 관련된 이와 같은 다양한 변화가 국가와 지역 인구에 영향을 미친다. 특히 다양한 이주 패턴은 도시의 성장과 축소에 영향을 준다.

20년간 20%가 증가한 워싱턴의 인구, 30년간 3배나 증가한 베이징의 인구, 반면 10년간 1%만 증가한 뭄바이의 인구

—

사람들의 이주가 도시의 성장에 영향을 미치는 것은 자명하지만 다양한 형태의 이주는 도시의 성장이나 쇠퇴의 속도를 변화시키는 것 그 이상의 역할을 할 수 있다. 이주는 도시를 드나드는 인구의 수에 영향을 미친다. 또한 전입자와 전출자가 누구인가에 따라 도시의 인종적, 인구통계학적, 경제적 특징 역시 달라질 수밖에 없다. 결국 이주는 도시의 인구 규모에 영향을 미치는 동시에 사회적 및 경제적 측면에서 도시의 근본적인 구성을 바꿔놓는다.

대표적으로 워싱턴 DC가 있다. 한때 축소 도시였던 워싱턴 DC는 2000년부터 다시 대거 성장해 2020년까지 20% 이상 인구가 증가했다. 특정 부류 사람들의 전입이 늘어난 결과, 학사 이상의 학위를 소지한 워싱턴 DC 주민의 숫자가 거의 2배나 늘어났고 성인 인구에서 고학력자가 차지하는 비중이 39%에서 59%로 늘어났다. 같은 기간 동안 학사 학위가 없는 주민의 숫자는 3만 명 줄어들었고 아프리카계 미국인의 비중 역시 60%에서 46%로 줄어들었다.

워싱턴 DC만큼 두드러지지는 않았어도 그 외에 미국의 많은 도시에서도 비슷한 패턴이 나타났다. 50년이 넘는 기간 동안 인구가 감소한 필라델피아에서는 21세기에 접어든 지 얼마 되지 않아 인구가 다시 늘어나기 시작했는데 2019년까지 대략 6만 명 정도 늘어났다. 이는 인구 150만 명의 도시인 필라델피아로서는 그다지 놀라운 수치가 아닐 수도 있지만 미국 최대 도시 순위에서 휴스턴과 피닉스보다 뒤처지는 모습을 지켜보아야 했던 성장 지향적인 필라델피아 주민들에게는 반가운 소식이었다. 이민자와 대학 학위를 소지한 밀레니얼 세대의 이주가 필라델피아의 인구 성장을 견인했다. 이들이 아니었다면 필라델피아의 인구는 6만 명이 늘어나기는커녕 8만 4,000명이 줄어들었을 것이다. 같은 기간 동안 필라델피아의 인구는 자연 증가를 통해 15만 명 늘어났다. 즉 이주자들 덕분에 사망자 수를 뛰어넘는 출생아 수가 늘어났기 때문이다. 하지만 필라델피아로 유입되는 이민자와 젊은 대학 졸업자 수가 늘어난 만큼 다른 인구는 대거 줄어들었다. 이로 인해 필라델피아의 인구 구성뿐 아니라 연령 분포와 사회적 및 경제적 특징까지 바뀌고 있다.

1850년대부터 1920년대까지는 이민이 미국 도시의 성장에 불을 붙였다. 1910년에는 시카고 인구의 75% 이상, 디트로이트 인구의 74%, 뉴저지주의 작은 산업 도시 퍼세이익Passaic 인구의 85%가 이민자와 그들이 미국에서 출산한 자녀들이었다. 1880년대에 사회개혁가 제이콥 리스Jacob Riis가 뉴욕의 어느 노인에게 〈미국인들Americans〉이 어디에 사는지 묻자 노인은 다음과 같이 답했다고 한다.

"저는 모릅니다. 저도 답을 알고 싶네요. 일부는 1849년에 캘리포니아로 갔고, 일부는 전쟁에 참전했다가 다시는 돌아오지 않았습니다. 나머지는 천국이나 어딘가로 갔겠죠. 여기선 그들을 볼 수 없어요."[16]

지난 수십 년 동안 많은 중국 도시의 성장을 견인한 것은 중국에서 나타난 농촌에서 도시로의 이주였다. 1990년 중국 총인구에서 도시 인구가 차지하는 비중은 26%에서 60%로 늘어났다. 세계의 다른 나라들에 비해 도시화 속도가 거의 3배나 빠른 셈이다. 대도시에서의 합법적인 거주를 제한하고 후커우(hukou, 戶口)라는 주민등록과 비슷한 호적 제도를 도입해 베이징과 상하이 같은 대도시로의 이주를 막기 위한 정부의 노력에도 불구하고 수억 명의 중국인이 대도시로 이동했다. 베이징과 상하이, 광저우의 인구는 1990년 이후 모두 3배나 증가했고 선전의 인구는 10배 이상 늘어났다. 전반적으로 중국의 도시 인구는 3배 증가한 반면 농촌 인구는 약 3분의 1로 줄어들었다. 원래 농촌에서 거주한 탓에 도시 주민으로 등록돼 있지 않은 수백만 명의 농촌 사람들은 중국 대도시에서 반영구적인 최하층민으로 전락해 도시 거주권이 없는 상태로 위험한 저임금 노동에 시달리고 있다.

해외에서 중국으로의 이주는 미미한 수준이며 앞으로도 그럴 것으로 예상된다. 따라서 중국의 인구가 감소함에 따라 농촌에서 도시로의 이주 역시 줄어들고 도시의 성장 또한 줄어들 가능성이 크다. 이주는 주로 젊은이들이 주도하기 때문에 중국 인구의 고령화만으로도 도시로의 이동 속도가 둔화될 수 있다. 그 외에도 많은 요인이 이동 속도에 영향을 미칠 것이다. 예를 들면 인구 감소가 시작된 이후에도 경제와 일자리가 탄탄한 성장세를 이어가는지, 도시가 이주민들에게 계속해서 의미 있는 삶의 기회와 도시 생활 특유의 매력과 역동성, 상대적으로 좀 더 풍요로운 삶, 활력 넘치는 삶을 제공하는지, 정부가 농촌에서 도시로의 이주를 얼마나 장려하거나 억제하는지 등이 도시로의 이동 속도에 영향을 미칠 것이다. 하지만 막강한 권력을 앞세워 인구 증가와 국민의 이동을 규제하려는 노력에도 불구하고 중국 사회에 깊이 뿌리내린 인구통계학적인 추세와 경제적인 동력을 통제하는 중국 정부의 역량은 다소 제한적이다. 중국이 과거에 시행했던 한 자녀 정책과 지금의 후커우 호적 제도를 통해서도 이 같은 사실을 확인할 수 있다. 결국 이 모든 요인이 향후 30년 동안 중국 도시가 서서히 둔화되는 성장을 보일지, 아니면 머지않아 축소 도시의 대열에 합류할지 결정하게 될 것이다. 아마도 대도시일 가능성이 크겠지만 경제 성장률이 높고 특히 매력적인 특징과 자산을 보유한 일부 도시에는 계속해서 이주민이 유입될 것이다. 농촌 지역뿐 아니라 활력과 매력도가 떨어지는 소도시에서도 이주민들이 유입될 것이다. 반면 후자에 해당하는 도시는 대부분 인구 감소를 경험할 가능성이 크다.

인도는 상황이 매우 다르다. 인도의 인구 성장세는 둔화하고 있긴 하지만 그래도 향후 수십 년 동안 인도 인구는 계속 증가할 것이다. 또한 인도에는 여전히 농촌 인구가 많다. 사람들로 북적이는 뭄바이나 콜카타 같은 대도시를 떠올리면 상상하기 힘들 수도 있지만 인도의 도시는 중국을 비롯한 다른 개도국에 비해 성장 속도가 훨씬 느리다. 1990년에는 인도와 중국의 도시화 수준이 거의 같았지만 오늘날 인도의 도시 인구 비중은 중국의 절반보다 약간 많은 수준에 그친다. 2001년부터 2011년까지의 연간 인구 성장률을 살펴보면 콜카타는 0.5%에 불과하고 뭄바이 역시 1%를 약간 웃도는 수준에 그쳤다. 이는 인도의 총인구 성장률보다 훨씬 낮은 수치일 뿐 아니라 같은 기간 동안 많은 중국 도시가 기록한 두 자리의 연간 인구 성장률과 비교해도 미미한 수준이다. 통념에 익숙한 사람에게는 놀라운 이야기일 수도 있겠지만, 콜카타 그리고 어쩌면 뭄바이에서도 인구의 순유입이 아닌 순유출이 일어나고 있는지도 모른다.

인도의 도시화 속도가 느린 이유는 분명하지 않다. 경제학 교수 카이반 먼시Kaivan Munshi와 마크 로젠바이크Mark Rosenzweig는 카스트caste 제도를 기반으로 하는 비공식적이지만 강력한 농촌 지역의 상부상조 네트워크를 그 원인으로 꼽는다. 농촌 주민이 도시로 이주하면 이런 네트워크가 제공하는 강력한 안전망을 잃게 된다.[17] 게다가 인도 정부는 농한기에 농부와 일꾼들이 농촌을 떠나지 못하도록 공공 근로 일자리를 제공하는 농촌 고용 보장법을 제정해 도시로의 이주를 더욱 억제했다.[18] 정규 교육을 받지 못한 이주민이 받는 급여가 상당히 낮다는 점과, 도시로 옮겨간 대다수의 이주민이 서양에 거주하는 사람들은 거의 상상할 수 없는 정도로 열악한 환경에서 생활한다는 점 또한 인도의 도시 성장을 더디게 만든다. 최근에 공개된 어느 기사 내용 일부를 살펴보자.

도시로 이주한 농촌 이주민은 돈을 거의 벌지 못하고, 열악한 생활 환경을 견디고, 국가로부터 어떤 지원도 받지 못한 채 좀 더 많은 급여를 주는 정규직 일자리를 찾기 위해 애쓰는 신세가 되어 버린다. 결국 그들은 고향으로 돌아가거나 계절성 이주 주기에 갇혀 버린다.[19]

현재 인도의 인구 성장은 둔화되고 있으며 일부 분석가들은 2050년 이전에 감소세로 돌아설 것으로 예상한다. 인구 성장이 둔화되는 상황에서 이주 의욕을 꺾는 지금과 같은 환경이 지속된다면 총인구 성장이 마이너스로 돌아서기도 전에 많은 도시가 인구 감소를 경험하게 될 수 있다. 반대로, 농촌에서 도시로의 이주가 훨씬 매력적인 방안이 되면 인도의 농촌 인구가 매우 많은 만큼 새로운 이주 물결이 등장해 총인구 성장이 마이너스로 돌아선 후에도 제법 오랫동안 도시는 성장이 지속될 수 있다.

인도의 도시 성장에 관한 이런 논의를 보면 얼마나 많은 요인들이 뒤엉켜 이주의 역학관계에 영향을 미치는지 알 수 있다. 물론 농촌에서 도시로의 이주는 흔한 일이지만 그렇다고 해서 자연의 법칙인 것은 아니다. 또한 필연적이지도 않다. 새로운 삶을 찾아 고향과 지역 사회를 떠나기에 충분할 정도의 동기를 부여하는 푸시 요인과 풀 요인의 존재 여부가 도시로의 이주에 영향을 미친다. 인도의 많은 농촌 주민들 입장에서는 두 가지 요인 모두 그리 강하지 않다. 혹은 둘 중 한 가지 요인이 충분히 강력하지 않을 때도 있다. 부유한 국가에서도 마찬가지다. 전체적으로 보면 고소득 국가가 다른 국가보다 도시화되어 있지만 일부 국가는 도시화 수준이 그리 높지 않다. 많은 나라 중에서도 특히 오스트리아와 아일랜드, 이탈리아에는 농촌 인구가 많고 최근 몇 년 동안 그 수준이 거의 혹은 전혀 변하지 않았다. 사실 오스트리아에서는 도시 인구의 비중이 천천히, 하지만 꾸준히 줄어들고 있다. 오히려 오스트리아에서는 농촌 생활이 제법 매력적인 것으로 보인다. 코로나19 팬데믹으로 원격 근무가 확산된 결과 미국에서도 농촌 인구가 다시 늘어날 수 있다고 생각하는 사람도 있지만 그 가능성은 낮다.

유출되는 인구,
그들은 어디로 가는 것인가

—

동전의 다른 면은 인구 유출이다. 일본과 한국, 일부 동유럽 국가를 제외한 대부분의 도시에서 출생아 수가 사망자 수보다 많은 만큼 대부분의 축소 도시에서 인구가 줄어드는 것은 출생보다 사망이 많아서가 아니라 인구 유출이 많기 때문이다. 1950~1970년대에 디트로이트, 세인트루이스, 버팔로 같은 오래된 미국 도시에서 인구가 급감한 것은 대규모 인구 유출 때문이었다. 당시 수백만 명의 주민이 교외 지역으로 이주하거나 애리조나나 플로리다같이 빠른 속도로 성장하는 선벨트 지역으로 이주했다.

이런 식의 이동은 이주 패턴이 어떻게 도시의 인구 감소로 이어지는지 잘 보여준다. 1945년이 되자 이전 15년 동안 전쟁과 불황으로 투자를 거의 하지 못했던 미국 도시들이 전쟁에서 돌아온 사람들과 가정을 꾸리고 싶어 하는 수백만 명의 젊은이들이 자리를 잡을 곳이 없을 정도로 북적였다. 갑작스레 사람들로 붐비게 된 도시는 곳곳이 허름한 경우가 많았다. 당시 《LA 타임스》에 실린 광고에는 이런 절박함이 담겨 있었다.

동정이나 관용은 사절합니다. 집만 있으면 됩니다. 무엇이든 좋습니다. 우리는 완벽하지 않습니다. 그저 평범한 사람일 뿐입니다. 우리 가족은 참전용사와 아내 그리고 아이로 구성되어 있습니다. 전화 주시겠습니까?

신부는 있지만 문지방이 없습니다. 집이 없는 신혼부부입니다. 단층집이든, 아파트든, 주택이든, 가구가 완비돼 있든, 아무것도 없든, 뭐가 됐든 빌려주세요. 50달러까지 낼 수 있습니다.

흔한 이야기입니다! 하지만 참전용사인 저는 아내와 함께 살 수 있는 집을 원합니다. (자녀나 반려동물은 없습니다.) 모텔 생활은 지긋지긋하고 끝없는 좌절감만 안깁니다.[20]

두 역사가가 쓴 것처럼 "미국으로 돌아온 참전용사들은 〈빈방 없음no vacancy〉이라고 적힌 표지판과 높은 임대료에 맞닥뜨렸다. 1947년까지도 무려 3분의 1이 친척, 친구, 낯선 사람과 함께 살았다. 따라서 미국인들의 가정생활은 보류됐다."[21]

이후 1940년대 말부터 착공된 레빗타운(Levittown, 조립식 주택 단지)을 비롯한 교외 개발지들은 이들을 비롯한 수천 가정에 좀 더 나은 삶을 꾸릴 수 있는 기회를 제공했다. 급성장하는 교외 지역으로 이주하는 사람들에게 제공되는 주택 담보 대출의 인종 배타적인 특성상 교외로 이주하는 사람은 모두 백인이었지만, 도시를 떠나는 사람들은 적어도 처음에는 인종적인 동기보다는 좀 더 나은 집과 좀 더 나은 삶을 향한 억눌린 욕구 때문에 이주를 택했다.

도시의 흑인 인구 증가 여부나 자신이 사는 동네의 흑인 거주 현황과는 무관하게 백인들은 일제히 교외로 이주했다. 백인 탈출 현상을 연구한 경제학자 리아 부스탄Leah Boustan이 기록했듯이 "도시에 거주하는 대부분의 백인, 흑인 가정과 전혀 교류한 적이 없는 이들 백인에게 자원이 풍부한 교외로의 이주는 경제적인 선택"이었다. 또한 "백인과 흑인을 막론한 가난한 이주자들이 도심으로 꾸준히 유입됐기 때문에 백인의 교외 이주가 가속화됐다."[22]

1명의 흑인이 도시로 유입될 때 2.7명의 백인이 도시를 떠났다

흑인 가정의 도시 이주가 계속되고 연방 정부가 도시 재개발과 고속도로 건설을 이유로 수많은 흑인 동네를 불도저로 밀어버리자 흑인 가정이 백인 동네로 밀려나게 되면서 도시에서의 탈출은 점차 인종적인 성격을 띠게 됐고 결국 백인 탈출로 알려지게 됐다. 부도덕한 정치인과 블록버스팅blockbusting이라는 관행에 가담하는 부동산 중개업자들이 백인들의 두려움을 부추겼다. 역사학자 W. 에드워드 오서W. Edward Orser의 설명에 따르면, 블록버스팅이란 "백인 탈출을 유발시킨 후 도시를 벗어나려는 백인에게서 헐값에 집을 사들여 새로운 주거 기회를 찾고자 하는 사람에게 값비싸게 되팔아 부당 이익을 취할 목적으로 백인들만 사는 동네에 흑인 가정을 정착시키는 부동산 업자의 의도적인 행동"을 뜻한다.[23] 오서가 지적하듯이 악의적이기 짝이 없는 블록버스팅은 주택 시장의 기저에 깔린 강력한 인종 차별주의와 "주거 통합 가능성을 고려하기를…… 거부하는" 백인 거주자의 태도를 악용한 것이다.[24]

기존 주택보다 신규 주택에 대한 자금 조달을 선호하는 연방 주택 프로그램, 도시 지역을 관통하는 수 마일에 달하는 고속도로를 운영하는 주간Interstate 고속도로 시스템, 교외와 도심을 분리하기 위해 토지 사용 규제를 장려하는 주 정부 법을 비롯한 공공 정책이 백인들의 도시 탈출을 더욱 부추겼다.[25] 게다가 연방주택관리청과 재향군인관리국이 새로운 교외 지역 개발에 적용한 인종 차별적인 정책과 관행 역시 새로 생겨난 교외 지역이 거의 예외 없이 백인 마을이 되는 데 영향을 미쳤다. 1960년대까지 교외 지역의 새로 지어진 주택에 입주하는 흑인 가정은 드물었고 이런 분위기는 이후 오랫동안 미국의 도시를 망가뜨린 〈분리의 유산〉을 남겼다.

일부 도시의 인구 유출입 현황을 보여주는 〈그림 3.4〉에서 확인할 수 있듯이 새롭게 유입되는 흑인 가정보다 도시를 떠나는 백인 가정이 훨씬 많았다. 리아 부스탄은 "1명의 흑인이 도시에 유입될 때마다 2.3-2.7명의 백인이 도시를 떠난" 것으로 추정한다.[26] 인종의 변화는 도시의 인구 급감으로 이어졌다. 디트로이트 인구에서 흑인이 차지하는 비중은 1950년에는 16%에 불과했으나 1970년과 1990년에는 각각 44%, 75%로 늘어났고, 같은 기간 디트로이트의 전체 인구는 185만 명에서 100만 명으로 감소했다.

그림 3.4   **1940-1980년 사이 미국 일부 도시의 흑인 유입과 백인 유출 현황**

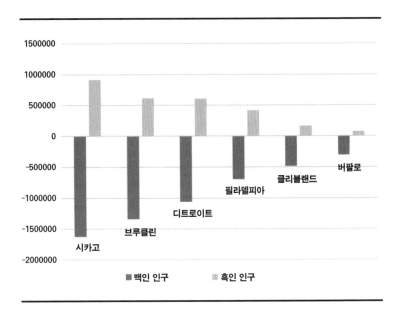

출처: 미국 통계청

1950년부터 1960년까지 미국인 8명 중 1명이 거주하는 인구 10만 명 이상의 도시 32곳에서 인구가 감소했다. 이 중 많은 곳에서는 지금까지도 인구 감소가 지속되고 있다. 도시의 인구 유출이 계속됐을 뿐 아니라 나날이 줄어드는 중산층이 교외 이주자의 대부분을 차지한 탓에 이런 도시는 대개 교외 지역이나 미국 전체에 비해 상대적으로 점점 더 빈곤해졌다. 그와 동시에 이따금씩 진행되는 재개발 사업과 빈번한 철거 작업에도 불구하고 버려진 빈집이 폭발적으로 늘어나 미국의 축소 도시에 한층 커다란 문제를 안기고 있다.

해외로 이주하는 동유럽 인구, 이제 남성 3명당 여성은 2명뿐

인구 유출은 국가나 도시의 인구통계학적 균형의 다른 측면에도 영향을 미친다. 불가리아와 리투아니아의 개별 도시를 떠나는 이주자의 연령을 분석한 데이터는 없지만 두 나라를 떠나는 이주자의 연령과 성별 분포에 대한 국가 통계는 있다. 불가리아와 리투아니아를 떠나는 이민자는 대개 젊은층이며 이들의 해외 이주로 양국의 연령 분포와 성별 균형이 대거 바뀌고 있다. 불가리아를 떠나는 이주자의 거의 75퍼센트가 20-39세이며 리투아니아를 떠나는 이주자의 연령은 15-34세로 불가리아보다 더욱 젊다. 그러다 보니 두 나라에 남겨진 인구는 노년층이 압도적으로 많다. 불가리아의 65세 이상은 전체 인구의 25%에 달하는 반면 미국에서는 같은 연령대의 비중이 16%에 불과하다. 1990년부터 인구가 3분의 1 이상 줄어든 불가리아 도시 비딘Vidin의 경우 65세 이상 인구의 비중이 전체 인구의 30%에 달한다. 나중에 살펴보겠지만 인구 고령화는 거의 모든 사회적, 경제적, 정치적 측면에 커다란 영향을 미친다.

리투아니아와 폴란드가 회원국 간의 자유로운 이동을 허용하는 유럽연합에 가입하자 트럭 운전사에서부터 명문 대학교 교수에 이르기까지 자국의 경제 구조조정의 영향을 받은 많은 사람들이 다른 유럽연합 국가로 이주해 자신들의 나라에서는 얻을 수 없었던 다양한 기회를 갖게 됐다. 하지만 동유럽 국가의 경제가 안정되고 브렉시트의 여파가 더해지자 이주 패턴이 일부 바뀌게 되었다. 〈그림 3.5〉에서 보듯이 2019년과 2020년에 리투아니아의 이주 대차는 플러스를 기록했다. 리투아니아 통계청 자료에 의하면 리투아니아의

그림 3.5
2010-2020년 사이
리투아니아의 순이주 대차net migration balance

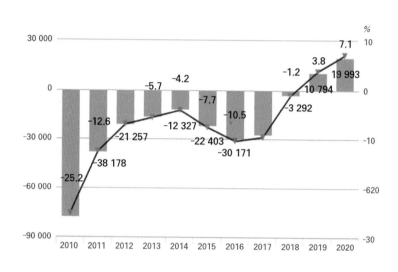

출처: 리투아니아 통계청

이주 대차가 플러스를 기록한 원인의 절반은 브렉시트로 인해 영국에서 돌아온 리투아니아 사람들에게서, 나머지 절반은 우크라이나에서 온 이민자에게서 찾을 수 있다.

　각국의 인구 유출 현황을 자세히 들여다보면 성별 불균형이 두드러진다. 불가리아의 경우 순유출되는 인구의 55%가 여성이다. 비슷한 역학관계 때문에 독일 동부(옛 동독)의 수많은 소도시와 작은 마을에서는 남성 인구의 비중이 늘고 있다. 사실 독일 동부의 많은 여성들은 남자들을 남겨둔 채 기회를 찾아 서부(옛 서독)로 떠난다. 독

일 작센주에 위치한 폴란드 국경 근처의 소도시 에버스바흐노이게
르스도르프Ebersbach-Neugersdorf의 인구 비율을 살펴보면 2007년에
22-35세 남성 인구 3명당 여성은 2명에 불과했다.

남아도는 남성 인구는 문제가 된다. 최근 연구를 통해 독일 동부
의 성비 불균형은 젊은 남성들이 극우 민족주의에 끌리는 현상과 밀
접한 관련이 있다는 사실이 밝혀졌다. 어느 보고서는 다음과 같이
기록한다. "독일 동부의 농촌 지역 대다수에서는 여전히 남자가 여
자보다 많고, 여성 인구가 사라지는 지역은 오늘날 우파 민족주의
정당인 독일을위한대안Alternative for Germany 당에 표를 주는 지역과
거의 일치한다."[27] 그렇다고 해서 불가리아나 다른 곳에서도 반드시
이런 일이 벌어진다는 뜻은 아니다. 다만 이주에서 비롯된 인구통계
학적인 변화가 정치나 사회의 측면에서 예상치 못한 결과를 초래할
수 있다는 점을 지적하는 것이다.

주변부에서 중심지로 이동하는 일본과 러시아 인구

—

개별 도시의 미래 궤적에서 중요한 것은 국가 자체에서 인구가 재분
배되는 과정에서 국내 이주로 생겨난 〈지역 간 불균형〉이다. 이 중
일부는 농촌에서 도시로의 이주에서 비롯되지만, 경제적으로 침체
된 지역과 소도시에 거주하는 사람들이 좀 더 나은 기회를 찾아 경
제적으로 더욱 역동적인 곳으로 이동하는 경우도 있는 만큼 이런 현
상은 〈도시 간 이주〉와도 밀접하게 연관돼 있다. 미국에서는 교육

수준이 이런 이동성에 커다란 영향을 미친다. 경제학자 엔리코 모레티Enrico Moretti는 "교육 수준이 높아질수록 이동성이 높아진다"라고 언급하며 역사적 패턴이 바뀌었다고 지적한다.[28] 이와 같은 두뇌 유출은 농촌 지역뿐 아니라 뉴욕이나 휴스턴에 비해 야심 찬 젊은이들에게 허락되는 기회가 훨씬 적은 클리블랜드나 피오리아Peoria 같은 도시에도 영향을 미친다. 앞서 설명했듯이 이러한 어려움을 겪는 일부 도시에 상당수의 젊은 대학 졸업자들이 유입되기 시작하면서 최근 몇 년 동안 패턴이 약간 바뀌기도 했다. 하지만 이 또한 각 지역의 가장 큰 도시에서나 관찰된다. 다시 말해서 플린트보다는 디트로이트에서, 영스타운보다는 콜럼버스에서, 존스타운Johnstown보다는 피츠버그에서 이런 현상이 나타난다. 코로나19 팬데믹으로 출퇴근이 자유로워진 많은 젊은 근로자들이 규모는 작지만 중심지의 역할을 하는 축소 도시로 이주할 것이라는 기대 또한 실현되지 않을 가능성이 크다.

46곳 중 7곳에서만 인구가 유입된 일본

지역별 인구 변화가 큰 또 다른 나라로 일본을 들 수 있다. 일본은 총인구가 감소하고 있고 대부분의 지역이 인구 감소를 겪고 있지만 그렇다고 모든 지역에서 인구가 줄어드는 것은 아니다. 〈그림 3.6〉에서 보듯 관련 데이터를 확보할 수 있는 가장 최근 연도인 2016년에 43개 현, 2개 도, 2개 부로 이루어진 일본의 총 47개 지역 중 지리적으로나 인구통계학적으로나 나머지 지역과 구분되는 오키나와를 제외한 46곳 중 39곳에서 인구가 순유출됐고 7곳에서는 인구가

그림 3.6　　2016년 일본의 지역별 순이주 현황

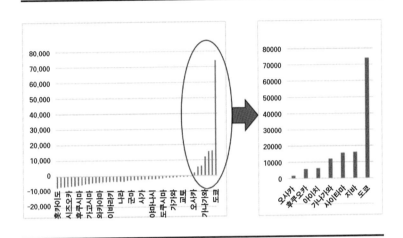

출처: 일본 통계청

순유입됐다. 인구가 순유입된 7곳은 그 위치가 중요하다. 지금껏 가장 많은 국내 이주 인구가 유입된 곳은 도쿄 권역이다. 그곳은 도쿄, 사이타마, 지바, 가나가와 등 4개 현과 일본에서 두 번째로 큰 도시인 요코하마로 구성된다. 이 4개 현이 일본 총인구에서 차지하는 비중은 28%이지만 일본의 인구 순유입에서 차지하는 비중은 85%가 넘는다. 인구가 순유입된 다른 지역 중 두 곳은 일본에서 세 번째로 큰 도시인 나고야와 네 번째로 큰 도시인 오사카가 위치한 곳이고, 나머지 한 곳인 후쿠오카현은 일본 열도 남쪽에 위치한 규슈에서 가장 큰 도시이자 일본에서 여덟 번째로 큰 도시인 후쿠오카가 자리 잡은 곳이다. 오사카는 일본에서 다섯 번째로 큰 도시인 교토와 여섯 번째로 큰 도시인 고베를 아우르는 간토 지역의 경제 중심지다.

그림 3.7   일본의 성장 지역과 도시

출처: 엘리자베스 라이언이 그린 지도

후쿠오카를 제외한 이 모든 도시들은 17세기부터 일본의 중심 동맥
인 도카이도(Tokaido, 교토에서 도쿄까지 동쪽 해안을 따라 연결한 일본의 옛
도로)로 연결돼 있었다(〈그림 3.7〉 참조).

날이 갈수록 줄어드는 일본의 인구는 여러 도시 중 가장 규모가 크고 경제적 역동성이 뛰어난 곳으로 집중되고 있다. 이런 도시들은 단 한 곳을 제외하고는 모두 규모는 작지만 서로 연결된 지역에 있다. 그 외 나머지 도시들은 모두 일본 경제 시스템의 주변부로 밀려나고 있다. 이미 많은 도시에서 인구 감소가 시작됐지만 앞으로 그 속도는 더욱 빨라질 것이다. 젊은이들이 일본의 경제 중심지로 이동함에 따라 주변 도시의 인구는 점차 고령화될 테고 생산 가능 인구와 아동 또한 줄어들 것이다. 집주인이 사망하거나 도쿄나 나고야 같은 먼 곳으로 떠나게 되면서 빈집으로 남겨지는 곳도 늘어날 것이다. 농촌 지역뿐 아니라 규모가 작은 수많은 마을과 도시에서 이미 이런 일이 일어나기 시작했으며 동유럽과 중유럽의 많은 나라에서도 같은 현상이 나타나고 있다. 인구 감소라는 운명을 피할 수 있는 도시도 있겠지만 그런 도시는 예외적인 존재다. 물론 인구 감소가 진행되는 시기는 다를 수도 있지만 마스다의 예언인 소멸이 실현될 가능성도 있다. 일본과 같은 사례는 전 세계 거의 모든 곳에서 되풀이되고 있으며 이는 또한 〈중심지와 주변부의 격차〉라는 축소 도시 문제의 핵심을 강조한다.

러시아 전체 인구는 줄었지만 모스크바 인구는 40% 증가

이 책에 등장하는 중심지와 주변부라는 표현은 개별 국가의 내부적인 문제를 설명하기 위한 것으로, 국제 관계에서와는 다른 의미로 사용된다. 안도라(Andorra, 프랑스와 스페인 사이의 피레네 산맥에 위치한 나라)나 산마리노(San Marino, 사방이 이탈리아에 둘러싸인 국가) 같은 미니

국가를 제외한 거의 모든 나라에서 중심지와 주변부 간의 격차는 인구 이동과 경제 활동의 중요한 원동력이 될 뿐 아니라 각 국가에 위치한 도시의 궤적에 영향을 미치는 주요 요인이 되기도 한다. 중심지가 반드시 단일 장소나 단일 지역일 필요는 없으며 역동적이고 중심적인 기능을 하는 여러 개별 장소가 중심지를 구성하기도 한다. 미국이나 중국같이 규모가 큰 국가뿐 아니라 여러 중심지가 생겨난 끝에 단일 국가로 탄생한 이탈리아나 독일 같은 다중심polycentric 국가에서 이런 현상이 흔히 나타난다. 그 외 대부분의 국가는 하나의 지배적인 중심지가 있는 단일 중심monocentric 국가다. 소피아는 불가리아의 중심지고 소피아를 제외한 나머지 지역은 정도의 차이는 있지만 모두 주변부다. 불가리아 인구의 약 20%가 불가리아인의 정치적, 경제적 삶을 지배하는 소피아에 거주한다. 해외 이주를 택하는 불가리아인도 많지만 불가리아에 머무는 인구의 상당수가 소피아로 이주한 결과 그 외의 거의 모든 지역에서 인구가 감소했음에도 불구하고 소피아의 인구는 꾸준히 늘어났다. 러시아는 규모가 훨씬 큰 나라지만 상황은 비슷하다. 소련 붕괴 이후 러시아의 인구는 줄어들었지만 모스크바의 인구는 거의 40%나 증가했다. 푸틴이 이끄는 러시아에서는 정부에 영향을 미치기 위해서든, 부를 축적하기 위해서든, 신분 상승을 꾀하기 위해서든, 혹은 최신 문화와 예술을 즐기기 위해서든, 모스크바가 인구가 모여드는 장소라는 사실이 점차 분명해지고 있다. 물론 모스크바가 러시아에서 유일하게 성장하는 도시는 아니다. 사실 각 지역의 주요 도시인 노보시비르스크Novosibirsk와 예카테린부르크Yekaterinburg 역시 모스크바보다 훨씬 완만하긴 하지만 상당 수준의 성장세를 보이고 있다. 그럼에도 모스크바가 러시아에서 가장 눈에 띄는 중심지임에는 틀림없다.

결론

—

각 지역의 인구는 인구통계학적인 추세와 이주의 상호작용에 의해 결정된다. 1950년대 이후의 미국에서 보여주었듯 빠르게 성장하는 국가에서도 이주로 인해 축소 도시가 생겨날 수 있고, 오늘날 소피아와 민스크 같은 도시가 그렇듯 인구가 빠른 속도로 줄어드는 국가에서도 성장 도시가 생겨난다. 인구 동태는 쉽게 변하지 않지만 이주는 다른 요인들로부터 많은 영향을 받는다. 기후 변화와 정치적 불안정이 지대한 영향을 미치는 아프리카와 중동 지역에서 인구가 계속해서 늘어나고 있는 만큼, 앞으로 북반구의 선진국은 지금까지 나타난 그 어떤 것과도 비교할 수 없을 정도로 해외 이주자들에 대한 압력에 시달릴 것이다.

기후 변화, 전쟁 혹은 단순히 자신과 가족을 먹여 살리려는 절박한 필요 등 해외 이주의 원인은 다양하다. 그 원인이 무엇이든 향후 해외 이주 추세는 많은 국가와 도시, 특히 북반구 선진국의 미래에 큰 영향을 미칠 것이다. 국외로 이주하기를 꿈꾸는 사람이 많다는 데는 의심의 여지가 없다. 중동과 사하라 사막 이남의 아프리카에서 유럽으로 이주하는 수백만 명의 사람들, 중남미와 세계 각지의 수많은 나라에서 미국을 종착지로 삼는 수백만 명의 사람들이 여기에 포함될 것이다. 이들이 원하는 나라에 무사히 입국하면 앞으로 수십 년 동안 해당 국가에서는 인구 감소 추세가 약화되거나 역전될 수 있다.

하지만 대다수의 나라가 채택한 반이민 정책이 이런 일을 막는 역할을 할 것이다. 앞으로 수십 년 동안 좀 더 많은 이주민들을 환영하기보다는 물리적인 형태든 다른 형태든 이주자를 내쫓기 위한 장벽이 점점 높아질 것이다. 결국 이주는 계속해서 축소 도시와 축소 국가의 미래를 결정하는 예측 불가능한 역할을 할 것이다.

4

—

**인구 감소는
주택 수요에 어떤 영향을 미치고 있는가**

> "동네 전체가 마치 전쟁 중에 폭격을 맞은 것 같은 광경, 부식되거나 파괴된 건물,
> 한때 번화했던 거리가 황폐해진 모습 등 그곳에서 보았던 장면이 내 머릿속을 맴돈다."
> ― 어빙 하위Irving Howe, 1976년에 디트로이트를 방문한 후 남긴 말[1]

백인 탈출, 버려진 건물, 1960년대의 도시 폭동 등은 모두 미국의 많은 전문가들로 하여금 〈도시의 몰락〉을 예언하게 만들었던 1970년대의 분위기에 영향을 미쳤다. 가장 저명한 전문가 중 한 사람으로 꼽히는 스튜어트 올솝Stewart Alsop은 독자들에게 다음과 같이 설명했다.

"도시는 살기 힘든 곳이 되어버렸기 때문에 곧 도시의 수명이 끝날 수도 있다. 도시의 순인구는 계속해서 감소할 테고…… 도시는 중산층이 거주하는 교외 지역에 삼엄하게 둘러싸인, 빈민과 흑인을 위한 보호 구역 같은 모습을 띠게 될 것이다."[2]

올솝 외에도 미국 도시의 종말을 예측하는 사람은 많았다. 이와 같은 디스토피아적 생각에 불을 지핀 것은 인구 감소 자체가 아니라 1960년대 말부터 곳곳에서 모습을 드러낸 도시의 버려진 주택과 상

그림 4.1   1970년대 뉴욕 사우스 브롱크스의 샬럿 스트리트

출처: 조 콘조 아카이브

가, 상업용 건물의 처참한 모습이었다(〈그림 4.1〉 참조). 작가 겸 역사학자인 어빙 하위 같은 사람에게 버려진 건물은 도시 문명의 붕괴를 의미했다. 1977년에 뉴욕 양키 스타디움에서 월드 시리즈 경기를 중계하던 중 스포츠 방송 진행자 하워드 코셀이 남긴 "신사 숙녀 여러분, 브롱크스가 불타고 있습니다!"[3]라는 유명한 발언과(물론 널리 알려진 것과는 달리 실제로 이런 발언을 하지 않았을 가능성이 크지만)*, 디스토

---

* 1977년 10월 12일 월드 시리즈 2차전 중계를 하면서 화면으로 경기장 근처 풍경을 보여주던 차에 양키 스타디움이 위치한 브롱크스 지역에 불이 난 장면을 언급한 멘트로 알려졌다. 뉴욕의 브롱크스는 할렘과 마찬가지로 범죄율이 높은 우범지대로 알려졌는데 10월이 되면서 날씨가 추워지자

피아가 되어버린 미래의 디트로이트를 배경으로 하는 1987년의 유명한 영화 「로보캅Robocop」에도 도시 문명의 붕괴를 상징하는 메시지가 담겨 있다.

인구 감소는 어떤 직접적인 결과를 가져오는가

—

축소 도시의 공통된 특징이 인구 감소라면 그것의 가장 직접적인 결과는 〈버려진 땅〉일 수밖에 없다. 인구가 줄어들면 사람들이 필요로 하는 집과 상점, 일자리도 줄어들기 때문이다. 축소 도시와 관련된 다른 모든 것이 그렇지만 이 문제 역시 그렇게 간단하지만은 않다. 버려진 땅은 전 세계의 축소 도시에서 문제가 되고 있지만, 어빙 하위가 목격한 동네 전체가 파괴되는 광경 혹은 디트로이트나 인디애나주 게리 같은 공업 도시에서 관찰되는 〈도시의 황무지〉는 다른 축소 도시에서는 거의 발견되지 않는다. 물론 영국이나 독일 동부에서 진행된 의도적인 대규모 주택 철거 공사의 결과로 도시에서도 황무지가 나타나는 예외적인 경우가 있긴 했다. 어쨌든 버려진 빈 땅은 인구 감소에서 비롯된 직접적인 많은 결과 중 하나에 불과하다.

인구 감소는 도시의 물리적 환경에 영향을 미칠 뿐 아니라 사람들의 연령 분포 변화, 빈곤 증가, 공공 시설 노후화, 공공 서비스 감소 등 다음 장에서 살펴볼 심각한 경제적 및 사회적 결과를 유발할 수

노숙자들이 길거리에서 불을 피워 몸을 녹였는데 그로 인해 여기저기가 불길에 휩싸이면서 큰불이 여러 군데서 발생했다.

그림 4.2   축소 개념 모델

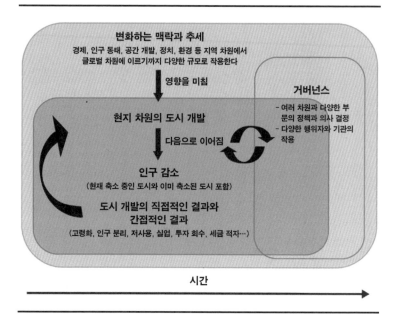

출처: 아네그레트 하스, 마티아스 번트, 카트린 그로브만, 블라드 마흐넨코, 디터 링크. '유럽 도시의 다양한 축소 현황.' *European Urban and Regional Studies* 23:1 (2016): 86–102.

있다. 하지만 이런 결과가 모두 불가피한 것은 아니다. 특정 도시가 축소될 때 발생하는 일은 애초에 해당 도시가 축소된 원인, 정부가 인구 감소라는 현실에 대응하는 방식과 밀접하게 연계돼 있다. 제철소가 문을 닫아서 인구가 감소하는 도시와 출산율 감소로 쇠퇴하는 도시가 느끼는 축소의 여파는 매우 다를 수밖에 없다.

아네그레트 하스Annegret Haase와 그의 동료들은 이런 관계를 묘사하는 축소 개념 모델을 만들었다(《그림 4.2》).[4] 이 모델은 도시의 축소 결과와 원인이 어떻게 상호 간의 작용을 통해 피드백 시스템을 만들어 내는지 보여준다. 버려진 땅과 공공 서비스 감소는 모두 그 지역으로 유입될 수도 있는 이주자의 이주 의욕을 꺾고 인구 유출을 부추겨 추가적인 인구 감소를 초래한다. 또한 정부 차원의 모든 정책과 선택은 도시의 축소 정도와 그 결과의 심각성에 영향을 미친다. 대학이나 자선 단체, 비정부 기구 같은 다른 주체와 기관의 결정 역시 그보다는 못하더라도 영향을 미칠 수밖에 없다. 따라서 거버넌스(공동의 목표를 달성하기 위해 주어진 제약하에서 모든 이해 당사자들이 투명하게 의사 결정을 수행할 수 있게 하는 제반 장치)는 도시 축소의 원인과 결과에 영향을 미치는 피드백 시스템의 또 다른 하나의 축을 구성한다. 결국 도시의 축소를 주도하는 것은 도시가 통제할 수 없는 거대한 힘이지만, 축소의 정도와 결과를 결정하는 것은 이런 힘 자체가 아니라 그 힘이 현지 상황에 미치는 영향 및 그 상황과 상호작용하는 방식이다.

이 모든 것이 결국 〈인구 감소의 결과는 미리 정해진 것이 아니라 각국 정부뿐만 아니라 삶에 관한 결정을 내리는 개개인에 이르기까지 수많은 주체가 내린 무수히 많은 개별적인 결정의 산물〉이라는 하나의 요점으로 귀결된다. 하지만 이것도 어느 정도까지만이다. 이런 주체들이 국가나 도시의 궤적을 바꾸는 능력은 제한적이다. 인구 감소 자체가 특정 결과를 좌우하지는 않지만 부정적일 수 있는 결과의 일부 또는 전부가 발생할 가능성을 높이는 강력한 위험 요인은 된다.

모든 축소 도시의 근본적인 속성은 토지 면적은 동일하지만 같은 크기의 공간에 거주하는 사람 수가 이전보다 적다는 것이다. 작고한 영국의 도시 계획 전문가 콜린 워드Colin Ward는 이런 도시에 적절하게도 〈여윈 도시thinner city〉라는 이름을 붙였다. 도시가 점차 여위어가고 토지 사용의 집약도도 떨어짐에 따라 도시의 물리적 환경 또한 바뀌고 있다. 인구와 가구가 감소하자 사람들이 필요로 하는 주택과 상점, 일자리도 줄어들고 있다. 건물이 버려지고 철거됨에 따라 도시의 물리적 환경이 달라질 뿐 아니라 디트로이트와 다른 미국 도시들에서 관찰된 잘 알려진 현상처럼 한때 도시였던 땅이 다른 용도로 사용되거나 자연으로 돌아간다.

이 장에서는 미국, 독일 동부, 동유럽(주로 불가리아), 일본에서 이런 변화가 어떤 식으로 나타났고, 인구 감소가 각 지역에서 서로 얼마나 다른 영향을 미쳤는지 살펴볼 것이다. 또한 앞으로 보겠지만, 많은 축소 도시에서 물리적인 변화가 나타나더라도 미국 이외의 다른 지역에서는 그 속도가 훨씬 더딜 수 있다.

미국,
왜 도시에 황무지가 생겨나는가

—

가장 극단적인 경우를 살펴보면, 전성기 시절의 인구를 절반 이상 잃은 미국의 일부 도시에서처럼 빈집이 늘어나면 동네 전체가 버려질 수 있다. 하지만 그와 같은 경우는 드물다. 대신 세인트루이스를 기준으로 미시시피강 건너편에 위치한 일리노이주의 소도시 이스트 세인트루이스East St. Louis의 경우처럼 넓은 땅에 빈집과 사람이 사

그림 4.3   일리노이주 이스트세인트루이스의 어느 거리

출처: 구글 어스 © 2022년 구글

는 집이 듬성듬성 섞여서 자리 잡고 있어 기괴한 동시에 목가적인 분위기가 나는 경우도 있다(〈그림 4.3〉). 이스트세인트루이스의 인구는 1950년부터 3분의 2 이상 줄어들었다.

미국인 저자가 축소 도시에 관해 쓴 글을 보면 비슷한 이미지가 자주 등장한다. 도시 축소를 이야기할 때 가장 자주 언급되는 곳이 바로 디트로이트다. 디트로이트 출신 작가 존 갤러거John Gallagher는 다음과 같이 지적한다.

"디트로이트의 가장 눈에 띄는 특징은 겨우 1-2채의 집만 남아 있는 텅 빈 유령 거리, 그곳 사람들이 오래전부터 도시의 황무지라고 불러온 광활한 공터 등에서 비롯된, 도시가 텅 빈 듯한 느낌이다."[5]

클리블랜드 일부 지역, 게리, 플린트를 비롯한 다른 많은 도시 역시 마찬가지다. 이로 인해 두 가지 질문이 떠오른다. 도시에서 황무

지가 생겨나는 이유는 무엇이며, 다른 나라보다 미국에서 이런 현상이 특히 두드러지는 이유는 무엇일까? 둘 중 하나 혹은 두 질문 모두에 제대로 답을 하려면 따로 책 한 권을 써야 할 정도지만 이 책에서는 우선 몇 가지 답을 제안하고자 한다.

인구 감소가 도시의 물리적 환경에 영향을 미치는 과정은 복잡하다. 1950-1960년대의 백인 탈출과 함께 시작된 미국의 도시 변화를 주도한 것은 다른 곳에서는 볼 수 없는 방식으로 진행된 인종적, 경제적 격차였다. 제2차 세계대전이 끝날 무렵 미국 도시의 흑인 주민 대부분은 분리된 게토ghetto[**]에 거주했다. 이런 지역을 게토라고 부르는 것은 적절하다. 초기 근대 유럽의 유대인 게토와 마찬가지로 공식적, 비공식적 외부 압력에 의해 흑인들의 게토가 생겨났기 때문이다.[6] 많은 도시에는 게토에서 저소득층 및 빈곤층 가정과 함께 생활한 탄탄한 흑인 중산층이 있었지만 전반적으로 흑인 가구는 같은 도시에서 살아가는 백인 가구보다 훨씬 가난했으며 20세기 중반의 미국을 특징지었던 온갖 악랄한 형태의 인종 차별을 당했다.

전쟁이 끝난 후 백인들이 도시를 대거 떠나 도시 곳곳이 공동화되자 제2차 흑인 대이동Second Great Migration의 결과로 도시의 흑인 인구가 늘어났다. 수천에 달하는 흑인 가정이 백인의 교외 이주로 텅 비게 된 동네로 이주하거나 떠밀려 들어가자 흑인 지역 사회는 경제적으로나 공간적으로 양분됐다. 이전까지만 해도 모든 흑인 가정은 소득 수준에 관계없이 강제로 밀려난 분리된 지역에서 함께 살 수밖

[**] 중세 이후 유대인들을 강제 격리시킨 유대인 거주 지역에서 비롯된 말로, 주로 특정 인종이나 종족, 종교 집단에 대해 외부와 격리시켜 살도록 한 거주 지역을 지칭한다.

에 없었지만 1950년대부터는 각자 다른 길을 걷게 됐다. 아프리카계 미국인 칼럼니스트 유진 로빈슨Eugene Robinson은 2010년에 "당시에는 아무도 깨닫지 못했지만 미국의 흑인이 분열되고 있었다"라고 적었다.[7]

부유한 흑인 가정은 흑인 이주민들이 모여 사는 인근의 오래되고 허름한 동네를 건너뛰고 백인 중산층이 거주했던 좀 더 매력적인 동네로 이사했지만, 가난하거나 넉넉하지 않은 가정은 원래 흑인들이 모여 살던 곳에 남거나 좀 더 가깝고 값싼 오래된 이민자 동네로 이주했다.

로빈슨은 당시의 변화를 다음과 같이 요약한다.

일부는 출세를 꾀하며 폭동의 피해를 입지 않은 동네나 교외로 옮겨가 새로운 기회를 잡았다. 직장에서도 승진하고, 주택과 건물을 구입하고, 자녀를 대학에 보내고, 미국이 일궈낸 풍요 중 그들이 마땅히 누려야 할 대부분의 몫을 요구하고 쟁취했다. 이들은 주류가 됐다. 하지만 그렇지 못한 사람들도 있었다. 자신들이 거주하는 공동 주택이나 아파트 건물이 방치된 채 허물어져 가는 모습을 지켜보고, 대형 공공 주택 단지가…… 점점 제 기능을 상실한 채 위험한 곳이 되어버리는데도 그곳을 떠나지 못했다. 이런 부류의 흑인 가정은 가장 똑똑한 학생과 기세등등한 학부모는 눈길조차 주지 않는 부실한 학교에 자녀를 보냈다. 자본과 야망, 공공질서와 함께 일자리도 사라졌지만 이들은 그 동네를 떠나지 않았다. 그들은 버려졌다.

1970년대 후반까지만 해도 아프리카계 미국인이 거주하는 지역은 평균적으로 백인 거주 지역보다 경제적 다양성이 큰 편이었다. 하지만 10년이 지난 후부터 상황이 달라졌고 격차는 계속 벌어지고 있다. 미국 사회의 공간적 변화와 경제적 변화를 자세히 연구한 두 학자 켄드라 비쇼프Kendra Bischoff와 숀 리어든Sean Reardon은 "1970년에서 2009년 사이에 소득에 따라 흑인 가정들이 분리되는 현상이 백인보다 4배나 많았다"라고 말한다.[8]

매우 흥미로운 내용이긴 하지만 이런 현상과 집을 비워놓고 떠나는 현상 간에는 무슨 관계가 있을까? 게토에서 벗어난 흑인 가정들이 경제적인 상황에 따라 각자 다른 곳으로 떠나자 미국 도시에는 같은 인종끼리 모여 사는 고도로 집중된 빈곤층 거주 지역이 대거 생겨났다. 공공과 민간 부문은 이런 지역의 경제적 가치를 낮게 보고 투자를 중단했다. 그러자 부동산 가치가 떨어졌고, 대출 기관은 점차 대출을 꺼렸으며, 지방 정부의 복지도 악화됐다. 적당한 투자 수익을 올릴 만한 임대료를 받지 못한 임대인들은 떠나기 시작했고 집주인이나 상속자들은 구매자를 찾는 데 점점 더 어려움을 겪었다. 이런 동네에서 벗어날 방법을 찾아낸 사람들은 누구든 뒤돌아보지 않고 떠났고 들어오는 사람은 줄어들었다.

그 결과는 뻔했다. 같은 도시의 다른 지역에 비해 빈곤층이 집중된 지역의 인구가 훨씬 빠른 속도로 줄어들었다. 클리블랜드에서는 1970년부터 2019년 사이에 고빈곤 지역의 인구는 70% 줄어든 반면 저빈곤 지역의 인구는 3분의 1만 감소했을 뿐이다. 당시 지방 정부와 개발업자, 비영리 단체는 정부 보조금을 받아 저소득층을 위한 주택 단지를 건설하기 시작했다. 이 프로젝트의 결과로 특정한 지역의 일원으로 분류되긴 하지만 실제로는 지역과 긴밀하게 융합되지 못한 채 고립돼 살아가는 인구 집단이 도시 곳곳에 생겨났다. 이들 집단이 생겨나지 않았더라면 고빈곤 지역의 인구는 더욱 가파르게 줄어들었을 것이다.

디트로이트, 6년간 2만 채의 빈집 철거

인구가 감소하면 빈집과 버려진 땅이 늘어나 결국 부동산 시장이 사실상 기능을 멈추는 수준까지 가게 된다.[9] 주택 소유주는 떠나거나 사망하고, 매수 희망자가 나타나는 주택은 점점 줄어들고, 그럼 결국 점차 많은 집이 빈 채로 남게 된다. 이런 동네에서 집을 구매하고자 하는 극소수의 사람은 그곳의 집을 담보로는 주택 담보 대출을 받거나 보험을 들기가 어렵다는 사실을 깨닫는다. 집주인들은 집을 포기하고 떠난 후 재산세 납부를 중단하고, 그럼 점점 많은 땅이 재산세 미납을 이유로 국가 소유가 되어버린다. 결국 어쩔 도리가 없는 지자체는 대안이 없다는 판단하에 빈집을 허물게 되고 그 과정에서 도시의 황무지가 생겨난다.

2014년에서 2020년 사이에 디트로이트는 거의 2만 채에 달하는 빈 건물을 철거했는데 그중 대부분은 단독 주택이었다. 이미 수십 년 동안 진행된 철거를 통해 도시 곳곳에 생겨난 10만 개의 공터에 수많은 공터가 또다시 추가된 것이다. 하지만 계속해서 약세를 띠는 디트로이트의 주택 수요와 지속되는 인구 유출을 따라잡을 수 있을 정도로 철거 작업이 빠르게 진행되지는 않았다. 1990년에서 2010년 사이에 7만 채가 넘는 집이 주로 철거를 통해 디트로이트에서 사라졌다. 하지만 2010년이 가까워질 무렵에는 1990년에 비해 공터 증가분을 제외하고도 빈집 숫자가 4만 채나 늘어났다.

철거는 새로운 방식이 아니다. 서기 105년경 로마 황제 트라야누스는 로마에서 가장 위험하고 불결한 지역 중 한 곳인 수부라Suburra의 일부를 철거한 후 오늘날의 고급 쇼핑몰에 해당하는 트라야누스 포룸Trajan's Forum을 지었다. 19세기 중반에는 오스만 남작이 악명 높게도 파리의 상당 지역을 철거하고 오늘날 우리가 익히 알고 있는 모습의 파리를 건설했다. 1950-1960년대에는 미국에서 도시 재개발과 주간 고속도로 건설을 위해 수천 채의 주택과 가게, 공장이 철거됐다. 이 모든 경우에, 목적이 철거를 정당화하든 그렇지 않든 간에, 철거되는 부지에는 미래의 목적이 계획돼 있었다.

하지만 최근 수십 년 동안 미국의 도시들은 철거를 통해 생겨난 빈 땅을 활용할 어떤 방안도 마련하지 않은 상태에서 수천 채씩 건물을 허물었다. 일부 철거 찬성론자들은 빈 건물을 허물면 고통에 빠진 동네가 마치 마법처럼 안정되고 재건의 길로 들어서게 될 것이라고 주장하지만 결국 이는 가시적인 시장 수요가 없는 잉여 건물을 철거하는 것에 불과하다. 하지만 철거 담당자들은 이런 식으로 주택 재고가 줄어들면 수요와 공급이 합리적인 균형을 이뤄 도시의 건물이 더 이상 버려지지 않는 지점에 도달할 수 있을 거라고 기대한다. 러스트 벨트 지역의 어느 정치인은 이런 현상을 〈자연도태〉라고 칭한다.

건물 철거보다는 경제 성장과 이주라는 좀 더 커다란 힘이 주택의 수요와 공급 균형에 영향을 미칠 것이다. 한편 철거가 진행되면 온전했던 거리 미관에 틈이 생기거나 넓게 뻗은 공터에 집이 듬성듬성 자리하게 되는 만큼 철거가 시장 회복을 부추기기보다는 저해할 가능성이 크다. 하지만 수요 부족과 가격 하락 때문에 버려진 건물을 재건하는 것이 경제적으로 불가능하다면 〈대안은 무엇인가?〉라는 합리적인 질문을 던질 수 있다. 버려진 건물을 내버려두면 이웃에 해를 끼칠 뿐이다. 이런 건물 옆에 사는 클리블랜드의 어느 주택 소유주는 그 지역 활동가에게 다음과 같이 이야기했다. "당신이 뭘 하든 상관없습니다. 고치든 허물든 알아서 하세요. 하지만 뭐라도 하세요!"

결국 좋은 해결책은 없다. 하지만 이런 도시의 미래를 생각해 보면 지금 쌓여가고 있는 버려진 땅이 지속 가능한 지역 사회로 거듭나려는 노력을 통해 귀중한 자원으로 재탄생할 수도 있다. 이에 대해서는 나중에 다시 살펴볼 생각이다.

독일,
주택 수요는 감소하는데 공급량은 늘어나다

—

지금까지는 곳곳에 흩어진 빈집을 대규모로 철거하는 미국식 모델을 따르는 나라가 없었다. 통일 이후 독일 동부에서는 급격한 인구 감소와 신규 주택 건설이 맞물리면서 주택 공급 과잉이 발생해 일부 도시를 제외한 모든 곳에서 철거에 대한 새로운 접근 방법이 등장했다. 독일의 접근 방법에는 디트로이트 같은 미국의 러스트 벨트 도시와 독일 동부 도시 사이에 존재하는 도시 형태의 커다란 차이도 반영돼 있다. 정치 및 경제와 맞물려 있는 〈주택 과잉〉이라는 공통된 문제를 대하는 미국과 독일의 서로 다른 접근 방법을 이해하려면 먼저 두 나라 도시의 물리적인 환경 차이부터 이해해야 한다.

먼저 미국의 도시에는 다른 무엇보다도 단독 주택이 많다. 필라델피아나 볼티모어 같은 동부의 도시에는 18세기 영국식 모델을 따른 연립 주택이 많지만, 중서부 도시의 주거 지역은 대개 목조로 지어진 단독 주택 단지가 많다. 또한 주택 단지 사이에 상업용 거리가 위치해 있고 작은 아파트 건물도 듬성듬성 보이며 간혹 대규모로 조성된 저소득층을 위한 주거 단지도 있다. 수십 년 동안 철거가 진행됐지만 아직도 대부분의 미국 도시에서 주거용 건축물의 80-90%는 단독 주택이다. 반면 미국과 영국으로 대표되는 북대서양 도시 건설 모델과는 반대로, 대부분의 서유럽과 독일의 도시는 다세대 아파트 건물이 가장 흔한 주택 유형으로 자리매김한 유럽 대륙의 모델을 따른다. 다세대 아파트는 19세기와 20세기 초에 도시로 유입된 산업 근로자를 수용하고 나날이 늘어나는 중산층의 수요를 충족시키기 위해 건설됐는데, 특히 베를린에서는 〈임대 주택mietkasernen〉이라고 불렸다. 〈그림 4.4〉에서 독일 라이프치히의 산업 지구인 플라그비츠에 그와 같은 아파트 건물이 줄지어 늘어선 모습을 확인할 수 있다. 거의 90%에 달하는 베를린 시민과 대부분의 독일 소도시에 거주하는 전체 가구의 무려 80%가 아파트에 거주한다.

19세기와 20세기 전반기의 유럽에서는 아파트 건물이 도시의 거

그림 4.4   19세기에 건설된 라이프치히의 아파트 건물

출처: 저자 촬영

리를 촘촘하게 메웠지만, 제2차 세계대전 후에는 프랑스 건축가 르코르뷔지에Le Corbusier나 독일 바이마르의 예술 종합학교 바우하우스Bauhaus가 제시한 〈공원 속의 탑towers in the park〉이라는 비전을 따라 대형 아파트 건물을 거리에서 떨어진 곳에 위치시키고 녹지가 아파트 주위를 에워싸도록 설계하는 경우가 많아졌다. 독일과 오스트리아의 사회개혁가들이 추진한 이 모델은 정도의 차이는 있지만 유럽과 북미 전역에서도 채택됐다. 하지만 이 모델을 가장 철저하게 받아들인 곳은 오히려 45년 동안 이런 형태의 아파트 외에는 거의 아무것도 짓지 않은 소련과 이웃 공산국가였다.

동독의 여러 도시에서 역사적으로 중요한 지구는 철거되거나 방치된 반면 도시 외곽에서는 대규모 아파트가 건설됐다. 1950년대에 처음 개발됐으며 당시 소련 공산당 총리였던 니키타 흐루쇼프의 이

름을 따서 〈흐루쇼프 주택〉이라고도 알려졌던 소련의 건축 모델을 본뜬 이런 단지는 아파트 건축에 사용된 조립식 콘크리트 패널의 이름을 따서 패널 건물이라는 뜻의 〈플라텐바우plattenbau〉라는 이름으로 알려졌다. 동독의 경우 노후 주택에 대한 투자가 중단되고 민간 주택 개발 역시 사라지면서 주택 부족 현상이 지속되자 경제 수준을 막론한 동독의 모든 가정은 플라텐바우를 최고의 주거 방안으로 여기게 됐다. 동유럽의 아파트 단지는 공공 지원 주택이나 공공 주택의 용도로 아파트를 건설해 소득이 일정 수준을 밑도는 사람에게만 입주를 허용하는 미국과 대다수의 서유럽 국가와는 달랐다. 폴란드의 지리학자 에바 사프란스카Ewa Szafrańska는 "블루칼라 노동자뿐 아니라 중산층 가정이나 공산당 지도부도" 동유럽의 공공 주택에 거주했다고 기술한다.[10]

하지만 독일이 통일되자 상황이 바뀌었다. 생활 수준이 높아지고, 〈그림 4.4〉에 있는 건물같이 전쟁 전에 지어졌으나 이후 버려진 건축물들이 개조되고, 되살아난 민간 건축업계가 새로운 주택을 짓는 데 열을 올리고, 독일 서쪽으로 이주하는 인구가 대거 늘어나자 플라텐바우 프로젝트를 통해 생겨난 아파트가 대량으로 남아돌게 됐다. 젊고 좀 더 부유한 가정이 서쪽으로 이주하는 경우가 많았기 때문에 날이 갈수록 인구가 줄어드는 공공 주택 단지에 남겨지는 주민은 대개 빈곤층과 고령층이었다. 주 정부와 지방 정부는 남아도는 플라텐바우 문제를 해결하려면 그 수를 대거 줄이고 남은 주택을 좀 더 현대적인 기준에 맞춰 개조해야 한다고 결론내렸다. 연방 정부 역시 독일 동부의 주택 재고를 35만 호 줄이는 것을 목표로 하는 슈

타트움바우 오스트(Stadtumbau Ost, 문자 그대로 직역하면 〈동부 도시 재건〉이지만 여기서는 〈동부 도시 건설 중단〉이라는 뜻으로 쓰인다) 프로젝트에 25억 유로를 투입해 활동을 지원했다.[11]

한 가지 주목할 만한 사례로 독일 튀링겐주의 줄Suhl이라는 소도시를 들 수 있다. 푸른 산으로 둘러싸인 좁은 계곡에 위치한 줄은 동독의 산업적인 야망을 상징하는 대표적인 도시였다. 소형 무기와 오토바이를 생산하는 공장이 줄지어 늘어서 있던 튀링겐주의 대표 도시였던 줄의 인구는 1950년에는 2만 4,000명이었으나 1980년대에는 5만 7,000명으로 증가했다. 동독 정부는 늘어나는 인구를 수용하기 위해 2개의 거대한 플라텐바우 단지를 짓기 시작했다. 둘 중 아우에Aue라고 불렸던 플라텐바우는 구시가지와 가까운 곳에 건설됐고, 좀 더 규모가 큰 두 번째 플라텐바우인 줄-노트(Suhl-Nord, 〈줄 북부〉라는 뜻)는 도심에서 약 1마일 떨어진 언덕 위에 건설됐다. 하지만 줄에 있는 공장들이 문을 닫고 2010년에는 3만 8,000명을 밑돌 정도로 인구가 꾸준히 감소하자 줄 정부는 아우에는 개조하고 줄-노트는 철거하기로 했다. 줄은 거주자들의 이동을 최소화하기 위해 줄-노트를 조금씩 철거해 왔다. 각 건물이 거의 비워지면 그곳에 남아 있는 몇 안 되는 거주자들은 단지 내 다른 건물의 비슷한 아파트로 옮겨가고 텅 빈 건물은 철거된다. 〈그림 4.5〉에서 보듯이 2001년부터 2013년까지 전체 건축물의 4분의 3이 철거됐다.[12] 결국에는 모든 건물이 철거될 것이다. 이는 고통스럽기 짝이 없는 과정이었다. 남아 있는 주민들은 대개 고령자이며 일부 주민은 끝없이 계속될 것처럼 보이는 〈의자에 먼저 앉기 게임〉이라도 하듯 2~3번씩 집을 옮

그림 4.5　　변화 중인 독일의 줄-노트

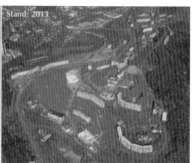

출처: 독일 도시 줄

기기도 했다. 어느 여성은 TV 인터뷰에서 "계속 철거되는 집에서 사는 것은 전혀 재미가 없어요"라고 이야기했다.[13]

한편, 아우에는 개조 과정을 거치고 있다. 일부 건물은 철거되고 있지만 다른 건물은 개조되고 있다. 나머지 건물 주위에는 2-3층짜리 아파트와 타운하우스가 새롭게 들어서 동네에 도시적인 분위기를 더한다. 다른 도시에서는 건설업자들이 플라텐바우 건물의 고층을 잘라내고 저층을 현대적인 분위기의 2-3층짜리 정원 딸린 아파트로 개조하기도 했다.

주택 수요를 결정짓는 건 인구수가 아니라 〈가구수〉다

하지만 전반적인 주택 수요 감소뿐 아니라 새로운 주택 공급 역시 플라텐바우의 철거를 유발하는 요인이 됐다. 플라텐바우를 떠나 도심에 있는 새롭게 복원된 아파트나 좀 더 잘 지어진 신규 주택으로 이주하는 주민도 있었다. 디트로이트나 클리블랜드와는 달리, 동독의 경우 인구 감소가 반드시 주택 수요 감소와 빈집 증가를 의미하지는 않았다.

이 말이 비논리적으로 느껴질 수도 있다. 어떻게 인구 감소가 주택 수요 감소로 이어지지 않을 수 있단 말인가? 답은 생각보다 어렵지 않다. 주택 수요를 결정하는 것은 인구수가 아니라 개별 〈가구household 수〉이기 때문이다. 독신자 10명은 남편, 아내, 두 자녀로 이뤄진 10가구와 같은 수의 주택을 필요로 한다. 즉 전자의 경우에는 10명이 10채의 주택에 거주하고, 후자의 경우에는 40명이 10채의 주택을 사용한다. 따라서 사람은 적어도 필요한 주택의 수는 같다. 독일과 동유럽 전역에서 출생아 숫자가 줄어들고 인구가 고령화됨에 따라 평균 가구의 규모가 축소되고 있다. 독일 동부에 있는 비교적 큰 작센주의 평균 가구 규모는 1996년 이후 2.2명에서 1.9명 수준으로 줄어들었다. 전체 가구에서 1인 가구가 차지하는 비중은 32%에서 45%로 늘어났다. 작센의 인구는 10% 이상 감소했지만 평균 가구 규모가 인구수보다 빠른 속도로 줄어들었기 때문에 작센주 전체 가구수는 5% 늘어났다.

〈그림 4.6〉의 그래프는 작센주와 작센주 내에 있는 3개 도시의 인구 변화, 가구수 변화, 1인 가구 비중 변화를 보여준다. 이 그래프에 포함된 3개 도시 중 두 곳은 축소되고 있으며 나머지 한 곳은 다시 성장 중이다. 켐니츠Chemnitz의 인구는 1996년부터 약 15% 감소했으나 가구수와 사람이 거주하는 주택 수는 거의 동일하게 유지되었다. 이는 켐니츠의 인구 감소율은 평균 가구 규모 축소율과 비슷했다는 의미다. 오늘날 켐니츠 가구 중 약 절반은 1인 가구다. 작센

그림 4.6 　 **독일 작센주와 작센주 내 3개 도시의 인구와 가구 동향**

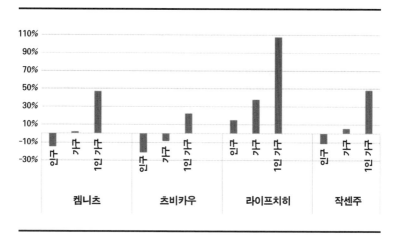

출처: 작센주 통계청이 제공한 데이터를 기반으로 작성
참고: 가구 데이터는 1996-2019년 자료, 인구 데이터는 1995-2020년 자료. 츠비카우 데이터는 중심 도시뿐 아니라 츠비카우 지구 전체를 아우르는 것이다.

주의 나머지 지역과는 반대로 수년간의 인구 감소 후 다시 회복세로 접어든 라이프치히에서는 가구수가 인구보다 훨씬 빠른 속도로 늘어났다. 1인 가구는 2배 이상 증가했다. 오늘날 라이프치히 가구의 54%가 1인 가구다. 이 수치를 미국과 비교해 보자면 미국 대도시 중 1인 가구 비중이 가장 높은 워싱턴 DC의 경우도 1인 가구는 45%에 불과하다.

그렇다면 각각 별도의 주거 공간을 차지하는 가구수가 늘었다면 여전히 수많은 집이 남아돌고 정부가 수천 채의 플라텐바우를 철거하는 이유는 무엇일까? 앞서 언급했듯이 독일이 통일된 후에 연방 정부가 지원하는 넉넉한 재건축 보조금에 힘입어 오랫동안 방치됐던 건물을 복원하고 새 건물을 짓는 데 많은 투자 자본이 흘러 들어갔다. 그 결과 늘어난 가구수보다 훨씬 많은 주거 공간이 새로 생겨 났다. 1995년 이후 쳄니츠에서는 2,600가구가 늘어났지만 새로 지어지거나 복원된 주택의 수는 2만 1,000채에 달했다. 다시 말해서 가구수보다 주택 공급이 1만 8,400채(21,000-2,600)나 많았다. 츠비 카우에서는 1만 4,000가구가 줄어든 반면 2만 8,000채의 주택이 새로 지어지거나 복원됐다. 따라서 츠비카우 지역 전체 주택 공급량의 25%에 맞먹는 4만 2,000채의 주택이 남아돌았다. 작센주 전역의 데이터를 살펴봐도 늘어난 가구수보다 새로 공급된 주택이 25만 채나 많았다!

이런 현상에는 장점도 있고 단점도 있다. 늘어난 가구수보다 새로 공급된 주택이 많다는 것은 곧 많은 사람들이 자신의 필요나 열망에 좀 더 잘 어울리는 집을 찾거나 환경이 열악한 아파트를 떠나 비싸긴 하지만 새로 지어진 더 나은 아파트로 옮겨갈 수 있다는 뜻이다. 플라텐바우 아파트 역시 사는 데 지장은 없지만 크기가 매우 작았고 천장은 낮은 데다 욕실과 주방 시설은 기초적인 수준에 그쳤다. 2개의 침실이 있는 표준형의 바닥 면적은 오늘날 서유럽이나 북미에서 표준으로 여기는 공간보다 훨씬 작은 61제곱미터에 불과했다. 따라서 많은 가정이 새롭게 등장한 대안을 적극 활용한 것은 당연한 일이었다. 하지만 결국에는 이런 현상으로 인해 경제적인 형편에 따라 분리되는 현상이 한층 강화되고 점점 더 많은 주택이 텅 빈 채로 내버려져 있다가 결국 철거된다.

모든 곳에서 이런 일이 벌어지는 것은 아니다. 베를린과 라이프치히같이 성장하는 도시에서는 일부 플라텐바우 단지, 그중에서도 특히 대중교통 접근이 용이하거나 시내 근처에 있는 단지는 다시 활기를 띠고 있다. 하지만 경제적으로 정체되거나 쇠퇴하는 수많은 소도시에서는 점차 사람이 살지 않는 빈집이 늘고 있다.

동유럽,
인구도 감소하고, 가구수도 줄어들고, 주택 수요도 감소하고
—

다양한 역사와 문화를 가진 수많은 나라들로 이루어진 동유럽을 하나의 단위로 볼 수는 없다. 사실 사회주의 시대에 지어진 아파트 단지를 어디에서나 볼 수 있다는 점과 어디에서나 인구가 감소하고 있다는 점을 제외하면 발트해 연안 도시와 발칸 지역 도시 사이에는 공통점이 거의 없다. 폴란드와 체코의 도시들은 19세기 말에 지어진 아파트 건물들이 줄지어 서 있는 독일 도시와 비슷하지만, 루마니아와 불가리아 같은 발칸 지역 국가에서는 일부 대도시를 제외한 모든 도시가 단독 주택이 듬성듬성 자리 잡은 널따란 지역 곳곳에 공산주의 시대에 지어진 아파트가 빽빽하게 들어선 모습을 띤다. 미국이나 발트해 연안 국가의 단독 주택들은 앞마당이 훤하게 개방돼 있지만, 〈그림 4.7〉에서 보듯이 발칸 지역 국가의 단독 주택은 벽이 주택과 거리를 차단하는 역할을 하고 출입구는 거리가 아닌 개인적인 공간인 안뜰로 나 있으며 밖에서는 집 안에서 일어나는 가정생활을 거의 볼 수 없다.

따라서 물리적인 관점에서 보면 동유럽 내 많은 도시의 주택 중

그림 4.7　　발칸 지역 국가인 불가리아 실벤의 주택가

출처: 구글 어스 © 2022 구글

상당수는 사회주의 시대에 건설된 매우 표준화된 아파트 혹은 다양한 형태의 단독 주택이다. 동유럽 국가들은 1990년 이후 이런 아파트 대부분을 그곳 거주자들에게 명목상의 돈만 받고 양도하거나 매각했는데 그 결과 오늘날 동유럽 국가의 자가 보유율은 매우 높은 편이다. 슬로베니아를 제외한 모든 탈사회주의 국가의 자가 보유율은 75%를 웃돌며 헝가리, 리투아니아, 슬로바키아, 몬테네그로, 루마니아는 90%가 넘는다.

이런 현실이 미래에 빈집과 방치된 주택 문제에 매우 복잡하면서도 치명적인 영향을 미칠 수 있다. 처음에는 심각한 문제처럼 보이지 않았다. 독일 동부에서 그랬듯, 최근까지도 동유럽에서 급격한 인구 감소에 가구 규모 축소가 수반되었는데 가구수 변화가 인구 감소보다 훨씬 적었다. 또한 공산주의 시대에 심각한 인구 과밀을 겪

은 탓에 수많은 가정이 좀 더 넓은 생활 공간을 확보하는 데 혈안이
돼 과거에는 여러 가구가 공유했던 아파트를 한 가족만 사용할 수
있는 공간으로 바꾸는 경우가 많았다. 가구 규모가 축소되고 오밀조
밀하게 모여 살던 사람들이 좀 더 넓은 공간을 갈망했기 때문에 동
유럽 국가에서는 인구 감소에도 불구하고 1990년 이후에 빈집이 대
폭 늘어나지 않았다. 하지만 이런 상황은 변하기 시작했고 앞으로는
더 많은 변화가 나타날 것이다. 가구 규모 축소세가 점점 둔화하고
있는 상황에서 인구 추세가 역전되지 않는다면 앞으로 동유럽 전역
에서 가구수와 주택 수요는 꾸준히 줄어들 것이다.

불가리아, 전체 주택의 27%가 빈집

불가리아에서는 집을 버리고 떠나는 사람이 대거 늘어나 이미 시
골 지역이 황폐해졌다. 인구 유출 때문에 많은 농촌 지역의 인구가
줄어들어 텅 비거나 버려진 주택, 헛간, 가게 같은 건축물이 급증하
고 있다. 불가리아의 농촌 지역과 소도시에서는 이미 1985년에 비
해 인구가 3분의 1 이상 줄어들었다. 일본에서와 마찬가지로 불가리
아 농촌 지역에서도 몇 안 되는 고령의 노인만 남아 있고 대부분의
집이 비어 있는 마을이 빠른 속도로 늘어나고 있다.

하지만 빈집과 아파트는 농촌 지역에만 국한된 것이 아니다. 세계
은행은 2011년 불가리아의 총주택 수와 가구수를 비교해 불가리아
주택 재고의 23%에 해당하는 88만 2,000채의 주택이 남아돈다는
사실을 발견했다. 이 수치에는 흑해 연안 휴양 도시의 별장용 아파
트와 빌라도 포함돼 있다는 사실을 고려하더라도 이는 상당히 많은

숫자다. 내가 2020년에 직접 업데이트한 자료에 의하면 불가리아의 남아도는 주택 수는 전체 주택 재고의 27%에 달하는 107만 5,000채로 늘어났다. 총 10만 채, 즉 연간 1만 2,000채의 주택 재고가 늘어났지만 가구수는 오히려 9만 가구나 줄어들었다.[14] 상당수의 주택, 특히 불가리아의 거의 모든 도시 주변을 둘러싸고 있는 사회주의 시대에 건설된 공공 주택의 열악한 상태로 인해 문제는 더욱 심각해졌다. 대부분의 불가리아 가정은 건축 양식을 비롯한 여러 측면에서 앞서 설명한 독일의 플라텐바우 단지와 유사한 공동 주택에서 생활한다. 세계은행은 2017년에 이들 주택의 상태에 대해 이례적으로 다음과 같이 비판의 목소리를 높였다.

지난 수십 년 동안 건물의 유지 관리가 제대로 이뤄지지 않은 탓에 노후 주택의 상태가 급속히 나빠졌다. 이는 건물의 공용 공간과 공동 영역에 대한 책임 의식 부재, 집을 비워놓은 채 거주하지 않는 집주인과 일부 빈곤층 거주자들의 관리비 미납, 거주자 간의 소득 수준 차이, 건물 상태와 서비스 수준에 대한 불만족, 국가가 공용 공간을 관리하고 관련 비용을 지불할 것이라는 권리 의식에서 비롯된 전반적인 무관심 등이 더해지면서 주택소유주협회의 설립과 그들의 적절한 기능을 저해한 탓이다. 그 결과 지붕이 새고, 석고가 떨어져 외관이 손상되고, 계단과 복도는 어둡고 잘 관리되지 않는 데다 지하실의 상하수도 관에서 누수가 발생하는 경우가 너무도 많다.[15]

불가리아 정부는 노후화된 주택을 개선하기 위해 노력했지만 제한된 자원과 정치적인 의지 부족 때문에 수리가 필요한 수천 채의 건물 중 일부에만 보수의 손길이 닿을 수 있었다. 통일 이후 플라텐바우 소유권을 국영주택공사가 가졌던 독일과 달리, 불가리아에서는 아파트를 세입자에게 팔거나 양도했기 때문에 사소한 보수 작업을 위해서도 수십 수백 명에 달하는 개별 소유주의 협력이 필요했다.

그와 동시에 빈집이 넘쳐나는데도 불구하고 빈곤이 만연한 탓에 다른 가구와 집을 공유하는 가정이 수십만에 달하고 또 다른 수십만 가구는 초만원 상태로 살아가는 역설적인 상황이 펼쳐지고 있다. 게다가 소수 민족인 집시족의 끔찍한 생활 환경 때문에 불가리아에서는 주택 문제가 더욱 악화되고 있다. 집시족의 대다수는 빈곤과 심각한 인종 차별에 시달린다. 그들은 불가리아 도시 외곽의 낙후된 동네에 거주하며, 공공 서비스나 투자도 거의 받지 못하고, 겉으로 보기에는 자의적인 철거나 이주로 어려움을 겪곤 한다. 또한 그들의 거의 절반은 실내 배관이나 주방, 전기도 구비되지 않은 집에서 살아간다.[16]

불가리아와 다른 동유럽 도시들에서는 미국의 많은 도시들에 비해 빈집 문제가 눈에 덜 띈다. 그 이유는 대개 건물 내부에 여전히 사람들이 거주하는 상태에서 일부 아파트가 비어 있거나, 거리와 마당을 분리하는 벽이 세워져 있는 탓에 밖에서는 빈집의 존재가 보이지 않기 때문이다. 밖에서는 어떤 아파트가 비어 있고 어떤 아파트에는 사람이 살고 있는지 구분하는 것이 불가능할 때가 많다. 하지만 가구수가 계속 감소하는 만큼 사람이 살지 않는 아파트가 점점 늘어나고 언젠가는 건물 전체가 텅 비게 될 것이다. 머지않아 불가리아와 다른 동유럽 국가의 도시 외곽에서도 거주자가 아예 혹은 거의 없는 아파트가 나타나기 시작할 것이다. 이런 변화가 기존 주택의 과밀 문제를 해소하는 데는 도움이 될 수 있지만 집시족의 생활 여건을 개선하는 데는 별로 도움이 되지 않을 것이다. 슬로바키아와 불가리아에 거주하는 많은 집시족은 이미 도시 외곽에 위치한 오래되고 낡아빠진 아파트로 밀려나 편의시설을 거의 누리지 못하고 공공 서비스도 제대로 받지 못한 채 살아간다.[17]

현재의 정치적, 경제적 상황에서는 상황이 개선되기보다 나빠질 가능성이 더 크다. 유럽연합의 상당한 지원을 감안하더라도 불가리아의 한정된 재정 자원과 정부의 역량 부족을 생각하면 만연한 빈곤과 불평등, 열악한 주거 환경과 맞물려 있는 나날이 심각해지는 빈집 위기에 불가리아가 선제적으로 대응할 방법을 찾아낼 것이라고 상상하기는 어렵다. 세계은행은 이 문제를 다음과 같이 요약했다.

현재의 법적, 재정적 구조하에서는 나날이 심각해지는 빈곤층 가구의 소외 현상과 비공식적인 거주 문제를 해결하기 위한 노력이 거의 이뤄지지 않았고 또한 별다른 개선이 이뤄질 수도 없다……. 저소득층 거주 지역에 대한 공공 및 민간 투자 부족에 사회적 편견까지 더해져 자칭 게토가 생겨났다. 게토 전체 인구에서 상당 부분을 차지하는 집시족 가구를 포함한 저소득층은 소외감을 느끼고 있으며 다른 불가리아 국민들은 이들을 두려워하기까지 한다.[18]

불가리아의 많은 도시가 미국의 러스트 벨트 도시와 유사한 미래를 맞이하는 모습을 상상하기는 어렵지 않다. 이런 미래가 닥치면 빈집 문제와 집을 버려두고 떠나는 문제가 불가리아에서 만연한 집시족 차별과 빈곤 문제와 뒤엉키게 될 것이다.

2050년 폴란드 가구수는 200만, 라트비아 가구수는 20만 감소

인구 감소 속도, 한층 심각한 빈곤 문제, 공공 부문과 비정부 기구의 제한적인 역량 등을 고려하면 불가리아가 당면한 문제는 다른 수많은 동유럽 국가가 맞닥뜨린 것보다 한층 심각하고 시급하다. 폴란드와 체코 같은 국가는 인구 감소 속도가 훨씬 더디며 문제 해결에 투입할 수 있는 자원 또한 좀 더 많다. 특히 나날이 규모가 커지는 양국의 수도 바르샤바와 프라하에서는 사회주의 시대에 지어진 수많은 건물이 새롭게 개선되면서 성공적으로 용도 변경이 이뤄진 사례도 많다. 또한 대중교통 접근성이 좋고 입지가 좋은 주택 단지는 소형 아파트를 선호하는 학생들을 포함한 젊은층의 마음을 사로잡았다.[19]

폴란드 학자 로버트 크지슈토픽Robert Krzysztofik은 폴란드 남부 도시 소스노비에츠Sosnowiec에 자리 잡은 사회주의 시대에 지어진 대규모 단지 내 한 아파트 건물의 1990년과 2009년의 가구 구성을 비교해 보았다.[20] 이 아파트 75채의 세부적인 현황은 〈그림 4.8〉에서 확인할 수 있다. 1990년에는 75채 중 63채에 구성원이 3명 이상인 가족(대개 자녀를 양육하는 가족)이 거주했으나 2009년에는 1-2인 가구가 거주하는 아파트가 무려 60채에 달했으며 이들 중 대부분은 노년층이었다. 이 아파트들은 사실상 노년층을 위한 거주 시설이 됐고 미국에서는 이러한 곳을 〈자연 발생적 은퇴 공동체naturally occurring

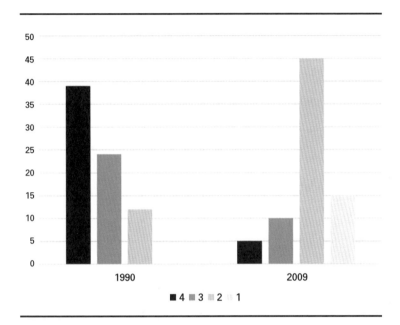

그림 4.8   폴란드 소스노비에츠에 위치한 어느 아파트의
1990년과 2009년 가구 규모별 분포(세로축은 가구수를 나타낸다)

출처: 크지슈토픽이 공동 집필한 『카토비체 지역의 축소 경로Paths of Shrinkage in the Katowice Conurbation』에 나오는 데이터를 기반으로 작성

retirement community〉라고 부르기도 한다. 1–2인 가구에 적합한 크기로 지어졌지만 엘리베이터를 비롯해 노년층이 필요로 하는 인프라와 서비스가 부족해서 이들 아파트에는 향후에 노인들의 사회적 고립과 부족한 건강 관리 등과 같은 문제가 발생할 수 있다.

폴란드와 불가리아가 마주한 문제는 종류 자체가 다르기보다는 정도의 차이만 있을 뿐이다. 조만간 양국 모두에서 인구 감소율이 가구 규모 축소율을 넘어서고 총가구수도 줄어들 것이다. 폴란드 통계청은 폴란드의 가구수가 2030년까지 계속 증가한 다음 급감해

2050년까지 거의 200만 가구가 줄어들 것으로 예상한다.[21] 가능성은 적어 보이지만 지금의 인구 추세가 역전되는 상황이 발생하지 않으면 모든 동유럽 국가가 조만간 심각한 빈집 위기에 직면할 것이다.

가장 심각한 위기를 겪게 될 곳이 라트비아, 그중에서도 수도인 리가 외곽에서 여전히 성장 중인 교외 지역일 수 있다. 라트비아의 가구수는 1990년대 중반부터 거의 14만 가구, 약 15% 감소했다. 하지만 독립 당시에는 수천 명의 라트비아인이 비좁은 집에 거주하며 각 가정이 방 1개씩 사용하되 하나의 주방과 화장실을 공유하는 아파트에 거주하는 경우가 많았던 탓에 가구수 감소가 시작된 직후부터 곧바로 빈집이 생겨나지는 않았다. 러시아계 주민이 러시아로 떠나면서 소련 시대에 지어진 건물에 생겨난 빈 아파트는 오히려 기존 주택의 과밀 현상을 완화하는 중요한 수단이 됐다. 오늘날 라트비아에서 인구 과밀 현상은 드물다.

하지만 안전판이 사라진 상황에서 라트비아 주택의 미래는 매우 불확실하다. 워싱턴 대학교의 건강지표평가연구소의 인구 예측을 활용해 인구 감소 효과를 부분적으로 상쇄하는 지속적인 가구 규모 축소에 대한 보수적인 가정을 통해 2050년 무렵의 라트비아 가구수를 예측해 보았다. 그 결과 현재 가구수의 약 4분의 1에 달하는 20만 가구가 감소할 것으로 예상된다. 이미 빈집이 많다는 점까지 감안하면 2050년이 되면 〈그림 4.9〉에 나와 있는 건물을 비롯해 리가 지역 외곽에 있는 소련 시대에 지은 모든 아파트 중 약 절반이 텅텅 빌 것으로 예상된다. 〈그림 4.9〉의 아파트는 1990년 이후 인구의 3분의 1이 사라진 라트비아의 2대 도시 다우가프필스Daugavpils에 위

그림 4.9   라트비아에서 두 번째로 큰 도시인
다우가프필스에 위치한 소련 시대에 지어진 아파트 단지

출처: 구글 어스 © 2022 구글

치해 있다. 다우가프필스가 위치한 라트갈레Latgale 지역에서는 이런 아파트 중 4분의 1이 이미 비어 있다.

건물이 점점 비어가는 상황에서 라트비아와 동유럽 각국 정부가 어떤 조치를 취할지는 불분명하다. 통일 후에도 국영 기업이 이런 건물을 관리하는 독일과 달리 라트비아와 다른 동유럽 국가들은 아파트를 세입자에게 매도하거나 양도했다. 따라서 서류상으로는 이들 국가의 자가 보유율이 세계에서 가장 높다. 하지만 소유주가 사망하거나 이사 간 후 아파트를 임대하는 경우도 있고, 가족이나 친구가 비공식적으로 빌려 쓰는 경우도 있으며, 무단 점유자가 점거하는 경우도 있고, 빈집으로 남는 경우도 있다. 일자리를 찾아 아일랜드나 독일로 이주하는 사람도 있고 그냥 문을 걸어 잠근 후 떠나는 사람도 있다. 입주율이 줄어들고 거주자 없이 비는 경우가 늘고 있는 만큼 건물의 미래를 통제하는 정부의 능력은 사실상 전무하다고 할 수 있다.

일본,
2018년에는 7채 중 1채가, 2040년에는 3채 중 1채가 빈집
—

일본의 상황은 미국과 흡사한 동시에 매우 다르다. 일본 가정은 절반 이상이 단독 주택에 거주하며 단독 주택을 소유하고 있다. 하지만 땅값이 비싸고 토지 용도 제한이 엄격하지 않기 때문에 일본의 주택은 미국 주택에 비해 크기가 작고 주택 간 간격이 훨씬 좁은 반면, 각 가정의 요구에 따라 주택을 짓는 방식이 널리 퍼져 있는 탓에 다양한 크기와 형태로 지어진 주택이 각 동네마다 오밀조밀하게 모여 있다. 〈그림 4.10〉과 같은 동네를 마주한 사람들은 주택의 다양한 모습 때문에 재미있다는 반응을 보이기도 하고 시각적으로 일관성이 없고 어수선하다고 느끼기도 한다. 반면 일본의 대도시에서는 상대적으로 규모가 작은 다가구 건물이든 규모가 큰 르 코르뷔지에 스타일의 단지든 아파트가 좀 더 흔한 거주 형태이며 대부분의 세입자는 아파트에 거주한다.

일본의 인구는 10년 넘게 감소했지만 인구 고령화와 자녀 수 감소로 가구 규모가 점차 줄어든 탓에 독일 동부에서와 마찬가지로 가구수는 계속 늘어났다. 하지만 이제 가구수 증가세도 거의 끝났으며 앞으로도 꾸준히 줄어들 전망이다.[22] 또한 지난 몇 년 동안 아

그림 4.10　　**일본 나고야의 주택가**

출처: 구글 어스 © 2022 구글

키야(akiya, 빈집)가 일본의 국가적인 위기로 인식될 정도로 빈집 수가 꾸준히 증가했다. 2018년에는 주택이나 아파트 7채 중 1채, 즉 총 820만 채가 비어 있는 것으로 확인됐다. 이는 2019년 독일 작센주의 빈집률에 비해 거의 2배에 달하는 수준이다.

　이런 현상이 나타나는 원인은 일본의 독특한 주택 시장에서 찾을 수 있다. 많은 사람들이 오래된 집보다 새집을 선호하는 것은 드문 일이 아니지만 이것은 대개 상대적이다. 미국과 유럽에 거주하는 사람들도 새집을 선호할 수 있지만 자신의 기준에 맞는 새집이 없을 경우 대부분은 오래된 집을 매수하고 또한 오래된 집을 적극적으로 선호하는 층도 상당수 있다. 그 결과 오래된 집을 거래하는 탄탄한 시장이 존재하고 이런 시장 덕에 신규 주택이 제한되는 경향이 있다. 또한 전반적으로 구옥은 새집보다 저렴한 편이지만 이것 역시 상대적이다. 위치나 역사적 가치 혹은 그 외의 특징 때문에 지어진 지 오래됐지만 값이 비싼 집도 많다.

하지만 일본에서는 새집에 대한 선호가 거의 절대적이다. 상당수의 구매자가 새집을 구매할 수 없다면 아예 집을 구매하지 않는다. 미국에서는 평균적으로 5채의 구옥이 팔릴 때마다 1채의 새집이 거래되고 영국에서는 구옥과 새집의 거래 비율이 10:1인 반면 일본에서는 이 비율이 1:2에 달한다. 즉 새집 2채가 거래될 때 구옥은 1채만 거래된다.[23] 또한 대부분의 구옥이 감가상각 속도가 빠르고, 새집을 살 수 없을 정도로 재정적으로 어려운 사람들을 제외하면 중고 주택을 구입하는 사람은 소수에 불과하다. 전통적인 시골 농가를 매입해 복원하는 방식이 도시에 거주하는 소수의 젊은 전문직 종사자 사이에서 유행하고 있기는 하지만 그 수가 너무 적어 눈에 띄는 효과는 나타나지 않는다. 상당수의 오래된 주택, 특히 제2차 세계대전 직후 수십 년 동안 지어진 주택은 조잡할 뿐 아니라 견고하지도 않고 이미 많이 철거됐다. 집주인이 직접 거주하는 일본 주택 중 50년 이상 된 집은 11%에 불과한 반면 미국에서는 이 수치가 37%에 달한다. 고색창연한 분위기를 느낄 수 있는 교토의 기온 거리나 가나자와의 사무라이 가옥 거리같이 세심하게 꾸며놓은 일부 지역을 제외하면 일본에는 역사 지구가 거의 없다.

그 결과 일본에서는 건축업계가 공급하는 신규 주택 물량이 연간 가구수 증가량을 훨씬 웃돈다. 최근 몇 년 동안 가구수는 연평균 30만 가구씩 증가했지만 주택은 평균 90만 채씩 지어졌다. 비교를 위해서 여전히 인구가 늘어나고 있는 데다 총인구가 일본의 3배에 달하는 미국의 데이터를 살펴보면, 미국은 지난 20년 동안 연평균 125만 5,000채씩 늘어났다. 이는 미국의 주택 수요를 충족시키기에는 터무니없이 적은 수치라고 목소리를 높이는 사람도 있지만 일본의 신규 주택 건축률은 미국에서는 상상할 수 없는 수준이다. 일본에서는 매년 평균 약 11만 채의 집이 철거되지만 이 정도는 주택 시장에 별다른 영향을 끼치지 못한다. 일본의 철거는 대개 좀 더 크고 값비싼 새집을 지을 공간을 마련하기 위해 구옥을 허무는 미국식 주택 해체와 비슷하다. 디트로이트나 클리블랜드처럼 미래의 용도를 명확하게 규정하지 않은 상태에서 철거를 진행하는 경우는 일본에서는 거의 없다.

도시로의 이주 추세 때문에 일본의 농촌 지역에서 빈집률이 가장 높게 나타나지만 도시, 그중에서도 특히 도쿄와 오사카-교토 광역 도시권에서 아주 멀리 떨어진 소도시에서도 점차 빈집이 늘어나고 있다. 플라텐바우 철거를 통해 빈집 문제를 어느 정도 구획화하고 해결할 수 있었던 독일 동부와 달리 일본 도시의 빈집은 대개 단독주택이다. 게다가 일본의 빈집은 부촌을 제외한 모든 동네에서 현재 사람이 거주하고 있는 집과 뒤섞여 있으며 미국의 오래된 도시보다 좀 더 광범위하게 흩어져 있다.

최근 수십 년 동안 빈집 위기가 발생하자 일본은 법적으로나 관습적으로 폭발적으로 늘어나는 빈집 문제에 대응할 준비가 전혀 되어 있지 않다는 사실을 깨달았다. 미국과 대부분의 유럽 국가에서는 집 소유주나 상속인에게 부동산을 등기할 의무가 있지만 일본에서는 부동산 등기가 의무는 아니다. 또한 1951년에 시작된 전국 지적조사가 여전히 52%만 완성된 상태여서 일본 대부분의 지역에는 공식적으로 인정되는 부동산 혹은 토지 경계 자료가 없다.[24] 그 결과 지역 공무원이 빈 부동산의 소유주가 누구인지 알지 못하거나 소유주가 부동산을 포기할 경우 달리 대응할 방법이 없는 경우가 많다. 홋카이도의 한 소도시가 기록상의 부동산 소유주에게 새로 제정된 수자원 보호법에 따른 법적 의무를 고지하는 통지서를 보내자 거의 5건 중 2건이 배송 불가를 이유로 반송됐다.[25]

미국인들에게는 충격적으로 들릴 수도 있겠지만 미국의 지방 정부에게는 대개 일본을 비롯한 많은 다른 나라들의 지방 정부보다 관심이 없거나 무책임한 부동산 소유주를 상대로 조치를 취할 수 있는 권한이 훨씬 많이 주어진다. 일본에서는 2014년에 전국에 적용 가능한 관련법이 제정되기 전까지는 지방 공무원에게 이웃과 지역 사회를 골치 아프게 하는 버려진 부동산에 진입할 권한이 없었다. 그러다 2014년에 관련법이 제정되자 다소 번거롭긴 하지만 문제를 처리할 수 있는 방법이 생겨났다. 방치된 부동산이 지역 사회에 건강 또는 안전상의 위험을 초래할 시 소유주에게 철거를 명령하고, 명령에 불응할 시에는 지자체가 철거 작업을 진행한 후 소유주에게 비용을 청구할 수 있게 된 것이다.[26] 하지만 행정적인 어려움과 비용이 상환되지 않을 시 지자체가 겪게 될 재정적인 문제 때문에 이런 권한은 거의 사용되지 않고 있다. 또한 일본에서는 사유재산권을 존중하는 문화가 뿌리 깊은 데다 지방 공무원들은 오랫동안 지속되어 온 관습에 도전하기를 꺼린다. 이제는 지자체가 소유주에게 철거를 명령할 수 있지만(소유주를 찾을 수 있다는 전제하에) 한편으로 일본의 세법은 계속해서 소유주가 철거를 꺼리게 만드는 역할을 하고 있다. 1950년에 일본은 주택 건설을 장려하기 위한 조치로 집이 지어진 땅보다 빈 땅에 6배 많은 토지세를 부과하도록 세법을 개정했다. 따라서 미국에서는 소유주들이 재산세를 덜 내기 위해서라도 건물을 철거하지만 일본에서는 집을 철거하면 재산세가 대폭 인상될 가능성이 크다. 지자체가 특수 무거주 주택으로 지정된 건축물에 대해서 조세 혜택을 철회할 수 있도록 세법이 개정됐지만 새로운 절차는 번거로울 뿐 아니라 부동산 소유주보다 지방 공무원에게 더 부담을 준다.[27] 하지만 2021년에 부동산 등기법이 개정돼 상속받은 부동산에 대해서는 등기를 의무화하는 작지만 중요한 진전이 이뤄졌다.

이 모든 상황에 미뤄볼 때 미래는 점점 더 힘들어질 것으로 보인다. 이제 가구 수가 감소하기 시작한 만큼 그 감소율은 점차 빨라질 것이다. 공식 전망치에 의하면, 2040년이 되면 일본의 가구 수는 지금보다 340만 가구가 줄어들 것으로 보인다. 앞서 살펴본 바와 같이 가구 수가 감소하지 않더라도 엄청난 신규 주택 공급량과 인구통계학적 변화 그리고 법적 제약까지 더해져 이미 일본에서는 빈집이 꾸준히 증가하고 있다. 2040년까지 이런 요인에 큰 변화가 없다면 일본의 빈집 수는 현재의 800만 채 수준에서 1,500~2,000만 채 수준으로 늘어날 수 있다. 지나치게 비관적일 수도 있는 최악의 시나리오가 현실이 된다면 2040년에는 거의 3채 중 1채가 빈집이 될 수도 있다.

그렇다고는 해도 빈집 증가 현상이 전국 각지에 고르게 분포되지는 않을 것이다. 다른 지역에서 이주민이 계속 유입되는 도쿄와 일부 도시는 그래도 빈집 문제를 관리할 수 있을 것이다. 하지만 일본의 대부분을 차지하는 외곽 지역에서는 상황이 훨씬 더 심각할 수 있다. 일본이 주택 시장을 개조하고 신규 주택 건설을 줄이고 기존 주택을 좀 더 건설적으로 활용하는 동시에 지방 정부와 중앙 정부가 빈집 문제를 보다 효과적으로 해결할 수 있도록 부동산 관련법을 개정할 수 있을지, 만약 그렇다면 어떤 방법으로 이런 변화를 추구할지가 일본 내 많은 축소 도시의 지속 가능성에 지대한 영향을 미칠 것이다. 그렇지 않으면 일본의 많은 도시가 사라질 것이라는 마스다 히로야의 디스토피아적 비전이 현실이 될 수도 있다.

결론

—

이 책에 소개된 여러 나라의 각기 다른 상황에서 도출된 가장 중요한 결론은 인구 감소가 도시의 물리적 환경에 미치는 영향은 저마다 다르다는 것이다. 빈집 문제는 모든 나라들이 일관된 궤적을 따르는 것도 아니며, 물리적 환경과 그 환경 속에서 살아가는 사람들의 삶의 관점에서 볼 때 그 결과 또한 매우 다양하다. 이런 결과에 영향을 미치는 몇 가지 중요한 요인을 요약해 보자. 이 모든 요인은 각 나라마다 다르게 나타나지만 서로 밀접하게 연결돼 있다.

첫 번째는 건축 환경 자체의 특성이다. 어떤 차원에서 보면 빈집은 그저 빈집일 뿐이지만 빈집의 존재가 환경에 미치는 영향과 이웃의 삶과 사회 구성에 미치는 영향을 생각해 보면, 집들이 오밀조밀하게 들어선 동네 한가운데 버려진 집이 있는 것과 도시 외곽에 자리 잡은 거대한 10층짜리 건물에 빈 아파트 하나가 있는 것은 매우 다르다. 심각한 사회적 쇠퇴를 유발하지 않는 수준의 빈집 발생 정도를 뜻하는 〈빈집 관용성tolerance for vacancy〉은 후자의 경우가 훨씬 높다. 4채 중 1채꼴로 집이 비어 있을 때 동네에 어떤 파괴적인 영향이 있을지 상상해 보라. 반면 고층 아파트의 빈집률 25%가 미치는 가시적인 효과는 훨씬 적을 수도 있다. 물론 그렇다고 해서 영향이 전혀 없다는 뜻은 아니며 나머지 소유주들의 건물 유지와 관리에는 특히 영향을 미칠 수밖에 없다.

독일 동부에서는 대부분의 빈집이 플라텐바우에 집중되는 시장 역학관계가 존재했다. 이로 인해 독일 정부는 빈집 문제가 독일 전역으로 확산되지 않도록 막고 다른 지역과 분리된 채 고립돼 있는 경우가 많은 플라텐바우만을 겨냥한 전략을 수립할 수 있었다. 1960년대부터 소득 수준이 낮은 동네에서 단독 주택 빈집률이 높아졌을 뿐 아니라 최근 수십 년 동안 중산층이 거주하는 도시 지역에서도 빈집 수가 상당히 늘어나고 있는 미국의 문제 역시 매우 까다롭지만, 법적 제약, 주택 시장 역학관계, 문화적 요인과 더불어 전국 각지에 빈집이 퍼져 있는 특성 때문에 일본의 빈집 문제는 훨씬 더 해결하기 어려운 과제가 돼버렸다. 독일 동부에서는 상당수의 빈집이 플라텐바우에 집중돼 있는 특수한 상황 때문에 효과적인 공공 전략을 수립하기가 한층 더 쉬웠을지 모르지만 그것이 곧 실질적인 전략 실행을 의미하지는 않는다. 곧이어 살펴보겠지만 수립된 전략을 제대로 실행하려면 단순한 기회 이상의 무언가가 필요하다.

두 번째는 인구 감소와 가구수 감소 간의 지연 효과다. 지금까지는 많은 나라에서 인구 감소에도 불구하고 가구수는 감소하지 않았기 때문에 빈집이나 버려진 집이 과도하게 생겨나지는 않았다. 이 같은 지연 효과는 인구 과밀 문제를 완화하는 동시에 인구 감소가 초래할 수 있는 최악의 상황으로부터 동유럽의 상당 지역을 보호하는 역할을 해왔다. 다만 〈지금까지〉는 그랬지만 앞으로는 달라질 수 있다는 사실을 유념해야 한다. 인구 감소 초기에는 가구 규모가 축소되는 현상이 두드러졌지만 가구 규모의 축소세는 점차 둔화돼 결국에는 더 이상 줄어들 수 없는 상태에 다다를 것이다. 인구 감소가 지속되는 모든 나라, 주, 혹은 도시는 조만간 가구의 순감소를 경험하게 될 것이다.

　하지만 가구수가 느리긴 해도 지속적으로 증가한 덕에 빈집 증가세가 억제됐고, 덕분에 정책 입안자들은 문제 해결을 미룰 수 있게 됐을 뿐 아니라 장기적으로 지속 가능한 수준을 훨씬 넘어설 정도의 과도한 신규 주택 건설을 정당화할 수 있게 됐다. 가구수는 감소가 시작되면 시간이 흘러감에 따라 감소세가 가속화되는 경향이 있기 때문에 미리 변화의 토대를 마련해 놓지 않으면 나중에 빈집 문제를 해결하기가 훨씬 더 어렵고 비용도 많이 든다.

　세 번째는 물리적이거나 인구통계학적인 요인이라기보다는 사회적인 요인이다. 즉 사회의 연대 수준과 사회적 및 경제적 스펙트럼 전반에서 사람들에게 불공평하게 영향을 미치는 문제를 해결하는 데 기꺼이 에너지와 자원을 투입하려는 사회 전반의 의지와 결속 수준을 결정짓는 많은 요인들 말이다. 저소득층과 낙인이 찍힌 채 살아가는 소수 집단에 지대한 영향을 미치는 문제를 해결하려면 시민적 의지와 정치적 의지를 동시에 발전시켜야 하지만 체계적인 인종차별 패턴과 좀 더 일반적인 사회적 불평등이 존재하는 현실은 대부분의 국가에서 이런 의지를 발전시키는 데 방해가 된다. 경제적 불평등을 나타내기 위해 널리 사용되는 통계 척도인 지니계수(Gini coefficient, 빈부격차와 계층 간 소득의 불균형 정도를 나타내는 수치)를 기준으로 좁은 의미에서 살펴보면 독일과 일본(지니 계수가 0.3 정도)이 미국과 불가리아(지니 계수가 0.4 이상)보다 훨씬 덜 불평등한 사회라는 점에 주목할 필요가 있다.

효과적인 공공 전략의 실현을 위해서는 정치적 의지가 반드시 수반돼야 한다. 또한 전략을 수립하고 실행하고 유지하는 데 필요한 자원과 관리 역량도 뒷받침돼야 한다. 독일에서는 2000~2002년에 이 모든 요소가 더해져 이례적으로 신속하고 일관된 조치가 뒤따랐다. 통일 후 10년이 지난 뒤였던 이 무렵은 통일이라는 중대한 사건이 인구 동향과 환경에 미치는 영향이 명확하게 드러나기 시작한 시기였다. 또한 그 조치는 중앙 정부뿐 아니라 개별 주 정부 역시 상당한 자원을 투입한 국가적 노력의 산물이었다. 이런 노력에는 통일 이후에 나타난 구동독 지역 재건을 위한 전반적인 정치적 의지와 나날이 빈집이 늘어나는 플라텐바우를 소유한 국영주택공사의 파산 가능성이 높아지는 가운데 즉각적인 위협에 대응할 것을 촉구하는 정치적인 압력이 반영돼 있다. 여기에는 독일이 플라텐바우 문제 해결에 상당한 자원을 투입할 여력이 있는 부유한 나라라는 사실도 반영돼 있다.

대조적으로, 미국에는 분명히 빈집 문제를 해결할 수 있는 자원이 있고 그럴 수 있는 역량이 있는 것도 틀림없지만 중앙 정부는 이 문제를 해결하려는 의지가 없고, 몇몇 예외는 있지만 대부분의 주 정부 역시 빈집 문제 해결에 소극적이다. 미국의 빈집 문제는 대개 각 도시의 공공 부문과 민간 부문이 공공 자원과 비영리 자원, 민간 자원을 대충 꿰어맞춰 해결하고 있을 뿐이다. 좀 더 대조적인 비교 대상 국가인 불가리아는 유럽연합의 상당한 보조금에도 불구하고 신뢰할 수 있는 빈집 전략을 수립하기에는 세 가지 조건이 모두 부족한 상황이다. 브라질과 태국 같은 국가에서도 향후 수십 년 동안 축소 도시가 곳곳에서 나타날 테고 다른 나라들처럼 당면한 문제를 해결하느라 고군분투할 것이다. 어쩌면 인도 역시 이런 국가 대열에 합류할 수 있다.

지속적인 인구 감소는 이미 전 세계 수천 개의 도시에 영향을 미치고 있지만, 가구수 감소가 시작되기 전에 지연 효과가 나타난다는 것은 곧 인구 감소가 도시의 주택 재고와 물리적 환경에 미치는 온전한 영향이 아직 본격적으로 체감되지 않는다는 뜻이다. 이런 현실은 앞으로 수십 년 동안 바뀔 것이다. 하지만 빈집이 고질적인 문제가 되어버리면 그것을 해결하는 데 필요한 자원과 역량이 도시가 감당할 수 있는 수준을 훨씬 넘어설 것이다. 시 정부와 중앙 정부 그리고 유럽 각국 정부가 민간과 정부 차원에서 빈집 문제에 대응하는 방식이 전 세계 많은 도시의 미래에 지대한 영향을 미칠 것이다.

5

—

줄어드는 인구는
우리의 경제적 삶에 어떤 영향을 끼치는가

"성장이 제로 또는 마이너스일 거라고 가정하는 자본주의 경제 체제는 없다."

— 재커리 캐러벨Zachary Karabell[1]

1960년대 말과 1970년대 초에는 심각할 정도로 인구가 많은 세상을 배경으로 하는 디스토피아 공상과학 소설과 영화가 넘쳐났다.[2] 작가들은 인구가 폭발해 결국 인류의 생존을 위협할 거라는 폴 R. 에얼릭(9페이지 참조)의 주장에 매료되어 상상 속 미래의 모습을 소설과 영화로 담아냈다. 그중 아마도 오늘날 가장 잘 알려진 작품은 1973년에 공개된 스릴러 영화 「소일렌트 그린Soylent Green」(과일이나 채소, 육류 같은 식품이 사라진 인구 과잉 상태의 지구를 묘사한 영화)일 것이다. 2022년을 배경으로 하는 이 영화에서 인류는 생존을 위해 죽은 사람의 시체를 식량으로 이용한다. 결말에 다다르면 영화 속의 영웅은 죽어가며 "소일렌트 그린은 인간이다!"라고 외친다(유일한 식료품이었던 소일렌트 그린은 인육으로 만들어진 것이었다). 흥미롭게도 영화의 원작이 된 소설에서는 전 세계 인구가 70억 명이 됐을 때 그런 극단적인 상태에 도달했다.

핵전쟁이나 환경 재앙으로 인구가 급감한 상황을 다룬 공상과학 소설은 많이 등장했지만, 출생률 감소로 인구가 서서히 감소하면 어떤 결과가 발생할지를 디스토피아적 관점에서 바라본 소설가는 드물었다. 어쩌면 아예 없었는지도 모른다. 하지만 언젠가는 그와 같은 소설이 등장할 수도 있다. 그때까지는 경제학자나 언론인 혹은 그 누가 됐든 사려 깊은 사람들이 앞으로 어떤 상황이 펼쳐질지 추측을 할 수밖에 없다. 이런 맥락에서 인구가 감소함에 따라 국가적, 지역적 차원에서 어떤 일이 발생할 가능성이 있는지 〈도표 5.1〉에 정리해 보았다.

그 어떤 것도 미리 정해져 있지 않기 때문에 〈가능성〉이라는 말을 강조할 수밖에 없다. 인구 감소가 미칠 수 있는 모든 영향은 다양한 요인에 따라 달라진다. 예를 들면 인구 고령화가 예정된 수순으로 여겨질 수도 있지만 고령 근로자의 행동과 그동안 정년으로 여겨졌던 시기 이후에도 그들이 근무를 선택하는 정도 혹은 의무적으로 근무하는 정도에 따라 인구 고령화가 노동 인구 규모에 영향을 미치는 수준이 달라진다. 비슷한 맥락에서, 미국 도시에서 흔히 볼 수 있듯이 더 이상 학생이 없는 학교 건물을 고령층을 위한 주거 시설로 변경할 수도 있다. 혹은 실제로 곳곳에서 벌어지고 있듯이 학교 건물이 부식되도록 그냥 내버려둘 수도 있다.

〈도표 5.1〉에 표시된 발생 가능한 여러 것들 중 상당수는 인구 감소의 직접적인 결과라기보다는 〈2차 효과〉이기 때문에 예측하기가 더욱 복잡해진다. 인구 고령화는 출생률 감소와 장수에서 비롯된 직

도표 5.1   인구 감소가 초래할 수 있는 잠재적인 인구통계학적, 사회적, 경제적 영향

	전국에 미치는 영향	각 지역에 미치는 영향
인구 통계	고령 인구 증가	고령 인구를 위한 서비스와 복지 시설에 대한 지출 수요 증가
	1인 가구 증가	주택 공급과 수요의 불일치
	생산 가능 인구 감소와 고령화	숙련 노동자 부족, 두뇌 유출
	아동 인구 감소	학교를 비롯한 아동 관련 시설 수요 감소
경제 성과	소비에 영향	상업 활동 감소 소매 공간 수요 감소 판매세 수입 감소
	생산성과 혁신에 영향	산업 성장 감소 숙련 노동자 부족, 두뇌 유출
	투자와 자본 시장에 영향	기존 시설에 대한 투자 중단 새로운 개발과 경제 활동을 위한 자본 조달의 어려움
경제적 평등	지역 간 경제적 격차 확대	주변 도시와 도시 주변 지구의 쇠퇴 가속화
	경제적 불평등 확대	경제적 불평등 확대 낙인 찍히거나 소외된 계층에게 돌아가는 기회 감소
	부정적인 미래 전망	인구 유출 증가
재정 및 정부	공공 세수 감소	지자체 세수 감소 지자체 서비스의 질 감소
	연금과 복지 서비스 지출 수요 증가	사회 복지 지출 수요 증가
	공공 시설과 인프라의 잉여화	공공 시설과 인프라의 잉여화 공공 시설과 인프라의 질 저하

		빈집 증가
주택 시장	주택 공급과 수요의 불일치	도심과 교외에서 나타나는 인구의 공간적 재구성
	정체 혹은 하락하는 주택 가치	주택 투자 감소
		주택 가치 하락
사회와 정치	양극화와 분리	시민 참여 감소
		포퓰리즘과 민족주의에 대한 지지 증가

접적인 결과다. 우리는 이런 일이 일어날 것이라고 거의 확신할 수 있다. 생산 가능 인구의 감소 또한 논리적으로 당연한 결과다. 하지만 실제 노동 인구가 줄어드는 정도를 결정하는 것은 인구 변화뿐만이 아니다. 다양한 문화적, 기술적, 사회적 요인 역시 영향을 미친다.

인구 감소에서 비롯된 사회적, 경제적 결과는 주로 지역적 요인에 의해 발생하는 도시의 빈집과 버려진 땅 문제보다 국가 전체에(혹은 국가를 넘어서) 좀 더 커다란 영향을 미친다. 즉 나라 전체 인구가 고령화되면 지방 정부는 노인층에 좀 더 많은 복지를 제공해야 하고, 국가 전체의 노동 인구가 줄어들면 유능한 젊은 인재들이 주변 지역에서 중심부로 유출되는 속도가 훨씬 빨라질 수 있다.

연령 분포가
상향 이동될 때 발생하는 경제적 문제들
—

인구통계학적 변화는 운명이거나 거의 운명에 가깝기 때문에 여기

그림 5.1 **중국 인구의 연령과 성별 분포**(2015년 수치와 2050년 예상치)

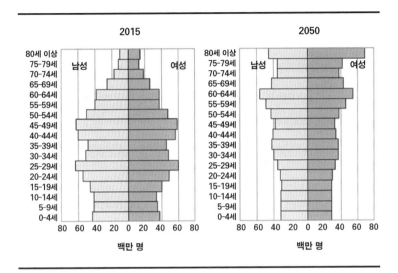

출처: 미국 통계청

에서부터 출발하는 것도 좋다. 출생률이 감소하면 전체 인구의 연령 분포가 상향 이동한다. 또 고령 인구가 세상을 떠나기 전까지는 노년층의 규모가 점점 커질 수밖에 없다. 이런 변화는 놀라울 정도로 빠르게 진행될 수 있다. 중국에서도 이런 일이 벌어질 수 있다. 〈그림 5.1〉에서 보듯 중국의 경우 불과 35년 동안 75세 이상 인구는 5,000만 명에서 2억 500만 명으로 늘어날 것으로 예상된다. 반면 노동력 측면에서뿐 아니라 주택 시장을 활성화하고 대규모 군대같이 국가 권력을 유지하는 데 중요한 역할을 하는 연령대인 20-29세 인구는 40% 이상 감소해 2억 3,200만 명에서 1억 3,500만 명으로 줄어들 것으로 예상된다. 또한 중위 연령(median age, 총인구를 나이순으로 줄 세웠을 때 가장 중간에 있는 사람의 나이)은 37세에서 49세로 높아질 것으로 예상된다. 물론 이런 변화가 실제로 중국에서 일어난다 해도 세계에서 가장 높은 일본의 중위 연령인 56세보다는 낮다.[3]

인구통계학자들은 보통 20-64세 인구로 정의되는 생산 가능 인구와 65세 이상 인구(고령 피부양자) 및 20세 미만 인구(미성년 피부양자)를 일컫는 피부양 인구의 비율을 나타내는 부양비(dependency ratio, 의존율이라고도 한다)라는 표현을 만들어냈다. 부양비에는 소득과 자원을 〈창출하는〉 인구와 그들이 창출한 소득과 자원에 〈의존하는〉 인구 간의 비율 변화를 이해하는 것이 얼마나 중요한지 반영돼 있다.

연령 분포가 상향 이동하면 부양비가 상승한다. 왜냐하면 아동 인구의 감소 속도보다 고령 인구의 증가 속도가 훨씬 빠르기 때문이다. 특히 그와 동시에 수명이 길어지면 이런 변화가 두드러진다. 따라서 2015년에는 중국의 부양비가 50명이었지만(즉 생산 가능 인구 100명당 피부양 인구가 50명 혹은 피부양 인구 1명당 생산 가능 인구 2.0명), 2050년이 되면 생산 가능 인구 100명당 피부양 인구가 82명(즉 피부양 인구 1명당 생산 가능 인구 1.2명)으로 늘어날 것으로 예상된다. 독일과 불가리아의 부양비가 각각 94명, 102명에 달할 것으로 예상되는 만큼, 중국의 부양비가 세계에서 가장 높은 것은 아니지만 향후 수십 년 동안 중국의 부양비는 이례적인 속도로 증가할 것으로 보인다.

이런 변화가 인구 감소와 겹치면 그 영향은 엄청나다. 재정적인 관점에서 보면 부양비의 변화는 공공 재정에 점점 더 큰 부담을 주며 경우에 따라서는 감당할 수 없을 정도로 늘어나기도 한다. 생산 가능 인구 1명당 부양해야 할 인구가 더 많을 뿐 아니라 고령 인구를 부양할 때는 같은 수의 아동을 부양할 때보다 훨씬 많은 금액의 공공 자금이 투입된다. 의료 비용 부담 자체가 큰 탓도 있지만 아동 부양에 들어가는 비용 중 상당 부분은 부모가 부담하는 반면 고령 인구를 돌보는 데는 공적 연금이 대거 투입되기 때문이다. 미국의 도시연구소Urban Institute 자료에 의하면 1명의 고령 인구를 부양하는 데 투입되는 비용이 1명의 아동을 부양하는 데 투입되는 비용의 2배가 넘는 것으로 추정한다.[4] 노동 인구가 줄어들면 고령 인구의 비중이 늘어나 의료와 노인 간병 분야에서 일할 좀 더 많은 인력이 필요해진다. 2020년에 공개된 어느 연구 결과를 보면 2025년이되면 일본에서는 55만 명의 노인 간병인이 추가로 필요할 것으로 예상되지만 이미 이 분야의 지원자는 간병 일자리 4개당 1명에 불과한 것으로 나타났다.[5] 〈그림 5.2〉에서 보듯이 일본은 간병인 부족 문제를 해결하기 위해 로봇을 이용하고 있다.

미국의 경우, 경제 성장이 지속된다면 한동안 심각한 어려움 없이 이런 문제를 헤쳐 나갈 수 있을 것이다. 부양비 증가 속도가 매우 점진적일 것으로 예상될 뿐 아니라 이미 사회보장제도Social Security와 노인 의료 보험 제도인 메디케어Medicare가 상당히 발달해 있기 때문이다. 미국에 비해 관련 시스템이 탄탄하지 않은 중국은 좀 더 큰 어려움을 겪을 수 있다. 특히 상대적인 수치뿐 아니라 절대적인 수치에서까지 중국의 경제 성장이 둔화하고 노동 인구가 큰 폭으로 감소하면 이런 우려가 현실이 될 가능성이 크다. 2019년에 중국사회과학원은 2035년이 되면 미국의 사회보장제도와 유사한 중국의 근로자 연금제도가 파산할 것이라고 결론 내렸다.[6]

그림 5.2   일본의 요양원에서 운동 수업을 하고 있는 로봇

출처: 파스칼 뫼니에 촬영

노동 인구 감소, 그로 인한 소비 감소, 그로 인한 경제 쇠퇴

경제 성장에 관한 질문은 훨씬 더 광범위하다. 지나친 단순화라는 위험을 무릅쓰고 이야기해 보자면 노동자 수의 증가, 노동 인구의 생산성 향상, 투자 자본 가용성이라는 서로 연결된 3개의 요인이 더해진 결과가 바로 경제 성장이다. 이 모든 것은 수요의 꾸준한 증가에 달려 있는데 인구 성장과 그로 인한 소비 증가가 그것에 영향을 미친다. 먹여야 할 입이 늘어나고 그들에게 먹일 더 많은 음식 혹은 더 나은 음식이 필요하기 때문이다.

결국 이 모든 요인은 인구 감소와 연령 분포 변화라는 이중고의 영향을 받을 수 있다. 공급 측면에서 보면 노동 인구의 규모가 대

거 줄어들 것이다. 2015년부터 2050년까지 중국의 20-64세 인구는 1억 8,000만 명 줄어들고 20-30대 노동 인구의 비중은 47%에서 42%로 줄어들 것이다.[7] 교육 기회를 확대하면 노동 인구에 진입하는 젊은층의 생산성을 높일 수는 있지만 그렇다고 해도 급격한 노동자 수 감소를 상쇄할 정도로 기대하기는 힘들다. 오히려 노동 인구의 연령대가 높아지는 탓에 생산성 성장률이 감소할 수도 있다. 이에 관한 관련 연구 결과가 결정적인 것은 아니지만, 40세까지는 총요소 생산성(total factor productivity, 노동자 수나 자본 흐름의 증가와 무관한 생산성 증대)이 증가하고 그 후에는 감소한다는 증거가 상당하다.[8]

어느 정도까지는 이런 영향을 완화할 수 있다. 그렇다고 20-64세의 연령대에게 특별한 마법 같은 능력이 숨어 있는 것은 아니다. 65세가 훨씬 지난 후에도 계속해서 일을 하는 인구가 이미 많을 뿐 아니라 일본과 독일은 젊은 노동 인구가 감소하는 것에 대비하기 위해 고령 근로자가 계속해서 일할 수 있도록 장려한다. 일본은 노동 시장에 진입하는 젊은층의 수가 감소함에 따라 고령 근로자의 수와 비중이 오히려 늘어나고 있다. 오늘날 일본 노동자 7명 중 1명은 65세 이상이다.

독일은 〈이니셔티브 50 플러스Initiative-50 Plus〉라는 프로그램을 도입해 이전보다 적은 임금을 받고 일하는 고령 근로자에게 최대 2년간 임시 보조금을 제공하고 고령 근로자를 채용하는 고용주에게는 인센티브를 제공한다.[9] 이미 일본에서 나타나고 있듯이 로봇과 자동화가 부족한 인간 노동자를 대체할 수도 있다. 마찬가지로 젊은층의 교육 성과를 높이고 고령 노동자에게 지속적인 학습 기회를 제공하

그림 5.3 **가장의 연령에 따른 2019년 미국 가구의 지출 현황**
(세로축은 35-44세 집단과 비교한 각 연령대의 지출 범주와 각각의 상대적인
지출 수준을 나타낸다)

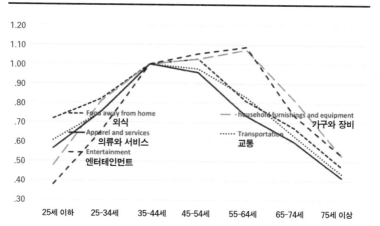

주: 가장의 연령이 35-44세인 가구의 지출을 〈1〉로 하였으며 다른 모든 연령대의 지출은 이 기준치와 비교한 상대적인 수치다.

출처: 미국 노동 통계청이 공개한 소비자 지출 조사 데이터를 토대로 작성

기 위해 공동의 노력을 기울이면 생산성을 높이는 데 도움이 될 수도 있다. 하지만 이런 방안이 인구통계학적 변화의 냉혹한 효과를 상쇄하는 데 얼마나 도움이 될지는 미지수다.

더 많은 고령 노동자나 로봇이 노동 시장에 투입되더라도 다른 요인 때문에 경제 성장이 둔화될 수도 있다. 바로 고령 소비자의 지출 감소를 그 한 원인으로 꼽을 수 있다. 〈그림 5.3〉은 각 연령대의 미국 가구가 다양한 형태의 재량 지출(필수 지출과 의무 지출을 제외한 지출)을 얼마나 했는지 비교해서 보여준다. 미국 가정의 소비 지출은 가장의 연령이 35-54세인 가구에서 절정에 달한 후 줄곧 급감한다. 평

균적으로 65세 이상 인구의 소비 지출은 가장 많이 지출을 하는 연령대인 35-54세 인구에 비해 그 절반도 되지 않는다. 고령 인구의 지출이 젊은 인구를 능가하는 곳은 의료(〈그림 5.3〉에는 나와 있지 않다) 부문이 유일한데 그나마도 이미 정부가 많은 보조금을 지원하고 있다. 일각에서 주장하는 것처럼 소비 지출이 경제의 엔진이라고 말하는 것은 과장된 표현일 수도 있지만 매우 중요한 역할을 하는 것은 사실이다. 독일 같은 수출 중심 경제에 비해 내수의 영향을 훨씬 많이 받는 경제 구조를 지닌 미국에서는 특히 더 그러하다. 급격한 소비 지출 감소가 환경에는 좋을지 모르지만 미국의 번영을 결정짓는 많은 분야의 발전에는 걸림돌이 될 수 있다.

현재 인구가 감소하는 대부분의 국가에서 조만간 소비 단위인 가구수가 감소할 것으로 예상되는 가운데 인구 고령화가 미치는 영향까지 더해지면 소비 감소의 부정적인 효과는 더욱 확대될 것이다. 일본에서는 최근 몇 년 동안 전체 가구의 소비 감소 효과가 뚜렷하게 나타나고 있다. 매년 그 수준은 큰 폭의 차이를 보였지만 〈그림 5.4〉에서 확인할 수 있듯이 지난 20년간의 전반적인 흐름은 분명한 하락세였다.

**인구가 감소하면
모든 투자, 모든 시장이 위축된다**
—

인구 감소로 인해 경제의 또 다른 핵심 요소인 〈자본 투자〉가 어느

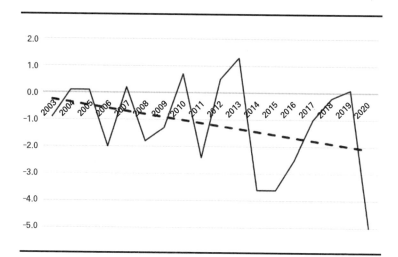

그림 5.4 **2003-2020년 사이 일본의 가계 소비 동향 지수**
(인플레이션을 반영해 수정, 세로축은 전년 동기 대비 % 변화)

출처: 일본 통계청 데이터를 토대로 작성

정도까지 감소할 것인가라는 좀 더 복잡한 또 다른 질문에 대해서도 고민해 봐야 한다. 경제학자 폴 크루그먼Paul Krugman은 다음과 같이 설명한다.

완전 고용 상태를 유지하려면 가계가 저축하고 싶어 하는 모든 돈을 투자할 수 있도록 시장 경제가 기업을 설득해야 한다. 하지만 투자 수요의 상당 부분은 인구 증가에서 비롯된다. 새로 생겨난 가족은 거주할 새로운 집을, 새로운 노동자는 새로운 사무실 건물과 공장을 필요로 하기 때문이다. 따라서 인구 증가율이 낮으면 지속적으로 지출이 줄어든다. 경제학자 앨빈 한센Alvin Hansen은 1938년에 이런 현상에

〈장기적 침체secular stagnation〉라는 어색한 이름을 붙였다.[10]

주택 시장을 보면 이러한 메커니즘이 어떻게 작동하는지 명확하게 확인할 수 있다. 대출 기관은 대개 가구수 증가에서 비롯되는 주택 수요 증가에 대응해 주택 공급을 확대할 수 있도록 개발업자에게 자본을 제공한다. 임대 주택 단지 건설을 위해 장기 대출을 제공하는 대출 기관은 임대료가 완만하지만 꾸준히 상승해 담보로 잡은 건물의 가치가 꾸준히 상승하고 그로 인해 어떤 문제가 발생하더라도 건물 소유주가 활용할 수 있는 금융 대비책도 늘어날 것으로 기대한다. 이 모든 기대는 주택 수요 증가에 따라 가격이 완만하지만 꾸준히 상승해 투자 가치가 높아진다는 전제를 바탕으로 한다. 미국연방준비제도가 연평균 2%의 장기 인플레이션이 "최대 고용과 물가 안정이라는 연방준비제도의 역할을 다하는 데 가장 도움이 된다"고 결론 내린 것도 바로 이런 이유 때문이다. 또한 연방준비제도는 "가계와 기업이 인플레이션이 낮고 안정적인 상태를 유지할 것이라는 합리적인 기대를 할 수 있으면 저축, 대출, 투자와 관련해 올바른 결정을 내릴 수 있고, 이런 상황은 경제가 원활하게 굴러가는 데 도움이 된다"고 덧붙였다.[11] 하지만 인구 감소로 인한 소비 감소는 디플레이션을 초래해 자본 투자를 더욱 위축시킨다.

한 도시, 지역, 또는 국가의 가구수가 감소하면 주택 공급과 수요 사이에 불균형이 발생한다. 좀 더 구체적으로 설명하면 주택 공급이 수요를 넘어서게 된다. 이런 시점이 되면 미래의 모든 주택 수요를 기존의 공급만으로도 충족시킬 수 있고 따라서 새로 주택을 공급할 필요가 없어진다. 적어도 이론적으로는 그렇다. 하지만 실제로는 수요가 제로로 떨어지는 경우는 드물다. 언제든 누군가가 기존 주택 중에는 없는 새로운 유형의 주택을 찾을 가능성이 크기 때문이다. 디트로이트의 주거 지역에서는 수천 채의 빈집이 철거되고 있지만 개발업자들은 도심 지역의 오래된 사무용 건물을 개조해 고급 아파트를 짓는다. 도심에서 거주하고 싶어 하며 디트로이트 노동자 계층이 거주하고 있는 동네의 오래된 단독 주택에는 관심이 없는 부유한 젊은층이 이런 아파트를 원한다. 그 결과 도시의 한 지역에서는 새집이 지어지지만 조금 떨어진 곳에서는 점점 더 많은 집이 버려진다.

세계에서 인구 감소 속도가 가장 빠른 나라 중 하나인 라트비아의 주택 투자 패턴도 비슷하다. 지난 12년 동안 라트비아의 신규 주거용 건축물 허가는 연평균 2,500건에 불과했다. 이는 100만여 채에 달하는 라트비아 전체 주택의 0.2%를 살짝 웃도는 수치다. 이 중 약 절반은 단독 주택이고 나머지는 2가구 이상이 모여 사는 건축물이다. 다가구 주택의 3분의 2는 라트비아의 수도인 리가에 지어졌고 단독 주택 중 3분의 2 이상은 리가의 교외 지역에 건설돼 도심에서 떨어진 조용한 곳에서의 삶을 꿈꾸는 사람들을 끌어들였다. 리가 주변의 교외 지역은 최근 라트비아에서 유일하게 인구가 늘어난 지역이다. 이때 사람들이 교외의 새집으로 이주하면서 다른 곳에 있는 집이나 아파트를 떠나게 되면 그 집이 무기한 빈 상태로 남는 것이 문제다. 2011년 라트비아 통계청은 모든 주택과 아파트 중 21%가 "영구 거주자가 없는 상태"라고 표현했다. 다시 말해서, 비어 있

다는 뜻이다.[12]

축소되는 세계에서는 주택 시장이 위축되듯이 다른 시장도 위축될 수 있다. 인구가 줄어들어 재화와 서비스에 대한 수요가 줄어들고 그로 인해 결국 투자마저 줄어들게 되면 자본주의의 기반이 흔들리게 된다. 따라서 이런 환경에서는 경제 체제의 본질에 대한 심각한 의문이 제기되는데 이 주제는 8장에서 살펴볼 생각이다. 물론 아직은 그런 상황에 도달하지 않았다. 현재로서는 이런 식의 경제 쇠퇴 현상은 일부 지역에만 국한되는 편이다. 1990년에는 약 270만 명 수준이었던 라트비아의 총인구가 현재는 183만 명을 밑돈다. 하지만 라트비아의 경제는 여전히 성장 중이며 투자 자본도 계속해서 유입되고 있다. 왜냐하면 라트비아는 유럽연합에 가입해 더 큰 유럽 경제와 완전히 통합되어 있는데 유럽 경제는 여전히 성장 중인 글로벌 시장을 대상으로 수출을 늘리기 위해 엄청난 노력을 기울이고 있기 때문이다. 하지만 이 장의 뒷부분에서 좀 더 자세히 설명하겠지만, 라트비아의 성장이 현재 라트비아 총인구의 절반이 거주하는 수도 리가 지역에 집중된 탓에 나머지 지역은 점점 더 뒤처지고 있는 것이 사실이다.

이런 현실은 인구 감소에서 비롯되는 또 다른 흔한 결과, 즉 나날이 심해지는 경제적 및 공간적 불평등을 강조한다. 인구 감소가 경제 성장률의 하락으로 이어지긴 하지만 모두가 그 짐을 공평하게 나눠 갖지는 않는다는 것이다. 대신, 전 세계에서 이미 고통스러울 정도로 명확하게 드러나고 있는 기존의 불평등 패턴이 더욱 악화될 가능성이 크다. 하버드 대학의 정치경제학자 벤저민 프리드면Benjamin Friedman은 경제 성장과 긍정적인 사회적 결과 간의 관계를 다음과 같이 유창하게 설명했다.

"경제 성장, 즉 대다수 시민의 생활 수준 향상은 대개 더 많은 기회, 다양성에 대한 관용, 사회적 이동성, 공정성을 이뤄내기 위한 노력, 민주주의에 대한 헌신을 촉진하는 경우가 많다."[13]

1980년대부터 유행한 자본주의의 신자유주의 모델에는 사회를 더 큰 불평등으로 몰아가는 강력한 경향이 내재해 있다. 따라서 이 체제에서는 파이가 커질 때만 재분배가 이뤄진다. 파이가 커지면 누군가가 이미 손에 쥔 것을 내놓지 않아도 자원을 좀 더 널리 공유할 수 있으며 사람들이 사회 변화에 개방적인 태도를 보일 수 있는 여건이 만들어진다. 반면 파이가 줄어들면 경제적 자원뿐 아니라 권력과 기회의 지렛대도 모두 움켜쥐고 내놓지 않으려 하게 된다.

인구가 감소한 곳이라는 낙인

마지막으로, 인구 감소에 관한 낙인이 상황을 더욱 악화시킨다. 사람들이 성장 자체를 가치 있는 것으로 보고 인구 감소를 실패의 신호로 여기는 한 인구가 감소한다는 사실만으로도 지역 사회에 대한 부정적인 태도와 함께 비관주의 풍조가 조장될 수 있다. 실제로 그런 경우가 많지만, 인구 감소가 경제적 쇠퇴와 도시에 대한 투자 감소로 이어지는 곳에서는 이런 분위기가 생겨날 가능성이 더욱더 크다. 게다가 이런 태도가 나타나면 경제는 더욱 심각해진다.

이와 같은 태도는 이미 널리 퍼져 있다. 몇 년 전 나는 클리블랜드의 어느 도시에서 지자체 책임자들과 비정부 기구 간부들 앞에서 2

만 7,000개의 공터 중 일부를 지역 사회를 위한 영구 녹지 공간으로 활용하는 방안을 제안한 적이 있다. 그런데 발표장에 있었던 고위급 관료인 부시장은 내 제안을 듣고 화를 내며 자리에서 일어났다. 그는 그런 일은 절대로 일어나지 않을 것이라고 말했다. 잔뜩 화가 난 채 밖으로 나가던 그는 그런 짓을 한다면 "패배를 인정하는 꼴"이 되고 말 것이라고 이야기했다. 볼티모어 전 시장 스테파니 롤링스-블레이크는 "성장에 집중하지 않는 것은 서서히 다가오는 죽음을 체념하고 받아들이는 것이나 다름없다"고 말했다.[14] 하지만 점점 작아지는 도시가 성장 실패의 상징이 아니라 합리적인 미래 경로라는 생각부터 받아들여야 한다.

이런 변화가 축소 도시에 좀 더 구체적으로 어떤 영향을 미칠지 생각하기 전에 인구통계학적 변화를 결정하는 것은 인구 감소지만 그것에서 비롯된 그 어떤 영향도 미리 정해져 있지 않다는 점을 다시 한번 짚고 넘어가는 것이 중요하다. 인구 변화로 인한 영향은 해결해야 할 과제일 뿐 결과는 아니다. 이런 변화가 어떤 결과로 이어질지는 결국 우리에게 달렸다.

인구 감소는 도시 간에도, 도시 내에서도 불평등을 심화시킨다

—

인구가 줄어들면 도시는 변화를 맞게 된다. 하지만 변화하는 방식은 저마다 다르다. 도시가 축소되는 이유, 축소되는 속도, 지방 정부와 중앙 정부 차원에서 추진하는 정책 등에 따라 인구 감소가 도시에 미치는 영향도 달라진다. 증가하는 고령 인구의 요구를 해결하고, 줄어드는 아동 수를 반영해 공공 교육 자원을 재배치하고, 공공 시설의 용도를 변경하고, 결혼 여부와 상관없이 젊은층과 고령 인구에 좀 더 잘 어울리는 방식으로 기존 주택을 변경하는 등 인구통계학적 변화에서 비롯된 직접적인 요구를 충족시키는 일은 충분한 의지와 자원만 있으면 얼마든지 해낼 수 있다. 하지만 다른 필수 서비스를 줄이지 않고도 자체적으로 이런 요구를 충족시키기에 충분할 정도의 자원을 가진 축소 도시는 거의 없다. 따라서 지방 정부와 중앙 정부(유럽의 경우에는 유럽연합)의 역할이 매우 중요하다.

위에서 설명한 바와 같이 국가 경제가 쇠퇴하는 한 축소 도시 또한 쇠퇴를 체감하게 될 것이다. 특히 미국의 플린트나 체코의 오스트라바같이 한때는 산업 중심지였으나 제조업 기반의 상당 부분 혹은 전부를 잃어버린 많은 축소 도시들은 경제적 쇠퇴를 특히 예민하게 체감할 것이다. 지난 50년 동안 국가 전체 인구와 경제력은 꾸준히 성장했지만 영스타운, 플린트 같은 많은 도시가 주요 제조 기업들이 떠난 후 다시는 경기 회복을 이뤄내지 못한 미국에서 이런 현상이 특히 고통스럽게 나타나고 있다. 필라델피아나 볼티모어 같은 대도시들은 의료, 고등 교육 분야에서 새로운 경제 엔진을 찾았지만 많은 중소 도시들은 독립적인 도시라기보다 사실상 주 내에 있는 작은 행정 구역에 불과한 존재가 되어버렸다. 이런 도시의 주민들은 생존을 위해 연방 정부와 주 정부가 제공하는 사회 안전망에 의존한다. 나의 전작 『분열된 도시 *The Divided City*』에서 설명했듯이 저소득층 영양 보충 지원 프로그램, 사회보장제도, 보존적 소득 보장, 노인 의료 보험 제도인 메디케어, 저소득층 의료 보장 제도인 메이케이드Medicaid, 주택 바우처 제도 같은 이전 지출transfer payment*은 단순히 지역 경제를 보완하는 것이 아니라 지역 경제 그 자체다.[15]

내가 〈도시 이전 지출 경제urban transfer payment economy〉라고 이름 붙인 이런 지역 경제는 사람들의 생존에 도움이 된다. 하지만 이런 경제 속에서 살아가는 사람들은 간신히 생존할 뿐이다. 펜실베이니아주 존스타운의 인구는 100여 년 전인 1920년에 정점에 도달해 6만 7,000명을 기록한 후 70%나 줄어들었다. 존스타운의 연간 중위 소득은 전국 중위 소득의 40%에도 못 미치는 2만 4,561달러에 불과하다. 또한 존스타운 가구의 절반은 푸드 스탬프나 기타 공공 복지 혜택을 받고 있으며 아동 3명 중 2명은 빈곤 수준 이하의 가정에서 살고 있다. 게다가 성인 인구 중 대학 졸업자는 12%에 불과하다. 미국 전역의 성인 인구 중 대학 학위 소지자가 3분의 1인 것에 비교하면 이는 매우 낮은 수치다.[16] 제철소가 문을 닫은 지 30년이 지났고 하원 의원이었던 존 P. 머사가 수십억 달러에 달하는 연방 예산을 갖고 왔어도 존스타운 경제는 계속해서 하락했다. 2002년부터 2019년까지 존스타운의 일자리 수와 직장을 가진(존스타운 내의 직장이든 다른 지역의 직장이든) 주민의 숫자 또한 25% 이상 줄어들었다. 남아 있는 주민의 제한적인 능력을 반영하듯 그나마 존스타운에 있는 일자리 7개 중 6개는 다른 곳에서 출퇴근하는 사람들이 채우고

---

* 생산 활동과 무관하게 아무런 대가 없이 정부가 일방적으로 지급하는 지출로 실업 수당, 재해 보상금 등이 이에 해당한다.

있다.[17] 몇 블록에 달하는 시내에는 관공서 건물, 주차장, 교회, 은행 몇 개만 있을 뿐이며 몇 안 되는 상점은 대개 비어 있다.

미국에는 존스타운과 비슷한 곳이 많다. 이런 도시들이 마주한 비극은 미국 경제가 제조업 중심에서 서비스업 중심으로 바뀌는 과정에서 20세기 초에 지어진 거대한 제철소와 자동차 공장이 점차 쓸모없는 존재가 되어버린 탓에 전성기 이후에 맞이한 변화가 도시 곳곳에 반영되면서 더욱 심각해졌다. 제조업 공장들이 완전히 문을 닫은 경우가 대부분이고, 운영 규모를 대폭 줄이거나 기계 설비를 대폭 축소해 이전보다 훨씬 적은 수의 직원만 고용하는 경우도 있다. 2019년에는 미국 근로자 중 제조업에 종사하는 사람이 11명 중 1명에 불과했다. 제2차 세계대전이 끝날 무렵에는 3명 중 1명 이상이 제조업에 종사했던 것과 비교하면 그 비율이 엄청 줄어든 셈이다.

피츠버그와 볼티모어 같은 대도시에서도 공장들이 문을 닫았지만 그들 도시에는 이미 전국적으로나 세계적으로 유명한 대학과 의료 센터로 구성된 탄탄한 인프라가 자리 잡았다. 20세기 후반 미국 경제에서는 교육과 의료, 그중에서도 특히 의료의 중요성이 커졌다. 의료 부문이 미국 GDP에서 차지하는 비중이 1960년에는 5%에 불과했으나 2020년에는 18%로 늘어났을 정도다. 이런 변화에 따라 대도시에 자리 잡은 대학과 병원 역시 성장을 거듭했다. 존스홉킨스, 카네기멜론, 피츠버그 대학교가 매우 빠른 속도로 성장해 로봇공학에서 생물정보학에 이르는 다양한 분야에서 수천 개의 일자리가 생겨나고 수많은 파생 기업이 등장했다. 2002년부터 필라델피아에서는 교육과 의료 분야 일자리가 6만 개 증가하면서 필라델피아 전체 일자리 수가 10% 이상 늘어났다.

　의료와 고등 교육 기관의 성장 덕에 이런 기관이 위치한 대도시들은 이들 분야를 중심으로 경제를 재건할 수 있었다. 존스홉킨스 대학교 의료 센터는 볼티모어 최대의 고용주가 됐고, 피츠버그 대학교 의료 센터는 현재 펜실베이니아주의 민간 부문 최대 고용주이며 펜실베이니아 대학교 의료 센터가 그 뒤를 잇고 있다. 보스턴의 3대 고용주는 매사추세츠 종합 병원, 브리검 여성 병원, 보스턴 대학교이며, 코네티컷주 뉴헤이븐New Haven은 예일 대학교에 의존하는 도시가 됐다. 교육과 의료 분야의 성장으로 이들 도시의 성격이 대거 바뀌었지만 그렇다고 해서 이런 변화의 혜택이 모든 주민에게 골고루 돌아간 것은 아니다. 펜실베이니아 대학교 그리고 인접한 드렉셀 대학교의 막대한 투자로 인해 펜실베이니아 대학교 주변 지역은 대거 달라졌다. 존스홉킨스 같은 주요 기관을 둘러싼 주변 지역에서는 도심에 활력이 생겼다. 하지만 그와 동시에 멀지 않은 곳에서는 가난하고 버려진 동네가 확산되었다.

　존스타운같이 활력을 불어넣을 만한 인프라가 갖춰지지 않은 도시는 경제를 발전시키려는 노력에도 불구하고 계속 침체됐다. 한때 산업 도시였던 일부 소도시는 중요한 기관과의 근접성이나 지역 산업 또는 기관의 우연한 성장 덕에 되살아났지만 상당수는 그러지 못했다. 후자의 도시들은 미래에 대한 희망이 거의 없고 빈곤이 집중돼 있으며 투자도 더 이상 이뤄지지 않고 대부분의 야심 가득하고 에너지 넘치는 젊은이들은 탈출을 꿈꾸는 곳이 되어버렸다.

　피츠버그처럼 부활하는 도시든 존스타운처럼 계속 쇠퇴하는 도시든, 축소 도시를 둘러싼 주위 환경은 점차 불평등해질 가능성이 크다. 대부분의 가정이 빈곤층이거나 빈곤층에 가까운 존스타운의 경우를 생각해 보면 도시 내에서도, 존스타운을 포함하는 좀 더 넓은 지역 내에서도 심각한 불평등이 관찰된다. 존스타운이 위치한 캠브리아 카운티 역시 상대적으로 빈곤한 곳이지만 존스타운의 중위 소득은 나머지 지역의 절반에 불과하다. 하지만 놀랍게도 캠브리아 카운티의 중위 소득 역시 전국의 4분의 3보다도 낮은 수준이다. 피츠버그에서는 일부 지역은 부유한 젊은층과 테크 기업으로 인해 되살아나고 있지만 나머지 지역은 거리상으로는 가깝지만 번영에서는 제외돼 날이 갈수록 뒤처지는 탓에 도시 내에서 불평등이 점점 심각해지고 있다.

세수가 인구보다 빠르게 감소한다
—

지역 경제가 쇠퇴함에 따라 지방 정부가 거둬들일 수 있는 세수도 감소할 것으로 보인다. 어려움을 겪고 있는 또 다른 소도시인 미시간주 플린트에서 이 같은 현상을 명확하게 확인할 수 있다. 한때 제너럴모터스GM를 떠받치는 기둥 역할을 했던 플린트에서는 그 공장에서 근무하는 근로자 수가 무려 8만 명에 달했던 적도 있다. 하지만 지금은 같은 공장에서 일하는 근로자 수가 8,000명이 채 되지 않는다. 1960년에 20만 명으로 정점을 찍었던 플린트의 인구 또한 2020년에 8만 명으로 감소했다. 당연한 일이겠지만 대부분의 주택

그림 5.5 **2001-2019년 사이 미시간주 플린트의 인구, 세수, 고용 변화**

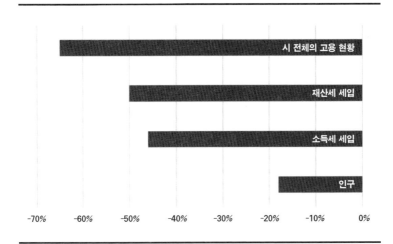

출처: 미시간주 플린트 연간 재무 보고서. 소득세 그래프는 2003-2019년 데이터를 바탕으로 작성했다. 세수 데이터는 고정 달러constant dollar, 즉 인플레이션 요소를 제거한 실질 달러 가치로 표시했다.

가격은 10만 달러가 채 되지 않고 4만 달러 이하에 거래되는 집도 많다. 그 결과 지자체의 세수는 급감했다. 게다가 〈그림 5.5〉에서 보듯 세수가 인구보다 빠르게 감소했고, 시 전체의 노동 인구 또한 세수보다 빠른 속도로 감소했다. 이는 매년 각 노동자의 임금이 매우 조금씩 올라갔기 때문이다. 2001년에 플린트의 정규직 숫자는 1,527명이었으나 2019년에는 512명으로 줄었다.

이 기간 동안 플린트의 경찰관은 336명에서 112명으로 줄었다. 찰리 르더프Charlie LeDuff 기자는 2018년에 다음과 같은 한 경찰관의 말을 인용했다.

"어떤 상황이든 10만 명의 시민을 위해 현장에는 8명의 경찰관이 근무하는 셈입니다. 한 통의 전화를 받으면 그 전화를 해결합니다. 가능한 한 최선을 다해 처리합니다. 나머지 50통의 전화에 대해서는 우리가 할 수 있는 것이 없기 때문입니다……. 그냥 할 수 있는 일을 하며 버티는 겁니다."[18]

2014년부터 2019년까지 도시 전체를 충격에 빠뜨린 플린트의 악명 높은 수도관 납중독 사건은 상수도 공급원을 변경해 돈을 아끼려던 무분별하고 무책임한 계획에서 비롯된 것이었다. 이 사건은 플린트를 더욱 깊은 구렁텅이로 밀어 넣었다. 몇 가지 예외가 있긴 하지만 미국의 축소 도시를 대상으로 한 조사를 통해 시설 폐쇄, 직원 해고, 터무니없이 높은 재산세율, 그리고 무책임한 것에서 윤리적으로 용납할 수 없는 것에 이르기까지 지방 정부의 온갖 다양한 재정 전략이 드러났다.

이런 문제를 여실히 보여주는 대표적인 사례로 미주리주에 있는 퍼거슨Ferguson이라는 도시와 세인트루이스 외곽에 위치해 있으며 어려움을 겪고 있는 교외의 여러 소도시를 들 수 있다. 2015년에 발생한 마이클 브라운Michael Brown 총격 사건(경찰이 비무장 상태인 18세의 흑인 남성 마이클 브라운에 총격을 가해 사망케 한 사건) 이후 세수 감소와 과세 권한을 제한하는 법 때문에 어려움을 겪게 되자 퍼거슨은 경찰을 돈벌이 수단으로 탈바꿈시켰다.[19] 어느 논평가는 당시의 상황을 다음과 같이 묘사했다.

"지자체를 유지하기에는 판매세 수입이 너무 적거나 부족한 도시들은 살아남기 위해 애를 썼다. 지역의 사법 기관들은 누군가가 교통 법규를 위반했다고 날조해 벌금을 뜯어냈는데 그 금액이 터무니

없을 정도로 높았다. 저소득층 주민들이 제때 벌금을 내지 못하면 금액은 나날이 커졌다."[20]

예상대로 가장 큰 타격을 입은 법규 위반자는 아프리카계 미국인이었다. 퍼거슨과 수많은 이웃도시들은 재정 문제 때문에 아무리 좋게 말해도 〈약탈적인 지자체〉라고 표현할 수밖에 없는 존재가 되어 버렸다.

퍼거슨 사례가 미국에 국한된 것처럼 보일 수도 있지만 지방 정부가 재정적인 어려움을 겪는 일은 흔하다. 이 장 뒷부분에서는 머지않아 금융 위기에 직면할 것으로 보이는 중국의 소도시에 대해서도 살펴볼 것이다. 동유럽의 지방 정부는 재정적으로 좀 더 안정적이지만 중앙 정부가 이전 지출하는 예산과 유럽연합의 투자 기금에 대거 의존한다. 리투아니아와 불가리아의 지자체는 각각 전체 예산의 88%와 75%를 중앙 정부의 재정 이전financial transfer을 통해 조달한다.[21] 또한 2014-2020년에 유럽연합 내 탈공산주의 국가에 지급된 약 2,000억 달러에 달하는 투자 기금의 상당 부분은 지방 정부의 역량을 강화하고 자본 투자를 뒷받침하는 데 사용됐다.

이런 방법이 항상 도움이 되는 것은 아니다. 유럽회의Council of Europe는 2021년에 불가리아 지방 정부에 대한 보고서에서 지자체는 재정적인 자율성이 부족하고, 중앙 정부가 부과한 제한적인 규정을 적용받고 있으며, "충분한 자금 없이 과도한 업무 부담을 떠안는다"고 지적했다.[22] 또한 중앙 정부의 이전 지출에 의존하는 방법에도 위험이 있다. 2010년에 집권한 영국의 보수당은 지방 정부에 대한 지원금을 가혹할 정도로 삭감하고, 공공 주택 기금과 예술 및 문화 프로그램도 대폭 줄이고, 경찰관을 대량 해고하는 등의 내용을 포함하는 긴축 프로그램을 시행했다.

영국법에 따라 지방 정부는 사회 복지비 지출만큼은 유지해야 하는데 이 중 대부분은 노인 돌봄에 사용되기 때문에 각 도시는 다른 용도의 지출을 대폭 삭감할 수밖에 없었다. 따라서 교통, 주택, 거리 청소, 문화 서비스 등 그 외 관련 분야로 흘러가는 지자체 지출은 모두 30% 이상 감소했다. 그 결과 2018년이 되자 요크셔에 있는 작은 도시 반즐리Barnsley는 시 예산의 62%를 복지비에 지출하는 지경에 이르렀다.[23] 영국의 긴축 경험은 국가 예산이 점점 더 압박받게 될 때 미래에 어떤 일이 벌어질 수 있을지에 대한 불안한 시나리오를 제시한다.

미래를 생각해 보면, 경제 성장이 둔화되면 중앙 정부와 유럽연합의 지도자들이 내린 결정에 의존하는 지자체는 심각한 위험에 처하게 된다. 어떤 이유로든 중앙 정부의 이전 지출이나 유럽연합의 지원 규모가 줄어들면 이런 도시들은 미래에 대한 투자는 고사하고 기본적인 복지를 제공하는 데도 애를 먹을 것이다.

유럽의 도시가 미국의 도시보다 그나마 상황이 나은 이유

유럽의 축소 도시들도 어려운 문제들을 마주하고 있지만 근본적인 경제 상황은 미국의 플린트나 퍼거슨보다 그나마 덜 심각한 편이다. 수출을 매우 중요하게 여기는 유럽연합의 특성상 유럽에서는 미국에 비해 제조업의 역할이 훨씬 크다. 공산주의 시대가 막을 내리면서 1945년부터 1990년 사이에 건설된 동유럽의 많은 공장이 문을 닫았는데 이후 다시 새로 들어섰다. 왜냐하면 서유럽 제조업체들이 동유럽의 공장을 이용할 때 생기는 이점, 즉 동유럽과 서유럽의 적당한 임금 격차, 서유럽과의 지리적 근접성, 유럽연합 회원국이라는 특징이 모두 합해졌을 때 생기는 이점이 서아시아나 동아시아로 제조 부문을 옮길 때 얻을 수 있는 한층 커다란 임금 격차라는 이점을 훨씬 능가한다는 사실을 깨달았기 때문이다. 제조업에 종사하는 근로자의 비중도 유럽이 미국보다 거의 2배 정도 높다. 폴란드와 체코에서는 20%가 넘는 노동자가 제조업에 종사한다.[24] 라이프치히에는 1990년 이후에 지어진 포르쉐 공장, BMW 공장, 지멘스 공장이 있고, 폴란드에는 20개에 달하는 이케아IKEA 공장과 제3자 공급자 네트워크가 자리를 잡고 있다. 이케아 전체 목제 가구 생산의 절반을 담당하는 나라도 폴란드다.[25]

유럽은 제조업 부문의 활력이 뛰어난 데다 사회 안전망이 탄탄하고 공공 투자와 중앙 정부의 재정 지원 수준이 높아서 축소 도시가 많은데도 불구하고 아직 미국의 플린트나 영스타운에서 드러나는 것과 같은 상황에 처한 도시는 드물다. 하지만 이런 궤도에 올라섰을 가능성이 있는 도시 중 하나가 사람이 살지 않는 아파트가 대거 관찰되는 다우가프필스다.

라트비아에서 두 번째로 큰 도시인 다우가프필스는 인구 8만 명의 산업 도시로 1990년 이후 인구가 35% 감소했다. 2010년 이후 다우가프필스에서 새로 지어진 집이나 아파트는 90채에 불과하다. 즉 1년에 겨우 8채의 새집이 지어진 셈이다. 미국의 개인 간 거래 사이트인 크레이그리스트Craiglist와 유사한 라트비아 사이트 mm.lv

에 등록된 다우가프필스의 주택 매매 가격과 임대료를 분석해 보면 그 원인을 알 수 있다. 다우가프필스에서는 사실상 공짜로 아파트를 살 수 있다. 2021년 말 구소련 시대에 지어진 건물 5층에 위치한 원룸 아파트가 3,000유로(약 428만 원)에 매물로 나왔다. 등록된 매물 중 싼 편이긴 했지만 당시 매물로 나온 모든 아파트의 판매 가격 중간값은 1만 5,000유로(약 2,143만 원)였다. 비슷한 아파트의 임대료는 월 30-220달러(4만 원에서 30만 원) 수준이었다. 이 가격은 다우가프필스의 주택 공급이 얼마나 과잉돼 있는지 보여주는 척도이며 이는 오늘날 비슷한 아파트를 새로 짓는 데 드는 비용의 극히 일부에 불과하다. 이렇게 낮은 가격은 새로운 건축물을 짓는 것이든 오래된 건물을 수리하는 것이든 모든 형태의 주택 투자를 억제하는 역할을 한다. 투자자가 투자 가치를 회수할 수 있을 것이라는 기대를 아예 할 수 없기 때문이다.

다우가프필스와 주위의 라트갈레 지역은 모두 경제적으로 어려움을 겪고 있다. 다우가프필스에서는 사실상 새로운 주택이 건설되지 않고 있을 뿐 아니라 다른 그 어떤 것도 거의 건설되지 않고 있다. 지난 12년 동안 다우가프필스에서 새로 지어진 소매 및 도매 공간은 미국에서 새로 생겨나는 일반적인 슈퍼마켓 하나보다 작은 4만 5,000제곱피트(약 1,265평)에 불과하며 새로 생겨난 사무 공간 역시 6,000제곱피트(약 169평)가 채 되지 않는다. 인구가 25만 5,000명에 달하는 라트갈레에서 2010년 이후에 지어진 주택이나 아파트는 75채에 불과하다.

라트비아 전체적으로는 2007년에 전 세계를 뒤흔들었던 금융 위

그림 5.6　**2007-2019년 사이 라트비아 국가 전체와 핵심 지역의 민간 부문 일자리 수**
(세로축은 기준연도인 2007년의 일자리 수를 〈1〉로 했을 때 연도별 일자리 수)

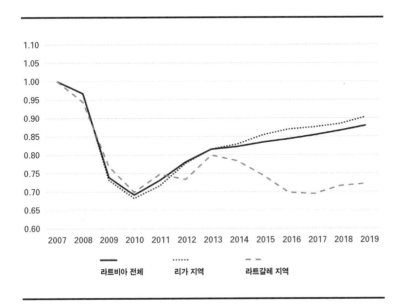

출처: 라트비아 통계청

기에서 비롯된 극심한 경기 침체에서 회복했지만 라트갈레 경제는 거의 혹은 전혀 회복되지 못하고 있다. 라트비아 전체, 리가 지역, 라트갈레 지역 등의 연도별 민간 부문 일자리가 2007년에 정점에 도달한 후 어떤 상황인지 보여주는 〈그림 5.6〉에서 이를 확인할 수 있다. 라트갈레는 2013년 이후 라트비아 내 다른 지역보다 꾸준히 뒤처지고 있는 반면, 수도인 리가와 그 교외 지역은 지배적인 경제적 지위를 굳건히 다지고 있다.

다우가프필스가 경제적인 어려움을 겪고 있긴 하지만 미국의 일부 축소 도시와는 달리 암울한 모습이 겉으로는 드러나지 않는다. 이는 곧 유럽연합의 재정 지원을 비롯한 공공 투자 수준이 높다는 뜻이다. 사실 다우가프필스는 쾌적한 소도시라는 인상을 준다. 전제 군주제 시절의 건물이 잘 복원돼 있을 뿐 아니라 사용자가 많지는 않지만 매력적인 보행자 산책로가 시내를 가로지른다. 그럼에도 다우가프필스와 그 주변 지역을 보면 인구가 감소하고 경제 활동이 침체돼 민간 투자가 얼마나 줄어들었는지 잘 알 수 있다. 현재로서는 장기적인 전망은 그리 밝지 않다.

중국 지방 정부의 특이한 자금 조달 방식

중국은 상황이 매우 다르지만 여러 가지 측면에서 문제가 훨씬 더 심각하다. 중국의 인구가 감소세로 접어든 만큼 지방 정부들은 머지않아 심각한 재정 문제에 직면하게 될 것이다. 중국의 정부 재정 시스템하에서는 지자체의 과세 권한이 제한적이다. 따라서 지자체가 제공하는 공공 서비스뿐 아니라 경제 개발, 인프라 확대, 문화 편의 시설 같은 야심 찬 계획에 투입될 자금을 조달하기 위해 지방 공무원들은 점차 독특한 수입원, 즉 토지 판매 또는 임대 수입에 의존하게 됐다. 중국의 모든 도시 토지는 국가 소유이고 농촌 토지는 지방 정부의 권한을 이용해 도시 토지로 전환할 수 있기 때문에 중국의 지자체는 농촌 토지를 수용한 후 도시 토지로 재분류해 가능한 한 최고가로 부동산 개발업체에 매각한다.

최근 수십 년 동안 부동산 시장이 폭발적으로 커지고 엄청난 인맥을 가진 개발업자들이 중국의 폐쇄적인 은행 시스템을 통해 거의 무제한에 가까운 자금을 빌릴 수 있게 되자 토지 매매가 지자체의 주요 수입원이 됐다. 2020년에는 지방 정부가 토지 매각을 통해 벌어들인 총금액이 8조 4,000억 위안(약 1,529조 원)에 달했다.[26] 지자체의 높은 토지 거래 의존도와 개발업체 및 대출 기관의 무책임한 태도가 주택 과잉 공급으로 이어지면서 중국 내륙에는 사람이 거의 살지 않는 유령 도시가 생겨났다. 2017년 조사를 통해 중국 주택 재고의 약 20%에 달하는 6,500만 채의 집이 비어 있는 것으로 드러났다.[27] 지방 정부의 특수법인인 LGFV(Local Government Financing Vehicle)를 통해 자금을 조달해 부채를 지자체 대차대조표에서 삭제하고 땅을 담보로 활용하는 방식을 동원해 오랫동안 수입을 늘려 온 중국 지자체의 관행이 문제를 더욱 악화시켰다. 골드만삭스는 2021년에 LGFV의 총부채가 중국 경제 규모의 절반이 넘는 53조 위안(대략 9,647조 600억 원)에 달한다는 분석을 내놓았다.[28]

이 모든 것이 거대한 폰지 사기(Ponzi scheme, 일종의 다단계 금융 사기 수법)처럼 느껴지는가? 사실 그렇다. 모든 폰지 사기가 그렇듯, LGFV를 통한 자금 조달은 이런 과정을 통해 생성되는 모든 땅과 건물을 흡수하기에 충분할 정도로 높은 성장이 무한정 지속될 때만 효과가 있다. 하지만 어떤 상황에서도 경제가 무한정 높은 성장률을 지속할 수는 없다. 중국의 인구 통계 현실을 고려하면 이런 식의 성장은 더더욱 불가능하다. 중국 지자체의 기이한 자금 조달 방식이 지금껏 버틸 수 있었던 이유는 최근 몇 년 동안 중국의 평균 가구 규모가 급격하게 줄어든 탓에 인구 성장 둔화에도 불구하고 여전히 많은 가구가 새로 생성되고 그로 인한 주택 수요가 높았기 때문이다.

하지만 최근에는 정부가 개발업체의 신용 접근 규정을 강화해 토지 거래 시장이 둔화됐다.[29]

단기적으로는 지자체의 긴축 정책, 중앙 정부의 지원, 투자자들이 수십억 달러 혹은 수조 달러어치의 지방 정부 부채에 대해 손실을 감수하는 방안 등을 포함하는 좀 더 극단적인 조치가 더해져 시스템의 구멍이 메워질 수도 있다. 하지만 장기적으로는, 특히 경제 성장률이 줄어들고 급증하는 고령 인구의 요구를 충족시키는 데 드는 비용이 늘어나는 가운데 중앙 정부의 재정 부담이 가중돼 물리적인 환경과 삶의 질을 개선하기 위한 지자체들의 계획을 지원하기는커녕 주민들을 위한 필수 공공 서비스를 제공하는 데도 어려움을 겪을 수 있다.

결론

—

플린트나 존스타운 같은 도시는 축소 도시가 마주할 수 있는 최악의 시나리오를 보여주는 대표적인 사례다. 이런 도시들은 수십 년 동안 대체할 만한 산업이 없는 상태에서 기존 산업 기반의 붕괴, 인구 유출에서 비롯된 지속적인 두뇌 유출, 지자체의 세수 감소, 공무원 해고, 노후화된 인프라, 버려진 건축물이 늘어나는 등의 현상을 겪었고, 그 결과 회복이 어렵거나 아예 불가능한 지경이 됐다. 더욱이 최악의 경우를 맞닥뜨린 이들 지역이 해결해야 할 문제는 경기 부양이나 새롭고 긍정적인 방향으로의 회복이 아니다. 이들 도시는 주민들에게 최소한의 삶과 기회를 제공할 수 있는 수준까지라도 회복할 수 있을지 촉각을 곤두세우고 있다.

이 책에서 암울한 모습의 축소 도시를 소개하는 것은 미국에서나 다른 곳에서 이런 모습이 축소 도시의 전형이어서가 아니라 말 그대로 축소 도시가 맞닥뜨릴 수 있는 최악의 시나리오를 잘 보여주기 때문이다. 최악의 사례로 소개된 축소 도시들은 인구 감소가 부정적인 영향으로 이어질 가능성이 있는 가상의 미래가 결국 현실의 결과가 돼버리고, 정계와 지역 사회 지도자들이 쇠퇴가 시작됐다는 신호에 제때 대응하지 못하면 도시가 축소되는 과정에서 어떤 일이 발생할 수 있는지 잘 보여준다. 이런 미래가 닥치지 않도록 하는 것은 매우 복잡할 뿐 아니라 정치적 경제적 위험이 따른다. 물론 문제의 핵심은 하나뿐인 지구에서 인간이 지속 가능한 방식으로 살아가는 데 도움이 되고 에너지를 덜 사용하는 글로벌 경제로 나아가려면 인구 감소와 소비 감소가 무엇보다 중요하지만, 두 가지 모두 엄청난 고통을 초래할 수 있다는 것이다.

인구 감소와 소비 지출 감소는 수많은 자본주의 기업뿐 아니라 그들 기업에서 일하는 수백만 명의 일자리는 물론 소비에서 파생되는 수십억 달러나 유로, 위안의 세수를 위협할 것이다. 이런 변화에 대응하기 위해 세계 각국은 출산 장려를 위해 날이 갈수록 정교하거나 강압적인 방법을 활용하고 점점 지속 가능성이 떨어지는 소비 기반 경제 모델을 유지하기 위해 애쓸 것이다. 지금과 같은 인구 추세가 역전될 가능성은 매우 낮지만, 인구 추세가 뒤집히지 않는 한 이런 노력은 결국 실패할 수밖에 없다.

지속 가능하지 않은 경제 모델은 언젠가 실패할 수밖에 없다. 따라서 이런 경제 모델을 지탱하기 위해 애쓰는 기간이 길어질수록 더욱 처절한 실패를 맞게 된다. 존스타운 같은 도시는 도시를 지탱하는 경제 모델이 무너지면 어떤 일이 벌어지는지 알려주는 전조일 수도 있다. 존스타운의 경우에는 노동 집약적인 철강 산업과 채굴 산업을 기반으로 하는 19세기식 경제 모델이 도시를 떠받치는 역할을 했으나 기존 산업이 몰락한 후에는 대체 가능한 산업이 없었다. 최악의 상황을 맞이한 일부 도시를 제외한 대다수 도시가 당장 이런 변화를 겪지는 않을 것이다. 사실 축소 도시는 제철소나 광산 폐쇄 같은 극단적인 변화보다는 좀 더 점진적인 변화를 겪을 가능성이 크다. 하지만 지금이 바로 지속 가능한 소도시와 소규모 경제로의 전환을 위한 계획 수립에 돌입해야 할 때다.

6

—

축소 국가, 미국!

"현재의 미국 상황에서 거의 모든 지역의 정치적, 경제적 본질은 성장이다."
— 하비 몰로치[1]

미국은 항상 성장을 추구해 왔다. 명백한 운명(manifest destiny, 미국의 팽창주의를 상징하는 표현)과 서부 확장의 결과인 미국은 더 많고 더 큰 것을 추구하는 땅이자 빅 걸프(Big Gulp, 커다란 종이컵에 담아 파는 탄산음료)와 빅맥Big Mac의 본고장이다. 겸손과 금욕주의를 강조한 미국 선지자들의 목소리는 성장, 더 많은 생산, 더 많은 소비를 요구하는 등 모든 것이 더 많아야 한다고 부르짖는 목소리에 파묻혔다. 전체 가구 중 거의 3분의 2가 1-2인 가구인 미국에서 새로 건설되는 평균적인 단독 주택의 경우 바닥 면적은 약 2,300제곱피트(약 65평), 화장실은 2.5개, 침실은 거의 4개에 달한다.[2] 여전히 필요 이상으로 지나치게 크지만 그래도 신규 주택의 평균 크기는 2015년 이후 줄곧 줄어들었고 자동차와 주택의 에너지 효율성도 조금은 높아졌다. 하지만 크기와 성장에 열광하는 미국의 분위기가 다소 완화되었다는 징후는 거의 없다. 2021년에 미국에서 가장 많이 팔린 3대 자동차는 모두 픽업트럭이었으며 그 크기 또한 점점 커지고 있다.[3]

1970년대에는 잠깐 상황이 바뀔 것처럼 보였다. 1973년에 출간된 『토지 사용_The Use of Land_』을 집필한 저자들이 지적한 것처럼, 석유 파동과 환경 운동에 자극받은 많은 사람이 "전통적으로 성장과 좋은 삶을 동일시하는" 지배적인 신념을 다시 생각하기 시작했다.[4] 당시 환경 운동을 주도했던 이 책의 저자들 외에도 여러 사람이 세상이 달라지고 있다고 생각했다. 당시 워싱턴 정계는 초당파적인 합의를 통해 환경보호국을 신설하고 대기 오염 방지법, 수질 정화법, 절멸 위기종 보호법 등을 통과시켰다. 또한 카터 대통령은 2000년까지 에너지의 20%를 재생 가능한 자원에서 얻는 방안을 제시했는데 미국은 아직까지도 그 목표를 달성하지 못하고 있다.[5] 하지만 이런 순간도 잠깐이었다. 몇 년 후 로널드 레이건 대통령이 백악관에 입성하자 석유 가격은 다시 내려갔고 백악관 지붕에 설치됐던 태양열 패널은 사라졌다.

미국의 도시 계획은 가차없이 〈성장〉에 초점을 맞췄다. 영스타운의 어느 저명한 지역 유지는 "우리 도시가 축소되고 있다고 말하는 것은 거의 반미anti-American에 가깝다"고 간결하게 표현했다.[6] 자신들이 일하고 있는 도시가 축소 도시라고 불리는 것에 대해 공무원들이 보이는 적대감에도 쇠퇴를 인정하는 것을 금기시하는 분위기가 반영돼 있다. 사실 지금 생각해 보면 터무니없게 느껴지기도 하지만 2000년대 초반에는 도시 계획자와 공무원들이 도시의 축소 현상을 적절하게 묘사하면서도 사람들이 좀 더 편안하게 받아들일 수 있을 만한 용어를 생각해내는 데 많은 에너지를 쏟아부었다. 취약한 시장 도시weak market cities, 적정 규모right-sizing, 전환기 도시cities in transition 같은 용어들이 등장했지만 이런 표현으로는 충분하지 않았다. 2011년에는 유산 도시legacy city라는 표현이 만들어져 인기를 끄는 듯하기도 했다.[7]

이런 역사가 미국인들이 축소 도시에 대해 다른 나라 사람들과 다른 생각을 갖게 된 원인 중 하나다. 유럽의 시장들 역시 자신이 관리하는 도시가 축소될 수도 있다는 사실을 좋아하지 않는다. 하지만 축소 도시라는 사실 자체는 있는 그대로 받아들인다. 미국이 인구 감소를 특히 싫어하고 인정하지 않는 것은 크게 두 가지 요인 때문이다. 그중 첫 번째는 전반적으로는 미국의 도시 역사에서, 좀 더 구체적으로는 축소 도시에서 중요한 부분을 차지하는 인종적 메시지 때문이다. 두 번째는 적어도 최근까지는 도시가 쇠퇴하는 중에도 미국의 전체 인구와 경제는 가파르게 성장한 특이한 현상 때문이다.

이 장에서는 이런 요인들이 미국 축소 도시의 미래에 어떤 의미가 있는지, 또 기후가 변화하고 경제 성장이 둔화되는 미래의 상황에 적응하는 과정에서 이들 도시가 어떤 문제에 직면하게 될지 살펴볼 것이다. 하지만 이런 문제들은 미국이 하나의 국가로서 직면해야 할 또 다른 문제 속에 내포돼 있다. 즉 성장을 자국 정체성의 핵심으로 삼아온 나라가 어떻게 인구가 감소하고 축소 국가가 되어가는 현실을 받아들일 수 있을까라는 문제 말이다.

2034년,
미국의 인구는 감소하기 시작한다

—

2021년 봄에 2020년 미국 인구 조사 데이터가 공개되자 언론은 2010년부터 2020년까지 지속된 미국의 인구 성장세 둔화에 초점을 맞췄다. 2021년 말에 미국인구조사국이 거의 성장이 이뤄지지 않았던 2021년 인구 추정치(2020년 7월–2021년 6월 사이 인구 통계)를 발표하자 언론은 이 같은 발표를 예기치 못하게 투하된 폭탄처럼 취급했다. 브루킹스연구소는 매우 격앙된 비유를 사용해 "미국의 인구 증가율이 거의 멈춰버렸다"고 선언했고[8] 많은 보고서가 "미국 건국 이래" 가장 낮은 인구 성장률이라고 지적했다.[9] 미국 잡지 《디 애틀랜틱 *The Atlantic*》의 데릭 톰슨Derek Thompson 기자는 다음과 같이 지적했다.

"간단히 말해서 미국에서 태어나는 사람은 너무 적고, 사망하는 사람은 너무 많고, 이민자는 충분하지 않다. 우연이든 계획된 것이든, 그도 아니면 기본적인 경제학을 완전히 오해한 것이든, 어쨌든 미국은 인구통계학적인 위험지대에 들어섰다."[10] 비슷한 지적이 쏟아져 나왔다.

2020년 인구 조사 결과를 보도한 수많은 기사 중 인구조사국의 발표 자료를 있는 그대로만 전달하기보다 심층적으로 파고들어 그 속에 숨겨진 좀 더 당혹스러운 추세를 지적한 기사는 단 하나도 없었다. 그 추세는 바로 〈그림 6.1〉에서 보듯 미국의 인구 증가율이 2010년대 중반 이후 가파르게 감소한 현상을 말한다. 코로나19 팬

그림 6.1 **2010년부터 2021년까지 미국의 연도별 인구 변화**

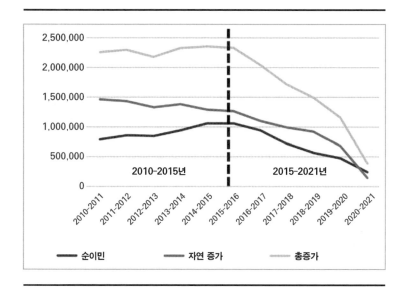

출처: 미국인구조사국. 매년 7월 1일부터 다음 해 6월 30일까지 추이를 기록한 데이터.

데믹의 영향에 이 같은 장기적인 추세까지 더해져 2020-2021년에는 인구 성장이 거의 "멈춰버렸다." 2021-2022년 추정치를 발표할 무렵이 되면 2020-2021년에 비해 인구 증가 성장세가 회복됐다고 판단할 수도 있겠지만 장기적인 추세는 바뀌지 않을 것이다. 즉 미국은 인구 감소로 이어지는 가파른 궤도 위에 올라서 있다.

이민이 대거 늘어나지 않는 한 미국의 인구 감소는 거의 불가피하지만 그 시기를 예측하기는 어렵다. 자연 증가만 생각해 본다면, 상당히 가까운 시일 내에 미국의 사망자 수가 출생자 수를 초과하기 시작할 거라는 데는 의심의 여지가 없다. 2016년까지의 데이터를 토대로 미국인구조사국이 가장 최근에 발표한 예측 자료에 의하면, 이민이 전혀 없을 경우 미국의 인구는 정점에 도달한 후 2034년 이후부터 감소세로 접어들 것으로 추정된다.[11]

하지만 가장 최근 데이터를 놓고 보면 미국의 인구가 감소하는 순간이 좀 더 빨리 찾아올 수도 있다. 심지어 2030년 이전에 감소세에 접어들 수도 있다. 물론 미국의 인구통계학적 미래에 큰 영향을 미치는 것은 이민이다. 이민이 인구 증가세에 영향을 미칠 가능성이 적은 중국이나 일본과 달리 미국에서는 이민이 지난 50년 동안 인구 성장을 견인하는 중요한 요인이었다.

미국의 인구가 마이너스 성장에 진입하면 인구 감소 추세가 얼마나 빨리 가속화될 것인가 또한 중요한 문제다. 즉 출생자 수에 비해 사망자 수가 얼마나 빨리 늘어날지 생각해 봐야 한다는 것이다. 출생과 사망 간의 격차가 클수록 이를 상쇄하기 위해 더 많은 이민이 필요하기 때문이다.

2000년부터 트럼프 행정부의 반이민 정책이 효과를 내기 시작한 2017년까지 미국으로의 순이민은 연평균 100만 명에 가까웠다. 하지만 2017년부터 2021년까지는 거의 절반 수준이 됐다. 이민은 매우 정치적인 문제다. 한동안은 이를 둘러싼 격렬한 논쟁이 누그러들지 않을 것이다. 최근 《워싱턴 포스트》는 다음과 같이 보도했다.

"이민은 미국 이야기의 중심이었지만 지금으로서는 이 시스템이 망가졌고 정치인에게는 이 문제를 해결할 능력이 없는 것처럼 보인다."[12]

선거 운동 당시에 친이민 정책을 주장했던 바이든 행정부는 트럼프의 반이민 기조를 되돌리기 위해 별다른 노력을 하지 않고 있으며, 공화당 역시 2024년 혹은 그 후에 다시 정권을 잡으면 미국 경제가 치러야 할 혹독한 대가에도 불구하고 이민을 심각하게 축소할 가능성이 크다.

미국인구조사국은 일단 사망자 수가 출생자 수를 초과하더라도 그 격차가 벌어지는 속도가 느리기 때문에 적당한 수준의 이민만 허용하면 오랫동안 인구 감소세를 상쇄할 수 있고 마이너스 성장이 시작되는 시기 또한 2060년 이후로 늦출 수 있을 것으로 가정한다. 하지만 이런 전망은 최근 가속화되고 있는 출생률 감소 속도를 고려하지 않은 것이다. 지금과 같은 추세로 미뤄보면, 미국이 이민을 2017년 이전 수준으로 늘리지 않으면 예상한 것보다 인구 감소가 시작되는 시점이 훨씬 빨리 찾아올 수 있다. 이민이 현재 수준보다 대폭 증가하지 않으면 미국의 인구는 지금부터 약 20년 후인 2040-2045년에 전반적으로 감소할 가능성이 크다.

미국의 줄어드는 노동 인구

인구 증가율이 서서히 둔화되다가 결국 마이너스로 돌아서면 미국은 인구통계학적 측면과 경제적인 측면에서 커다란 변화를 겪을 것이다. 이민을 통해 인구를 보충하지 않는다면 고령층의 인구 비중은 증가하고 생산 가능 인구 규모는 줄어들 것이다. 〈그림 6.2〉를 보면 2021년에 0-30세 인구의 각 연령 집단별 규모가 얼마나 되는지 확인할 수 있다. 30세 인구는 470만 명이 넘지만 한 살 미만 영아는 겨우 350만 명에 불과하다. 지금부터 5년이 조금 지나면 노동 인구

그림 6.2 **2021년 0세에서 30세까지의 미국 인구**

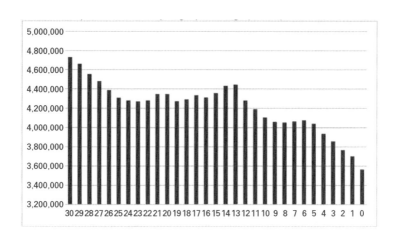

출처: 미국인구조사국

에 진입하는 집단 규모가 이전에 진입한 집단보다 줄어들기 시작할 것이다.

경제 성장이 둔화되고 인구 고령화로 인해 부양비가 증가함에 따라 미국 경제와 사회 지원 시스템은 점점 커다란 부담을 떠안을 수밖에 없다. 2020년에 5,600만 명이었던 65세 이상 인구는 2050년이 되면 8,400만 명으로 늘어나 전체 인구의 23%를 차지하게 될 전망이다. 또한 기후 변화 때문에 부담이 한층 더 커질 것이다. 허리케인, 산불, 홍수 등의 위험이 커지는 가운데 미국 남서부는 폭염과 물 부족에 시달리고 노펙, 마이애미 같은 해안 도시들은 해수면 상승으로 인한 문제에 직면하게 될 것이다. 이런 문제도 해결하기가 점점 더 어려워질 것이다.

이것은 종말론적인 시나리오가 아니다. 2050년의 미국은 민주주의가 지금보다 후퇴해 있을 수도 있지만 여전히 번영하고 문제없이 원활하게 기능하는 국가로 남아 있을 것이다. 하지만 날이 갈수록 역풍이 거세질 것으로 전망되는 만큼, 인구통계학적인 변화와 인구 감소라는 현실에 좀 더 사려 깊고 합리적인 방식으로 접근하는 동시에 그에 대한 합의를 도출하고 어려운 결정을 내리는 데 도움이 되는 정치 구조를 마련해야 한다. 물론 이 두 가지는 서로 연관돼 있지만 여전히 별개의 문제다. 둘 중 어느 것도 장담할 수 없다.

인구가 감소하는 와중에도 탄탄한 경제를 유지하려면 근본적인 관점의 변화가 필요하다. 미래의 미국은 더 이상 꾸준히 늘어나는 노동 인구를 발판 삼아 경제 성장에 박차를 가할 수 있는 상황이 아니기 때문에 줄어드는 노동 인구의 교육과 기술 수준을 극대화해야 한다. 정치경제학자 니컬러스 에버스탯Nicholas Eberstadt은 다음과 같이 기술한다.

소득이 높고 수명이 길며 가족 구성원의 숫자가 적은 상황에서 인구가 일정한 수준에 머무르거나 축소될 경우 지속적인 풍요를 꿈꾼다면 인적 자본을 키워야 한다. 더불어 노동 시장, 정책 영역에서 끊임없는 혁신을 추구해 우호적인 비즈니스 환경을 조성해야 한다. 이런 욕구로 인해 사회가 점차 고령화되고 축소되는 가운데서도 새로운 인재들의 잠재력이 생겨나고 경제적 가치를 부지런히 만들어낼 수 있게 된다.[13]

하지만 많은 사람이 지적했듯이 미국은 이미 이런 쪽에서 좋은 성과를 거두지 못하고 있다. 절대적인 수치 자체를 기준으로 삼든 전체 인구 대비 18-24세 비율을 기준으로 삼든, 고등 교육 등록률은 1960년대부터 20세기 말까지 꾸준히 증가한 후 점차 감소하고 있다. 대학에 다니는 18-24세 인구의 비중이 42%에서 40%로 줄어든 사실에도 반영돼 있듯이 미국의 고등 교육 등록률은 2009-2010년에 정점을 찍은 후 꾸준히 하락세를 보이고 있다. 2017년부터 2021년까지 많은 고등 교육 기관이 통폐합되면서 연방 정부의 지원을 받을 자격이 되는 교육 기관의 숫자가 거의 10%나 줄어들었다.[14] 미래에 연령별 집단 규모가 감소되는 것을 고려했을 때 2040년이 되면 대학생의 숫자가 적어도 100만 명, 즉 10% 감소할 것으로 전망된다. 그 감소가 가져올 영향은 상당할 것이다.

미국인의 기대수명은 2010년 이후 거의 제자리걸음에 그쳤지만 일본과 에스토니아의 기대수명은 각각 1.4년, 2.8년 늘어났다. 오늘날 출생하는 미국인의 기대수명은 일본뿐 아니라 그리스, 포르투갈 등 미국보다 덜 부유한 많은 나라보다 상당히 짧다. 심지어 코스타리카보다도 짧다. 사실 코스타리카의 중위 소득은 미국 중위 소득의 25%를 약간 웃도는 수준에 불과하지만 공중 보건 시스템은 미국보다 조금 더 우수한 편이다.

지속적인 노동 인구 증가에도 불구하고 제2차 세계대전 이후 미국의 총요소 생산성은 줄곧 감소했다. 미국 재계는 미국 노동자들이 보유한 기술이 어떤 식으로 변화하든 향후 수십 년간 혁신이 생산성을 변화시킬 것이라고 주장하지만 많은 사람이 이런 주장에 의심의 눈길을 보낸다. 언론은 기술이나 과학 분야에서 혁신이 이뤄지고 있다는 보도를 주기적으로 내보내지만 이런 변화는 경제에 별다른 영향을 미치지 못한다. 경제학자 윈 노데Win Naudé는 새로운 산업혁명에 버금가는 기술 혁신이 등장할 것이라는 믿음은 "현대에 만연한 신화"라고 주장했다.[15] 널리 알려져 있지만 설명하기 어려운 사실을 묘사하기 위해 〈혁신의 역설innovation paradox〉이라는 용어도 등장했다. 이는 "혁신을 위해 상대적으로 많은 투자 혹은 현저한 투자가 이루어졌음에도 미미하거나 바람직하지 않은 경제적 결과로 이어지는" 역설적인 현상을 뜻하는 것으로 미국뿐 아니라 대부분의 선진국에서 이런 현상이 관찰된다.[16]

인구 증가세와 경제 성장이 둔화되면 미국의 성장 기계가 멈춰 선다는 사실을 인정하지 않으려는 태도 때문에 미국은 문제를 해결하기가 더욱 힘들어질 것이다. 지나칠 정도로 성장을 정상적인 것으로 내면화하고 무한대로 성장할 것이라는 기대를 품으면 쇠퇴가 발생하는 구조적인 원인을 외면하게 될 뿐 아니라 당면한 문제를 해결하는 대신 빈곤과 불평등 증가를 탓할 희생양을 찾게 된다. 2016년 대선 당시 트럼프가 벌였던 선거 캠페인과 "미국을 다시 위대하게Make America Great Again"라는 슬로건은 암울한 현실을 한층 거세게 부정하고 좀 더 심각한 혼란과 노골적인 갈등을 겪게 될 미국의 미래를 보여주는 신호탄이었다고 판명될 수도 있다. 경제 쇠퇴로 미국 전역에서 〈승자로 분류되는 지역〉과 〈패자로 분류되는 지역〉 간의 불평등이 더욱 심각해지면 특히 그럴 가능성이 크다.

축소되는 미국의 도시들

—

전형적인 미국의 축소 도시는 1950-1960년대 혹은 그 이전에 인구가 정점에 달했다가 이후 감소한 북동부나 중서부의 오래된 도시들이다. 디트로이트나 볼티모어 같은 대도시도 있지만 영스타운, 게리, 존스타운 같은 작은 도시가 더 많다. 대부분은 한때 제철소나 자동차 공장이 있었던 산업 도시였다. 제2차 세계대전 이후 수십 년 동안 많은 도시에서 상당수의 백인 주민이 교외나 선벨트 지역으로 떠났고, 그렇게 공동화된 도시는 제2차 세계대전 중에 나타난 제2차 흑인 대이동 시기에 도시로 이주한 흑인들의 차지가 됐다.

물론 일부 축소 도시는 이런 설명에 부합하지 않고 과거 산업 도시였던 몇몇 오래된 도시 또한 탈공업화 시대에 접어든 후에도 탄탄한 인구 증가와 경제 성장을 바탕으로 다시 회복했지만, 지난 수십 년 동안 꾸준히 인구가 감소한 대다수의 도시에는 이 같은 설명이 잘 어울린다. 여기에는 그럴 만한 이유가 있다. 미국처럼 경제가 탄탄하고 인구가 늘어나는 국가에서는 대부분의 지역이 성장한다. 수십 년 동안 계속해서 인구가 줄어드는 도시는 인구와 경제 기반 모두를 상실한 후 둘 중 그 어느 것도 완전히 대체하지 못한 곳뿐이다. 결국 경제 기반이 부족하면 점점 빈곤해져 더 많은 사람이 떠나게 되는 악순환의 고리가 생겨난다. 사람들이 버리고 떠난 후에 철거되는 집이 늘어나면 상당 부분이 도시의 황무지로 변해버리기 때문이다. 많은 농촌 지역과 함께 이런 도시가 축소되는 와중에 미국의 나머지 도시 지역은 성장했다.

미국의 다른 지역들은 빈곤과 많은 흑인 인구를 이유로 이런 도시들에 별다른 관심을 기울이지 않았다. 게다가 지난 20년 동안 피츠버그 같은 일부 도시가 부분적이긴 하지만 주목할 만한 회복세를 보인 덕에 일각에서는 축소 도시를 바라보는 태도가 달라졌을 수도 있다. 하지만 트럼프 전 대통령은 2019년에 흑인 인구가 많은 볼티모어를 "역겹고 쥐와 설치류가 득실거리는 엉망진창인 곳"이라고 묘사하며 인종차별주의자를 은밀하게 끌어모았다. 게다가 트럼프의 메시지는 많은 미국인이 공감하는 정서가 반영된 것이기도 했다.[17] 공화당 정부도, 민주당 정부도 "도시를 위한 마셜 플랜"이 필요하다는 반복적인 요구에 귀기울이지 않았다.

축소 도시가 미국에서 예외적인 존재로 여겨지는 현상은 머지않아 바뀔 것이다. 인구가 5만 명 이상의 미국 도시 절반이 넘는 총 424개 도시가 2020-2021년에 인구 감소를 경험했다. 이 수치에는 코로나19 팬데믹에서 비롯된 일시적 현상이 반영돼 있는 만큼 반드시 장기적인 추세를 대변한다고 볼 수는 없다. 하지만 이는 앞으로 어떤 일이 일어날지 보여주는 징후이기도 하다. 향후 수십 년 동안 미국에서는 축소 도시가 대거 늘어날 것이다.

미국 어디에서 축소 도시가 주로 발생하고, 축소 도시는 어떤 미래를 맞이하게 될까? 단순히 추측하는 차원을 넘어서서 좀 더 정확하게 미래를 탐색하려면 먼저 몇 가지 가정을 해야 한다. 향후 30년과 관련해 내가 세운 몇 가지 가정은 다음과 같다.

- 2030년이 되면 사망자 수와 출생자 수가 같아지고 그 이후부터는 사

망자 수가 출생자 수를 대폭 웃돌 것이다.

- 순이민은 평균적으로 연간 50만 명인 현재 수준에 머무르거나 그보다 줄어들 것이다.
- 남부와 중서부 상당 지역의 도시가 지속적으로 쇠퇴하는 등 지난 20년간 이어져 온 광범위한 지역적 추세 또한 계속될 것이다.
- 코로나19 팬데믹과 함께 시작된 원격 근무 확대 추세가 지속되면서 인구가 도심에서 어느 정도 분산될 것이다.

미국 전체가 마이너스 인구 성장에 접어든 후에도 일부 지역은 성장을 거듭할 것이다. 물론 이미 쇠퇴하기 시작한 곳도 있다. 미국인구조사국은 〈도표 6.1〉에 표시된 것처럼 15개 주와 워싱턴 DC에서 2018년에서 2021년 사이에 인구가 감소한 것으로 추정한다. 이 중약 절반이 북동부와 중서부에 위치해 있으며 나머지는 전국 각지에흩어져 있다. 반면 같은 기간 동안 텍사스와 플로리다의 인구는 각각 100만 명, 50만 명 이상 늘어났다.

인구의 성장과 감소가 미국 전역에 고르게 분포돼 있지 않듯이 미래의 축소 도시 역시 비슷한 분포를 보일 것이다. 앨라배마, 조지아, 미시시피, 루이지애나 등 미국 최남단 지역의 많은 도시에서 이미인구가 감소하고 있다. 이런 추세는 당분간 지속될 것이다. 이 지역의 축소 도시로는 미시시피주의 잭슨, 빅스버그, 머리디언, 루이지애나주의 슈리브포트, 먼로, 조지아주의 올버니, 메이컨, 앨라배마주의 버밍햄, 모빌, 몽고메리 등이 있다. 반면 노스캐롤라이나주의샬럿과 롤리-더럼 지역, 테네시주의 내슈빌 지역, 조지아주의 애틀

2018년부터 2021년까지 인구가 감소한 미국의 주

주	누적 감소 인구
뉴욕	526,342
캘리포니아	331,287
일리노이	250,931
펜실베이니아	51,422
루이지애나	46,288
미시간	37,584
매사추세츠	29,643
웨스트버지니아	28,005
하와이	26,454
미시시피	22,998
뉴저지	21,972
코네티컷	12,218
워싱턴	11,374
알래스카	5,234
로드아일랜드	2,832
캔자스	241

출처: 미국인구조사국 추정치를 윌리엄 H. 프레이가 분석

랜타 지역은 계속 성장세를 이어갈 전망이며 나중에 설명하겠지만 이 지역은 미래의 기후 피난민이 몰려오는 곳이 될 수도 있다.

중서부 지역에서는 더 많은 축소 도시가 등장할 것이다. 플린트, 클리블랜드, 세인트루이스처럼 이미 축소되고 있는 도시들은 상황

을 되돌리기가 점점 어려워질 테고 인구 또한 계속해서 감소하게 될 것이다. 캔자스시티, 디모인, 토피카 등 성장 속도가 느린 중간 규모 도시와 아이오와주의 워털루, 캔자스주의 엠포리아 같은 수많은 소도시가 이 대열에 합류할 것이다. 사실 일부 소도시는 이미 인구 감소를 경험 중이다.

북동부 지역에서도 더 많은 축소 도시가 등장할 것이다. 인구조사국이 발표한 자료를 보면 오랫동안 인구 감소를 경험한 후 1990년대부터 강력한 회복세를 보였던 뉴욕, 워싱턴 DC, 보스턴의 인구가 2020-2021년에는 모두 줄어들었다는 놀라운 사실을 확인할 수 있다. 이는 코로나19 팬데믹의 영향이 크다. 이들 도시에 거주하는 일부 주민들이 다른 곳으로 이주해 원격 근무를 하게 된 것이다. 더욱 중요한 사실은 이들 도시로의 인구 이동 또한 둔화됐다는 점이다. 노동 인구의 상당수가 계속 원격 근무를 택하고 젊은 대졸자와 이주자가 모두 줄어들기 시작하면 이 도시들의 미래도 불확실해진다.

로드아일랜드주의 프로비던스, 매사추세츠주의 로웰, 뉴저지주의 트렌턴 등 최근 몇십 년 동안 이주자의 유입 덕분에 성장한 북동부 지역의 많은 소도시의 미래는 더욱 불확실하다. 이주자가 줄어들면 도시의 성장도 둔화될 수밖에 없다. 보스턴이나 뉴욕 같은 대도시의 위성도시 격인 이런 소도시들은 접근성이 뛰어나고 상대적으로 물가가 낮다. 하지만 각 도시의 자산은 저마다 다양하다. 또한 그 도시로의 이주를 선택할 가능성이 있는 잠재적인 원격 근로자의 규모가 작지는 않지만 그렇다고 방대하지도 않다.

2019년 보스턴의 금융, 보험, 정보, 전문직, 과학, 테크 분야의 일자리는 17만 5,000개에 달했다. 이는 보스턴 전체 일자리의 약 3분의 1에 달하는 숫자였다. 그런데 향후 5-10년 동안 이런 일자리 중 3분의 1이 원격 근무로 전환된다고 가정하면 전체 근로자 중 3분의 1에서 2분의 1이 보스턴 밖으로 이주할 테고 그중 원격 근무자가 2명인 가구의 이주 확률은 더욱 높아질 것이다. 이렇게 되면 약 1만 5,000에서 2만 5,000가구, 즉 보스턴 전체 가구의 6-9%가 이주할 것으로 예상할 수 있다.

이렇게 많은 수의 고학력 고임금 노동자가 사라지면 보스턴은 심각한 타격을 받게 될 것이다. 하지만 보스턴에서 유출된 인구가 5-10년에 걸쳐 뉴잉글랜드 지역의 여러 소도시로 흩어지게 되더라도 개별 도시가 받게 될 영향은 미미할 것이다. 물론 일부 도시가 나머지 도시들과는 달리 보스턴에서 유출되는 원격 근로자 중 상당수를 흡수할 수도 있다. 여기에는 두 가지 요소가 영향을 미칠 수 있다. 첫 번째는 도시가 제공하는 삶의 질과 생활 편의시설이고, 두 번째는 도시가 삶의 질에 대한 투자와 탄탄하고 지속 가능한 지역화된 경제 구축을 통해 이런 자산을 만들어 내는 정도다. 결국 가장 가능성이 큰 시나리오는 일부 도시는 번성하거나 안정화되는 반면 많은 도시는 쇠퇴하는 것이다.

보스턴을 떠나는 원격 근무자의 수에 대한 추정치를 제외하면 앞서 언급한 예측은 대체로 근거가 충분하고 실현 가능성이 높다고 생각한다. 반면 선벨트 지역의 미래와 기후 변화의 여파에 관한 문제는 예측하기가 훨씬 어렵다.

기후와 물가 때문에 변동을 겪는 인구수

—

지속 가능성의 관점에서 보면 미국의 사막 도시, 그중에서도 특히 피닉스나 라스베이거스 같은 도시의 성장 속도는 가늠하기가 어렵다. 2000년부터 마리코파 카운티(피닉스)의 인구는 140만 명, 클라크 카운티(라스베이거스)의 인구는 90만 명 늘어났다. 두 지역의 일부 개발자와 주택 구매자, 투자자, 공무원들은 다 같이 프랑스 왕 루이 15세가 남긴 "내가 죽은 다음에 벌어질 일은 내 알 바 아니지après moi, le déluge"라는 말을 떠올리며 재난이 닥칠 시기가 아직 너무 멀어서 자신들에게 직접적인 영향을 미치기는 힘들다고 가정하는 것처럼 보인다. 어떤 이들은 가파른 성장 속도 자체가 지속 가능성을 증명한다고 생각한다. 피닉스의 한 학자는 2050년이 되면 피닉스가 "거의 사람이 살 수 없는 곳"이 될 거라는 캐나다 잡지《바이스Vice》의 주장[18]에 대응해 다음과 같이 지적했다.

"2050년이 될 때까지 향후 20-30년 동안 피닉스의 인구는 200-300만 명 늘어날 것으로 예상된다. 이 같은 수치에 미뤄보면 이곳이 사람이 살 수 없는 곳이 되기 직전의 상황에 놓여 있다고 보기는 힘들다."

어느 곳이 언제 "사람이 살 수 없는 곳이 될지"는 알 수 없다. 지나친 더위나 물 부족 혹은 둘 다로 인해 2050년까지 남서부 사막 도시에서 대규모 기후 이주가 일어날지는 정확히 알 수 없지만 그럴 가능성은 낮다. 같은 기사에서 어느 애리조나 주립대 재학생은 다음과 같이 이야기했다. "저 역시《바이스》의 기사가 이란이나 인도 같은 곳에서는 이미 이 정도의 기온이 으레 관찰된다는 사실을 간과하고 있다고 생각합니다. 물론 이런 도시들은 더위로 고통받습니다. 하지만 그렇다고 사람이 살 수 없는 것은 아닙니다. 그곳에도 여전히 사람이 살고 있습니다." 냉정하게 들릴 수도 있지만(무심결에 한 말일 수도 있다), 이 학생의 말도 일리가 있다. 사람들은 나름대로 적응하고 있으며, 집, 자동차, 직장 등에서 시원한 에어컨 바람을 쐴 수 있는 대다수의 피닉스 주민들은 한동안 변화에 적응해 나갈 테고 그러는 동안 상대적으로 운이 나쁜 사람들이 더위 때문에 죽음을 맞는 일이 없도록 예방 조치가 취해질 것이다. 피닉스는 이를 위해 집주인들이 모든 임대 주택에 냉방 시스템을 설치하도록 주택 관련 법규를 개정했다.[19]

피닉스는 수자원 관리를 위해서도 많은 노력을 기울이고 있다. 폐수의 89%를 재사용하는 등 콜로라도 강물을 더 이상 이용할 수 없을 때를 대비하고 있다. 하지만 피닉스는 극단적인 경우다. 남서부에서 인구가 많은 지역 중 피닉스처럼 혹독한 기후 패턴이 지속되는 곳은 드물고, 많은 지역, 그중에서도 특히 텍사스는 경제가 탄탄하다.

다른 요인들 때문에 기후 이주가 진행될 수도 있다. 심각한 홍수 때문에 사람들이 플로리다 남부를 비롯한 해안 지대를 떠나게 될 수도 있는데, 2022년에 발생한 허리케인 때문에 따뜻한 기후를 찾아 플로리다로 내려간 사람들이 원래 살던 곳으로 되돌아가거나 다른 곳으로 이주할 수도 있다. 산불이 인구 밀집 지역을 위협하기 시작하면 사람들은 캘리포니아를 비롯한 서부 지역을 떠나게 될 수도 있다. 이런 여러 요인들로 인해 중서부의 여러 도시, 주로 오대호(Great Lakes. 북아메리카 대륙의 동부에 있는 거대한 호수군) 주변 도시들이 소위 〈기후 안식처〉 혹은 〈기후 피난처〉라고 불리는 곳으로 변신해 많은 사람을 끌어들일 수 있다. 툴레인 대학의 기후 전문가가 미네소타주 북동부에 위치한 도시 덜루스Duluth를 "미국에서 기후 변화로부터 가장 안전한 도시"이자 기후 이주민들을 위한 이상적인 목적지로 추천한 후 덜루스는 일시적이나마 언론의 관심을 받았다.

미국에서 기후 이주는 사소한 문제가 아니다. 하지만 향후 25-30 년 동안 축소 도시의 궤적에 중대한 영향을 미칠 정도로 기후 이주가 많은 사람에게 영향을 미치기는 어렵다. 이주는 사람들이 기본적으로 선택하는 방안이 아니다. 허리케인 하비가 지나간 후 라이스 대학 연구진이 진행한 아래의 인터뷰를 보면 홍수가 모든 것을 파괴하며 휩쓸고 지나간 이후에도 여전히 그곳을 떠나지 않고 재건을 향한 열망을 드러나는 사람들의 모습이 잘 나타나 있다.

차치: 아들 녀석들은 이렇게 이야기해요. "엄마, 제발 여길 떠나세요. 집을 팔아버려요. 집을 판 돈을 챙겨서 다른 곳으로 떠나야 해요."

인터뷰 진행자: 안 될 이유가 있나요? 왜 떠나지 않죠?

차치: 그럴 수 없습니다. 여기가 제집인걸요. 여기가 제집이에요. 저를 위해 이 집값을 마련하려고 남편이 정말 열심히 일했어요. 그러니…… 이곳이 제집이죠. 맞아요. 이건 악몽이에요. 정말 끔찍한 악몽이에요. 하지만 바보 같은 허리케인 하비는 저를 이곳에서 쫓아내지 못할 겁니다.[20]

	피닉스	댈러스	샬럿	덜루스
1월	20	13	10	-7
2월	22	16	13	-4
3월	25	20	18	1
4월	30	25	22	7
5월	34	29	26	13
6월	40	33	30	19
7월	41	35	32	23
8월	40	35	31	23
9월	38	31	28	18
10월	31	26	22	11
11월	24	19	17	3
12월	20	14	12	-4

출처: 미 국립해양대기국

변화의 과정이 느리게 진행될 때 사람들이 떠나기보다는 변화에 적응할 가능성이 큰 것은 어쩌면 당연한 일이다. 또한 사람들이 피닉스나 마이애미를 떠나더라도 덜루스나 디트로이트보다는 지리나 환경, 생활방식, 정치 성향 등이 자신이 원래 살던 곳과 비슷한 곳으로 이주할 가능성이 크다. 샬럿과 댈러스는 특히 경제가 활력 넘치며 〈도표 6.2〉에서 확인할 수 있듯이 이주자들이 편안하게 여길 정도로 날씨가 선선하다. 12월부터 3월까지 온 세상이 꽁꽁 얼어붙어 눈이 쌓이는 덜루스에 비하면 훨씬 온화하다.

수백만 명의 사람들이 사막 한가운데 거주하는 상황을 반기지 않는 도시 계획 전문가와 환경 운동가들은 오랫동안 선벨트 지역의 매력과 사람들이 그곳을 떠나지 않도록 붙들어두는 능력을 저평가해왔다. 하지만 좋든 싫든 선벨트 지역은 한동안 성장세를 이어갈 것이다. 지속적인 성장세를 보일 가능성이 있는 또 다른 지역으로는 아이다호주, 몬태나주같이 선벨트 인근 내륙에 위치한 주를 포함한 태평양 연안 북서부, 샬럿, 롤리-더럼-채플 힐 삼각지대를 포함하는 노스캐롤라이나 피드몬트 지역 등이 있다.

가장 많은 인구 순유출을 기록한 캘리포니아

캘리포니아는 여전히 풀기 어려운 문제다. 멕시코 국경에서부터 샌프란시스코만 북쪽으로 이어지는 해안 지대에는 놀라운 자연경관과 우수한 문화 시설이 자리 잡고 있을 뿐 아니라 캘리포니아는 미국의 최첨단 기술과 경제의 허브다. 하지만 최근 몇 년 동안 캘리포니아는 미국의 모든 주 중에서 가장 큰 규모의 국내 인구 순유출을 기록했다. 캘리포니아를 떠나는 사람들은 대개 많은 급여를 받는 테크 기업 개발자나 헤지펀드를 주무르는 거물이 아니라 임금 수준이 낮거나 중간 정도 되는 노동자 계층 가정이다. 이는 곧 억대 연봉 아니면 살 수 없을 정도로 캘리포니아의 물가가 너무 비싸다는 뜻이다. 대부분의 일자리가 있는 해안 지역의 물가는 특히 더 비싼 편이다.[21] 비슷한 일을 하더라도 피닉스나 덜루스에서 할 때보다 캘리포니아에서 할 때 돈을 더 많이 번다 해도 앞의 두 지역과 캘리포니아 해안 지역은 생활비에서 엄청난 차이가 나는데, 특히 주거 비용의 격차가 임금 격차보다 훨씬 크다.

하지만 같은 캘리포니아라고 해도 해안 지역과 내륙 지역은 매우 다르다. 내륙 지역은 경관도 좋지 않고 기술 중심적인 특성도 덜하고 생활비도 훨씬 저렴하다. 인구조사국이 발표한 2020–2021년 추정치에 의하면 인구가 20만 명이 넘는 캘리포니아의 22개 도시 중 절반은 인구 증가를, 나머지 절반은 인구 감소를 겪었다. 인구 감소를 경험한 도시는 모두 해안 도시이며 인구 증가를 경험한 도시는 단 2곳만 빼고 모두 내륙 도시였다.

테크 기업가와 벤처캐피털리스트가 캘리포니아의 경제를 대표하는 공식적인 얼굴일 수도 있지만 서비스직 종사자나 블루칼라 노동자가 제공하는 재화와 서비스가 없으면 이런 구조가 유지될 수 없다. 둘 다 당분간 로봇으로 대체될 수도 없다. 캘리포니아 해안 지역에서는 적정한 가격의 주택을 찾기 위한 혼란이 끊이지 않지만 중요한 돌파구가 등장할 가능성은 적다. 앞으로 원격 근무가 늘어날 수 있기 때문에 불확실성은 더욱 커지고 있다. 이러한 변화가 캘리포니아를 대표하는 상당수의 기업에 커다란 영향을 미치고 있는데, 최근 캘리포니아에서 일하던 전문 기술직 종사자들의 이주로 아이다호주 보이시Boise 지역의 물가가 급등했다는 증거도 있다.[22] 프레즈노Fresno 같은 캘리포니아 내륙 도시는 보이시와 달리 아름다운 풍광을 보기 힘들 수는 있지만 편의시설이 풍부하고 하이브리드 근무 방식을 택한 사람이 살기에는 여러모로 입지가 좀 더 나은 편이다. 앞으로 수십 년 동안 적잖은 수의 캘리포니아 도시가 축소 도시 대열에 합류할 가능성이 크다.

성장의 편향성,
축소되는 도시에 돌아가는 몫이 줄어든다
—

어떤 식으로든 앞으로 수십 년 동안 수많은 미국 도시가 축소되기 시작할 것이다. 과거의 산업 도시들을 중심으로 시작됐던 첫 번째 축소의 물결과는 반대로 두 번째 축소 물결은 지리적, 인구통계학적, 경제적, 인구 감소 원인 등의 측면에서 훨씬 다양할 것으로 예상된다. 이주 감소나 경제적 변화의 영향을 받는 도시도 있을 테지만 가차 없는 인구통계학적 변화의 영향을 받는 도시도 등장할 것이다. 오래된 도시든 새로 건설된 도시든 모든 도시들은 나날이 둔화되는 경제 성장의 영향을 받을 것이고 정도의 차이는 있겠지만 기후 변화의 영향 또한 받게 될 것이다.

명백한 인구 감소가 코앞까지 다가온 상황에서 모든 도시는 미국이 경제와 인구 성장이 둔화되는 땅이라는 새로운 현실과 씨름할 수밖에 없다. 이런 미래는 미국의 축소 도시가 지난 수십 년 동안 사용해온 지배적인 전략에 대해 근본적인 질문을 던진다. 질문을 모두 더해서 한마디로 표현하면 다음과 같다. "원래의 성장 궤도로 되돌아가려면 어떻게 해야 할까?" 이는 곧 미국의 총인구와 경제가 성장하는 과정에서 생겨난 노동력, 일자리, 투자 자본 일부분을 축소 도시가 어떻게 차지할 수 있는지 질문하는 것과 다르지 않다. 미국의 축소 도시들이 추구하는 거의 모든 경제 개발 전략은 이 질문을 조금씩 변화시킨 것이다.

하지만 지금껏 일부 도시가 보여준 가장 놀라운 회복세는 의도적인 성장 전략보다는 우연한 상황과 도시의 자산이 더해진 결과일 때가 많다. 오래전에 세상을 떠난 거물들이 남긴 대학과 병원 같은 유산이 있는 클리블랜드, 세인트루이스, 볼티모어 같은 도시에서는 미국의 의료비 지출이 폭발적으로 증가하자 이런 기관이 도시의 경제 성장을 견인하는 엔진 역할을 했다. 주요 대학과 매력적인 오래된 동네가 있는 도시들은 의도적인 유인 전략 없이도 도시에서의 삶을 선호하는 밀레니얼 세대로부터 인기를 끌었다. 그런 도시의 도심 지역은 대부분 교육 수준이 높고 고소득자인 젊은 대졸자들로 가득한 고급 주거 단지로 변신했다. 2000년 이후부터 미국 전체 인구에서 약 6%를 차지하는 25-34세의 대졸 젊은이들이 보스턴과 워싱턴 DC 인구 성장의 약 3분의 2를 차지했다.

또 다른 성공 신화도 찾아볼 수 있다. 억만장자 댄 길버트Dan Gilbert가 2010년에 자신이 일군 미국에서 가장 큰 주택 담보 대출 금융 회사인 퀴큰 론스Quicken Loans의 본사를 디트로이트로 옮긴 이후 도심 지역에 1만 7,000개의 일자리가 생겨났고 50억 달러 이상의 투자 자본이 유입됐다.[23] 디트로이트 도심으로 유입된 투자 자본은 건축적인 측면에서는 뛰어나지만 기능적으로는 쓸모가 없는 1920년대에 지어진 사무실용 빌딩을 고급 아파트로 변신시키고 도심의 공공 영역을 재건했다. 그러니 이런 투자 자본이 촉매제의 역할을 했다고 보는 것이 옳다. 하지만 길버트는 예외적인 인물이며 디트로이트에 대한 그의 투자 역시 예외적인 행보였다. 잘 알려져 있듯이 아마존이 제2의 본사 부지를 물색했던 2018년, 미국 전역에서 어려움을 겪고 있던 여러 도시가 기대에 부풀었다. 하지만 아마존은 요란하게 떠들어댔던 제2의 본사 부지로 결국 뉴욕시와 워싱턴 DC 교외를 택했다.

이 도시들이 성장을 이룰 수 있었던 것은 기존의 자산이나 예측 불가능한 행운을 통해 미국 전역 혹은 해당 지역이 이뤄낸 성장의 일부를 차지했기 때문이다. 이 중 그 어떤 것도 해당 도시의 계획하에 진행된 것은 없다. 그보다 더욱 중요한 사실은 내부적인 요인 때문에 성장이 이뤄진 경우도 없다는 것이다. 하지만 앞으로는 도시들이 편승할 수 있는 성장은 줄어들고 성장의 부스러기를 차지하기 위한 경쟁은 더욱 치열해질 것이다. 바이든 행정부 집권 초기에는 사람들의 기대가 높았지만 2021년에 제정된 미국 구조 계획법, 2022년에 제정된 인프라 투자 및 일자리 법과 인플레이션 감축 법안 등은, 친환경적이든 그렇지 않은 간에, 미래에 시행될 뉴딜 정책의 전조라기보다는 재정 지출을 통해 변화를 유도하기 위한 연방 정부의 마지막 노력처럼 보인다. 예전만큼 탄탄한 성장세가 되살아나기는 힘들 것으로 보이고 연방 정부 역시 공평한 경쟁을 보장하지는 못할 것으로 예상되는 가운데 이미 일부 도시와 지역에 집중되는 경향이 있는 성장의 편향성은 한층 더 두드러지고 축소 도시에 돌아가는 몫 또한 더욱 줄어들 것이다.

이런 경향을 저지하는 새롭고 규모가 큰 공공 정책이 등장하지 않는다면 이와 같은 상황을 피하는 것은 거의 불가능하다. 전반적인 성장이 약화되는 가운데 가장 좋은 위치를 차지한 사람들은 이미 확보한 자원은 비축하고 나머지 자원도 가능한 한 많이 차지하려 들 것이다. 이는 어떻게 보면 사막에서 오토바이와 트레일러를 타고 치르는 전쟁이 아니라, 정장을 차려입은 남녀가 이사회실과 의회에서 IT 단말기 상의 스프레드시트와 브리핑을 통해 벌이는 전쟁이라는 점에서 일종의 극단적인 폭력이 제거된 「매드 맥스Mad Max」 시나리오나 다름없다.

이는 오래된 규칙에 따라 움직이는 축소 도시에는 나쁜 소식이다. 점차 늘어나는 고령 인구가 필요로 하는 의료 서비스와 기타 복지 서비스를 제공하려면 날이 갈수록 줄어드는 전체 자원 중 좀 더 많은 부분을 할애해야 한다. 따라서 정부가 이런 서비스를 제공하는 데 심각한 어려움을 겪게 될 것이다. 전반적인 세수 성장세가 둔화되는 가운데 고령층을 위한 의료비 지출이 늘어나면 저소득층을 위한 의료 지원 서비스나 연방 정부의 장학금 등 현재 젊은층에 제공되는 다양한 형태의 지원이 사라질 수 있다. 2014년에 전체 의료비 지출의 약 3분의 1을 차지한 65세 이상 인구의 의료비 지출이[24] GDP의 6% 수준에서 2030년이 되면 9%로 늘어날 것으로 보인다. 의료비 지출 증가는 대학 병원과 대형 종합 병원이 있는 피츠버그 같은 의료 서비스 중심 도시에는 좋은 소식일 수 있지만 그렇지 않은 축소 도시, 특히 이미 도시 이전 지불 시스템에 크게 의존하고 있는 축소 도시에는 나쁜 소식이다.

운이 좋은 몇몇 도시는 변화에 적응하기 위해 많은 노력을 기울일 필요가 없을 수도 있다. 도시 전체가 특정 기업이나 조직에 의존하면 문제가 될 수도 있지만, 예일대와 비슷한 명문대는 그리 많지 않고 또한 예일대가 어느 정도는 세계 변화의 흐름에 영향을 받지 않는다는 사실은 뉴헤이븐(예일대가 위치한 도시)에 커다란 위안이 된다. 물론 이번에도 어느 정도는 그렇다는 얘기다. 예일대는 믿고 의지해도 될 만한 안전한 대상이지만 외견상으로는 가장 안전해 보이는 제조업 회사조차 그렇지 않을 수 있다. 피오리아, 그 외에 중서부에 위치한 제조업 중심 도시 중 상당수는 위험에 처할 것이다. 농업용 기기, 의료용품 등 각 도시에서 생산되는 제품에 대한 수요가 여전할 때조차도 기업은 손쉽게 규모를 줄이거나, 합병하거나, 근로자를 로봇으로 대체할 수 있고, 좀 더 매력적인 곳으로 떠날 수 있다. 이런 현실에 얼마나 잘 적응하느냐에 따라 도시의 미래가 달라진다.

축소되는 미래에 대처하기 위한 노력

—

지금 당장 상황이 좋더라도 먼 미래까지 행운이 지속될 것이라고 믿어서는 안 된다. 변화에 〈적응하는〉 능력이 훨씬 중요하다. 여러 요소가 관련돼 있지만 아래의 3대 핵심 요소가 축소 도시의 적응 능력에 영향을 미칠 것이다.

적응형 리더십

인적 자본

변화는 쉽지 않다. 어느 경영 컨설턴트는 이렇게 이야기한다. "인간은 변화에 저항하도록 타고났다. 우리 뇌에 있는 편도체는 변화가 닥쳤을 때 그것을 위협으로 간주해 두려움이라는 감정과 함께 투쟁 혹은 도피 반응을 불러일으키는 호르몬을 분비한다. 즉 우리의 몸이 실제로 변화로부터 우리를 보호하고 있는 셈이다."[25] 신경과학이 정확한지는 논란의 여지가 있지만 많은 사람에게 변화 자체는 어려운 일이고 변화가 닥치면 심지어 충격을 받는 사람도 있다는 말은 일견 타당하다. 세계화된 경제 시스템 속에서 포로와 같은 신세로 지내다가 지역화된 경제를 성공적으로 구축하는 것은 근본적으로 고통스러운 변화다. 아무리 사소할지라도 기존 시스템에서 무언가 역할을 맡고 있는 사람은 불확실한 미래가 가까워지는 상황에서는 더더욱 그 역할을 포기하기를 꺼린다. 가장 극심한 어려움에 시달리는 도시에서도 해당 지역이 당면한 고충을 유리하게 활용하는 사람이 있게 마련이다. 사실 이런 사람이 생각보다 많다. 이 중 상당수가 권력자의 자리에 앉아 있다.

자신의 역할을 잃어버린 이들조차도 일각에서, 특히 경제학자들이 생각하는 것보다 변화에 훨씬 적극적으로 저항하는 경우가 많다. 한때 제철소나 탄광에서 일했으나 경제적 환경의 변화로 일자리를 잃은 근로자들이 다른 일자리는 고려하지 않으려 한다는 사실은 이미 잘 알려져 있다. 새로운 일자리가 "여자들이나 하는 일"로 여겨지는 경우에는 이런 태도가 더욱 두드러진다. 하버드 대학의 경제학자 로렌스 카츠Lawrence Katz는 이에 대해 다음과 같이 지적한다. "근로자가 가진 기술과 특정한 업무가 요구하는 기술이 맞지 않아서 발생하는 문제가 아니다. 이것은 정체성이 맞지 않아서 발생하는 문제다. 다른 사람을 돌보는 간병인이 될 수 없는 것이 아니라 자신의 정체성에 대해 후진적이고 퇴행적인 시각을 갖고 있는 것이다."[26]

20세기 최고의 조직 개발 사상가 중 한 명으로 알려진 캐슬린 대너밀러Kathleen Dannemiller는 데이비드 글라이처David Gleicher를 비롯한 여러 사람이 일찌감치 제안한 아이디어를 수정해 조직이나 지역 사회의 변화 능력(C)을 정의하는 다음과 같은 간단하지만 효과적인 공식을 만들었다.[27]

$$C = (D \times V \times F) > R$$

이 공식에서 D는 현 상황에 대한 불만dissatisfaction, V는 무엇이 가능한가에 대한 비전vision, F는 비전 달성을 위해 내디딜 수 있는 최초의first 구체적인 단계, R은 저항resistance을 뜻한다. 세 요인을 곱한 값이 저항값보다 크면 변화가 이뤄질 수 있다. 여기서 세 요인을 더하는 것이 아니라 곱해야 한다는 사실을 기억해야 한다. 따라서 세 요인 중 하나라도 없으면 나머지 두 요인이 제아무리 강력하다 해도 변화는 일어나지 않는다.

적응형 리더십

축소 도시 혹은 그 도시가 포함된 지역 사회가 변화에 적응하기 위해 필요한 첫 번째 능력은 적응형 리더십이다. 실제로 불만은 밑바닥에서 터져 나오는 경우가 많지만 대너밀러 공식의 나머지 부분을 충족시키려면 리더십이 필요하다. 이는 생각보다 복잡한 문제다. 첫째, 당연하게 들릴 수도 있지만 리더십과 권위는 같은 것이 아니다. 계층 구조 내에서 다른 사람에게 명령할 수 있는 지위를 갖는 것과 리더십은 전혀 다른 것이지만 두 가지가 뒤섞여 나쁜 결과나 끔찍한 결과를 낳기도 한다.

　게다가 변화에 필요한 것은 단순한 리더십이 아니라 특정한 형태의 리더십이다. 하버드 케네디 스쿨의 학자이자 현장에서도 활발하게 활동하는 마티 린스키Marty Linsky와 로널드 하이페츠Ronald Heifetz는 적응형 리더십adaptive leadership이라는 개념을 고안한 후 "어려운 도전 과제에 대처하고 성공할 수 있도록 사람들을 동원하는 방식"이라고 정의했다.[28] 적응형 리더십은 적응형 과제를 수행하는 데 필요한 일련의 기술과 관행을 상징한다. 여기서 적응형 과제란 조직이나 지역 사회가 현 상황에서 벗어나 좀 더 바람직한 모습으로 거듭나도록 만들기 위한 과제를 뜻한다. 하이페츠와 린스키는 다음과 같이 설명한다. "적응형 리더십을 실천하려면 사람들이 필수적인 것과 소모적인 것을 가려내고 당면한 과제에 대한 해결책을 실험하면서 혼란의 시기를 헤쳐 나갈 수 있도록 도와야 한다."[29] 따라서 적응형 리더십은 상명하달식으로 진행될 수 없다. 두 사람은 또 다음과 같이 설명한다. "단기적으로 아무리 만족스럽더라도 추종자는 전혀 필요하지 않다. 모든 사람이 자신의 활동 무대에서 업무를 주도적으로 진행할 기회를 잡을 수 있는 분산형 리더십이 필요하다."[30]

리더십과 관련해서는 두 가지 중요한 사항을 이해해야 한다. 첫째, 미래의 비전은 변화의 영향을 가장 많이 받는 사람들에게 의미 있는 것이어야 한다. 새롭게 등장할 환경 속에서 변화의 영향을 가장 많이 받는 사람들이 어떤 가치 있는 역할을 할 수 있는지 보여주는 것이 바로 비전이기 때문이다. 축소 도시를 비롯한 여러 유형의 도시를 이끄는 지도자들은 자신들의 도시가 첨단기술 산업의 허브가 되는 미래를 그리곤 하지만 블루칼라 노동자들이 주로 거주하는 축소 도시를 미래의 첨단기술 산업 허브로 키우겠다는 생각은 터무니없다. 현 상황에 얼마나 커다란 불만을 품고 있든 도시의 노동자 계층이 도시 전체를 첨단기술 산업의 허브로 탈바꿈시키겠다는 비전을 받아들일 가능성은 적다.

둘째, 무엇이 됐든 변화와 적응의 과정이 성공하려면 관계자들 사이에 끈끈한 신뢰를 바탕으로 하는 강력한 관계가 성립되어야 한다. 여기서 신뢰라는 것은 맹목적이거나 수동적인 추종보다는 서로의 선의에 대한 상호 존중과 지역 사회의 안녕을 위한 헌신적인 노력을 뜻한다. 이런 관계가 존재하지 않으면 변화의 과정이 시작되기 전에 먼저 시간과 노력을 투자해 신뢰부터 구축해야 한다.

수많은 미국 도시들처럼 사회경제적, 인종적, 민족적 장벽 때문에 분열된 도시에서는 신뢰를 구축하는 것이 특히 중요하다. 정치 시스템 때문에 종속적인 존재로 밀려난 사람들이나 경제 시스템 때문에 불이익을 받는 사람들 사이에서는 엘리트 계층과 사회를 지배하는 다수 집단을 향한 불신이 만연해 있다. 경제적 장벽이 곧 인종 장벽이기도 한 곳에서는 이런 불신이 특히 더 팽배하다. 수십 년 동안 엘리트 계층과 사회를 지배하는 다수 집단의 자원 독점, 인종주의, 차별이 지속되면서 이런 불신이 축적됐다. 리더십이 포용적이고 형평성 문제를 직접적으로 해결하는 경우에만 이런 불신이 해소될 수 있다. 여러 측면에서 인종적 형평성은 가장 까다로운 문제지만 전형적인 미국 도시에는 그 외에도 다양한 형태의 불평등이 스며들어 있다는 사실을 이해하는 것이 중요하다.

인적 자본

경제협력개발기구OECD는 인적 자본human capital을 "인간이 생산성을 발휘하는 데 도움이 되는 지식, 기술, 기타 개인적인 특징이 축적된 것"이라고 정의한다.[31] 변화에 적응하는 도시의 측면에서 보면, 인적 자본은 사람들이 변화를 받아들이고 그들이 거주하는 도시나 지역의 변화에 의미 있는 방식으로 참여하도록 만드는 "지식, 기술, 개인적인 특징"의 집합체를 뜻한다.

인적 자본은 기술, 지식, 태도가 모두 더해진 것인 만큼 특정 도시의 인적 자본의 질을 측정하는 것은 어렵다. 고등 교육과는 관련이 없는 기술도 많지만 성인 인구 중 대학 학위를 가진 사람의 비율, 그리고 그 인구의 증가율은 불완전하긴 하지만 그래도 유용한 지표가 된다. 지역 자체에서 식량을 조달하는 시스템이 발달한 뉴욕주 이타카Ithaca는 유달리 변화에 적극적인 도시다. 2021년 가을, 이타카는 2030년까지 모든 건물을 탈탄소화시키겠다고 공표한 첫 번째 도시가 됐으며 이 목표를 달성하기 위해 1억 달러에 달하는 민간 자본을 유치했다.[32] 또한 이타카의 전체 성인 인구 중 대학 졸업자가 차지하는 비중은 무려 69%로 미국의 전국 평균보다 2배 이상 높다.

인적 자본과 대학 학위 사이에 연관성이 있다는 사실은 곧 근본적인 변화를 설계하고 실행하는 데 필요한 분석 능력과 개념적인 역량이 매우 중요하다는 뜻이다. 그와 동시에 슬프게도 미국의 중등 교육 시스템이 대학에 진학하지 않은 학생들에게 의미 있는 교육을 제공할 책임을 대체로 포기했다는 뜻이기도 하다. 또한 두 요소 사이에 연관성이 있다는 것은 곧 가장 재능 있는 젊은 인재가 다른 도시로 이주하지 않고 원래 거주 중이던 도시에 계속 남게 만들거나, 다른 곳에서 공부한 후 돌아오게 만들거나, 혹은 다른 지역에서 능력 있는 인재를 유치해야 한다는 뜻이기도 하다.

노동 인구에 진입하는 연령대의 인구가 점차 줄어드는 탓에 날이 갈수록 규모가 줄어드는 노동 인구를 바탕으로 인적 자본을 극대화할 필요성도 점점 커지고 있다. 서비스를 제공하고 무언가를 만들어 내는 것과 관련된 기술이 날이 갈수록 중요해지고 있다. 제조나 건축 기술에 대한 수요도 커질 테지만 여기서 이야기하는 기술이란 소위 할아버지 시대의 기술이 아니다. 미래의 건설 노동자들이 CAD 같은 것을 사용하는 법을 배워야 하듯이 미래의 생산 노동자들 역시 컴퓨터 수치 제어 기계나 3D 프린터 등을 조작해 도시가 필요로 하는 재화를 생산하는 법을 익혀야 한다. 제철 같은 전통적인 업계에서도 오늘날의 근로자들은 오직 힘을 이용해 무거운 자재를 작업 현장 이곳저곳으로 옮기기보다 로봇을 조작하는 계기반 앞에 앉아 있는 경우가 훨씬 많다. 도시 주민들이 뛰어난 기술을 갖고 있을수록 변화를 향해 나아가는 도시의 역량이 커진다.

따라서 필요한 업무를 수행할 수 있도록 사람들을 훈련시키는 기관을 육성하는 것이 중요하다. 전통적으로 이런 훈련은 중등학교 차원의 직업 교육과 기술 교육의 영역이었지만 이제는 진로 기술 교육이라고 불리곤 한다. 미국 교육계는 한때 탄탄한 진로 기술 교육을 제공했다. 하지만 다른 분야의 이수 의무 과목이 늘어나고 재정 지원도 줄어든 데다 무엇보다도 모든 젊은이가 대학에 가야 한다는 명백히 비이성적인 인식이 교육계의 규범이 되어버린 탓에 지난 수십 년 동안 진로 기술 교육은 점차 후퇴하고 말았다.[33] 1990년부터 2012년까지 미국 고등학교 졸업자가 이수하는 평균 진로 기술 교육 학점은 14%나 줄어들었다.[34]

하지만 이런 추세가 서서히 역전되는 신호가 나타나고 있다. 매사추세츠는 지역의 대학, 고용주, 경제 개발 단체 등과 긴밀히 협력해 학업과 직업 통합 프로그램을 제공하는 직업 학교 네트워크를 구축했다. 지역의 직업 학교는 축소 도시가 필요로 하는 인적 자본을 구축하는 데 필요한 핵심 요인이다. 이런 학교의 졸업률은 거의 100%에 달하지만 대부분의 졸업생은 바로 업무 현장에 뛰어들기보다 대학에 진학해 추가 교육을 받는 경우가 많다.

축소 도시가 거듭나는 데 필요한 모든 사람 혹은 대부분의 인력이 대학 졸업자여야 한다는 뜻은 아니다. 효과적인 적응형 리더십은 다양한 장소와 사람들로부터 나올 수 있다. 고도로 훈련받고 교육받은 사람들이 가장 많이 모여 있는 도시는 앞으로 수십 년 동안 매우 유리한 위치에 서게 될 것이다.

강력한 기관

강력한 기관institution은 인적 자본과 비슷한 역할을 한다. 또한 여러 지역을 하나로 묶는 접착제 역할을 하며 지역의 변화를 돕기도 하고 방해하기도 한다. 기관은 매우 중요한 변화 전달자다. 변화의 메시지를 전달할 뿐 아니라 사람들이 변화하는 지역 경제에 참여할 수 있도록 필요한 자원과 도구를 제공함으로써 변화 과정을 해당 지역에서 이뤄지는 모든 경제 활동과 조직 활동에 참여하는 수천 명의 행동으로 구체화시키는 곳이 바로 기관이기 때문이다. 이런 의미에서 기관은 지역 구성원의 사회적, 경제적, 시민적 행동에 영향을 미치는 사명과 수단을 가진 곳이다.

가장 눈에 띄는 기관은 흔히 교육과 의료 기관, 즉 앵커(anchor, 닻) 기관이라 불리는 대학과 병원이다. 두 기관은 날이 갈수록 지역 경제에 큰 힘을 실어준다. 앵커 기관은 "병원, 대학, 정부 기관 등 지역민의 장기적인 건강과 복지를 개선하기 위해 인적 자본과 지적 자본에 이어 경제력을 활용하는 장소 기반의 사명 중심 기관"으로 정의돼 왔다. 앵커 기관이라는 용어에는 토지나 건축물에 수십억 달러를 투자한 탓에 이런 기관은 한 곳에 확고하게 자리를 잡는(즉 닻을 내리는) 경향이 있다는 의미가 담겨 있다. 하지만 다른 측면에서 보면 앵커, 즉 닻은 도시나 동네를 안정시키고 지탱하는 견고한 지지대이기도 하지만 동시에 무겁게 짓눌러 앞으로 나아가지 못하도록 막는다는 점에서 모호한 용어이기도 하다. 사실 앵커 기관은 두 가지 역할 모두 할 수 있다.

정부 기관이 이 정의에 해당하느냐의 문제는 일단 논외로 하고 이야기를 이어가 보면 앵커 기관의 이 같은 정의에는 그 기관이 창출하는 경제력의 규모가 반영돼 있다. 뉴헤이븐에 위치한 예일대는 단일 기관이 작은 도시의 경제를 지배하는 극단적인 사례지만 존스홉킨스대, 피츠버그대, 피츠버그 대학 병원 같은 기관들 역시 각 도시의 경제에서 커다란 비중을 차지한다. 이런 기관들이 도시의 변화 프로젝트에 참여하지 않는다면 존스홉킨스 대학이 있는 볼티모어나 피츠버그 대학 병원이 있는 피츠버그에서 진행되는 경제적 변화를 위한 중요한 조치가 과연 성공할 수 있을지 상상조차 하기 어렵다. 앵커 기관은 구매력, 고용 인원, 훈련 자원, 상당한 규모의 기부금과 연방 정부의 재원 및 기금에 대한 접근성 등을 바탕으로 해당 지역에서 거주하고 일하는 수천 명에 달하는 사람들의 행동과 결정에 커다란 영향을 미칠 수 있다.

하지만 중요한 기관이 거대 교육 기관과 의료 기관에 국한되는 것은 아니다. 이런 기관이 있는 소도시는 드물다. 소규모 인문 대학이나 작은 도시에 있는 지역 병원의 경제적 영향력도 무시할 수는 없지만 앞에서 예로 든 사례들에 비하면 훨씬 약하다. 하지만 규모는 작지만 지역 사회에서 중요한 역할을 하는 기관도 많다. 소도시에서 볼 수 있는 기타 작은 기관으로는 교회, 종교 단체, 사교 클럽, 운동 단체, 공연 단체, 시각 예술 단체, 환경 단체 등이 있다. 노조는 한때 많은 도시에서 지역의 중요한 기관으로 여겨졌다. 요즘은 노조가 예전보다 훨씬 적지만 노조가 있는 곳에서는 여전히 중요한 역할을 한다.

기관과 조직organization 사이에는 명확한 경계선이 없다. 기관의 의미가 매우 다양한 탓에 구분하기가 더없이 어려워진 이 둘을 공식적으로 구분하려는 수많은 시도에서 확인되는 엄청난 모순과 비일관성에 이런 현실이 반영돼 있다. 사실 내가 찾아낸 최고의 정의는 "조직은 아직 제도화되지 않은 기관"이라는 것이다. 지역을 사회적으로, 경제적으로 변화시키려는 사명과 이를 시행할 수 있는 사소한 방식 그 이상의 수단(유능한 직원, 재정 지원, 지역 사회와의 긴밀한 관계)을 갖춘 조직이 바로 기관이다.

9장의 〈그림 9.1〉에는 미래의 지속 가능한 도시를 구성하는 다양한 요소들이 도식으로 표현돼 있다. 〈그림 6.3〉은 그중 하나인 사회적인 구조에 초점을 맞춰 지속 가능한 도시를 만들려면 어떤 기관이 필요하며 몇몇 중요한 관계가 이런 기관 및 사회적인 구조의 다른 부분과 어떻게 연결되는지 보여준다. 〈그림 6.3〉에는 가장 중요한 기관과 관계만 표시돼 있을 뿐 모든 요소가 포함돼 있지는 않다. 하지만 〈그림 6.3〉을 잘 살펴보면 도시가 변화하는 과정에서 각 기관이 얼마나 복잡하고 중요한 역할을 수행하는지 확인할 수 있다.

마찬가지로 기관은 개별 기업가, 지역 시장에 판매하려고 농사를 짓는 농부, 수자원과 녹지 인프라를 구축하고 유지하기 위해 열심히 일하는 환경 운동가에게 반드시 필요한 지원 시스템이다.

도시가 시민의 참여를 유도하고 미래에 대해 야심 가득하면서도 실현 가능한 비전을 세울 수 있다 하더라도 그것을 실현할 수 있는 유능한 조직이나 기관이 부족할 수 있다. 따라서 많은 도시에서 변화를 위해 노력하는 사람들은 새로운 기관을 만들고 필요한 자원을 확보해야 한다. 각 지역의 공공 자원이 제한돼 있고 주 정부와 연

그림 6.3   변화 전달자의 역할을 하는 기관

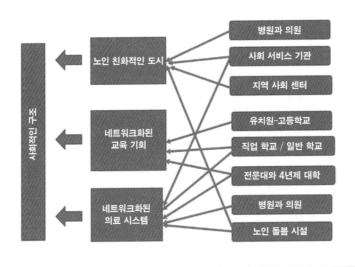

방 정부의 재원이 부족하기 때문에 새로운 기관을 만들고 그에 필요한 자원을 찾기가 쉽지 않을 때가 많다. 이때 각 지역에 있는 재단foundation이 문제 해결에 중요한 역할을 하기도 한다. 규모가 작은 도시를 포함한 많은 도시와 지역에 지역 재단(영구적인 기부금 조성을 위해 개인, 가족, 기업의 기부금을 모아서 만든 재단)이나 가족 재단(성공적인 실업가나 기업가의 상속인이 설립하는 경우가 많음)이 있다.

포드 재단, 카네기 재단, 록펠러 재단 같이 규모가 큰 전국적인 재단에 비하면 이런 재단은 대개 규모가 작다. 하지만 각 지역에서는 매우 중요한 역할을 한다. 펜실베이니아주 레딩에 있는 버크스카운티지역재단은 9,000만 달러가 넘는 자산을 갖고 있으며 환경, 토지 사용, 의료, 혁신, 도시 재활성화 등 다양한 대의를 위해 매년 약 400만 달러를 기부한다. 오하이오주 워런에 위치한 자산 8,700만 달러 규모의 레이먼드 존 윈 재단은 2009년에 인근 소도시 영스타운이 지역 발전에 도움이 되는 회사를 설립할 수 있도록 보조금의 상당 부분을 지원했다. 재단의 지원으로 설립된 영스타운지역개발회사는 영스타운의 많은 동네와 주민들의 삶에 커다란 영향을 미쳤다. 이후 재단은 워런에 트럼불지역개발주식회사라는 비슷한 조직을 설립했다.

규모가 작은 재단이 그럴듯한 명분이 있는 모든 일을 다 해내려고 애쓰는 바람에 덫에 빠지는 경우도 있다. 예를 들면 연간 100만 달러를 기부하는 조직이 지역 전체를 변화시킬 만한 4-5개의 프로젝트에 집중적으로 보조금을 지급하기보다, 돈 많은 자비로운 자선사업가 역할을 하며 걸스카우트, 경찰 체육 연맹같이 이미 탄탄하게 자리 잡은 지역 봉사 단체를 비롯한 100개의 대상에 연간 1만 달러씩 보조금을 지급하는 편이 훨씬 수월하다고 느낄 수도 있다. 하지만 후자의 방법은 말기 환자의 고통을 일시적으로 완화시키는 식의 자선 활동에 불과하다. 물론 그 자체로도 충분히 가치가 있지만 이런 활동은 환자의 상태를 바꾸는 데 전혀 도움이 되지 않는다. 또한 유행에 따라 몇 년 동안 특정 프로젝트에 집중적으로 자금을 지원하다가 우선순위를 바꾸는 경우도 있다. 따라서 각 지역의 재단이 단기적으로 보조금을 지원하거나 너무 많은 프로젝트에 재정 지원을 하는 것보다는 장기적인 변화를 함께 추구하는 파트너의 역할을 하도록 설득하는 것이 관건이다.

마지막으로, 앞서 언급한 요점은 다시 한번 강조해야 할 정도로 중요하다. 지역의 여러 기관이 공동체의 다양성을 받아들이지 못하면 지역 사회 전체를 아우르는 변화를 제대로 전달하기 힘들다. 도시가 인종이나 경제적 수준에 따라 분열돼 있다면 특히 더 그럴 수 있다. 모든 지역 기관이 포용적인 리더십을 발휘하면 더할 나위 없이 좋겠지만 반드시 그래야 하는 것은 아니다. 대신 다양한 기관이 참여하는 포용적인 네트워크를 구축해 소외되는 부분이 없도록 지역 곳곳을 챙기고 모든 주민들로부터 신뢰받도록 하면 된다.

결론

—

나는 앞으로 몇 장에 걸쳐서 어려움을 겪고 있는 축소 도시가 나날이 힘들어지는 글로벌 환경 속에서 안정되고 번성할 방법을 찾으려면 어떻게 해야 할지 보여줄 것이다. 그것은 얼마든지 실현 가능하지만 절대로 쉬운 길은 아니다. 이를 위해서는 지역 경제를 성장시킬 방법에 관한 많은 가정을 재고해야 할 뿐만 아니라 미래는 곧 성장이라는 근본적인 전제를 다시 생각해야 한다. 또한 전략을 설계하고 실행하는 뛰어난 역량뿐 아니라 공감대를 형성하고, 다양한 공동체의 참여를 유도하고, 미래에 대한 포용적인 비전을 심어주고, 실현될 때까지 오랫동안 그 비전을 유지하는 역량 역시 필요하다. 지금까지 여러 차례에 걸쳐 강조했듯이 우리가 당면한 문제는 기술보다는 사회, 문화, 정치와 관련된 부분이 훨씬 크다.

사실 이는 힘든 요구다. 과연 도시 간의 격차가 매우 크고 역량 또한 제한적인 미국 도시가 실천할 수 있는 현실적인 처방일까? 미국의 도시들이 이런 처방을 실천하기는 매우 힘들 것이다. 일부 도시는 아예 시작조차 할 수 없을지도 모른다. 미국의 도시들은 유럽이나 아시아의 다른 도시들보다 한참 전부터 축소되기 시작했지만(혹은 어쩌면 그랬기 때문에) 독일, 리투아니아, 일본의 다른 많은 도시보다 불가피한 변화에 적응하는 데 좀 더 커다란 어려움을 겪을 것으로 보인다. 그렇게 생각하는 이유를 찾아내고 도시의 변화를 막는 가장 중요한 장애물을 정확하게 파악하면 더 많은 도시가 앞으로 나아갈 길을 찾는 데 도움이 될 수도 있다. 이에 대해서는 마지막 장에서 조금 더 다룰 생각이다.

7

축소되는 세계가 마주하게 될 3대 도전 과제

"나는 미래에 존재할 무수히 많은 것에 대한 귀납적인 지식이
인간의 가능성이 되고 있다고 굳게 믿는다."
— 허버트 조지 웰스Herbert George Wells[1]

허버트 조지 웰스 같은 굳건한 믿음이 없더라도 지금부터 2050년까지 세계 곳곳에서 고통스러운 변화가 있을 거라는 예측쯤은 누구나 할 수 있다. 대부분의 측면에서 이는 결코 놀라운 일이 아니다. 세상의 변화 속도를 고려해볼 때 적어도 19세기 중반 이후, 즉 그때가 언제더라도 그 이후로 30년의 기간을 살펴보면 그 시기가 시작될 무렵에 살았던 사람은 거의 예측하기 힘들 정도로 지금 세상은 경제, 사회, 기술 등이 놀랍도록 변화했다. 마찬가지로 지금으로부터 30년 후를 내다보면 지난 2세기 동안 누적된 결과를 비롯한 다양한 변화가 일어난 현대를 살아가고 있는 우리조차도 한 번도 경험하지 못한 수준의 환경 변화가 나타날 것으로 충분히 예측할 수 있다. 이것만으로도 향후 30년은 확실히 이전 시기와 구분될 뿐 아니라 우리가 알고 있는 인간 사회에 매우 중요한 시기가 될 것으로 보인다.

기후 변화, 기술 변화, 정치적 불안정은 지금부터 2050년까지 인간의 사회적 삶과 경제적 생활 그리고 더 나아가 전 세계 도시의 운명에 지대한 영향을 미칠 가능성이 가장 큰 세 가지 요인이다. 세 가지 중 기후 변화가 큰 영향을 미칠 것은 거의 틀림없다. 나머지 두 요인 역시 많은 영향을 미칠 것은 틀림없지만 어떤 식으로 미칠지는 예측하기 힘들다.

현시점에서 가장 강력한 수준의 글로벌 대응이 이뤄지더라도 기후 변화는 우리 삶에 강력한 영향을 미칠 것이다. 안타깝게도 제한적인 결과로 이어지고 말았던 제26차 유엔기후변화협약당사국총회COP26를 비롯해 역사적으로 기후 변화에 공동으로 대응하기 위한 전 세계의 노력은 실제로 환경에 미치는 악영향을 줄이는 데 필요한 수준보다 훨씬 미약했다. 기술 변화에는 노동 시장과 사회 전반을 변화시킬 잠재력이 있지만, 러시아의 2022년 우크라이나 침공을 통해 명확하게 드러났듯이 세계 각국의 정치적 불안과 지정학적 위험은 세계 경제와 사회 및 환경에 어마어마한 영향을 미칠 것이다. 마지막으로, 향후 30년 동안 또 다른 팬데믹 같은 블랙 스완이 한 차례 이상 등장할 가능성도 무시할 수 없다. 하지만 정확하게 어떤 일이 발생할지 예측하기는 불가능하다.

이 장에서는 축소 도시에 대해서는 많은 이야기를 하지 않을 생각이다. 그럼에도 이 장은 이 책의 중요한 부분이며 필수적인 내용이기도 하다. 축소 도시는 각 지역, 국가, 그리고 궁극적으로는 세계의 한 부분이다. 이런 커다란 영역에서 벌어지는 일들과 각 주체가 주위에서 일어나는 변화에 어떻게 대응하느냐가 축소 도시의 미래에 전적으로까지는 아니더라도 막강한 영향을 미칠 것이다. 따라서 이 장에서는 나의 능력이 허락하는 범위 내에서 향후 30년 동안 일어날 가능성이 있는 것들을 전달하고 그 틀을 제시할 생각이다. 이와 관련해 내게 특별한 능력이 있다고 주장할 생각은 없다. 대신 가능성을 살펴보고, 미래에 나타날 수 있는 경로를 제시하고, 어떤 경로를 따르게 될 가능성이 좀 더 높은지 제안하고, 그 의미를 탐구하는 것을 목표로 삼고자 한다.

기후 변화가 세계 각국에 미치는 영향

지구의 미래에 관해 진지한 논의를 할 때 누구나 알고 있지만 언급을 피하는 문제가 바로 기후 변화다. 앞으로 30년 동안 기후 변화는 인간의 삶 모든 측면에 영향을 미칠 것이다. 그 여파는 대부분 유해하며 파괴적일 것이다. 물론 그것이 치명적일지는 위기에 대응하는 우리의 태도에 달려 있다. 1970년대에 기후 변화가 전 세계의 중대한 걱정거리로 지목된 후에도 적절한 대응이 이뤄지지 않았다는 점에 미뤄보면 지구는 대다수 인간의 삶을 급격하게 바꿔놓을 가능성이 큰 기후 변화의 여파를 피하지 못할 수도 있다.

유럽과 북미 이외의 지역에 있는 많은 개발도상국은 화석 연료 사용을 줄이기 위한 적극적인 조치에 동참하게 되면 그 반대급부로 자국의 경제 발전이 위험에 빠지게 되기 때문에 한사코 꺼리는 반면, 다른 나라를 희생시킨 대가로 자국의 이익을 추구하며 무임 승차하려는 유혹을 느끼는 국가도 있다.[2] 전제주의나 민족주의에 굴복하는 나라가 많아질수록 그 숫자는 점점 더 늘어날 수 있다. 예를 들어 러시아는 기후 변화로 인해 전 세계의 많은 지역이 파괴되고 황폐화되는 위기를 겪는 와중에도 자국은 오히려 경제적, 지정학적 이익을 얻을 수 있다는 결론을 내릴 수 있다. 그 근거로 이전에는 동토였던 시베리아 일부 지역의 농업 생산량이 기후 변화로 인해 기온이 올라가면서 최근 몇 년 동안 극적으로 증가한 것을 들 수 있다.[3] 이러한 상황에서 2021년 12월 러시아 유엔 대표단은 상징적인 것에 불과할 수도 있지만 불길한 인상을 주는 결정을 했다. 바로 유엔안전보장이사회에서 거부권을 행사해 기후 변화가 세계 평화에 위협이 된다고 선언하는 결의안 채택을 막았던 것이다.[4]

기후 변화가 향후 수십 년 동안 도시에 어떤 영향을 미칠 수 있는지는 〈도표 7.1〉에 요약돼 있다. 각 영향은 서로 무관한 개별적인 현상이 아니다. 이런 영향이 서로 긴밀하게 연결된 상태로 상호작용해 다양한 연쇄 반응이 생겨날 수 있다. 《가디언 *The Guardian*》에 관련 내용이 다음과 같이 요약돼 있다.

지구온난화로 기온이 임계점을 넘으면서 변화의 속도가 빨라지고 변화 자체가 돌이킬 수 없는 지경이 되면 티핑 포인트tipping point* 에 도달한다. 최근 아마존 열대우림, 따뜻한 멕시코만류, 그린란드, 서남극의 대륙빙하 간의 상호작용을 연구한 새로운 결과가 발표됐다. 300만

---

* 작은 변화들이 어느 정도 기간을 두고 쌓여 이제 작은 변화가 하나만 더 일어나도 갑자기 큰 영향을 초래할 수 있는 상태가 된 단계를 말한다.

도표 7.1　　기후 변화가 도시에 초래할 영향

영향의 본질	도시에 미치는 영향
기온 상승	건강에 심각한 영향을 미칠 수 있는 도시 내 폭염 발생 위험 증가
해수면 상승	해안 지역, 특히 저지대 강 하구에 있는 도시에서 홍수가 발생할 위험 증가
더욱 심각한 폭풍	허리케인이나 태풍이 영향을 미치는 지역에 위치한 도시와 폭우로 인해 홍수가 발생할 가능성이 있는 강변 도시의 위험 증가 중간 위도 지역에 위치한 도시의 위험 증가
산불 증가	가뭄에 취약하고 산림이 우거진 지역에 있는 도시가 파괴될 위험 증가
가뭄과 사막화 증가	가뭄에 취약한 지역에 위치한 도시의 경기 침체와 빈곤
식량 생산 감소	부족한 공급품에 대한 차별적인 접근으로 불평등 증가
강제 이동과 이주 증가	기후 변화의 영향을 많이 받는 도시의 인구 손실 증가
경제 활동 감소와 경기 침체	도시 경제에 대한 경제적 압박과 빈곤 증가

번의 컴퓨터 시뮬레이션을 진행한 과학자들은 기온이 파리협정Paris Agreement에서 채택한 지구 평균 온도 상승 상한선인 섭씨 2도보다 적게 상승하더라도 전체 시뮬레이션 중 3분의 1에서 도미노 효과가 나타난다는 사실을 발견했다. 또한 이런 기후 시스템 간의 상호작용을 통해 각 티핑 포인트가 통과하는 중요한 기온 임계점이 낮아질 수도 있다는 사실이 밝혀졌다. 연구진은 대서양의 해류가 전달자의 역할을 해결국 아마존에 영향을 미치는 등 대륙빙하가 도미노 효과의 시발점이 될 수도 있다는 사실을 발견했다.[5]

이 마지막 문단이 작성될 무렵, "남극에 떠 있는 거대한 얼음덩어

리가 5년 이내에 사라질 수 있다고 과학자들은 말한다"라는 제목의 《워싱턴 포스트》 기사가 실리기도 했다.[6]

더욱더 무서운 점은 해수 온도와 염도의 변화로 날이 갈수록 불안정해지고 있는 멕시코만류가 붕괴할 가능성이 있다는 것이다. 전 세계 대부분 지역의 기후를 적절하게 유지하는 역할을 하는 멕시코만류가 붕괴되면 "인도, 남미, 서아프리카 지역에서는 수십억 명의 인구를 먹여 살릴 식량을 생산하는 데 필요한 강우량에 심각한 문제가 생기고, 유럽에서는 폭풍 발생 빈도가 증가하면서 기온이 내려가는 한편, 북미 동부 지역에서는 해수면이 상승하는 등" 치명적인 결과가 나타날 수 있다. "또한 아마존 열대우림과 남극의 빙하가 더욱 큰 위험에 빠질 수도 있다."[7] 멕시코만류가 붕괴할지 아닐지 우리는 알지 못한다. 게다가 붕괴 시점이 앞으로 10년 후가 될지 혹은 지금으로부터 수백 년이 지난 후가 될지도 알 수 없다. 하지만 멕시코만류의 붕괴는 기후 변화가 초래할 수 있는 여러 재앙의 연쇄 반응을 일으키는 연결 고리가 될 수 있다.

이 장에서는 전반적으로 도시에, 좀 더 구체적으로는 축소 도시에 커다란 영향을 미칠 가능성이 큰 세 가지 요인, 즉 해수면 상승과 홍수, 기온 상승, 그리고 식량 생산 및 경제 활동 위축과 그에 따른 이주 압력을 비롯해 기후 변화가 경제에 미치는 영향 등에 대해 집중적으로 살펴볼 것이다. 이 중 첫 번째와 두 번째는 기후 변화와 직접적인 관련이 있다. 물론 지금부터 2050년까지 이런 문제가 얼마나 나타날지 혹은 많은 전문가가 지적하듯이 가장 큰 여파가 2050년 이후에 정말로 나타날지는 정확하게 알기 어렵다. 반면 세 번째 요인은 기후가 미칠 직접적인 영향이라기보다는 기후 변화가 초래할 2차 영향이기 때문에 좀 더 불확실하긴 하다. 하지만 결국에는 이것이 도시 변화의 가장 강력한 동인이 될 수 있다.

해수면 상승과 홍수, 4미터나 가라앉은 자카르타

고도로 개발되고 인구 밀도가 높은 도시는 복잡한 기반시설로 가득하고 온통 아스팔트나 시멘트로 뒤덮여 있다. 때문에 이런 도시는 기후 변화에 매우 취약할 수밖에 없다. 수자원 확보나 전기 발전, 교통, 최근에는 편의시설 가치 등의 이유로 사람들은 오랫동안 해안이나 강가에 도시를 건설해 왔는데 이런 도시들은 특히나 홍수에 취약해졌다. 라고스, 자카르타, 방콕같이 폭우가 내릴 때마다 정기적으로 홍수에 시달리는 저지대 도시들은 지반 침하로 인해 벌써부터 가라앉고 있다. 도시 계획 교수인 키안 고Kian Goh가 지적하듯이, 자카르타에서는 "물 공급이 충분치 않아 사람들이 수시로 지하수를 퍼내고 있으며 또한 지난 30년 동안 도시화가 급격히 진행되면서 지표면이 아스팔트나 시멘트로 뒤덮이면서 지하수가 스며들 수 있는 표면적의 양이 줄어들었다."[8] 지난 20년 동안 자카르타 북쪽 일부 지역은 무려 4미터나 가라앉아 지금의 만의 수위보다 훨씬 낮아져 홍수가 덮치면 물이 빠져나갈 곳이 없는 상황이다.[9]

자카르타는 수년 동안 방파제를 건설해 왔으며 2019년에는 앞으로 방파제 건설에 400억 달러를 추가 투입하겠다고 공표했다. 하지만 이 같은 계획을 장기적인 해결책으로 보는 사람은 없다. 실제로 가장 먼저 보강 공사가 진행된 자카르타의 방파제 일부 구간이 2020

그림 7.1 **2020년 인도네시아 자카르타에서
보강 공사가 끝난 지 얼마 되지 않은 방파제가 붕괴된 모습**

출처: 에티엔 튀르팽, 나신 마타니 / 티닥 아다 캐피탈 © 2020

년 1월에 붕괴됐다(《그림 7.1》). 그저 운이 좋지 않아서 이런 일이 생겼다고 넘길 수도 있지만, 핵심은 실제로 좀 더 암울한 문제가 도사리고 있다는 것이다. 거의 같은 시기에 인도네시아 대통령 조코 위도도는 수도를 자카르타에서 보르네오섬에 있는 내륙 지역으로 이전하겠다고 발표했다. 하지만 수도가 이전된다 해도 자카르타에 거주하는 약 3,000만 명의 주민들에게 어떤 일이 벌어질지는 미지수다.

자카르타는 방콕, 호치민, 마닐라와 함께 재앙과도 같은 홍수가 발생할 세 가지 요인을 모두 갖추고 있다.[10] 네 도시 모두 해수면 상승의 영향을 받는 저지대 도시이며, 과도한 지하수 사용으로 지반이 가라앉고 있는 데다 허리케인 혹은 태풍이라고 알려진 열대성 저기압이 지금도 흔할 뿐 아니라 앞으로도 더욱 빈번히 발생하고 파괴적인 힘을 가질 가능성이 큰 지역에 위치해 있다. 마닐라의 미래를 묘사한 어느 보고서에 따르면, 이들 도시는 이미 심각한 홍수를 빈번하게 겪고 있지만 앞으로는 지금까지 기록된 최악의 홍수와는 비교도 되지 않을 정도로 훨씬 더 파괴적인 홍수가 발생할 수 있다.

기상이변으로 농작물 수확이 타격을 받아 도시의 식료품 가격이 상승할 것으로 예상될 뿐 아니라 마닐라 같은 도시에서는 전력 부족, 질병, 상수도 공급 중단 등이 더욱 빈번하게 발생할 것으로 예상된다. 열대야 현상도 더욱 심각해져 시원한 날 또한 줄어들 것으로 보인다. 게다가 이미 대부분의 아시아 도시를 뒤덮고 있는 대기 오염을 생각하면 도시 생활은 유해하고, 불쾌하고, 더욱더 예측 불가능한 방식으로 전개될 수 있다.[11]

지반이 내려앉으면 홍수가 발생할 위험이 커지지만 저지대에 위치한 많은 도시는 지반 침하가 일어나지 않더라도 홍수를 겪게 될 위험이 크다. 콜카타, 마이애미, 뉴올리언스를 비롯한 많은 도시는 앞으로 홍수와 폭풍 해일 증가로 심각한 피해를 반복적으로 입을 수 있다.

폭풍우의 발생 빈도와 그 심각성이 증가한다는 것은 곧 수많은 다른 도시들 역시 간헐적이고 예측 불가능한 홍수로 피해를 입을 수 있다는 뜻이다. 2021년 여름에는 현대에 들어서는 심각한 홍수를 겪은 적이 없는 지역에서 대규모 홍수가 발생해 독일과 벨기에에서 200명이 넘는 사람이 목숨을 잃었다. 당시 큰 강에서 홍수가 발생할 것이라던 전문가들의 예상을 보기 좋게 뒤엎으면서 오히려 지류에서 심각한 홍수가 발생했다.[12] 같은 해 여름 인구 1,200만 명이 넘는 중국의 거대 도시 장저우에서도 대규모 홍수가 발생했다. 어느 기자는 당시의 상황을 다음과 같이 기록했다.

"장저우는 다량의 물을 흡수해 재활용할 목적으로 2014년 중국에서 도입된 스펀지 도시sponge city 프로젝트의 일환으로 배수 시설 개선에 막대한 자금을 투자했다. 하지만 단 3일 만에 그 시기 평년 강우량의 30배, 즉 1년치 강우량과 맞먹는 엄청난 양의 비가 쏟아지자 장저우의 배수 시스템은 한마디로 맥을 추지 못했다. 단 한 시간 동안 거의 20센티미터의 비가 내렸다."[13] 모든 폭풍우나 홍수를 기후 변화의 탓으로만 돌릴 수는 없지만, 기후 변화가 전례 없는 홍수를 유발할 거대 폭풍의 발생 확률을 급격하게 높인다는 데는 이견이 없다. 전문가들이 100년 혹은 1,000년 동안 발생할 홍수를 계산하며 항상 주장해 왔던 예측 가능성은 이제 더는 존재하지 않으며, 주요 폭풍과 하천 범람은 더 이상 예측이 불가능한 지경에 도달했다.

도시들은 해안가가 아니면 대개 강을 따라 위치해 있다. 결국 전 세계에서 심각한 홍수의 영향을 받지 않을 도시는 거의 없다. 하지만 콜카타처럼 한때는 자연 배수 시스템 역할을 했던 습지를 메우거나 수위가 높아지면 물에 잠기는 자연 범람원에 건물을 지어 위험을 키운 도시들도 많다. 하천 범람이 지반 침하와 해수면 상승이 더해졌을 때만큼 도시의 생존을 위협하는 경우는 드물지만 기후 변화로 향후 수십 년 동안 인명 손실과 재산 파괴가 극적으로 늘어날 수 있다. 이미 심각한 경제적 사회적 압박에 직면한 상황에서 지금도 고군분투 중인 축소 도시들이 기후 변화에 과연 성공적으로 대처할 수 있을지 의문이다.

기온 상승, 그 영향은 불평등하다

기후 변화로 이미 전 세계 대부분의 지역에서 기온이 상승했으며 앞으로도 기온은 더욱 높아질 것으로 예상된다. 대부분의 국가가 2050년까지 섭씨 1.5도 이상 평균 기온이 상승하지 않도록 한다는 목표를 승인했지만 그것을 달성하기 위한 조직적인 행동이 이뤄질지에 대해서는 회의론이 만연하다. 해수면 상승보다 기온 상승이 전 세계 도시에 미치는 영향은 균등하지 않을 것으로 예상된다. 디트로이트같이 과거의 유산을 물려받은 도시와 미시간을 비롯해 나날이 인구가 줄어드는 러스트 벨트 지역 주민들이 자신들이 거주하는 곳을 미래에 선벨트 지역을 떠날 기후 피난민을 위한 피난처로 홍보할 정도다.

최근에는 "물이 오대호를 기후 피난처로 만들 수도 있다. 우리는 과연 준비가 되었는가?", "미시간은 기후 이주민을 위한 오아시스가 될 준비를 완벽하게 끝냈다" 같은 제목의 기사가 등장했다.[14] 나는 이런 주장에 의구심이 들긴 하지만, 기후 피난민들에게 매력적인 장소가 되려면 디트로이트와 미시간 두 도시 모두 인프라를 개선하고 삶의 질을 높이기 위해 노력해야 한다는 사실을 인정하고 있다는 점이 어느 정도 위안이 된다. 물론 이런 주장의 이면에는 미국 내에서 기후 문제 때문에 다른 곳으로 이주하는 사람이 수백만 명까지는 아니더라도 최소 수천 명은 될 것이라는 암묵적인 가정이

자리 잡고 있다.

온화하거나 추운 지역에 위치한 도시의 기온은 이전보다 높아지긴 하겠지만 그래도 견딜 수 있는 범위를 벗어나지는 않을 것이다. 한여름 평균 기온이 섭씨 21도인 데다 온도계가 거의 섭씨 27도를 넘지 않는 리투아니아의 샤울랴이 같은 도시는 특히 안전해 보인다. 아마도 눈은 적게 내리겠지만 줄어든 강설량에 불만을 품는 사람보다 만족하는 사람이 더 많을 것이다.

하지만 온대 지역에서도 1995년의 시카고 폭염과 같은 사건이 발생하는 빈도와 강도 또한 커질 것이다. 뉴욕대 사회학과 교수 에릭 클라이넨버그Eric Klinenberg는 당시의 상황을 "뜨거운 열기와 높은 습도를 머금은 열대기단이 시카고 상공에 내려앉아 마치 자카르타나 쿠알라룸푸르에 있는 것처럼 느껴졌다"라고 표현했다. 클라이넨버그는 "7월 13일에는 기온이 섭씨 41도까지 치솟았고 일반적인 사람이 느끼는 체감온도는 약 52도에 다다랐다."[15] 그 주, 시카고의 주간 사망자는 다른 때보다 739명이나 증가했다. 2022년 여름에는 잉글랜드 남부의 기온이 영국제도British Isles 역사상 최고 기온인 41도를 기록했다. 당시 영국 정부는 4단계 폭염 비상사태를 선포하며 "보건과 사회 복지 문제를 넘어서서 교통 시스템, 식량, 물, 에너지 공급, 비즈니스에도 영향이 있을 수 있다"고 경고했다.[16]

미국의 가정집에는 대개 에어컨이 설치돼 있지만 그렇지 않은 경우도 많다. 특히 천식이나 당뇨 같은 질환을 앓는 사람이나 노약자가 있는 가정을 비롯한 저소득층이 거주하는 집에는 냉방 시설이 없는 경우도 많다. 반면 유럽의 가정집에는 대개 에어컨이 없다. 유럽 사람들은 최근까지도 에어컨이 불필요할 뿐 아니라 환경에 유해하다고 생각해 왔다. 하지만 국제에너지기구는 최근에 발표한 보고서에서 "2050년이 되면 에어컨 가동을 위한 세계 에너지 수요가 3배나 늘어나 오늘날 미국, 유럽연합, 일본의 전력 사용량을 모두 더한 것과 맞먹는 수준의 전력이 추가로 필요할 것"이라고 말했다.[17]

북미와 유럽 모두에서 도시의 열섬 현상(heat island, 도시 중심부의 기온이 주변 지역보다 현저하게 높게 나타나는 현상) 때문에 교외나 농촌 지역보다 도시에서 온난화 문제가 더욱 심각해지고 있는데 이로 인해 나날이 늘어나는 노년층과 에어컨을 사용할 수 없거나 야외에서 일해야 하는 사람들의 생명과 건강이 한층 커다란 위협을 받게 될 것이다. 2019년에 파리는 가장 더운 여름철이 다가오자 도시 전체에 찜통더위를 식혀줄 48개의 물 분사 장치를 설치하고, 공공 수영장 이용 시간을 연장하고, 일부 공원을 밤새 개방하고, 공공 건물에 냉방실을 설치해 개방할 계획을 발표했다.[18] 뉴욕은 더위에 취약한 질환을 앓고 있는 저소득층 주민들에게 무료로 에어컨을 제공하기 시작했다. 이런 조치는 앞으로 표준이 될 것이다.

온대 기후에 속하는 도시에서는 기온 상승에 적응하는 것이 그리 힘든 일이 아닐 수도 있지만 피닉스, 바그다드, 아테네처럼 이미 인간이 견디기 힘든 수준으로 기온이 치솟곤 하는 일부 도시에서는 기온 변화에 적응하는 것이 좀 더 힘들거나 불가능할 수도 있다. 이런 도시에서는 기온과 습도가 불편한 정도를 넘어서서 건강에 해롭고 생명을 위협하는 수준으로까지 올라가는 날이 점점 더 늘어날 것이다. 방콕, 마닐라 같은 일부 도시에서는 지나치게 높은 기온과 습도가 폭풍과 해수면 상승의 여파와 더해져 점점 더 치명적인 결과를 초래할 것이다.

피닉스에서는 실내에서 벗어나 뒷마당으로 나가는 것만으로도 건강이나 생명에 위협적일 수 있고 뜨거운 열기 때문에 비행기가 공항에서 이륙조차 할 수 없을 만큼 무더운 날이 늘어날 수 있다. 게다가 피닉스에서는 북쪽과 동쪽 산악 지역의 적설량이 도시의 물 공급에 중요한 역할을 하는데 장기적으로 가뭄이 발생해 적설량이 줄어들면 향후 심각한 물 부족에 직면하게 된다. 실제로 그럴 가능성이 농후하다. 그러는 동안에도 사람들은 애리조나의 경제 중심지인 피닉스로 계속 이주하고 있으며 개발업자들은 계곡을 가로질러 주변 산으로 뻗어나가는 지역에 도로를 건설하고 집을 짓는다. 피닉스 대도시권의 90% 이상을 아우르는 마리코파 카운티는 2010년부터 2020년까지 66만 8,000명의 인구 성장을 기록해 미국 내에서 인구가 가장 큰 폭으로 늘어난 카운티가 됐다.

기후 변화로 인한 경제적 승자와 패자

앞으로 30년 동안 기후 변화는 세계 경제에 긍정적인 영향과 부정적인 영향을 모두 포함한 복합적인 영향을 미칠 것이다. 우선 기후 변화는 기온 상승과 전 세계 강수 분포의 변화를 통해 농업에 영향을 미칠 것이다. 최적 수준을 넘어선 기온은 농업 생산량 감소로 이어질 것이다. 강수량 부족 역시 마찬가지다. 관개 시설이 널리 사용되지 않는 지역에서는 특히 그럴 가능성이 크다. 하지만 반대로 일부 추운 지역에서는 기온이 올라감으로써 농업에 도움이 되는 최적 수준에 가까워질 수도 있다.

따라서 아프리카 남부 지역과 서아프리카, 지중해 분지, 미국 서부 등 많은 지역에서 농업 생산량이 감소할 가능성이 크지만 캐나다를 비롯한 일부 지역에서는 오히려 증가할 수도 있다. 같은 맥락에서 러시아와 북유럽에서도 농업 생산량이 늘어날 수 있다. 온전히 양적인 관점에서만 보면, 생산 증가량이 생산 감소량을 능가할지 아니면 그 반대가 될지 예측하는 것은 불가능하다. 기후 변화뿐 아니라 그에 대한 인간의 대응 역시 중요한 변수이기 때문이다. 하지만 기후 변화의 핵심을 간략하게 설명하면, 그 영향이 근본적으로 매우 불평등하다는 것이다.

지난 20년 동안 많은 경제학자들이 경제 생산성과 기온 사이에는 강력하고 일관된 관계가 있다는 사실을 발견했다. 즉 기온이 일정 수준까지 상승하면 생산성이 증가하고 그 지점을 넘어서면 기온이 계속 상승하더라도 생산성은 감소한다. 이런 연구는 대개 국가 간 비교를 토대로 하는데 자원, 문화, 역사를 비롯한 다양한 측면에서 나타나는 국가별 차이가 데이터에 영향을 미칠 수 있다. 하지만 캘리포니아에서 활동하는 세 학자가 새로운 접근 방법을 고안해 냈다. 날씨는 해마다 크게 달라지기 때문에 세 학자는 다른 국가와 비교하는 것이 아니라 같은 국가의 연도별 생산성을 비교해 매년 날씨에 따라 생산성이 어떻게 달라지는지 확인했다.[19] 그들이 활용한 데이터에는 1960년부터 2010년까지 166개국에서 관찰된 날씨 데이터,

농업 생산 데이터, 비농업 생산 데이터가 모두 포함돼 있다.

세 학자는 연평균 기온이 약 13도로 올라갈 때까지는 경제 생산성과 기온 상승 간에 긍정적인 관계가 있으며 그 지점을 넘어서면 둘 사이에 부정적인 관계가 형성된다는 사실을 발견했다(〈그림 7.2〉). 이들은 자신들이 고안한 모델에 의하면 "기후 변화가 없는 경우와 비교해 보면, 기후 변화로 인해 2100년까지 전 세계 생산량이 23% 감소한다"라고 추정했다.[20]

기후 변화로 인한 전 세계의 경제적 승자와 패자는 크게 세 그룹으로 나뉜다. 즉 아프리카, 남미, 동남아시아에 속하는 대부분의 나라에서는 1인당 GDP가 대폭 감소하고, 미국, 중국, 호주, 남유럽 국가에서는 소폭 줄어들며, 캐나다, 러시아, 북유럽 국가에서는 오히려 늘어날 것으로 예상된다. 부유한 나라들은 대체로 기후 변화의 영향을 덜 받을 뿐 아니라 받더라도 적응력과 기술 혁신을 발판삼아 난관을 극복할 수 있다. 그 결과 전 세계의 부유한 국가와 가난한 국가 사이에 이미 존재하는 막대한 경제적 격차는 더욱더 커질 것이다.

앞서 언급한 세 학자는 연구를 통해 미래의 기후 변화 적응과 관련된 특히 중요한 또 다른 두 가지 사항을 발견했다. 첫째, 그들은 "1960년 이후의 기술 변화나 부와 경험의 축적이 경제 생산성과 기온의 관계를 근본적으로 변화시켰는지" 알아보기 위해 1960년부터 1989년까지, 1990년부터 2010년까지 상대적으로 짧은 두 기간을 비교해 보았다. 그 결과 두 기간 사이에는 별다른 차이가 없었다. 미래에는 상황이 달라질 수도 있겠지만 이는 결국 기후가 생산성에 미

그림 7.2　　연평균 기온 변화와 1인당 GDP 변화

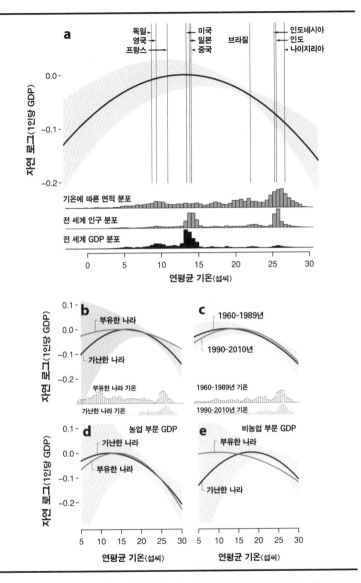

출처: 버크 M, 시앙 SM, 미겔 E. 기온이 경제 생산성에 미치는 전 세계적인 비선형 효과.《네이처*Nature*》. 2015 Nov 12;527(7577):235-9. doi:10.1038/nature15725. Epub 2015 Oct 21. PMID: 26503051.

치는 영향은 그 뿌리가 매우 깊을 뿐 아니라 기술이 발전한다고 해서 기후 변화의 영향이 즉시 완화되지는 않음을 시사한다.

둘째, 세 학자는 부유한 나라와 가난한 나라의 차이는 부유한 나라가 높은 기온에 더 잘 적응할 수 있기 때문이라기보다는(에어컨 등의 냉방 시설 덕분에) 거의 전적으로 평균 기온의 차이에서 비롯됐을 뿐이라는 사실을 발견했다. 결국 그들은 "기후 변화에 적응하는 것이 지금까지 생각했던 것보다 더욱 힘들 수도 있고 금세기 동안에는 부와 기술, 경험의 축적이 기후 변화로 인한 전 세계의 경제적 손실을 실질적으로 완화시키지 못할 수도 있다"고 결론내렸다.[21] 참으로 냉정한 결론이다.

기온 상승으로 생산성과 생산량의 폭넓은 감소가 예상될 뿐 아니라 태풍, 허리케인, 홍수 같은 극단적인 기상이변이 증가해 수십억 달러에 달하는 재산이 파괴되고 일자리가 사라지고 경제 성장 또한 더욱 저해될 가능성이 크다. 마지막으로 세 학자가 제안한 것과 같은 모델은 단일 비교에 국한돼 있다. 즉 기후 변화가 있는 상황에서의 경제 성장과 기후 변화가 없다고 가정했을 때의 경제 성장을 비교한 것에 불과하다. 하지만 기후 변화의 영향뿐 아니라 이 책에서 언급한 인구통계학적 변화의 영향, 즉 인구 감소와 노동 인구의 고령화가 동시에 진행되고 이런 변화에 따라 소비와 투자가 동반 하락할 가능성이 큰 상황을 함께 고려하면 경각심을 가질 수밖에 없다.

기후 변화가 초래할 또 다른 영향, 즉 전 세계 일부 지역의 사막화 현상에서 비롯된 불균등한 경제 성장과 쇠퇴의 여파가 한층 심각해질 것이다. 사막화desertification라는 표현이 오해를 불러일으킬 수도 있다. 사막화란 일반적으로 사람들이 생각하는 것과는 달리 문자 그대로 어떤 지역이 사막으로 변한다는 뜻이 아니라, 유엔이 정의한 대로 "기후 변화와 인간의 활동을 비롯한 다양한 요인으로 인해 건조 지역(강수량이 250mm 이하인 지역), 반건조 지역(강수량이 250-500mm인 지역), 아습윤 지역(강수량이 1,500-2,000mm인 지역)의 토지 황폐화"가 이뤄진다는 뜻이다.[22] 어느 쪽이든 사막화가 진행되면 토지는 생산 능력과 인구 부양 능력을 상당 부분 잃는다. 또한 전 세계의 강우 패턴이 바뀌면 일부 지역은 이익을 얻겠지만 더 많은 지역이 손실을 보게 될 것이다. 기후와 관련된 대대적인 사막화에서 비롯된 가장 큰 위험은 〈일부〉 지역에 집중돼 있다. 특히 아프리카 남부, 미국 서부, 세계에서 가장 중요한 밀 재배 지역 중 한 곳인 우크라이나와 러시아 동남부를 포함하는 확대된 지중해 분지 지역이 가장 위험하다. 사막화가 발생할 수 있는 또 다른 지역으로는 서아프리카 일부, 브라질 북동부, 안데스 고원 등이 있다.[23]

사막화는 기온 상승과 상호작용하여 가장 큰 타격을 입게 될 지역의 경제를 한층 더 빠른 속도로 쇠퇴시키고, 이런 지역 중 상당수는 계속해서 늘어나는 인구로 인한 어려움도 함께 겪게 될 것이다. 부유한 국가들은 강우량 감소에 적응할 방법을 찾을 수 있을지도 모른다. 이스라엘에서는 이미 담수화된 바닷물이 가정용 물 사용량의 최대 80%를 차지하며, 농업에 사용되는 물의 거의 절반은 재활용된 하수에서 나온다. 이스라엘은 물 절약을 적극적으로 장려하는 동시에 물 손실을 최소화하기 위해 많은 투자를 하고 있다. 향후 수십 년 동안 이탈리아나 그리스 같은 국가가 이스라엘 모델을 따라할 수도 있다.

하지만 가난한 나라에게는 선택의 여지가 많지 않다. 이렇게 되면 이주가 늘어날 가능성이 크다. 이를 기후에서 비롯된 이주라고 불러야 할지 경제적인 이주라고 불러야 할지는 둘 사이의 긴밀한 관계 때문에 여러 측면에서 논쟁의 여지가 있다. 어쨌든 여기에는 미국 서부와 브라질 북동부처럼 서쪽에서 동쪽으로 혹은 북쪽에서 남쪽으로 국내 이주가 이뤄지는 경우도 있다. 국제 이주 압력이 발생할 가능성이 가장 큰 지역으로는 튀르키예를 포함한 중동과 아프리카 남부, 북아프리카를 들 수 있다.

아프리카의 미래는 향후 수십 년 동안 급속한 인구 증가, 특히 젊은 생산 가능 인구가 급격히 증가할 것이라는 점에서 특히 걱정스럽다. 이론적으로는 전체 인구에서 생산 가능 인구의 비율이 커지면 경제 성장에 도움이 된다. 하지만 아프리카 각국이 청년층에게 일자리와 교육 기회를 제공하기 위해 대대적인 노력을 기울이지 않는다면 기후 변화의 여파로 국외 탈출구를 찾는 인구만 늘어나게 될 것이다. 이주가 그중 한 가지 탈출구이며 지속적인 정치 불안정 역시 사람들이 아프리카를 떠나는 원인이 된다. 앞으로 수십 년 동안 이들의 이주는 유럽과 유럽의 축소 도시에 도전과 기회를 동시에 안길 것이다.

기술 변화가
생산성과 경제 성장을 향상시킬 수 있을까

—

경제와 노동의 세계가 마주하게 될 미래에 관한 모든 논의에서 가장 자주 언급되는 문제가 바로 기술과 자동화, 그중에서도 특히 인공지능이라는 광범위한 범주하에서 일어나는 변화다. 대형 컨설팅 회사 맥킨지의 제임스 마니카James Manyika는 최근 발표한 연구에서 다음과 같은 중요한 질문을 던졌다.

"로봇공학과 인공지능을 포함한 기술이 뒷받침하는 자동화의 발전은 생산성 증대(그리고 이어지는 경제 성장), 효율성 개선, 안전, 편의성 등을 약속한다. 하지만 이런 기술은 자동화가 일자리, 기술, 임금, 노동의 본질에 미치는 광범위한 영향에 대한 까다로운 질문도 제기한다."[24]

사실 이 말에는 마니카 같은 분석 전문가들이 당연하게 받아들이는 질문을 비롯해 서로 다른 3개의 질문이 추가로 포함돼 있다. 첫째, 로봇공학과 인공지능을 이용하는 신기술은 실제로 얼마나 채택될 것인가? 둘째, 새로운 기술이 일자리, 기술, 임금, 노동의 본질에 어떤 영향을 미칠까? 셋째, 새로운 기술이 실제로 생산성 증대와 경제 성장으로 이어질까? 내가 여기서 다루고자 하는 문제는 기술 그 자체의 미래나 인공지능이나 생명공학 분야에서 새로운 발견이 나타날 가능성이 아니라, 기술이 향후 수십 년 동안 우리 사회와 경제 상황에 영향을 미칠 가능성이다.

기술의 미래를 예측하는 사람들은 크게 두 부류로 나뉜다. 첫 번째 부류는 우리의 뇌를 클라우드에 업로드하고 화성에서 휴가를 보내는 식의 아주 먼 미래에나 가능할 법한 일을 앞으로 우리가 맞이하게 될 현실로 상상하는 〈우와! 학파〉이고, 두 번째 부류는 좀 더 회의적인 〈음, 아마도!〉 학파이다. 나는 단호히 후자에 속한다. 향후 수십 년 동안 인공지능, 로봇공학, 생물정보학, 그 외에 날이 갈수록 난해해지는 여러 분야에서 지속적인 발전이 이뤄질 것이라는 데는 의심의 여지가 없다. 그와 동시에 그 결과물이 경제와 사회로 퍼져 나가는 과정 역시 훨씬 더 점진적이고 불평등할 것으로 예상되는 이유도 여럿 있다. 반대로, 하나의 혁신이 전기나 내연기관처럼 극적인 영향을 미칠지는 알 수 없지만 일련의 작은 변화가 누적돼 놀라운 결과로 이어질 수도 있다. 물론 이런 일이 벌어지더라도 사람들은 한참 시간이 지난 후에야 그 변화의 여파를 깨달을 것이다.

브루킹스연구소의 경제학자 지아 큐레시Zia Qureshi가 지적하듯이 지난 20년 동안 신기술이 널리 확산되었지만 "역설적이게도 대부분의 경제에서 생산성 증가 속도는 빨라지기는커녕 오히려 느려졌다. 대략 2005년경 이후부터 선진국의 생산성 증가 속도는 평균적으로 직전 15년 동안의 절반에 불과했다"[25](《그림 7.3》). 경제학자들은 과거에 그랬던 것처럼 기술 혁신을 경제에 적용하면 노동 생산성이 올라갈 것이라고 가정하는 경향이 있기 때문에 이런 현실을 역설로 간주한다.

생산성 증가는 자본 투자와 맞물렸다. 자본 투자는 2007~2009년 금융 위기 이전부터 이미 감소세에 접어들었으며 금리가 급격하게 인상된 2022년 이전까지 무려 10년 동안 세계 선진 국가에서 저금리 기조가 유지됐음에도 불구하고 하락세를 면치 못했다. 앞으로 수십 년 동안은 기술을 통해 생산성 저하를 되돌리고 투자를 촉진하기가 훨씬 더 힘들 것이다. 두 가지 요인 모두 기후 변화와 인구통계학적 변화라는 강력한 역풍을 맞을 가능성이 크기 때문이다. 특히 〈그

그림 7.3 **1985-2019년 사이 미국의 노동 생산성 변화와 소득 분포**

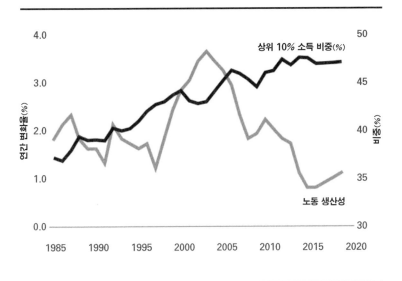

출처: 지아 큐레시. "혁신의 민주화: 포용적 성장을 위한 기술 활용." 브루킹스연구소, 2020년 12월 16일. https://www.
brookings.edu/research/democratizing-innovation-putting-technology-to-work-for -inclusive-growth/.

림 7.3〉에서 보듯이 기술의 혜택이 불공평하게 소수의 기업과 개인
에게만 돌아가고 그와 동시에 노동 생산성이 감소하면 문제는 더욱
심각해질 수밖에 없다.

하지만 자율 주행차 사례에서 확인할 수 있듯이 새로운 기술을 성
공적으로 도입하는 것은 기술을 개발하는 사람이나 우와 학파를 맹
종하는 사람들이 생각하는 것보다 훨씬 어려운 일이다. 최근 미국의
뉴스 사이트 복스Vox의 어느 기사는 2015년에 《가디언》이 "2020년
이 되면 직접 운전을 할 필요가 사라질 것"이라고 예측했으며, 2016
년에는 《비즈니스 인사이더*Business Insider*》가 "2020년이 되면 1,000

만 대의 자율 주행차가 도로를 달릴 것"이라는 헤드라인을 뽑았다는 사실을 상기시켰다. 이런 예측이 나온 때는 제너럴 모터스, 구글의 웨이모Waymo, 토요타, 혼다가 2020년까지 자율 주행차를 만들겠다고 공표할 무렵이었다.[26]

2023년 현재까지 엄격하게 통제되는 몇 안 되는 시범 운행 사례 외에는 자율 주행차를 볼 수 있는 곳이 없다. 교통 정책 전문가 토드 리트먼Todd Litman은 언젠가는 자율 주행차가 교통 시스템의 핵심이 될 것이라고 기대하면서도 2040년까지는 최소한의 도입만 이뤄질 것으로 예상한다.[27] 어느 보고서는 완전 자율 주행차는 "절대로 등장하지 않을" 수도 있다는 폭스바겐 CEO의 말을 인용하기도 했다.[28]

자율 주행 승용차와 트럭이 마침내 완성돼 2030년대에 상당수의 자율 주행차가 등장하기 시작한다고 가정해도 그 후 적어도 20년 동안은 (혹은 그보다 더 오랫동안) 기존 차량과 도로를 공유해야 한다. 따라서 1960년대 이후부터 사용해온 교통망이 약간 달라지는 것 이상의 변화는 없을 것이다. 하지만 이런 과도기 동안 영리 회사들이 개인 자동차 소유주보다 빠르게 차량을 교체할 가능성이 높기 때문에 2050년이 되면 상당수의 운송 일자리가 사라질 것으로 보인다. 2018년에는 트럭, 통학 버스, 배달 차량을 운전하는 근로자가 360만 명에 달했다.[29] 하지만 2050년이 되면 이런 일자리 중 상당수가 사라질 것이다.

자율 주행차 이야기는 겉으로는 간단해 보이지만 반복적이지 않은 인지 작업까지 수행할 수 있는 기술의 복잡성과 한계에 관한 구체적인 사례를 제시한다. 하지만 기술 채택의 미래는 인간의 행동과도 관련이 있다. 인간의 행동 패턴은 변화를 거부하며 쉽게 바뀌지 않는다. 따라서 새로운 기술이 경제와 사회에서 폭넓게 받아들여지고 널리 사용되려면 실험실뿐 아니라 현실 세계에서도 일관성 있게 잘 작동해야 하며 실험실 밖에서도 비용 효율이 높고, 생산적이며, 수익성이 높아야 한다. 분석 전문가 케빈 케리Kevin Carey는 이런 기대를 실현하기가 얼마나 힘든지 다음과 같이 낱낱이 지적한다.

자동화의 〈위험〉이 있다는 것은 〈자동화될 가능성이 있다〉는 뜻이…… 아니다. 이는 〈누군가에게 시간과 돈, 최신 인공지능에 접근할 수 있는 권한이 무제한으로 주어진다면 이론적으로 자동화될 수 있다〉는 뜻이다. 둘의 차이는 엄청나다. 아마도 보스턴 다이내믹스(Boston Dynamics, 미국의 로봇공학 기업)의 엔지니어들은…… 수백만 달러만 있으면 길모퉁이에 서서 "폐업 세일!"이라고 적힌 전단지를 돌리는 사람을 본뜬 로봇을 만들 수 있을 것이다. 하지만 그들이 그런 로봇을 만들 일은 없다. 왜냐하면 시간당 10달러만 주면 그런 일을 할 사람을 고용할 수 있기 때문이다.[30]

결국 이러한 사용은 사회적으로 받아들여지고 표준화되어야 한다. 즉 인간 행동의 근본적인 변화라는 희박한 가능성에 의존하기보다는 인간 행동 구조의 일부가 되어야 한다.

이러한 측면을 생각해 보면 전반적으로는 새로운 기술, 구체적으로는 로봇을 받아들이고 환영하는 일본 사회와 로봇을 향해 경계심을 보이고 심지어 노골적인 적대감을 드러내기도 하는 미국 사이에는 엄청난 차이가 있는 것으로 보인다. 40세 이상의 일본인을 대상으로 한 설문조사에서 "향후에 간병을 받아야 할 상황이 됐을 때 로봇의 간호를 받고 싶은 의향이 있느냐는 질문에 응답자의 84%가 긍정적인 반응을 보였다."[31] 같은 질문을 미국인에게 던진다면 일본인과 동일한 반응을 보일 가능성은 거의 없다.

기술 변화가 생산성과 경제 성장에 미칠 영향이 기껏해야 불확실하다면, 일자리와 노동 인구에 미치는 영향 역시 마찬가지다. 일자리와 기술의 관계는 오래전부터 제로섬 게임으로 여겨져 왔다. 로마의 역사가 수에토니우스가 남긴 기록에 의하면, 베스파시아누스 로마 황제는 "한 기술자가 대가를 받지 않고 도구를 이용해 거대한 기둥을 카피톨리누스 언덕으로 옮겨주겠다고 약속하자 그에게 도구에 대해서는 보상을 해주었지만 '가난한 서민(노동자를 의미)을 먹여 살려야 한다'고 말하며 그가 만든 도구(기술을 의미)를 사용하지는 않았다."[32] 당대와 후대의 많은 사람들과 마찬가지로 베스파시아누스 황제 역시 특정한 기술로 인해 많은 일자리가 사라지면 결국 일자리 순손실이 발생한다고 여겼다. 하지만 19세기부터 경제학자들은 이미 알고 있었듯이 반드시 그런 것은 아니다. 기술 때문에 일자리가 일부 사라지기도 하지만 기술 그 자체가 새로운 일자리를 만들어 내는 경우도 있고 기술이 사회의 전체적인 부를 확대해 다른 일자리를 창출하는 때도 있다.

많은 사람들이 이런 관계를 인정하면서도 20세기 중반부터는 주기적으로 "이번에는 다르다"는 주장을 펼쳤다. 논란의 여지가 있긴 하지만 이런 부류의 학자 중 가장 유명한 인물이 1995년에 『노동의 종말 *The End of Work*』에서 다음과 같은 주장을 펼친 제레미 리프킨Jeremy Rifkin이다.

> 과거에는 신기술이 특정 부문의 노동자를 대체하면 일자리를 잃은 그들 노동자를 흡수할 새로운 부문이 항상 등장했다. 하지만 오늘날에는 경제를 구성하는 전통적인 세 부문, 즉 농업, 제조업, 서비스 부문에서 기술 대체 현상이 나타나 수백만 명의 노동자가 실업자로 전락했다. 새롭게 떠오르는 유일한 분야는 소수의 뛰어난 기업가, 과학자, 기술자, 컴퓨터 프로그래머, 전문가, 교육자, 컨설턴트 등으로 구성된 지식 분야다. 이 분야가 성장하고는 있지만 정보통신 과학의 혁명적인 발전으로 향후 수십 년 동안 일자리를 잃게 될 수억 명 중 이 분야가 흡수할 수 있는 인구는 일부에 불과하다.[33]

최소한 리프킨이 이 말을 한 타이밍은 좋지 않았다. 1995년 이후 미국에서는 3,000만 개의 일자리가 추가로 생겨났지만 아무리 넓게 정의하더라도 새로 생긴 일자리는 대개 지식 분야와는 무관했다. 인구 증가에도 불구하고 미국은 실업률뿐 아니라 실제 실업자 수 또한 1995년보다 2021년 말에 더 낮았다.

그럼에도 좀 더 넓은 의미에서 돌아보면 리프킨 같은 사람들의 주장이 옳을 수 있는지 여전히 의문이다. 지금까지 식량을 충분히 공급할 수 없을 정도로 인구가 늘어난 적이 없다는 점에서 맬서스의 주장은 틀렸지만 인구가 무한정 증가하면 언젠가는 그렇게 될 수 있는 만큼 맬서스의 가설은 그럴듯하다. 지금으로서는 맬서스의 예측이 실현되지 않을 것이 분명하지만 그렇다고 해서 그의 예측이 터무니없는 것은 아니다. 마찬가지로 적어도 일부 분석 전문가들은 기술, 그중에서도 특히 인공지능이 성장하면 언젠가는 리프킨이 주장한 시나리오가 현실이 될 수도 있다고 믿는다. 하지만 가까운 시일 내에 그런 일이 일어날 것으로는 예상하지 않는다.

따라서 뛰어난 능력을 갖춘 소수의 전문가와 관리자로 구성된 엘리트 집단은 계속 일을 하고 대다수는 아예 일하지 않거나 노동력 활용을 위해 정부가 만들어낸 일만 하는 디스토피아적인 예측이 향후 수십 년 내에 실현될 여지는 낮다. 최소한의 기본 소득을 보장하는 방안이 도움이 될 수도 있다. 대량 실업에 대한 구제책이라기보다는 수백만에 달하는 저숙련 일자리를 통해서는 가족의 생계를 유지하기에 충분할 정도의 돈을 벌 수 없는 미국 같은 나라에서는 그나마 기본 소득 제도가 소득을 보충하는 방안이 될 수 있기 때문이다. 하지만 기본 소득이 고용을 〈대체하는〉 수단으로 사용될 수는 없다.

전체 일자리 수는 계속 늘어날 수도 있지만 일의 본질과 그 업무를 수행하는 데 필요한 기술은 두 가지 중요한 측면에서 변화할 것이다. 첫째, 아무리 평범한 직업이라도 그 일을 하는 사람은 점점 더 기술과 상호작용을 할 수밖에 없다. 예를 들어 미 노동부는 미래의 건설 노동자는 CAD, 윈도우, 엑셀, 워드 포르세싱 등과 같은 소프트웨어를 능숙하게 다룰 줄 알아야 한다고 말한다.[34]

둘째, 날이 갈수록 노동 인구 간의 불평등한 기술 분포가 점점 더 불평등한 임금 분포로 반영되기 때문에 일자리 분포 변화가 경제적 불평등을 심화시키는 현재의 추세를 지속시킬 뿐 아니라 한층 더 강화시킬 수 있다. 1960년대 이후 꾸준히 벌어진 대학 학위 소지자와 미소지자 간의 소득 격차는 더욱 커질 수밖에 없으며, 앞서 언급한 소프트웨어 활용 기술과 관련해 적어도 기초적인 수준의 재능을 갖추지 못했거나 이런 기술을 활용할 수 있는 능력과 재교육에 응하려는 의지가 없는 사람은 사실상 일자리를 찾지 못할 수도 있다.

결국 기술의 미래, 글로벌 경제에서의 기술 활용, 기술이 노동 인구에 영향을 미치는 불확실한 요소들이 너무도 많아서 확신을 갖고 예측하기는 어렵다. 다시 말해서, 기술이 발달한다고 해서 이 세상이 직면한 수많은 도전 과제에 대한 해결책을 손쉽게 찾게 될 가능성은 낮다. 뒤에서 설명하겠지만 기존의 기술을 창의적으로 응용하면 전 세계의 축소 도시에 혁신적인 기회를 제공할 수 있긴 하지만, 향후 수십 년 동안 신기술을 채택한다고 해서 전 세계의 생산성 추세가 극적으로 바뀌거나 생산성을 떨어뜨리는 요인을 없앨 수 있을지는 의문이다. 효과적인 전략이 없는 상황에서의 기술 변화는 국가 내 또는 국가 간 불평등을 심화시키는 기존의 추세를 강화할 것이다. 또한 불평등이 심각해지면 불평등 곡선에서 불리한 쪽에 있는 축소 도시가 맞닥뜨리게 되는 문제들이 더욱 악화될 수 있다. 이때 정부의 효율적인 전략 채택 여부에 영향을 미치는 것이 바로 세 번째 도전 과제인 정치적 불안정과 지정학적 위험이다.

세계를 위협하고 있는
정치적 불안과 지정학적 위험
―

1990년대 중반에는 자유민주주의가 확산되고 있었을 뿐 아니라 20세기의 그 어느 때보다 각국의 국내 정치와 국제 정치의 안정성이 높아지고 있었기 때문에 세계의 정치 환경이 좀 더 나은 방향으로 가고 있다고 믿기에 충분했다. 소련 붕괴 후에 공산주의가 더 이상 경쟁력 있는 이데올로기로 여겨지지 않게 되자 서구 민주주의가 승리했다는 분위기가 팽배한 가운데 다른 심각한 경쟁 상대는 보이지 않았다. 이를 지지하는 가장 저명한 인물인 정치학자 프랜시스 후쿠야마Francis Fukuyama는 1989년에 발표한 중요한 글에서 다음과 같이 말했다.

"우선 서구의 자유주의를 대체할 수 있는 실행 가능한 제도적 대안이 완전히 사라졌다는 점에서 서구와 서구 이념의 승리가 분명하다."[35]

정치학자 윌리엄 갤스턴William Galston은 당시를 되돌아보며 다음과 같이 기술했다.

"자유민주주의가 실제로 승리했을 뿐 아니라 이론상으로도 승리한 것처럼 보였다. 자유민주주의는 유일하게 합법적인 정부 형태였다. 다른 대안은 없었다."[36]

자유민주주의란 일반적으로 법치주의에 따라 통치하는 정부 체제를 뜻하는데 이 체제에서는 인권, 시민권, 시민의 자유가 보장되고 시민들이 합리적으로 자유롭게 지도자를 선출하고 정부에 참여할 수 있는 기회를 갖는다. 또한 시장 경제의 존재, 재산권 존중 그리고 다양한 사람과 신념, 문화적 관습, 정치 의견 등을 받아들이는 관용과 다원주의와도 밀접하게 연결돼 있다. 자유민주주의를 신자유주의와 연결짓는 경우도 있지만 둘은 서로 다르다. 신자유주의neoliberalism는 대개 1980년대 이후 글로벌 경제 체제를 지배해 온 무제한적인 자본주의와 자유 무역 체제를 경멸적으로 지칭하는 표현이다. 하지만 자유민주주의와 신자유주의를 연결짓는 것은 일견 어느 정도는 타당하다. 왜냐하면 신자유주의 모델과 그것이 경제 성장을 일궈내는 과정에서 초래한 폐해가 신자유주의를 가장 강력하게 지지했던 미국이나 영국 같은 자유민주주의 국가와 불가분의 관계이기 때문이다.

1990년대 서방 논객들의 관점에서 보면 이데올로기 경쟁의 종말, 즉 후쿠야마가 말하는 〈역사의 종말〉은 현실이었다. 파시즘은 제2차 세계대전으로 폐허가 된 도시들에 오랫동안 파묻혀 있었고, 소련과 주변 국가를 발판 삼아 성장했던 공산주의는 불명예스러운 최후를 맞이했으며, 민족주의는 세계화의 힘에 밀려 완전히 후퇴하고 말았기 때문이다. 이슬람을 비롯한 여러 종교의 근본주의 또한 당시에는 그다지 중요하지 않게 여겨졌다. 물론 이는 지금 생각해 보면 걱정스럽기 짝이 없는 반응이었다. 하지만 당시 후쿠야마는 "근본주의가 전 세계적으로 중요한 움직임이 될 것이라고 믿기는 어렵다"고 기술했다.[37] 중국은 여전히 명목상 공산국가였지만 덩샤오핑의 통치하에 빠르게 현대화되고 있었는데, 많은 논객은 중국이 민주주의 국가가 되는 것은 쉽지 않겠지만 그럼에도 결국에는 그렇게 될 수밖에 없을 거라고 생각했다. 중국 전문가 군터 슈베르트Gunter Schubert가 2002년에 지적한 것처럼, 중국이 민주주의로 나아갈 만한 명확한 경로가 보이지는 않았지만 그럼에도 "중국은 결국 자유주의와 민주주의의 승리에 저항할 수 없을 것이라는 공통된 인식이 여전히 존재하는 듯했다."[38]

당시에 군사적으로 미국과 견줄 만한 강대국은 없었고, 새로 생겨난 유럽연합과 어쩌면 중국까지도 경제적인 측면에서는 미국의 경쟁자로 보일 수도 있었지만 1995년에 세계무역기구wTO가 신설되면서 글로벌 경쟁을 위한 규칙이 정립됐다. 또한 강대국들은 소말리아에서 구유고슬라비아에 이르는 여러 나라에서 발발한 내전을 골치 아픈 현실로 여겼지만 그렇다고는 해도 새롭게 부상하는 바람직한 세계 질서를 위협할 만한 것으로 인식하지는 않았다.

하지만 30여 년이 지난 지금은 1990년대에 등장한 모든 가정이 혼란에 빠져버렸다. 이 세상은 이전과는 완전히 다른 곳이 되었다. 후쿠야마가 인정했듯이 이데올로기 경쟁이 사라진 자유민주주의는 정신적으로 공허했다. 전반적인 경제 성장은 견고했지만 신자유주의로 인해 희생되는 개인과 도시, 지역의 숫자가 계속 늘어났으며, 국가 전체가 희생되는 일도 있었다. 또한 민족주의와 종교의 힘도 여전히 건재한 것으로 나타났다. 자유민주주의가 GDP 증가에는 도움이 됐지만, 민족주의와 종교는 정신적으로나 이념적으로 많은 사람들에게 자양분 역할을 하는 동시에 개인의 정체성과 존엄성을 좀 더 폭넓게 표현하는 수단이 됐다. 게다가 강력한 억압과 감시 도구로 무장한 전제주의 정권은 놀라울 정도로 회복력이 강했다.

자유민주주의가 패배했다고 보기는 힘들지만 확실히 후퇴는 하고 있다. 새로운 유형의 반자유주의antiliberal 이데올로기가 각국의 정치 체제와 국가 간 관계에 영향을 미치는 강력한 힘으로 부상했다. 이 모두가 오랫동안 세계에 존재해 왔지만 최근 수십 년 동안 새롭게 중요성이 대두됐다. 역사학자 앤 애플바움Anne Applebaum은 2021년 글에서 이러한 상황을 다음과 같이 요약했다.

"자유민주주의가 공산주의, 파시즘, 맹렬한 민족주의 같은 다른 이데올로기를 뛰어넘어 승리를 향해 다가가는 것이 20세기의 이야기라면, 21세기는 지금까지와는 정반대의 상황이다."[39]

포퓰리즘으로 포장된 새로운 형태의 극단적인 민족주의나 심지어 파시즘이 부활하는 현상, 그리고 권위주의 통치를 위한 새로운 체제의 인기와 그 효과가 높아지는 현상 등 이 두 가지 현상이 이러한 반전에 영향을 미쳤다. 이들 두 현상은 별개지만 서로 뒤엉켜 있다. 두 가지 현상 모두 신권神權 정치와는 거리가 멀지만 종교가 중요한 역할을 하는 경우가 많다.

점점 파시즘 성격을 띠는 민족주의

2016년 미 대선 당시 트럼프가 내건 "미국을 다시 위대하게"나 브렉시트같이 세계 각지에서 일어나는 점점 더 많은 운동이 엘리트에 저항하는 대중의 운동이라는 의미에서 포퓰리즘으로 묘사되곤 한다. 오늘날의 민족주의 운동은 여러 측면에서 반엘리트적인 성격을 띠고 있긴 하지만, 역사적으로 19세기 후반 탐욕스러운 자본주의에 맞서 민중의 이익을 위해 싸웠던 우리가 익히 알고 있는 바로 그 포풀리즘과는 거의 관련이 없다. 미국의 도널드 트럼프 대통령, 헝가리의 빅토르 오르반 총리, 이스라엘의 베냐민 네타냐후 총리 같은 21세기 정치인들의 정치 활동에서 노동자 계층의 행복을 위한 노력보다 중요하게 여겨지는 것이 바로 민족주의다. 민족주의란 국가를 찬양하고 국가의 테두리 내에서 면밀하게 정의된 〈특정한 민족〉만을 국가의 화신으로 떠받드는 운동이다.

사실 이들의 정치는 파시즘에 좀 더 가깝다. 역사철학자 후쿠야마는 파시즘을 "서구의 정치적 취약점, 물질주의, 사회적 무질서, 공동체 의식 부족을 자유주의 사회에 존재하는 근본적인 모순으로 생각하는, 그래서 국가가 가진 배타적인 특성을 토대로 새로운 민족을 만들어 내는 강력한 국가만이 해결할 수 있는 모순으로 여기는" 운동이라고 간결하게 정의했다.[40] 오늘날의 파시즘 운동은 다른 나라 사람들에게 자신들의 이데올로기를 강요하려는 의도가 배제된 신파시즘의 한 종류인 국가 신파시즘national neofascism이라고 보는 편이 옳다. 역사적으로 끔찍한 사건을 떠올리게 하는 탓에 파시즘이라는 표현을 사용하는 것이 망설여질 수도 있지만 파시즘은 지금 세계가 마주한 현실과 잘 어울린다.

국가 신파시즘은 엘리트가 지배하는 사회나 경제 시스템으로 인해 박탈감을 느끼거나 무시당했다고 느끼는 사람들에게 다른 사람들을 배제하거나 억압함으로써 사회적 지위를 얻는 집단에서 자신들의 의미와 존엄성을 찾을 수 있는 기회를 제공한다. 국가 신파시즘은 민족적 정체성이나 문화적 정체성과 관련이 있으며 종교적 정체성과 관련이 있는 경우도 많다. 트럼프가 미국에서 시작한 운동은 틀림없이 〈백인〉 미국인을 겨냥하고 있으며 좀 더 교묘하게는 〈기독교를 믿는 백인〉 미국인을 겨냥한다. 인도의 모디 총리와 그의 인도인민당은 〈진짜〉 인도는 힌두교 국가이며 〈인도 국민〉에는 약 2억 명에 달하는 무슬림이나 3,000만 명 정도 되는 기독교인은 포함되지 않는다는 것을 분명하게 밝혔다. 폴란드의 민족주의 운동은 가톨릭교, 그리고 〈폴란드는 여러 나라의 고통을 떠안은 예수(Christ of nations)〉라는 개념과 더욱 긴밀하게 연결돼 있다. 이런 개념은 1792년에 폴란드가 러시아, 프로이센, 오스트리아로 분할된 이후 더욱 구체화됐다. 이에 대해 학자 마릴라 클라인Maryla Klajn은 다음과 같이 설명한다.

> 폴란드인들은 자국 영토의 분할이 십자가에 못 박히는 예수의 고난을 상징하고, 자신들의 민족정신은 불멸의 영혼을 상징하고, 예수의 부활은 미래에 찾아올 폴란드 민족의 부활과 닮았다는 이야기를 서서히 받아들였다……. 고통, 배신, 희생 그리고 민족적(여기서는 종교적) 정체성을 지키려는 투쟁은…… 폴란드의 국가 정체성을 형성해 나가는 가장 주도적이고 영향력 있는 힘 중 하나다.[41]

폴란드 민족주의자들은 국가와 가톨릭 교회를 동일시한다. 폴란드의 고위 성직자들은 이런 상황에서 매우 적절하게도 폴란드를 예수의 성심(sacred heart, 예수의 심장)에 봉헌함으로써 소임을 다했다.[42] 이와 같이 종교적 색채를 띤 민족주의는 폴란드의 막후 실세 야로슬라프 카친스키와 그가 이끄는 법과정의당을 움직이는 중심에 서 있다.

푸틴이 이끄는 러시아는 제2차 세계대전 당시 소련이 독일을 상대로 거둔 승리를 미화하고, 날이 갈수록 강해지는 푸틴 정권의 군국주의와 민족통일주의 이데올로기를 강화하기 위해 러시아 정교회와 손을 잡았다. 2015년 러시아 정부는 국방부 산하의 대규모 청년 조직인 청년군Youth Army을 창설했으며, 2020년에는 제2차 세계대전 당시 강탈한 독일 국방군이 사용했던 무기로 바닥을 만들고 모의 전투 참호와 어린이들이 직접 탑승할 수 있는 소형 전투 탱크가 설치된 러시아군 대성당을 완공했다.[43]

국가 파시즘 체제에서 정체성은 종교나 민족의 측면에서 소수자에 해당하는 사람은 포용하지 않을 뿐 아니라 외국인을 혐오하고 이민에도 반대한다. 130만 명이 망명을 위해 유럽 국경에 도착해 유럽에 이주 위기가 발생한 2015년은 유럽에서 반이민 정서가 생겨나는 변곡점이었으며 민족주의 운동의 부상을 앞당기는 계기가 됐다. 2015년의 이주 사태는 헝가리의 빅토르 오르반 총리가 주장해온 비자유적 민주주의illiberal democracy를 공고히 하고, 독일의 신파시즘 정당인 독일을위한대안당의 부상을 촉진하고, 2016년에는 영국의 브렉시트 투표에 대한 지지를 결집시켰다.

이슬람 국가가 아닌 나라들의 국가 파시즘 체제에는 외국인 혐오 정서에 반무슬림 정서가 더해지는 경우가 많다. 이슬람교의 영향을 받은 테러는 시나이반도(지중해와 홍해 사이에 있는 삼각형 모양의 반도), 서아프리카, 필리핀같이 서로 멀리 떨어진 여러 지역에까지 불안을 초래하는 요인이 되었다. 테러에 대한 공포 때문에 서구 사회에서

무슬림 이민에 대한 적대감이 나날이 커지고 있으며, 미국과 유럽뿐 아니라 〈러브 지하드love-Jihad〉(무슬림 남성이 타종교 여성과 결혼해 개종시키는 행위)라는 변종 이론이 등장한 인도에서도 극우파 사이에서 음모론적인 성격이 강한 〈인종 대체 이론〉(유색 인종이 늘어나 결국 백인을 대체할 것이라고 주장하며 혐오를 부추기는 극우 세력의 음모론)이 힘을 얻고 있다. 2022년 프랑스에서 이런 현상이 가장 두드러졌다. 당시 대선 후보 5명 중 3명이 노골적으로 이민에 반대하는 태도를 보였으며 정도의 차이는 있지만 반무슬림 정서 역시 적나라하게 드러냈다.

또한 정체성은 21세기 선진 사회의 매우 중요한 측면을 강조하면서 대중과 엘리트를 구분하고 있는데 이런 접근 방식은 선진국이 기후 변화, 인구통계학적 변화, 기술 변화의 도전에 대처하는 방식에 지대한 영향을 미칠 수 있다. 현대의 선진 사회는 날이 갈수록 대학을 졸업한 범세계주의자와 나머지 사람으로 양분된다. 미국에서는 대학 졸업자들이 대학을 졸업하지 않은 사람들보다 훨씬 더 많은 소득을 올리며 진보 정당인 민주당을 지지하는 성향을 보인다. 좀 더 포괄적으로 이야기하면, 대학 졸업자들은 대부분 민주적인 규범과 관용, 다양성을 지지하는 자유주의적 가치관을 따른다. 이들에게 자유민주주의는 국가 정체성에서 그 무엇보다 중요한 부분이다. 반면 이들을 보보스bobos 혹은 부르주아 보헤미안bourgeois bohemian이라고 칭한 논평가 데이비드 브룩스David Brooks는 "보보스 혹은 X세대, 그도 아니면 창조적 계급 혹은 그 외의 어떤 이름으로 부르든 간에, 이런 부류의 사람들이 모여 문화, 미디어, 교육, 기술 등을 지배하게 되면서 배타적이고 자기들끼리만 어울리는 엘리트 집단이 탄생했

다"고 설명한다.[44]

보보스를 최상위 계급에 올려놓은 현대의 능력주의는 브룩스가 지적하듯 〈분노 제조기〉다. 정상에 오른 사람들은 자신의 지위를 자녀에게 물려주기 위해 애쓴다. 또한 능력주의는 정상에 오르지 못한 사람들에게 실패는 모두 그들 자신의 잘못이라는 메시지를 심어 준다. 마이클 샌델Michael Sandel이 자신의 저서 『공정하다는 착각 The Tyranny of Merit』에서 지적하듯 "경제적인 것뿐 아니라 도덕적이거나 문화적인 데서도 불만이 터져나왔다. 즉 사람들은 비단 급여와 일자리뿐 아니라 자신들의 사회적 평판에 대해서도 불만을 터뜨렸다."[45] 트럼프를 비롯해 포퓰리즘을 앞세운 정치인들은 자유민주주의 관점에서 이념이나 정책을 펼치는 정치를 하기보다는, 형식적으로나 실질적으로나 자유민주주의를 내면화한 적이 없을 뿐 아니라 스스로를 박탈당한 존재로 바라보는 대중의 마음을 얻기 위해 분노와 좌절만 앞세워 아무런 의제도 없는 정치를 펼쳤다.

마지막으로 한 가지만 더 짚고 넘어가겠다. 현재로서는 활용 가능한 최선의 척도인 대학 학위를 엘리트와 대중을 구분하는 기준으로 활용하면 중요한 사실이 드러난다. OECD 국가 중 대학 졸업자가 성인 인구 대다수나 청년 인구의 대다수를 차지하는 나라는 없다.[46] 이 같은 사실을 고려했을 때 OECD 국가의 엘리트들은 멈춰 서서 다시 한번 생각해볼 필요가 있다.

한 명의 악당이 아닌 정교한 네트워크로 운영하는 전제주의 국가

민족주의 정부가 계속해서 선거를 실시하고 겉으로 드러나는 민주주의 징후를 그대로 두더라도 민족주의의 인기가 높아지면 자유민주주의의 발전에 도움이 되지 않는다. 헝가리, 이란, 튀르키예 같은 국가들은 겉으로 보기에는 민주주의 국가처럼 보이지만 실제로는 자신이 법보다 위에 있다고 여기는 지도자들이 권력을 쥐고 있으며, 독단적인 체포와 투옥, 대중들의 시위와 독립 언론에 대한 탄압, 정권의 노골적인 통제하에 있는 사법부, 정부의 책임 부재 등이 일상화되어 버린 전제주의 국가다.

이런 추세에는 세 가지 특징이 있다. 첫째, 헝가리, 튀르키예, 중국 등 1990년대에는 민주 진영으로 이동할 것으로 널리 예상됐던 국가에서 점점 더 독재 성향을 띠는 정권이 나타나고 있다. 둘째, 전제주의 정권의 회복력이나 유지력이 나날이 커지고 있다. 셋째, 중국의 성공 덕에 많은 나라가 전제주의 정치가 통치 이데올로기로서, 그리고 안정성이나 번영으로 나아가기 위한 길로서 신뢰할 수 있거나 바람직한 대안이라는 생각을 갖게 됐다. 이 중 두 번째와 세 번째는 좀 더 근본적인 변화와 관련이 있다.

눈부신 경제 성장과 많은 나라를 지원하는 정책 덕에 중국이라는 국가 자체와 중국의 정치 체제는 많은 나라의 역할 모델이 됐다. 뿐만 아니라 중국의 눈부신 성공은 성공적인 시장 경제와 자유민주주의는 반드시 함께 가야 한다고 믿었던 많은 사람들을 혼란에 빠뜨렸다. 중국은 시장 경제하에서의 경제적 성장을 자유민주주의와 얼마든지 분리할 수 있다는 사실을 증명해 보였다. 그와 동시에 중국뿐 아니라 다른 여러 정권 역시 전제주의 정치가 본질적으로 불안정하다는 전통적인 개념에 의문을 제기했다. 앤 애플바움이 말했듯이 새로운 형태의 전제주의 정권이 등장한 것이다.

> 요즘은 한 명의 악당이 아니라 약탈적인 금융 구조, 치안 기관(군대, 경찰, 준군사 단체, 감시 단체), 선전 전문가로 구성된 정교한 네트워크가 전제주의 정권을 운영한다. 이런 네트워크의 구성원은 한 국가 내에서 서로 연결돼 있을 뿐 아니라 다른 국가의 구성원들과도 연결돼 있다……. 이 그룹의 구성원들은 하나의 블록이 아니라 여러 기업의 집합체처럼 운영된다. 이것이 바로 전제주의 주식회사Autocracy Inc.다.[47]

예를 들면 이란과 튀르키예는 잠깐 민주주의를 맛본 후 전제주의 국가로 복귀 중인 에티오피아가 티그라이 반군과 내전을 치를 수 있도록 무기를 지원하고 있다. 또한 푸틴은 민중 시위로 실각 위험에 처한 벨라루스의 독재자 알렉산드르 루카센코를 구하러 달려갔다.

이집트, 이란 같은 여러 전제주의 정권과 마찬가지로, 이런 정권은 대개 군부가 국가 경제의 상당 부분을 직접 통제하는 시스템을 구축해 기반을 다졌다. 중동연구소Middle East Institute는 "이란혁명수비대IRGC는 이란에서 가장 강력한 군대일 뿐 아니라 에너지, 건설, 통신, 미디어, 광업, 전자, 자동차, 은행, 핵 같은 주요 경제 부문을 장악하고 있다"고 발표했다.[48] 또 다른 보고서는 다음과 같이 지적한다. "이란에 수입되는 상품의 3분의 1은 이란혁명수비대가 장악한 불법 암시장을 통해 거래된다……. 이란혁명수비대는 암시장에서 상품을 거래하는 모든 이란인을 투옥하고 협박해 사실상 경쟁을 차단하고 암시장을 독점한다."[49] 대부분의 이란 사람들이 신정 독재가 종식되기를 원한다는 증거는 상당하다. 하지만 이란혁명수비대의 힘은 매우 강력하며 그동안 이란의 지배 계층이 축적해온 부를 위협할 대중 운동이 성공하도록 내버려둘 가능성 또한 적다.

니콜라스 마두로 대통령을 지지한 베네수엘라 군부와 2021년에 발생한 쿠데타를 즉각적으로 잔인하게 진압한 미얀마 군부의 대응 역시 비슷한 동기에서 비롯됐다. 중국의 안면 인식 시스템 같은 감시 기술의 발전과 방화벽을 통한 소셜 미디어 검열 능력이 더해지면서 전제주의 정권의 영속성은 10~20년 전보다 훨씬 커졌다. 베네수엘라와 벨라루스에서 대중 운동이 벌어졌지만 매우 인기 없는 전제주의 정권을 끝내 타도하지 못한 사례는 현대 전제주의 역사에서 중요한 변곡점이 될 수 있다.

자유민주주의 국가에서 출현한 민족주의 정권은 전제주의 성향을 띤다. 민족주의 정권의 원동력이 다수주의일 수도 있고, 따라서 본질적으로는 민주주의 관행과 양립 가능할 수도 있지만, 민족주의 정권의 지도자들은 자신을 대중의 의지 및 〈진정한〉 국가와 동일시하기 때문에 일단 권력을 잡으면 어떤 수를 써서라도 영구 집권을 꾀한다. 심지어 유권자가 등을 돌리더라도 집권 의지를 포기하지 않는다. 혹은 미국 공화당의 경우처럼 정권을 잃으면 어떤 수단을 동원해서라도 되찾으려고 애쓴다. 즉 최고 지도자에게 충성을 맹세하고, 정치적 반대파와 야당에 권력을 안겨준 2020년 선거를 부정하기 위해 부단한 노력을 기울이고, 필요하다면 대다수 유권자의 지지를 얻지 못해도 다시 권력을 쥘 수 있도록 미국 선거 시스템을 조작하려는 한층 더 단호한 노력에 미뤄볼 때 미 공화당은 앞서 설명한 국가 신파시즘 모델과 닮은 점이 많다. 따라서 2024년 대선에서 트럼프가 이끄는 공화당이 승리해 미국이 결국 헝가리 같은 비자유적 민주주의 국가로 전락할 가능성을 얕봐서는 안 된다.[50]

더욱 무서운 것은 일부 정권이 국내 혹은 국제 사회에서 허무주의라는 표현이 가장 어울리는 방식으로 행동한다는 것이다. 다시 말해서, 이런 정권들은 전 세계나 자국에 미칠 영향은 고려하지 않은 채 자국과 국제 사회의 안정을 해치는 방식으로 행동하고 있다. 서방을 대하는 러시아의 태도에서 대체로 이런 특징이 엿보인다. 벨라루스의 독재자 알렉산드르 루카셴코가 폴란드 혹은 궁극적으로 유럽연합을 불안정하게 만들 목적으로 수천 명에 달하는 절망에 빠진 중동 이주민의 불행을 무기화했던 터무니없는 행동도 마찬가지다.[51] (벨라루스는 자국에 제재를 가하는 유럽연합을 압박할 목적으로 내전을 피해 중동에서 달아난 난민을 벨라루스로 받아들였다. 이후 자국과 국경을 마주한 유럽연합 국가로 난민을 들여보내면서 갈등의 골이 깊어졌다.) 러시아가 2022년에 우크라이나를 침공해 무의미하고 악의적인 파괴를 일삼고 인명 손실을 초래하면서 민족주의 정권의 파괴적인 행동이 절정에 달했다.

미국, 유럽연합, 중국은
미래의 강대국 역할을 할 수 있을까

—

1990년대에는 자유민주주의 국가가 주도하고 법치주의에 의해 하나로 묶인 협력적인 세계가 등장할 것이라는 꿈이 있었다. 하지만 그 꿈은 실현되지 않았다. 대신 규칙 따위는 다른 사람이나 따라야 할 것이라고 믿는 오늘날의 세계는 지위와 권력을 차지하기 위해 치열한 경쟁을 벌이는 각 지역의 강대국과 세계적인 강대국이 뒤섞인 곳이 되어버렸다. 앞으로 수십 년 동안 이런 상황이 지속되지 않으리라는 보장은 없다. 물론 그렇다고 해서 남아 있는 자유민주주의 국가가 사라진다는 뜻은 아니다. 일부 국가, 그중에서도 특히 미국이 위험에 처해 있긴 하지만 대부분의 국가는 회복력을 갖고 있다. 이제 이 세상은 또다시 서로 다른 여러 이데올로기, 즉 자유민주주의, 민족주의 또는 국가 신파시즘, 중국 모델을 따라 〈시장 전제주의market autocracy〉라고 부를 수 있을 만한 이데올로기 등이 공존하는 곳이 되어버렸다. 늘 그렇지만, 영국 속담에도 있듯이 무언가를 예측하는 것은 얼빠진 짓인 데다, 특히 러시아의 우크라이나 침공과 서방의 대응으로 인한 엄청난 불확실성을 고려하면 미래를 예측하려 드는 것은 어리석은 행동처럼 보인다. 그럼에도 지난 수십 년간의 정치 변화는 미래에 대한 중요한 시사점을 제시한다.

다양한 이데올로기와 이해관계가 뒤섞인 현 상황이 앞으로도 지속돼 세계적으로 불안정성이 지속될 가능성이 크며, 이로 인해 이주나 기술 변화의 여파 같은 또 다른 문제는 말할 것도 없고 기후 변화라는 시급한 문제를 해결하기 위한 효과적인 국제 협력을 이끌어내는 것조차도 점차 힘들어질 것으로 보인다. 또한 이 세상은 자유 진영과 공산 진영 간의 대립이 극명했던 냉전 시대보다 훨씬 더 혼란스럽고 일관성 없는 곳이 될 수 있다. 심지어 핵전쟁에 대한 공포도 사라지지 않았다. 오늘날에는 오랫동안 강대국으로 여겨졌던 국가보다는 주로 북한이나 이란 같은 불량 국가가 세상을 위협하는 주된 요인으로 여겨지며, 가능성이 크지는 않지만 인도와 파키스탄 사이에서 핵전쟁이 벌어질 수도 있다는 두려움이 세계를 위협한다. 우크라이나 침공으로 러시아가 위협적인 존재로 부상할 가능성도 완전히 배제할 수 없게 됐다.

미래의 지정학적 세계에서는 미국, 유럽연합, 중국 등 3개의 강대국이 중요한 역할을 할 것이다. 세계은행 데이터에 의하면, 2020년에는 미국과 유럽연합, 중국이 세계 경제의 절반 이상을 차지했다. 좀 더 구체적으로 살펴보면 미국이 24%, 중국과 유럽연합이 각각 15%씩 차지했다. 하지만 미국과 유럽연합, 중국은 모두 정치적 및 인구통계학적인 측면에서 상당한 수준의 내부적인 취약점을 갖고 있는데 이로 인해 다가올 수십 년 동안 세계 무대에서 강력한 국제적 역할을 수행하는 능력이 제한될 수도 있다.

미국과 유럽연합, 중국은 모두 2050년이 되면 인구가 마이너스 성장을 할 것으로 예상된다. 특히 중국의 인구 감소세가 나머지 두 곳에 비해 훨씬 두드러질 것이다. 2050년이 되면 중국의 인구는 현재보다 10% 이상 줄어들 것으로 보이며, 이런 추세는 중국의 연령 분포와 경제 활동에 상당한 영향을 미칠 것이다. 그 이전에도 중국의 사회 보장 제도에 커다란 부담이 생기고, 노동 인구에 진입하거나 군 복무를 할 수 있는 청년층이 대폭 감소하고, 잘못된 한 자녀 정책의 후유증으로 성비 불균형이 점점 심각해져 사회가 불안정해질 것으로 예상된다.

이 가운데 그 어떤 것도 중국 공산주의 정권의 생존에 결정적인 위협이 되지는 않을 것이다. 하지만 이런 요인으로 인해 중국의 경제 성장이 약화되고 전 세계에 경제력이나 군사력을 과시하는 능력이 점차 제한될 것이다. 이런 추세는 단기적으로 안정성 위험을 초래할 수 있다. 변화하는 추세에 자극받은 시진핑 국가주석이 나날이 줄어드는 자원이 중국의 위상에 부정적인 영향을 미치기 전에 막강한 지정학적 지위를 확보하기 위해 대만을 침공하는 등 단기적으로 좀 더 공격적으로 힘을 과시할 수 있기 때문이다. 또한 중국은 기후 변화를 비롯해 국제 사회가 공동으로 추진하는 목표와 계획에 말로만 계속 협력하면서 실제로 이를 달성하는 데는 별다른 기여를 하지 않을 수도 있다. 심지어 공동의 목표를 달성하지 못하도록 방해하는 것이 오히려 중국의 상대적인 세력을 강화하는 데 도움이 된다고 판단될 경우 방해 공작에 나설 수도 있다. 시진핑이 이끄는 중국 정부는 자국에 적용하는 데 문제의 소지가 있는 국제 규범은 고려하지 않겠다는 뜻을 분명하게 밝힌 바 있다.

유럽연합을 구성하는 27개국의 총인구는 몇 년 더 증가세를 이어가다가 감소세로 돌아설 것으로 전망된다. 2020년부터 2050년까지는 인구 순감소율이 1%를 약간 상회하는 수준에 그칠 것으로 보인다. 물론 전체 감소율은 낮지만 국가별 격차는 상당할 수밖에 없다. 동유럽과 중유럽의 인구는 거의 12% 감소할 것으로 예상되는 반면 서유럽 인구는 현재보다 약간 높은 수준에서 안정될 것으로 보인다. 이로 인해 지역 간 불균형이 심화되고 노동 인구 감소는 동유럽 경제에 부담을 안길 것이다. 이민 정책에 큰 변화가 없다면 더 심할 것이다.

하지만 정치적으로 단일화된 조직체가 아니라는 것이 유럽연합의 커다란 약점이다. 유럽연합은 단일 통화를 비롯해 단일 국가의 특징을 부분적으로 갖고 있다. 하지만 개별 회원국은 유럽연합의 결정을 지지하기도 하고 제한하기도 하며, 중요한 정책 변화가 필요할 때는 27개 회원국 모두의 만장일치 동의가 필요하다는 규칙 때문에 행동의 자유가 제한된다는 점에서 여전히 유럽연합은 초국가적인 단체로 여겨진다. 이민과 사회 정책을 둘러싼 내부 갈등, 특히 헝가리와 폴란드 그리고 나머지 유럽연합 회원국 간의 갈등, 날이 갈수록 커지는 동유럽과 서유럽의 경제 격차, 유럽연합을 흔들려는 러시아의 지속적인 노력 등이 더해져 앞으로 수십 년 동안 유럽연합은 경제 규모에 걸맞은 세계적인 영향력을 행사하는 데 어려움을 겪을 것이다.

어떤 측면에서는 미국의 시대가 저물고 있다는 주장에도 불구하고 지금부터 2050년까지는 미국이 〈이론상으로는〉 세계적인 영향력을 유지 혹은 확대하고 중요한 문제와 관련해 세계적인 협력을 촉진할 수 있는 가장 강력한 위치에 머물 수 있다. 미국의 인구는 2050년 이전에 정점에 달할 것으로 보이지만 2050년까지 인구 감소의 영향은 미미할 것이다. 하지만 인구 감소를 개탄하고, 다양한 공공 정책의 문제점을 찾아내고, 정부를 향해 인구 감소 추세를 바로잡으라는 가망 없는 요구를 하는 기사가 빗발칠 것이다. 그럼에도 미국은 기술 혁신의 선두주자로 남을 가능성이 클 뿐 아니라 엄청난 내수 시장 규모를 고려하면 세계적으로 불안정성이 증가하는 가운데서도 미국 경제는 성장을 이어나갈 것이다.

생산적인 국내 정책이나 건설적인 국제 정책을 추진하는 미국의 능력에 가장 큰 걸림돌이 되는 것은 정치적 양극화와 불안정성이다. 2020년 이후에 발생한 일련의 사건을 통해 알 수 있듯이 미 정부가 국내외에서 주도적인 역할을 하는 데 지대한 관심을 보이더라도 정부의 역할 수행 능력은 정치 분위기에 의해 크게 제한된다. 실제로 분노만 있을 뿐 일관성 있는 정책은 없는 민족주의 세력이 권력을 잡게 되면 미국은 사실상 국제 사회에서 의미 있는 역할을 하기 힘들 수 있다. 또한 미국 내에서도 각 주와 도시에 자체적으로 자원을 확보해서 정책을 수행하도록 역할을 일임하게 될 수 있다. 트럼프 행정부 시절에 분명하게 드러났듯이 이런 정부는 오히려 세계적인 불안을 초래할 수 있다.

강대국의 공백을 비집고 들어가려는 국가들

강대국의 지위를 확보할 수 있는 유일한 세 집단인 미국과 유럽연합, 중국이 약해지면 권력 공백이 생겨난다. 사실 야심 가득하고 부도덕한 각 지역의 강대국이 이미 그 공백을 메우려고 시도하고 있다. 그중 가장 활발한 움직임을 보이는 국가가 바로 애플바움이 주장하는 일종의 전제주의 주식회사의 창립 멤버인 러시아, 이란, 튀르키예다. 이란이 핵무기 개발을 추진하며 레바논, 시리아, 이라크 내전에 개입해 불안을 초래하고 있다는 사실은 잘 알려져 있다. 2010년에 이스라엘과의 갈등도 마다하지 않고 이슬람 국가의 면모를 드러낸 튀르키예는 시리아와 리비아 내전에 개입했으며, 앞서도 언급했듯이 현재 내전을 치르고 있는 에티오피아에도 무기를 제공해 왔다. 또한 튀르크족의 유산을 가진 국가들로 구성된 느슨한 연합체인 튀르크어사용국기구Organization of Turkic States도 결성했다. 자신들도 튀르크족의 정체성을 갖고 있다는 헝가리의 주장은 그 근거가 다소 빈약하지만 전제주의 주식회사의 또 다른 구성원인 헝가리 역시 참관국 자격으로 합류했다. 이 글을 쓰는 순간에도 판가름 나지 않은 러시아의 비양심적인 우크라이나 침공 결과는 향후 국제무대에서 러시아의 미래를 결정할 것이다.

튀르키예와 이란은 모두 민족 국가든 하마스(Hamas, 이스라엘에 대한 테러를 주도하고 있는 팔레스타인의 대표적인 무장 단체)나 헤즈볼라(Hezbollah, 레바논의 이슬람 시아파 무장 세력) 같은 준국가 세력이든, 자신들과 뜻을 같이하는 세력과는 고객 관계와도 같은 네트워크를 구축하기를 열망하고 있다. 러시아도 마찬가지 방식으로 벨라루스와 아르메니아를 자국의 팔 안으로 끌어들였으나 우크라이나가 뜻을 굽히지 않자 그들을 무력으로 굴복시키려 한다. 우크라이나 침공으로 자국의 천연가스 수출을 지렛대로 사용하기가 힘들어졌지만, 그와 동시에 러시아는 기후 변화와 맞서 싸우기 위한 전 세계의 노력, 그중에서도 특히 유럽의 노력을 계속해서 방해할 가능성이 크다. 또한 러시아는 중국과의 관계를 강화해 파트너 관계를 구축해왔다. 러시아의 어느 외교 정책 전문가는 양국의 관계가 "미국이 주도하는 세계 질서에 대한 공통의 반대를 바탕으로 한다"고 설명했다. 러시아와 중국의 관계가 긴밀해지면 러시아가 서방의 제재에 맞서 자립하는 데 도움이 될 뿐 아니라 유럽이 러시아산 천연가스에 대한 의존도를 줄이려는 상황에서 중국이 러시아의 새로운 천연가스 시장으로 부상할 수 있다.

통념과는 달리, 규모가 크다고 해서 특정한 국가가 해당 지역의 강대국이 될 수 있는 것은 아니다. 인도, 나이지리아, 브라질은 각 지역에서 경제 규모가 가장 크지만 경제적으로든 정치적으로든 바로 인접한 이웃국가 이외의 다른 나라에는 거의 영향력을 행사하지 못한다. 세계 경제에서 차지하는 비중이 3%를 웃돌 정도로 인도는 경제 규모가 상당하지만 국제적인 위상은 특이할 정도로 낮다. 그 이유는 대부분의 이웃국가들이 믿고 따르는 이슬람교 신자를 박해하며 그 어떤 국가와도 공유할 수 없는 자신들만의 독특한 종교적 정체성을 중심으로 민족 운동을 발전시켜 나가는 고립주의 때문이다. 반면 대부분의 아시아 국가는 정도의 차이는 있지만 중국의 영향력 아래에 있거나 그런 상황에 빠지지 않으려고 애쓴다.

일부 전문가들은 인구 증가 이외에는 뚜렷한 근거도 없이 21세기를 〈아프리카의 세기〉라고 불러왔다. 하지만 그렇게 될 가능성은 희박해 보인다. 적어도 2050년까지는 아프리카가 세계 무대에서 중요한 역할을 하기는 힘들다. 아프리카에 상당한 자원이 있다는 데는 의심의 여지가 없다. 즉 풍부한 천연자원, 충분히 활용되지 않은 토지, 활력 넘치는 젊은 노동력이 있을 뿐 아니라 전 세계 대부분의 지역과는 반대로 부양비가 하락하고 있다. 하지만 그와 같은 장점보다 해결해야 할 문제가 더 많다. 아프리카가 자원을 활용하려면 인적 자본, 기술, 인프라에 막대한 투자를 해야 한다. 하지만 아프리카 대륙 대부분의 국가에서는 국정 관리 체계가 취약하고 법치가 제대로 행해지지 않아 투자가 잘 이뤄지지 않는다. 게다가 많은 지역에

악영향을 미칠 기후 변화의 역풍에 맞서 이 모든 일을 해내야 한다. 또 21세기 중반이 되면 지속적인 인구 증가로 전망이 불확실한 청년 인구가 대거 남아돌게 되고 따라서 지금보다 정치적 불안이 한층 커질 수 있다.

　다음 장부터 이런 추세와 가능성이 축소 도시의 미래에 어떤 영향을 미칠지 살펴보겠지만 이 장을 마무리하며 몇 가지 결론을 내리고자 한다.

결론

—

세계적인 불안정성 증대와 통합된 리더십 부재로 전 세계가 기후 변화에 제대로 대응하지 못할 위험이 커지고 있다. 현재로서는 유럽연합 외에 강력하게 대응할 주요 국가가 있을지도 불투명하다. 유럽연합의 노력에 개별 회원국이 반대하는 경우 또한 많다. 표리부동하게 인플레이션 감축 법안이라고 이름 지어진 이 법안은 기후 변화에 대응하기 위한 바이든 행정부의 강력한 의지를 대변한다. 하지만 초당적인 합의가 이뤄지지 않은 만큼 미국 행정부가 계속해서 이런 의지를 보일 수 있을지 의구심이 든다. 공화당이 선거에서 승리하게 되면 걱정되는 부분은 기후 변화 문제를 놓고 양당이 극단적으로 분열될 수 있다는 것이다. 미국의 퓨리서치 센터가 2020년에 실시한 설문조사를 보면 민주당 지지자 78%가 기후 변화가 대통령의 우선순위여야 한다고 답한 반면 공화당 지지자 중 같은 답을 한 사람은 21%에 불과했다. 상황이 다르게 전개되기를 바랄 수도 있지만, 2050년까지 평균 기온 상승이 섭씨 1.5도를 넘지 않도록 하겠다는 목표가 달성될 가능성은 점점 낮아지고 있고 생각했던 것보다 더 나쁜 현실과 마주할 가능성은 점점 커지고 있다. 물론 그 결과는 지역마다, 국가마다 매우 다를 테고, 미국 내에서도 동부와 서부, 북부와 남부에 따라 큰 차이가 날 것이다.

특정 국가의 자원뿐 아니라 정치 체제의 본질과 안정성 역시 한 국가나 도시가 기후 변화라는 과제에 성공적으로 대응하고 지속 가능한 미래를 건설하는 능력에 영향을 미친다. 다른 조건이 모두 같다면 신뢰할 수 있고 투명하고 원활하게 돌아가는 자유민주주의를 기반으로 한 국가가 민족주의 정권이나 뉴파시즘 정권, 전제주의 정권보다 기후 변화와 인구 감소에 효과적으로 대응할 가능성이 훨씬 크다. 민주주의 정권은 축소 도시가 그들이 처한 문제에 대응할 수 있도록 돕고 독일처럼 공공 자원을 재분배할 수 있도록 건전한 정책 방안을 제공할 수 있다.

이와는 대조적으로, 민족주의 정부는 반대 진영의 거점이자 코스모폴리탄적 세계관의 소굴로 여겨지는 도시를 외면하거나 이런 도시가 가진 자원을 빼앗으려 할 것이다. 트럼프 대통령은 자신이 나고 자란 도시인 뉴욕 혹은 뉴욕의 정치 지도자들을 개인적으로 싫어한다는 것 이외에 뚜렷한 이유도 없이 뉴욕시뿐 아니라 국가 경제에도 매우 중요한 허드슨강 철도 터널 건설 프로젝트를 반대했다.

도시를 자신들에게 적대적인 곳으로 여기는 민족주의자들의 생각이 틀렸다고 볼 수는 없다. 특히 젊은 대학 졸업자들이 많이 모여 있는 도시는 민족주의 정권에 반대하는 요새 역할을 한다. 민족주의 지도자 카친스키가 직접 발탁한 안제이 두다와 대표적인 야당 후보이자 바르샤바 시장인 라파우 트샤스코프스키가 치열한 접전을 펼쳤던 2020년 폴란드 대선에서 크라쿠프를 제외한 폴란드의 모든 대도시는 트샤스코프스키를 열렬히 지지했다. 미국에서는 공화당이 장악한 주와 카운티 한가운데서도 크고 작은 도시들이 민주당 지지자의 집결지 역할을 하는 경우가 많다.

중국의 경우 연금 체계가 파산하고, 노동 인구가 줄어들고, 경제 성장률이 하락할 가능성이 큰 상황에서 축소 도시의 숫자가 늘어나고 이런 도시의 지원 요구도 높아질 것으로 예상되는 가운데 중국 정부가 자국의 축소 도시 문제를 어떻게 처리할지는 아직 확실치 않다. 상상할 수 있는 한 가지 시나리오는 인구가 감소하기 시작한 내륙 소도시의 활력을 유지하기 위해 상하이나 베이징같이 부유한 대도시의 자원을 재분배하는 것이다. 또 다른 시나리오는 정반대로, 대도시와 그 도시가 속한 지역이 국가 경제에 중요하다는 깨달음을 얻은 후 그 도시와 지역의 성장에 주력하되 주변 도시는 쇠퇴하도록 내버려 두거나 심지어 쇠퇴를 장려하는 것이다. 개인적으로는 두 번째 시나리오가 실현될 가능성이 훨씬 더 크다고 생각한다.

미국에서는 러스트 벨트 지역 의원들이 축소 도시 문제를 꾸준히 제기해 왔음에도 불구하고 연방 정부가 정책을 수립할 때 축소 도시에 진지한 관심을 보인 적이 없다. 노골적인 반도시 정서보다는 축소 도시가 그다지 중요하게 여겨지지 않는 것이 문제였다. 하지만 현재는 일부 주에 집중돼 있는 축소 도시가 여러 주에서 늘어나면

기후 변화 위험과 정치적 불안 위험 비교

| | | 기후 변화의 잠재적 영향 | | |
		높음	중간	낮음
잠재적인 정치적 불안	높음	서아프리카 중동(이스라엘 제외) 중앙아메리카	중앙아프리카와 동아프리카 미국 내 다른 지역	미국 중북부
	중간	남아프리카 태국 브라질	아르헨티나와 칠레 인도	러시아
	낮음	이스라엘 베트남 남유럽	호주 중국 일본	북유럽 캐나다

이런 분위기가 달라질 수도 있다. 바로 이런 상황 때문에 미국의 정치적 불안이 중요한 요인이 된다. 즉 오늘날의 정치 전쟁의 결과가 미국이 향후 수십 년 동안 기후 변화와 인구 감소에 대응하는 방식에 영향을 미칠 것이다.

기후 변화 위험과 정치적 불안의 위험을 연계해서 보여주는 〈도표 7.2〉에 지속 가능성 문제가 얼마나 심각한지, 이를 해결하기 위해 각국이 활용할 수 있는 정책 범위가 어느 정도 되는지 표시돼 있다. 기후 변화는 지구상의 모든 사람에게 영향을 미치지만 먼저 국가와 지역마다 그 영향과 정치 환경의 본질이 얼마나 다른지부터 이해하는 것이 중요하다. 그래야만 어떤 조치를 취해야 하며, 각 지역의 정치 상황을 고려했을 때 그 조치를 얼마나 적극적으로 활용할 수 있을지 판단할 수 있기 때문이다. 〈도표 7.2〉에 나와 있는 기후 변화

범주는 이 장 앞부분에서 요약 설명한 과학적인 근거를 토대로 하지만 정치적 불안의 범주는 나의 개인적인 판단을 기반으로 한다. 내가 선택한 내용에 관해서라면 강력한 논거를 제시할 수 있지만 다른 누군가가 나와는 다른 선택을 하고 그에 걸맞은 정당한 논거를 제시할 수 있다는 사실도 충분히 잘 알고 있다. 특히 미국을 정치적 불안의 위험이 큰 국가로 분류한 나의 선택에 대해서는 다른 의견이 있을 수 있다. 나머지 장에서 위의 분류 체계에 나온 내용을 좀 더 자세히 살펴볼 생각이다.

8장에서는 지금까지와는 달리 성장에 의존하지 않는 도시의 지속 가능성과 활력에 관한 새로운 패러다임 탐색이라는 까다로운 문제를 살펴볼 생각이다. 다가오는 폭풍 속에서 도시의 지속 가능성을 높일 방법을 찾으려면 이런 패러다임이 이끄는 길을 따라가야 한다.

8

—

인구든 경제든, 성장은 끝났다!

"위대한 도시를 인구가 많은 도시와 혼동해서는 안 된다."
— 아리스토텔레스

축소 도시의 미래는 명확하거나 결정적인 해결책이 없고, 불완전할 뿐만 아니라 끊임없이 변화하는 정보를 바탕으로 해결해야 하는 난제다. 축소 도시가 직면한 본질적인 문제는 위압적이면서도 끊임없이 변화한다. 향후 수십 년 동안 경제와 정치 분야에서 등장할 심오한 변화와 기후 변화가 만들어낼 좀 더 까다로운 도전 과제를 생각하면 더더욱 그렇다. 객관적인 현실과 이를 이해하고 그 영향을 예측하는 인간의 능력을 생각해 보면 좀 더 포괄적인 도전 과제 역시 끊임없이 변화하고 있다.

인구가 감소하든 그렇지 않든 과거의 영광에 만족하며 편안하게 안주할 수 있는 도시는 없다. 유일한 상수는 변화다. 1970년대 초에 보잉 사가 시애틀에서 6만 3,000명을 해고하자 장난기 많은 두 부동산 중개인이 시애틀의 몰락을 예언하는 유명한 간판을 내건 일화를

그림 8.1   시애틀에 등장한 간판.
"시애틀을 떠나는 마지막 사람은 모든 불을 꺼주세요."

출처: 그렉 길버트 /《시애틀 타임스*The Seattle Times*》. https://www.seattletimes.com/seattle-news/data/will-the-last-middle-class-person-leaving-seattle-turn-out-the-lights/.

기억하는 사람은 거의 없을 것이다(〈그림 8.1〉 참조). 물론 지금의 시애틀은 그 도시의 고유한 장점과는 아무런 관련도 없이 마이크로소프트와 아마존의 본거지가 되었으며 21세기 최고의 신흥 도시로 발돋움했다. 시애틀이 허물어지는 것처럼 보일 무렵 1970-1980년대의 최첨단 기술을 상징하는 화신과도 같은 존재였던 코닥, 바슈롬, 제록스의 본사가 위치한 뉴욕주 로체스터Rochester는 승승장구했다. 전혀 문제가 없는 것은 아니었지만 로체스터의 미래는 장밋빛처럼 보였다. 하지만 현재 바슈롬과 제록스는 로체스터를 떠났고, 과거에 누렸던 영광의 흔적만 남은 코닥은 이미 구식이 되어버린 기술을 너무 오랫동안 붙들고 있는 기업의 대명사가 됐다. 주민의 약 3분의 1

이 빈곤층에 속하는 로체스터는 과거의 영광을 되찾기 위해 고군분투 중이다.

어떤 난제도 완벽하게 해결할 수는 없다. 하지만 설사 부분적이고 일시적인 대응에 불과하더라도 의미 있고 중요한 방식으로 대처할 수는 있다. 이 같은 노력이 결국 지속 가능하고 회복력이 뛰어난 도시를 만들지, 취약하고 불안정한 도시를 만들지, 아니면 끊임없이 변화하는 까다로운 세상 속에서 도시가 성공으로 나아가는 경로를 찾을 수 있을지 등을 결정한다. 사실 회복력이라는 개념 자체가 불확실성 속에서 번성하고 역경을 딛고 일어서는 능력에 달려 있다. 물론 문제는 어떻게 해야 회복력을 키울 수 있는가이다. 하지만 회복력을 키우기가 쉽지 않은 것만은 틀림없다. 가장 중요하지만 어쩌면 덜 명확할 수도 있는 점은 기후 변화를 저지하는 것이 단순한 기술 문제가 아니듯 회복력을 키우는 것 역시 근본적으로는 기술 문제가 아니라는 점이다. 물론 기술적인 측면이 있기는 하다. 평균 기온이 섭씨 1.5-2.0도 이상 상승하지 않도록 하고 넷제로(net zero, 배출되는 이산화탄소량과 제거되는 이산화탄소량의 합이 0이 되는 상태)를 달성하는 것은 본질적으로 기술 문제다. 쉽지는 않겠지만 본질을 따져 보면 이처럼 기술적인 요소가 있다. 하지만 기술적인 해결책이 마련된다고 해서 무조건 적용할 수 있는 것은 아니다. 경제적, 사회적, 정치적 상황이 뒷받침되어야 한다. 바로 이런 이유로 기후 변화와 이 책에 언급된 다른 문제들이 쉽게 해결될 수 없는 난제인 것이다.

이 장에서는 축소 도시의 미래라는 난제를 해결하려면 무엇이 필요한지 살펴볼 것이다. 문제를 해결하려면 먼저 다른 시각이 필요하다. 지속 가능성을 고민하기 전에, 먼저 성장의 실패를 오직 성장으로만 해결할 수 있는 문제로 여기는 대신 도시 축소가 장기적인 현실이자 가능성 있는 미래 경로라는 개념을 받아들여야 한다. 하지만 지역 경제는 끊임없이 변화해 왔으며 앞으로도 계속 변할 수밖에 없기 때문에 좀 더 넓은 범위의 경제와 어떻게 관계를 맺어 나가야 할지 새로운 관점으로 바라봐야 한다. 낙관주의자의 입장에서, 나는 향후 수십 년 동안 축소 도시가 생존할 수 있을 뿐 아니라 번영할 수 있다고 생각한다. 그와 동시에 현실주의자의 관점에서 생각해 보면 그 과정이 까다롭고 골치 아플 수 있다는 사실도 잘 알고 있다. 이 장에서는 먼저 도시의 축소를 받아들이는 문제에 대해 알아보고 이후 세계 경제에 나타날 변화를 살펴본 다음, 마지막으로 "축소 도시가 향후 수십 년 동안 수많은 문제와 직면할 것으로 예상되는 가운데 지속 가능한 미래를 구축하려면 어떻게 해야 하는가?"라는 중요한 질문에 대한 답을 찾아볼 것이다.

인구 감소는 실패의 신호인가
—

인구 감소는 오랫동안 오명을 뒤집어썼다. 1970년대 후반 당시 뉴욕시 주택국장이었던 로저 스타가 뉴욕시 일부 지역의 인구 감소 정도를 반영한 〈계획적 축소planned shrinkage〉 전략을 제안하자 사방에서 비난이 쏟아졌다. 뉴욕 시장 에이브러햄 빔은 로저 스타를 해고하기에 앞서 그의 제안이 "부정적인 추세를 터무니없이 심각하게 받아들인" 것이라고 언급했다.[1] 오늘날까지도 로저 스타의 이름은 좌파 블로거들 사이에서 불명예스럽게 오르내린다.[2] 비슷한 태도가 지금도 널리 만연해 있다.

사람들이 성장 자체를 가치 있는 것으로 여기고 인구 감소를 실패의 신호로 여기는 한, 인구가 감소한다는 단순한 사실은 "우리 지역은 망했다"라는 부정적인 관점에 반영된 뿌리 깊은 비관론을 부채질할 수 있다. 인구 감소로 경제가 쇠퇴하고 도시에 대한 투자가 중단되면 비관론이 특히 힘을 얻게 된다. 이런 태도가 확산되면 경기 침체가 더욱 가속화되고 쇠퇴의 악순환이 한층 강화된다. 이 같은 태도는 이미 널리 퍼져 있으며 되돌리기는 쉽지 않다.

그럴 만한 이유가 있긴 하지만 인구 성장과 경제 성장을 마치 샴쌍둥이처럼 떼려야 뗄 수 없는 하나의 묶음으로 여기는 통념 또한 문제가 된다. 미시간 주립 대학교가 내놓은 경제 개발 안내서에는 다음과 같이 기술돼 있다.

"당연한 말 같지만 누군가가 지역으로 이사 오면 그것이 바로 경제 성장이다. 새로 이사 온 사람은 그 지역의 새로운 고객이다. 이들은 음식과 서비스를 구매하고, 해당 지역의 가게를 애용하고, 자동차를 고치고, 각종 활동에 참여하고, 다른 사람을 초대해 지역을 방문케 하는 등 경제 성장에 도움이 되는 많은 활동을 한다. 마찬가지로, 사람들이 떠나면 그 지역 경제에 타격이 있다. 인구가 줄어드는 주, 카운티, 지역은 성장할 수 없다."[3]

이 안내서를 작성한 사람이 생각하는 것보다 분명히 좀 더 복잡하긴 하지만 이런 주장에도 옳은 부분은 있다. 하지만 인구 증가에 집착하는 것은 단순히 경제적인 활력 때문만은 아니다. 최근에 공개된 어느 기사는 인구 증가가 경제 성장에 중요하다는 주장을 인정한 후 뒤이어 다음과 같이 지적했다.

하지만 각 지자체의 시장과 시민 단체는 인구 증가를 바람직한 현상으로 여기는 사람들의 태도가 인구가 늘어난다는 단순한 사실 자체만큼이나 중요하다고 생각한다. 사람들은 특정한 지역으로 이주하거나 그곳에서 벗어남으로써 자기 의사를 표현한다. 인구 증가가 세수 증가에 비해 도시의 평판에 어떤 도움이 되는지 수치로 표현하기는 어렵지만 각 지자체를 대표하는 시장이 자신이 관리하는 지역이 매력적이기를 바라는 것은 당연한 일이다. 필라델피아 센터 시티 Center City에서 오랫동안 전략가로 활동해온 폴 레비 Paul Levy는 "여기에는 분명히 한 가지 심리가 작용한다"고 지적한다. "바로 '아무도 내 친구가 되고 싶어 하지 않아. 다들 다른 사람들과 친해지려고 해'라는 원초적인 심리가 작용하는 것이다."[4]

궁극적으로는 우리가 성장을 원하는지 그렇지 않은지는 중요하지 않다. 대부분의 선진국과 다른 많은 국가는 결국 축소될 것이다. 그렇다고 해도 모든 도시가 축소되지는 않을 것이다. 고유의 호감도 때문이든 인구 유치를 위한 정책 때문이든 일부 도시는 이주민을 끌어들여 성장을 이어나갈 것이다. 하지만 일부 도시가 성장한다는 것은 곧 다른 곳이 좀 더 빨리 축소된다는 뜻이다. 미래의 도시 성장은 점차 〈제로섬 게임〉의 양상을 띨 수밖에 없기 때문이다.

특별히 과학적이지는 않지만, 성장에 대한 심리는 국가나 도시의 규모와 관련이 있는 것처럼 보인다. 인구 규모는 오랫동안 세계 무대에서 국가의 위상에 영향을 미쳤다. 1930년대에는 이런 태도가 프랑스, 영국 같은 나라에서 인구 감소에 대한 공포를 불러일으켰다. 인구 감소 탓에 향후 경제뿐만 아니라 군사 경쟁에서도 입장이 불리해질 수 있다고 우려했기 때문이다.

인구 감소라는 현실이 드러나기 시작하면서 미국과 중국에서 최근 쏟아져 나온 일부 논평에서도 같은 분위기가 감지됐다. 2021-2022년에 미국의 인구 성장이 둔화됐음을 보여주는 데이터가 등장하자 언론은 미국이라는 나라의 위대함을 걱정하는 반응을 쏟아냈다. 예를 들면, "미국의 인구 증가율 급감은 끝없는 재창조라는 비전을 기반으로 세워진 이 나라의 유통 기한을 위협한다"[5]라거나 "역동적인 국가가 근본적으로 성장을 멈춘 전례는 본 적이 없다. 유럽과 일본의 사례는 징후가 아니라 명백한 경고다" 같은 어조의 글이 곳곳에서 발견됐다.[6]

도시도 마찬가지다. 필라델피아의 인구 자체는 소폭 증가했지만 그곳의 일부 주민은 미국 최대 도시 순위에서 필라델피아가 피닉스보다 뒤처졌다는 사실에 충격을 받았다.[7] 역사학자 케빈 보일Kevin Boyle은 디트로이트가 더 이상 미국의 20대 도시에 포함되지 않는다는 상징적인 중요성에 대해 다음과 같이 지적했다. "상당수의 디트로이트 주민들은 자신들이 미국에서 가장 큰 도시 중 하나에서 살아가고 있다고 생각하지만 이제 더 이상 그것은 사실이 아니다."[8] 클리블랜드의 부시장 역시 똑같은 환상에 사로잡혀 있다.

인구 감소는
해결해야 하는 것이 아닌 〈관리〉해야 하는 것

—

규모가 작은 국가와 도시는 인구 감소를 인정하고 그 대응에 나서기가 좀 더 쉬울 수도 있다. 과거나 현재에 위대한 국가나 도시였다는 환상이 적기 때문이다. 라트비아와 리투아니아의 도시 계획 전문가들은 물론 자국이 다시 성장하는 모습을 보고 싶어 한다. 하지만 이들은 인구 감소 그 자체보다는 이민과 두뇌 유출, 즉 국가가 젊은 인재를 붙들 수 없는 현실을 고려했을 때 인구 유출이 얼마나 심각한 것인지 깊이 염려하고 있다. 어떤 국가가 문화적 혹은 심리적으로 인구 감소에 완전히 적응했다고 말하기에는 시기상조지만 발트해 연안국 같은 작은 나라들은 인구 감소에 좀 더 실용적으로 접근하는 듯하다. 예를 들면 재성장 전략을 추구하기보다 해외로 떠난 이민자의 복귀를 유도해 인구 감소 속도를 늦춰 노동 인구 변화와 연금 수요를 좀 더 효율적으로 관리하는 식이다.

　일본도 어느 정도는 인구 감소라는 현실을 받아들이고 있는 것 같다. 20세기 후반에는 출생률 하락세가 반등할 것이라는 희망이 있었지만 이제 이런 전망은 더 이상 현실적으로 가능하지 않다고 믿고 있다. 대신에 노동력 부족 문제를 완화시키기 위해 이민자에게 조금씩 문호를 열고 있지만 인구 감소세를 되돌릴 수 있을 만한 수준의 이민은 정치적으로나 사회적으로 용납되지 않고 있으며 심각하게 고려되지도 않고 있다. 일본에서는 여전히 인구 감소를 문제로 바라보는 시각이 많지만 〈해결 가능한〉 문제라기보다 〈관리해야 할〉 문제로 보는 추세가 늘어나고 있다. 일본은 자국 내에서 점점 늘어나는 축소 도시들과 함께 그 어떤 나라보다 은밀하게 인구 감소 〈관리 전략〉을 추진하고 있다.

비록 부분적인 인정에 불과한 것이기는 하지만 축소 도시라는 사실을 공식적으로 인정한 미국의 첫 번째 도시는 주요 도시가 아니라 오하이오주 영스타운이었다. 영스타운의 인구는 1930년대에 17만 명으로 정점에 달했으나 2000년에는 약 8만 명으로 줄어들었다. 영스타운은 2005년에 "인구 8만 명 수준의 작은 도시라는 사실을 인정하고 이런 현실에 걸맞은 새로운 비전을 발판 삼아" 영스타운 2010 도시 계획Youngstown 2010 Citywide Plan을 채택했다.[9] 이 계획은 "영스타운이 작은 도시라는 사실을 인정하고 사회적으로 책임감 있고 재정적으로 지속 가능한 방식으로 도시 인프라를 합리화하고 통합하려면 전략적인 프로그램이 필요하다는 사실을 받아들일 것"을 촉구했다.[10]

이는 인구 감소를 인정하는 태도처럼 보일 수 있다. 하지만 실제로는 그렇지 않다. 영스타운의 도시 계획은 과거에 영스타운의 인구가 감소했다는 사실은 인정하지만 미래의 인구 감소는 막으려는 단호한 태도를 보인다. 영스타운 2010 도시 계획의 목표는 "현 상황을 바꾸고 예상되는 추세선의 기울기를 변화시키는 것"이었다. 여기서 예상되는 추세선이란 인구 감소가 지속되는 흐름을 말하는 것으로, 영스타운의 관련 기관은 2030년이 되면 영스타운의 인구가 5만 4,000명까지 줄어들 것이라는 예상치를 발표한 바 있다.[11] 그런 점에서 이 계획은 실패했다. 영스타운의 인구는 예상보다 훨씬 빠른 속도로 감소해 2020년에 이미 6만 명이 되었기 때문이다. 영스타운의 계획은 전 언론의 찬사를 받았지만 인구 안정화나 인프라 합리화 및 통합을 위한 실질적인 조치가 시행되지 않았기 때문에 이는 당연한 결과였다.

영스타운 사례에 자극받은 많은 미국 도시는 도시 전체의 인구가 감소하고 있으며 도시의 상당 지역에서 점점 더 인구가 줄어든다는 사실을 인정하고 그에 걸맞은 계획을 세웠다. 한때 자동차 부품 산업이 발달했으며 1960년에는 인구가 9만 8,000명으로 정점에 달했던 미시간주 새기노Saginaw의 인구는 2009년이 되자 거의 절반이나 줄어들었다. 새기노는 충격적인 인구 감소세를 인정한 후 사람이 거의 살지 않는 350에이커에 달하는 북동쪽 일부 지역을 녹지로 사용할 수 있도록 그린 존Green Zone으로 지정했다. 하지만 이 계획은 새기노의 문서에 공식적으로 포함되지 않았고 지금은 폐기된 것으로 보인다.

한때는 자동차 산업을 떠받치는 주요 도시였으나 정점에 달했을 때에 비해 인구가 절반 이상 줄어든 또 다른 도시인 미시간주 플린트는 2013년에 도시의 상당 부분을 녹색 지역 및 녹색 혁신 지구로 지정하는 야심 찬 종합 도시 계획인 이매진 플린트Imagine Flint를 채택했다. 플린트의 종합 도시 계획에는 다음과 같이 명시돼 있다. "녹색 지역을 만들려면 지정된 동네에 남아 있는 주택을 안정화하고 친환경적인 용도를 도입해야 한다……. 버려진 집은 철거하고 공터는 녹지 공간으로 변신시킬 준비를 해야 한다."[12] 플린트의 이와 같은 종합 도시 계획은 녹색 지역에 대한 다소 이상적인 비전을

그림 8.2   미시간주 플린트에 들어설 녹색 지역을 시각화한 자료

출처: 미시간주 플린트

제시한다(〈그림 8.2〉참조).

플린트의 접근 방식이 미국 소도시의 전형이라는 결론을 내리지 않으려면 펜실베이니아의 존스타운을 생각해 보면 된다. 존스타운이 공개한 새로운 종합 계획은 받아들여지지 않고 있다. 그 계획안은 존스타운의 인구와 일자리가 대거 감소했다는 사실을 거의 인정하지 않는다. 또한 공식 문서에 사용하기에는 모호한 용어로 시작한다. "최근 몇 년 동안 감소세가 둔화되고 있는〈것처럼〉보인다. 지역 사회 지도자들 덕분에 회복이 시작됐다."[13] 거의 100쪽에 걸쳐 도시의 각종 프로그램, 지역 행사, 존스타운의 10대 레스토랑, 미래에 진행하면 좋을 만한 프로젝트 등의 내용을 풀어낸 문서는 마땅히 신뢰할 만한 증거도 제시하지 않은 채 "존스타운이 다시 성장하고 있다"고 결론내렸다.[14] 끝부분에는 지나가는 말처럼 "출처에 따라 다르지만 존스타운에는 500~1,500채의 버려진 부동산이 있다"고 기록되어 있다.[15] 좀 더 정확한 수치를 제시하는 게 어렵지는 않았을 거라는 사실은 논외로 하더라도, 존스타운이 실제 사람이 거주하는 주택 수가 1만 채도 되지 않는 작은 도시라는 점을 감안하면 확실히 빈집이 매우 많은 셈이다. 계획안에 빈집 문제를 처리할 방법에 관한 그 어떤 내용도 포함돼 있지 않다는 사실은 놀랍지도 않다.

일부 미국 도시가 인구 감소라는 현실에 대처하는 방식과 디트로이트, 클리블랜드, 볼티모어 같은 도시의 공무원들이 이런 추세를 역전시킬 필요성을 주장하는 정도를 보면 인구 감소 문제가 얼마나 어려운지 알 수 있다. 미국은 1950년대 이후 적어도 최근까지 꾸준히 성장해 왔으며 보스턴, 워싱턴 DC, 그 외에 한때 인구 감소세를 겪었던 도시들은 탄탄한 자산과 과거의 성장 경험을 발판 삼아 다시금 성장 궤도에 올라섰다. 하지만 미국의 인구 성장세가 둔화됨에 따라 인구를 다시 증가시킬 만한 독특한 자산이 없는 도시에 돌아가는 기회는 점점 줄어들 것이다.

물론 그렇다고 해서 인구가 감소하는 도시나 국가가 여전히 실패의 징후로 여겨지는 인구 감소 사실을 떠들썩하게 알릴 필요는 없다. 하지만 인구 감소라는 현실을 출발점으로 삼는, 이따금 어려울 수도 있는 결정을 내릴 준비가 되어 있어야 한다. 정책 전문가 크리스 하틀리Kris Hartley가 이야기하듯, "인구 감소가 곧 파멸이 가까워졌음을 뜻한다는 생각에서 벗어나면 학계와 정책 입안자 모두 현실적인 방안을 논의할 수 있다."[16]

도시의 규모와 변화를 받아들이려는 자세 사이에는 반비례 관계가 있을 수도 있다. 도시 규모가 작을수록 시대가 변했고 인구 감소가 곧 새로운 현실이라는 깨달음을 좀 더 빨리, 좀 더 쉽게 얻을 수 있다. 그래야만 인구가 감소하는 수많은 도시가 기후 변화, 경제 위기, 정치적 혼란 속에서 새로운 기회를 얻을 수 있다. 역사학자이자 운동가인 캐서린 텀버Catherine Tumber는 "진정으로 새로운 도시주의urbanism에서 소도시는 지역화된 저탄소 세계의 중심에 설 수 있다"라고 지적한다.[17] 지금부터 이 책이 끝날 때까지 좀 더 자세히 설명하겠지만 향후 수십 년 동안 재지역화relocalization는 잠재적으로 바람직할 뿐 아니라 반드시 필요한 전략일 수 있다.

하지만 미래의 축소 도시가 맞이할 경제적 전망을 논의하려면 먼저 미래에 세계 경제가 어떻게 될지 생각해 봐야 한다. 그러기 위해서는 현 상황과 세상의 거의 모든 경제 활동을 지배하는 모델부터 살펴봐야 한다.

신자유주의 경제의 4가지 문제점

—

공산주의가 몰락한 이후 민주주의는 승리하지 못했을지 모르지만 자본주의는 승리했다. 오늘날 세계에서는 이런저런 형태로 변형된 시장 자본주의market capitalism가 유일한 경제 체제로 자리매김했다. 또한 성장이 시장 자본주의의 전부이며, 1980년대에 신자유주의가 힘을 얻기 시작한 이후부터는 특히 성장이 중요시됐다. 경제학자들에게 이는 곧 GDP로 측정되는 국가 부의 극대화를 의미한다. 성장 자체를 목적으로 삼는 경제학자도 있겠지만 성장을 좀 더 원대한 목적을 이루기 위한 수단으로 여기는 경제학자도 있다. 새뮤

얼슨Samuelson과 노드하우스Nordhaus는 고전 경제학 교과서에서 다음과 같이 설명한다. "GDP 증가는 단순한 숫자 게임이 아니다. 높은 소득은 곧 좋은 음식, 따뜻한 집, 온수, 안전한 식수, 인류를 괴롭히는 고질적인 전염병을 막기 위한 예방 접종 등을 뜻한다."[18] 두 사람은 아마 진심이었겠지만 그럼에도 불구하고 GDP 성장의 혜택 중 상당 부분이 이미 모든 것을 충분히 누리는 사람들에게 돌아간다는 점에서 이들의 주장은 다소 솔직하지 못하다. 그렇긴 하지만 지난 수십 년 동안 세계의 경제 성장은 수천 명의 억만장자를 탄생시켰을 뿐 아니라 수백만 명을 극심한 빈곤에서 구제하고 또 다른 수백만 명을 중산층으로 끌어올렸다.

규제가 완화된 자본주의와 자유 무역을 기반으로 하는 신자유주의 경제는 세계 GDP를 늘리는 데는 분명히 효과적이었지만 여러 근본적인 면에서 문제가 있다. 첫째, 신자유주의 경제는 불평등을 해결하지 못하며 경제 성장을 통해 생겨난 추가 자원이 누구에게 혜택을 줄지 고려하지 않는다. 많은 사람이 현대 수량경제학의 아버지이자 GDP의 창시자로 여기는 사이먼 쿠즈네츠Simon Kuznets는 1955년에 이 문제를 "해결한" 유명한 논문을 발표했다. 그는 한 국가의 성장 주기 초반에는 불평등이 증가하지만 성장이 지속되면 결국 불평등이 줄어들고 더욱 평등해진다고 주장했다. 이는 쿠즈네츠의 〈U자형 곡선〉으로 알려졌으며 이후 무제한적인 경제 성장의 이점을 주장하는 근거로 사용되었다.

쿠즈네츠는 당시가 제2차 세계대전의 여파와 사회민주주의의 부상을 비롯한 여러 복잡한 이유로 연구의 토대가 된 미국과 다른 선진국에서 소득 불평등이 줄어드는 특이한 순간이었다는 사실을 알지 못했다.[19] 그 이후로 성장이 지속되면 소득 불평등 문제가 저절로 고쳐질 것이라는 그럴듯한 가정은 대개 폐기됐다. 대신 지난 수십 년 동안 국가 〈간〉 소득 불평등은 줄어든 반면 각 국가 〈안〉에서의 소득 불평등은 오히려 늘어났다. 물론 국가 간 소득 불평등이 줄어든 것 역시 전 세계에서 나타난 전반적인 현상이라기보다 중국을 비롯한 일부 아시아 국가의 경제가 성장한 결과로 나타난 현상이다.[20] 개인과 가족의 행복, 기회, 세대 간 이동성의 측면에서 나타나는 불평등의 결과는 개인이 느끼는 박탈감과 소외감뿐 아니라 정치적 불안과 폭력을 통해서도 느껴진다.

둘째, 신자유주의 경제는 특정한 재화나 서비스를 소비할 때 얻는 만족감을 뜻하는 효용의 개념을 전면에 내세워 개인의 〈경제적 행복〉 극대화라는 좁은 시각으로 세상을 바라본다. 실제로 신자유주의 경제가 진정으로 인정하는 유일한 행복이 바로 경제적 행복이다. 또한 신자유주의 경제는 인간관계를 효용 극대화를 위한 지속적인 경쟁, 즉 이미 가장 많이 가진 사람에게 또다시 상이 주어지는 경쟁으로 여긴다. 마거릿 대처 영국 총리 역시 "사회 같은 것은 없다"라는 유명한 말을 남겼다.[21] 이런 관점은 사회적, 협동적, 이타적 행복을 비롯해 인간이 느끼는 다른 형태의 행복의 가치를 낮게 평가할 뿐 아니라 부나 물질적 재화를 극대화하는 행동을 장려함으로써 다른 형태의 행복을 추구하는 행위를 무가치한 것으로 바라본다.

셋째, 신자유주의 경제에서는 소득 불평등이 악화되는 것과 같은 이유로 지리적 승자와 패자가 탄생한다. 이런 현상은 축소 도시의 현재와 미래에 특히 관련이 있다. 신자유주의 경제가 바람직하게 여기는 특징을 가진 도시가 결국 경쟁에서 승리한다. 사람들이 그곳으로 옮겨가 비즈니스를 시작하고 그 결과 집값이 올라간다. 이런 도시는 시애틀이나 오스틴 같은 미래를 맞이하게 된다. 반면 신자유주의 경제가 선호하는 특징이 없는 도시는 패자가 된다. 이런 도시는 존스타운이나 새기노처럼 된다. 공간적 불평등은 경제적 불평등을 더욱 악화시킨다. 정치학자 조디 딘Jodi Dean은 이런 현상에 배후지화hinterlandization라는 이름을 붙이고 오늘날의 상황을 봉건시대, 즉 "농촌 지역이나 황량한 배후지로 둘러싸여 보호받으면서 종종 활기찬 모습을 보이는 중심지 위주로 돌아가는 세상"에 비유했다.[22] 과장일 수는 있지만 이는 틀린 표현은 아니다.

네 번째이자 가장 중요한 문제는 성장과 물질적 부를 무한히 극대화하는 것만을 목적으로 하는 경제 행동은 사실상 지속 가능하지 않다는 것이다. 오직 성장만을 추구하면 필연적으로 점점 더 많은 천연자원과 에너지를 소비하게 되고 그 과정에서 바닷속 미세 플라스틱에서 대기의 온실가스까지 점점 더 많은 폐기물이 생겨난다. 에너지 효율성을 높이는 것은 답이 아니다. 19세기 영국 경제학자 윌리엄 제번스William Jevons가 제번스의 역설Jevons's Paradox에서 지적했듯이 비용을 낮춰 자원의 효율성을 높이면 소비가 줄어들기는커녕 더 늘어난다. 리바운드 효과rebound effect라고도 알려진 이런 현상은 소위 녹색 성장 전략이 지속 가능한 경제나 환경을 위한 방안이 될 수는 없다는 것을 의미한다.[23]

하지만 이 모든 것의 기저에는 또 다른 질문이 있다. 지속적인 성장이라는 개념이 오늘날 지배적인 자본주의 양식의 특징일 뿐 아니라 자본주의 자체에 내재한 특징일까? 만약 그렇다면 많은 사람들이 믿고 있듯이 세계 경제를 조직하는 다른 대안이 자본주의를 대체하지 않으면 어떤 지속 가능한 미래도 가능하지 않다고 생각하는 것이 논리적이다. 그 결과 앞으로 어떤 대안이 등장할 것인가에 대한 아이디어가 확산됐다. 어느 전문가의 말처럼, "수많은 진보주의 사상가들이 기존의 파괴적인 글로벌 경제 시스템을 지속 가능성, 좀 더 높은 수준의 공정성, 인류 번영의 잠재력을 제공하는 경제 시스템으로 대체할 가능성을 모색하고 있다."[24] 하지만 사람들은 자본주의를 완전히 새로운 시스템으로 대체할 필요성과 실제로 그런 일이 발생할 현실적인 가능성에 진지한 의문을 제기한다.

2050년,
세계의 경제 성장은 마이너스로 돌아선다
—

해마다 변동성이 크긴 하지만 GDP 연간 성장률을 기준으로 장기적인 글로벌 경제의 성장 추세를 살펴보면 〈그림 8.3〉에서 확인할 수 있듯이 1960년대 이후 줄곧 하락세를 보였다. 향후 수십 년 동안 글로벌 경제 성장은 더 하락하고 결국 감소세로 접어들 가능성이 크다. 물론 그 시기는 빨라야 2050년쯤 될 것이다. 과도한 화석 연료 사용을 경계하고 기후 변화에 대응하기 위해 세계 경제를 재편해 앞으로 수십 년 동안 조치를 취하더라도 경제 성장은 둔화될 가능성이

그림 8.3   **1961년에서 2019년까지 전 세계 GDP의 연간 변화**
(단위 %, 세로축은 전년 동기 대비)

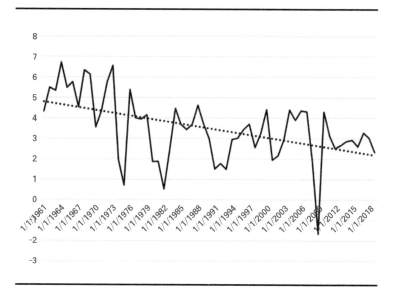

출처: 세계은행

크다.

이전 장들에서 앞으로 성장이 둔화할 수밖에 없는 여러 이유를 설명했다. 하지만 다시 한번 간단하게 짚고 넘어가는 편이 좋을 듯하다.

- 인구 증가는 경제 성장을 견인하는 주된 원인이기 때문에 인구 성장세가 약화되면 경제 성장도 둔화될 수 있다. 미국, 유럽연합 회원국, 중국, 일본 등 전 세계 GDP의 대부분을 차지하는 지역에서 이런 경제 성장 둔화가 특히 두드러질 것이다.

- 기후 변화의 여파, 열악한 인프라, 제한적인 인적 자본 활용, 북반구에 위치한 선진국의 수요 감소 등이 인구가 계속해서 성장할 것으로 예상되는 지역, 그중에서도 특히 사하라 사막 이남 아프리카의 경제 성장에 부정적인 영향을 미칠 것이다.
- 인구 성장이 감소하고 그와 동시에 수요가 줄어들면 경제 성장의 핵심 요소인 자본 투자가 줄어들게 된다. 인구가 고령화되면 소비와 수요가 줄어들고 노동 인구의 규모와 생산성 또한 줄어든다.
- 기후 변화 때문에 평균 기온이 상승하고 기상이변과 재해로 인한 손실 발생 빈도가 높아져 결국 생산성도 감소하게 된다.

노동 인구의 교육 수준 향상과 마찬가지로 기술 변화 역시 경제 성장에 어떤 영향을 미칠지 확실치 않다. 교육 수준의 변화는 완만하고 점진적이기 때문에 생산성을 떨어뜨리는 요인 중 일부만 상쇄시킬 수 있으며, 최근 수십 년 동안 기술 변화와 생산성의 관계는 아무리 좋게 보더라도 모호한 정도에 그쳤다. 일부 전문가들이 필연적으로 일어날 일이라고 여기는 저비용 수소 에너지같이 가설을 기반으로 한 기술 혁신이 경제 성장에 영향을 미칠 수도 있지만, 나는 개인적으로 다양한 증거에 미뤄볼 때 경제 성장이 지속적으로 둔화해 결국 세계 경제가 아예 성장하지 않거나 마이너스 성장세로 돌아설 가능성이 크다고 생각한다.

그렇다면 이런 현상이 세계 경제가 돌아가는 방식의 기저에 깔린 자본주의 경제에 어떤 영향을 미칠까? 언뜻 축소 도시의 미래와는 거리가 멀어 보이는 이 질문은 사실 매우 중요하다. 축소 도시는 모두 각 도시가 속한 지역, 국가, 그리고 글로벌 경제 등 좀 더 규모가 큰 시스템에 내재된 일부이기 때문이다. 21세기를 살아가는 많은 사람들이 생각하는 것보다 훨씬 오랫동안 그래왔다. 세계화는 전혀 새로운 것이 아니다. 1848년에 마르크스와 엥겔스는 『공산당 선언 Communist Manifesto』에서 다음과 같이 기록했다.

> 부르주아지는 세계 시장 착취를 통해 모든 국가의 생산과 소비에 범세계적인 성격을 부여했다……. 그동안은 자국에서 생산되는 것들을 이용해 대중의 욕구를 충족시킬 수 있었으나 이제는 먼 나라와 지역의 제품을 갈망하는 새로운 욕구가 생겨났다. 또한 각 지역과 국가에 고립된 채 살아가며 자급자족하던 방식 대신 많은 국가가 온갖 측면에서 보편적으로 상호 의존하는 방식이 자리를 잡았다.[25]

이런 주장을 받아들이기가 쉽지 않을 수도 있다. 어쨌든 1848년은 풍력을 이용한 쾌속 범선이 널리 사용되고 대부분의 국가에서 철도가 이제 막 생겨난 무렵이었다. 그리고 실제로 1848년에는 대다수 국가의 국내 경제가 의미 있는 정도로 세계화되지는 않았지만 작은 마을조차도 글로벌 시스템의 일부가 되어가는 과정이 진행되고 있었다. 하지만 오늘날 경제의 세계화는 마르크스와 엥겔스도 놀랄 정도로 널리 퍼져 있다. 따라서 미래의 지속 가능한 경제의 기본 틀이 어떤 모습을 띠게 될지, 이 세상이 지속적인 성장률 감소에 어떻게 적용할지 논의할 때는 더 이상 단일 민족 국가의 관점에서 생각할 수는 없다(그랬던 적이 있었는지도 모르겠지만).

인구 및 생산성 감소의 누적 효과를 통해서든, 혹은 지속 가능한 세상을 향한 의식적인 조치를 통해서든, 성장이 끝날 것이라는 전망은 자본주의 체제의 존립 가능성에 대한 많은 의문이 등장하고 급진적인 사상가나 경제학자들이 대안 모델을 대거 제안하는 토대가 됐다. 그중에서 각각 탈성장 경제학degrowth economics, 정상 상태 경제학steady state economics이라고 알려진 두 모델이 가장 널리 인용되고 있다.

탈성장 웹사이트에 표시된 정의에 반영돼 있듯이 탈성장은 좀 더 노골적인 이데올로기적 개념이다.

탈성장은 어떤 희생을 치르더라도 성장을 추구하며 인간을 착취하고 환경을 파괴하는 글로벌 자본주의 체제를 비판하는 사상이다. 탈성장 운동은…… 기업 이윤, 과잉 생산, 과잉 소비 대신 사회적 행복과 생태적 안녕을 우선시하는 사회를 옹호한다. 이를 위해서는 급진적인 재분배와 글로벌 경제의 물질적인 규모 축소가 필요하며 돌봄과 연대, 자율성을 중요시하는 방향으로 공통의 가치관을 수정해 나가야 한다. 탈성장은 결국 지구에서 환경적 정의와 모두를 위한 바람직한 삶을 보장하기 위해 사회를 변화시키는 것을 의미한다.[26]

탈성장의 기반이 되는 명제는, 지속적인 성장과 현재와 같은 수준의 생산과 소비가 완전히 비합리적인 것은 아니지만, 지속적인 성장은 지속 가능한 미래와 양립할 수 없을 뿐 아니라 현재 수준의 생산과 소비를 지속하는 것 역시 이런 목표와 양립할 수 없으므로 글로벌 경제의 물질적인 규모 자체를 반드시 줄여야 한다는 것이다.

반면 정상상태경제발전센터CASSE는 노골적인 이데올로기적 성격이 옅은 정상 상태 경제 모델을 다음과 같이 정의한다.

정상 상태 경제는 인구와 1인당 소비가 안정된 상태를 의미한다. 이런 경제에서는 출생률이 사망률과 같고 생산율이 감가상각률과 같다. 낭비를 최소화하면 좀 더 높은 생산과 소비 수준에서 정상 상태 경제를 유지할 수 있다. 다른 모든 조건이 같다면, 안정된(또는 약간의 변동이 있는) GDP를 정상 상태 경제의 특징으로 볼 수 있다. 또한 지속 가능하려면 이 경제가 생태학적 한계를 초과해서는 안 된다.[27]

CASSE는 "중요한 생태계를 장기적으로 지탱할 수 있도록 규모가 크고 다양성이 풍부한 보전 지역 네트워크를 유지하고 기존의 재정, 통화, 무역 정책 수단을 성장에서 정상 상태로 재설정하는" 등 일련의 기술적인 단계를 통해 점진적으로 정상 상태로 전환하는 과정을 시각화한다.[28]

하지만 이미 이 책에서 살펴봤듯이 인구 안정화라는 개념은 환상에 불과하다. 마찬가지로 기존의 불평등 수준을 개선하거나 약화시키지 않고 1인당 소비를 안정화시키겠다는 목표 역시 환상에 불과하다. "최소 허용 소득, 최대 허용 소득을 정하는 등 소득과 부의 불평등 범위를 제한할 것"을 촉구하는 CASSE의 또 다른 정책에도 반영돼 있듯 비물질적인 생활방식으로 이어지는 전 세계적 깨달음이나 매우 엄격한 조치 없이는 1인당 소비를 안정화시킬 수 없기 때문

이다.[29]

이런 제안은 전체 소비와 생산이 감소하는 상황에서 저개발국 주민들의 적절한 생활 수준을 보장하려면 선진국에서 이들 국가들로의 상당한 재분배가 이뤄져야 한다는 탈성장 옹호론자들의 제안보다는 좀 더 온건하다. 어느 옹호론자는 "탈성장이 물질적 과잉을 추구해야 한다는 부담에서 우리를 해방시킬 것"이라고 적었다.[30] 하지만 서구 사회 주민들이 저개발국에 사는 이방인들을 위해 자신들의 부와 재물의 상당 부분을 내놓는 데 동의할 것이라고 보기는 힘들다.

결국 탈성장 모델이나 정상 상태 모델은 미래 경제에 관한 그럴듯한 시나리오라기보다, 현재의 성장 상태를 유지했을 때 발생할 끔찍한 결과와 미래에 대해 다르게 생각해야 할 필요성을 고민하게 만든다는 목적에 부합한 사고 실험으로 여기는 편이 더 낫다. 하지만 앞으로 수십 년에 걸쳐 나타날 세계 경제의 좀 더 커다란 궤도를 평가하려면 다음과 같은 3개의 명제를 현실에 적용하는 것이 좋다.

첫째, 물질주의와 경쟁을 모두 포기하는 인간 가치관의 근본적인 변화를 전제로 하는 시스템은 현실이 될 가능성이 낮다. 그렇다고 해서 인간이 완전히 물질주의적이라거나 오로지 경쟁에만 매달린다는 뜻은 아니다. 이타주의와 협력의 미덕 역시 인간의 일부다. 사실 자본주의 사회가 됐든 다른 어떤 사회가 됐든 인간의 긴밀한 협력이 없었다면 대규모의 복잡한 사회는 존재할 수 없었을 것이다.

둘째, 체계적이고 강압적인 조치를 전제로 장기적인 환경 지속 가능성을 추구하는 시스템은 채택될 여지가 낮다. 하지만 탈성장 모델은 소련이 수십 년 동안 추구했던 것과 근본적으로 다르지 않은 강압 수준을 상징한다. 러시아나 중국 같은 전체주의 국가만이 국민의 경제적 삶에 이런 제약을 가할 수 있으며 이런 나라에서는 특유의 역학관계 때문에 장기적인 환경적 목표를 위해 단기적인 경제적 이익에 반하는 행동을 하는 것은 거의 상상하기 힘들다. 중국의 시진핑 국가주석은 제26차 유엔기후변화협약당사국총회에서 중국이 기후 변화와 맞서 싸우기 위해 노력하겠다고 열변을 토한 지 겨우 넉 달 만에 사람들이 거의 눈치채지 못하게 조용히 성명을 발표했다. 시진핑은 "평범한 사람의 정상적인 삶이나 에너지 안보, 식량 안보를 희생시킨 대가로 야심 가득한 저탄소 목표를 추구해서는 안 된다"라고 공언하며 대부분의 약속을 철회했다.[31]

셋째, 근본적으로 새로운 시스템을 전면적으로 도입하는 방법보다는 진화적인 수단을 통해서만 지속 가능한 경제 변화가 일어날 수 있다. 국가 차원에서 명령에 의해 새로운 경제 체제가 도입된 사례는 1917년 혁명 이후 공산주의 혹은 국가사회주의 체제가 도입된 러시아, 그 후 폭력적인 혁명이나 외부 군사력에 의해 변화가 일어난 중국, 그리고 동유럽뿐이다. 이미 모두 알다시피 이런 시도는 실패했다. 중국의 집권당은 공산당이라는 이름을 유지해 오고 있지만 중국이 세계적으로 주목받기 시작한 것은 덩샤오핑이 1970~1980년대에 개혁을 진행해 국가사회주의를 특이하지만 확실한 자본주의 체제로 대체한 이후부터다.

따라서 자본주의 체제가 시행착오를 겪으며 진화하고 다양한 정도의 정부 개입과 대중의 압력에 따라 저성장이라는 새로운 세상에 적응하는 과정에서 우리의 미래는 골치 아프고 고르지 않은 변화 과정을 겪을 수 있다. 세계의 변화를 예리하게 관찰한 영국의 사회학자 제러드 델란티Gerard Delanty는 다음과 같이 말했다. "현재의 추세로 미뤄볼 때 미래는 신자유주의가 계속해서 변화한 모습을 띨 가능성이 크다. 하지만 경기 침체까지는 아니더라도 성장은 제한적일 것으로 보인다."[32] 널리 알려진 〈자본주의는 성장을 필요로 한다〉는 명제는 근본적으로 잘못됐다. 자본주의가 처음 생겨났던 근대 초기에는 성장이 아예 중단됐다가 간간이 이뤄지곤 했다. 이후 자본주의는 다양한 형태를 취했다. 자본주의는 성장을 바탕으로 번성하고, 성장을 좋아하고, 성장에 특권을 주었다. 하지만 성장을 필요로 하지는 않는다.

하지만 성장이 둔화됨에 따라 현재 세계 경제를 지배하는 신자유주의식 자본주의 모델이 성장을 통해 복잡한 불균형 문제를 해결하려는 방식은 점차 문제가 될 것이다. 이미 그런 일이 벌어지고 있다. GDP를 각 나라나 세계의 발전을 측정하는 지표로 사용하는 데 반대하는 목소리가 커지고 기업을 향해 불평등과 환경 파괴를 해결하라는 압박이 점점 거세지는 현상이 바로 그 증거다. 또한 성장 극대화를 꾀하는 자본주의 체제의 효율성이 점차 떨어져 정부의 개입과 외부 압력에 한층 더 취약해질 것이다. 안타깝게도 이런 변화는 불평등과 관련한 대중의 열망에 한참 못 미치고 대대적인 정부 개입이나 기술 변화 없이는 기후 변화의 여파에도 제대로 대처하지 못할 수 있다. 사실 공공 부문이 자원 재분배를 위한 강력한 조치를 내놓지 않으면 지배 계층이 날이 갈수록 희소해지는 자원을 비축하게 되면서 더 큰 불평등으로 이어질 수 있다. 이런 일이 벌어지면 신파시즘 민족주의 운동이나 포퓰리즘 운동을 지지하는 목소리가 더욱 커질 수 있다.

이런 질문을 좀 더 깊이 있게 탐색하는 것은 이 책의 범위를 벗어난다. 하지만 날이 갈수록 늘어나는 축소 도시의 관점에서 볼 때 이런 변화는 어려운 도전과 흥미로운 기회를 동시에 제공한다. 새로운 기회를 찾으려면 세계화된 자본주의 체제가 점차 약화하고 세분되는 과정에서 새롭게 등장할 공간을 잘 활용하고, 지금 우리가 상상하는 혁신이 이뤄지든 그렇지 않든 기존의 기술을 눈여겨봐야 한다.

성장은 끝났다, 지역 중심의 경제를 구축해야 한다

—

축소 도시들은 경제적 활력을 유지하고 쇠퇴의 궤도를 되돌리기 위해 오랫동안 다른 지역의 성장에 의존해 왔다. 라트비아와 리투아니아 같은 나라들은 날이 갈수록 규모가 커지고 공격적으로 수출에 임하는 유럽연합에 가입한 덕에 인구 감소에도 불구하고 탄탄한 경제 성장을 기록했다. 마찬가지로, 미국 도시들 역시 미국 안에서 성장이 지속되는 다른 지역을 언급하며 올바른 전략을 찾기만 하면 다시 성장 궤도에 올라탈 수 있다고 주장한다.

워싱턴 DC, 미니애폴리스 같은 일부 미국 도시에서는 최근 몇 년 동안 젊은 대학 졸업생이나 이민자가 대거 유입돼 한때 하락세를 보였던 인구 흐름이 역전됐다. 하지만 다른 많은 도시, 특히 영스타운과 새기노 같은 소도시는 그렇지 않았다. 정점에 달했을 때와 비교했을 때 인구가 많이 줄어들수록 다시 인구가 성장할 가능성은 낮다. 미국 축소 도시의 단기 인구 궤적(2010-2020년)과 장기 인구 감소 궤적(2010년까지)을 비교한 결과 최근 10년 동안 인구가 상당히 회복된 도시들은 애당초 인구가 지나칠 정도로 감소하지 않은 곳, 다시 말해서 인구가 정점에 달했을 때에 비해 20% 이상 줄어들지 않은 곳이었다. 그 이상 인구가 감소한 도시는 다시 성장하지 않을 가능성이 컸고 장기적인 인구 감소 폭이 클수록 2010년부터 2020년까지 단기 인구 감소 폭이 더 컸다. 장기적인 추세를 살펴보면, 일부 축소 도시는 다시 성장하지만 대부분은 그렇지 않다는 교훈을 얻을 수 있다. 또한 과거의 감소 폭이 클수록 미래에 다시 회복할 가능성도 줄어든다.

재성장은 점점 거센 역풍에 직면하고 있다. 경제와 인구가 계속 성장할 수 있는 기회는 제한되어 있지만 그렇다고 해도 하룻밤 사이에 그 기회가 사라지지는 않을 것이다. 하지만 인구 성장이 둔화되고 경제 성장도 함께 둔화됨에 따라 이런 기회는 점차 사라질 것이다. 축소 도시의 지방 공무원, 시민 지도자, 주민들이 자신들이 처한 상황에 대해 합리적으로 생각한다면 다음과 같은 두 가지 결론을 내릴 수 있다.

첫째, 축소 도시의 규모는 예전보다 더 줄어들 것이다. 이미 정점에 달했을 때보다 상당 수준의 인구를 상실한 도시가 다시 인구를 되찾을 가능성은 점점 희박해질 것이다. 물론 어느 해는 약간 증가하고 다음 해는 약간 줄어드는 등 변동성을 보이겠지만 장기적으로는 하향세를 보이는 도시가 점점 늘어날 것이다.

둘째, 왕자님이 등장해 구원의 손길을 내미는 일은 없을 것이다. 축소 도시들은 국가적 차원이나 세계적 차원의 성장이 더 이상 인구 감소의 해결책이 될 수 없다는 현실을 직시해야 한다(물론 여기에서 해결책이라는 표현을 사용하는 것이 적절하다면 말이다). 주 정부나 중앙 정부로부터 도움과 지원을 받는 중요한 방법도 있지만 축소 도시들은 활력이 넘치고 지속 가능한 지역 사회로 남을 수 있는 혹은 그런 지역 사회가 될 수 있는 방법을 찾기 위해 스스로의 역량과 자산, 자원을 더욱 적극적으로 활용해야만 할 것이다. 다시 말해서 〈지역화될(혹은 현지화될)〉 필요가 있다. 2006년에 발표된 샌프란시스코만 지역을 분석한 보고서에 지역화가 무엇을 의미하는지 잘 요약돼 있다.

지역, 카운티, 도시, 심지어 동네가 세계 경제에 과도하게 의존하는 방식에서 벗어나 자체 자원을 투자해 현지의 금융, 자연, 인적 자본 등을 통해 직접 자신들이 소비하는 재화, 서비스, 음식, 에너지의 상당 부분을 생산하는 과정.

하지만 오늘날의 도시에는 첨단기술과 정보 시스템이 뒷받침하는 글로벌 네트워크라는 이전 세대는 이용할 수 없었던 거의 헤아릴 수 없을 정도로 가치가 있는 자원이 있다. 오늘날의 지역화는 영화 「매드 맥스」에 나오는 미래의 가상 디스토피아 세상과는 달리 고립된 상태를 의미하지 않는다. 나는 오늘날의 지역화가 〈네트워크화된 지역주의networked localism〉라고 생각한다.

네트워크화된 지역주의는 각 도시가 좀 더 광범위한 국가적 혹은 국제적 네트워크의 일부가 될 수 있도록 지원해 개별 도시에서 활동하는 개인과 조직의 자원 및 역량을 배가시킨다. 나 같은 기술 회의론자가 보기에도 이런 네트워크의 잠재력은 거의 헤아릴 수 없을 정도로 방대하다. 상상조차 할 수 없는 수많은 분야에 이 네트워크가 존재한다.

물론 지역화가 만병통치약은 아니다. 천연자원, 금융 자본, 인적 자본 등 그 무엇과 관련해서든 지역화의 혜택을 누리는 능력은 도시마다 다르다. 또한 지역화는 좀 더 광범위한 시스템에 대한 소도시의 과도한 의존도를 낮춰주는 보완재의 역할을 할 뿐 국내 무역과 세계 무역의 지속적인 대체재는 아니다.

지속 가능하고 지역화된 경제와 사회를 구축하는 것은 힘든 일이다. 이런 노력을 기울일 때는 다음과 같은 네 가지 원칙을 따라야 한다.

첫째, 올바르게 통치하고 바람직한 공공 서비스를 제공하기 위한 노력, 공공 부문과 민간 부문의 협력, 도시 주민과 민관 지도자 간의 개방적인 의사소통 지원 및 신뢰 형성.
둘째, 모든 수준과 모든 연령대의 교육을 포함해 지역 사회의 인적 자본을 구축하기 위한 노력.
셋째, 자연환경 및 건축 환경에서부터 안전, 양질의 의료 서비스, 식량 안보에 이르기까지 지역 사회에 거주하는 모든 사람의 삶의 질을 높이기 위한 노력.

넷째, 환경 측면에서의 지속 가능성을 지역 경제의 모든 측면에 통합하려는 노력.

이는 당면한 현실을 반영하기보다는 열망을 실현하기 위한 원칙이다. 현실은 목표에 못 미칠 수밖에 없지만 이런 열망을 명확하게 표현하고 내면화하는 것이 중요하다.

정부가 성공적이고 지속 가능한 지역화를 강요할 수는 없다. 지방정부는 매우 중요한 파트너이지만 오늘날의 세계에서는 그 어떤 시정부도 도시가 나아갈 방향을 독단적으로 결정할 권한이나 자원이 없다. 이를 위해서는 정부, 비정부 기구, 주요 기관, 기업 등 도시의 미래에 대한 책임을 공유하는 모든 주체가 인구 감소의 현실을 받아들이고 축소 도시가 된다는 것이 어떤 의미인지 수긍하고 현실을 인정하는 데서 출발해야 한다. 제러미 노왁Jeremy Nowak과 브루스 캐츠Bruce Katz는 통찰력 넘치지만 다소 낙관적인 전망으로 가득한 『뉴로컬리즘The New Localism』에서 다음과 같이 설명한다.

정부의 공식적 및 비공식적 권한을 효율적으로 활용할 뿐 아니라 포용적이고 지속 가능하며 혁신적인 성장을 촉진하기 위해 다양한 부문을 아우르는 새로운 네트워크를 구축하고 관리하는 곳에서 지역 거버넌스가 가장 효과적으로 진행된다. 이 논리에는 반박의 여지가 없다. 도시가 다양한 기관과 지도자로 이뤄진 네트워크라면 기관과 지도자는 도시를 공동으로 다스려야 한다.[33]

노왁과 캐츠의 관심을 끈 도시는 적어도 어느 정도는 유능한 시 정부와 주요 기관 간의 강력한 네트워크를 갖추고 있고, 미국 도시 피츠버그와 인디애나폴리스같이 《포춘》 선정 500대 기업이 있는 대도시다. 축소 도시는 도시의 경제에 활력을 불어넣는 대기업이나 규모가 큰 조직이 적고 지방 정부의 역량이 훨씬 부족한 소도시일 가능성이 크다. 따라서 비정부 기구, 비공식 조직, 주민들이 DIY 도시주의(DIY urbanism, 주민 참여를 통해 소규모 도시 재생 프로젝트를 진행한 다음 확대 여부를 결정하는 방식)를 통해서 노력을 기울일 때 성공적인 지역화가 대두될 수 있다.

상호 의존성과 수출 수요가 중심이 되는 오늘날의 글로벌 경제에서 대도시는 확실히 소도시보다 강력한 경쟁우위를 갖는다. 하지만 좀 더 지역화된 미래에는 그렇지 않을 수도 있다. 어느 시점부터는 규모가 클수록 도시의 지속 가능성에 불리할 수도 있다. 네트워크가 뒷받침하는 연결성이 강화되면 소도시와 대도시 간의 경쟁이 좀 더 공평해지기 시작할 뿐 아니라 가공식품, 가구, 종이 제품, 건축 자재 등 소규모 공장과 작업장에서도 생산될 수 있는 수많은 공산품과 농산물 등을 만들어 내는 지역 생산 역량이 더욱 경쟁력을 갖추게 될 것이다. 이 도시들은 모두 여전히 자본주의 세계의 일부일 테지만 공급망과 부가가치의 많은 부분이 세계 시장이 아닌 지역에 집중되는 지역화된 경제가 이 도시의 경제에서 상당 부분을 차지할 것이다.

지역화가 이뤄지면 지역이 세계 경제에 과도하게 의존하는 현상이 줄어든다. 하지만 법적 혹은 정부의 관점에서 보면 도시는 여전히 좀 더 규모가 큰 정부에 종속될 수밖에 없다. 정도의 차이는 있지만 중앙 정부의 영향을 받거나 미국과 독일 같은 연방 국가에서는 주 정부의 영향을 받는다. 시 정부는 주 정부나 중앙 정부로부터 인구 축소 문제를 해결하기 위한 법적 권한을 받아야 한다. 가장 눈에 띄는 것은 빈집이 확산되는 현상에 대응하는 능력이다. 세계 여러 지역에서 부유한 도시와 가난한 도시에 자원이 균등하게 분배되도록 만들고 대규모 자본 투자와 혁신적인 프로젝트에 투입할 재정 지원을 확보하려면 시 정부가 주 정부와 중앙 정부(유럽의 경우에는 유럽 연합)에 의존할 수밖에 없다. 물론 경제 성장이 둔화되면 지원 자체가 줄어들 수도 있다. 하지만 중앙 정부와 주 정부는 도시가 지역화를 수용하도록 만드는 데 중요한 역할을 할 수 있다.

다음 장에서는 축소 도시가 직면한 구체적인 과제와 지역화가 축소 도시의 대응에 미칠 영향을 탐색하면서 다양한 차원에서 지역화라는 주제를 살펴볼 생각이다. 지역화는 젊고 건강한 얼굴을 한 맨발의 여성과 남성이 집에서 만든 옷을 입고 촛불 옆에서 말린 꽃잎과 이파리를 섞는 향수 어린 환상이 아니다. 그보다는 어렵긴 하지만, 지역화는 성장의 종말을 맞닥뜨린 세계에서 지속 가능성을 구축하기 위한 실용적인 방법이다.

9

—

지속 가능한 도시를 위하여

> "시키니우스: 사람이 없다면 도시가 무엇이겠습니까?
> 시민들: 맞습니다. 사람이 바로 도시입니다."
> — 윌리엄 셰익스피어(「코리올라누스Coriolanus」, 3막 1장)

도시는 건물과 건물이 차지하는 물리적 공간 그 이상이다. 도시가 곧 사람이다. 도시에 거주하고, 도시에서 일하고, 관광에서 입원까지 다양한 이유로 도시를 방문하는 사람들이 바로 도시다. 일반 방문객에게는 건물의 건축학적인 우수함이나 공원의 아름다움이 좋은 도시의 기준일 수도 있지만, 그 도시에서 살아가는 사람들에게는 도시가 얼마나 잘 돌아가는지, 주민이나 근로자에게 자원과 기회, 품위 있고 적절한 생활 수준과 삶의 질을 얼마나 잘 제공하는가가 좋은 도시의 기준이 된다.

서로 겹치는 부분이 있지만 같지는 않은 세 범주인 축소 도시와 주변 도시, 배후 도시는 이 기준에는 부합하지 않는 경향이 있다. 이는 이들 도시가 자초한 일이 아니다. 그들이 세계화의 덫에 걸린 것이다. 어떤 구속도 없는 자유 시장에 기반을 둔 오늘날의 글로벌 시스템에서 대부분의 소도시는 소외된다. 전 세계에서 일자리 증가와 투자가 날이 갈수록 소수의 선호 지역과 대도시에 집중되면서 고학력자와 기술 수준이 높은 사람들이 이런 도시에 집중되고 있다. 이로 인해 소도시와 농촌에서는 두뇌 유출 현상이 나타난다. 2000-2019년에 시애틀과 워싱턴 DC에서는 학사 이상의 학위를 가진 성인 인구가 거의 2배 늘었다. 각 도시에서 해당 인구가 15만 명 이상 늘어난 셈이다. 반면 약간 더 작은 도시인 디트로이트에서는 같은 기간 동안 학사 이상의 학위를 가진 성인 인구의 증가 폭이 5,000명 미만이었다. 펜실베이니아주 존스타운의 대학 졸업자 수는 10년 전에 비해 400명 줄어들었다. 시애틀이나 워싱턴 DC의 성인 거주자 중 약 3분의 2가 대학 학위를 갖고 있는 반면, 디트로이트와 존스타운의 성인 거주자 중 대학 학위 소지자의 비중은 각각 15%, 12%에 불과하다.

최악의 경우, 오하이오주 영스타운과 존스타운처럼 지역 경제를 견인할 새로운 동력을 찾지 못한 과거의 산업 도시들은 앞서 5장에서 설명한 도시 이전 지불 경제의 일부가 되어버렸다. 이런 경우 도시는 점점 더 가난해지고 가장 활기차고 유능한 주민들은 좀 더 나은 미래를 찾아 다른 곳으로 떠난다. 이 같은 극명한 차이가 미국에만 국한된 현상은 아니다. 〈도표 9.1〉은 불가리아의 세 도시, 즉 공산주의가 막을 내린 후부터 줄곧 성장해온 수도 소피아와 인구가 감소한 중소 도시 플레벤과 비딘을 비교해서 보여준다.

모든 축소 도시가 어려움을 겪고 있는 것도 아니고 모든 주변 도시가 축소되는 것도 아니다. 마찬가지로 성장하는 도시라고 해서 모

불가리아 세 지역의 사회 및 경제 통계(2020년)

	소피아	플레벤	비딘
유아 사망률(출생 1,000명당)	2.4	5.7	4.2
평균 임금(불가리아 레프=0.55 미국 달러)	2만 2,950레프	1만 2,660레프	1만 1,253레프
실업률	2.8%	10.9%	18.9%
고등 교육 학위를 소지한 성인의 비율(%)	56.8%	25.4%	18.0%
인터넷 접속이 가능한 가구(%)	90.8%	63.2%	41.8%
1인당 외국인 투자액	1만 687유로	774유로	978유로
R&D 부문에서 일하는 근로자 수	19,633	995	25

출처: 불가리아 통계청

두가 번성하는 것도 아니다. 성장의 형태 또한 다양하며 모두가 유익한 형태를 띠는 것도 아니다. 소도시의 인구가 감소할 가능성이 크긴 하지만, 새로운 경제 동력을 키우고 발전시켜 나가는 데 도움이 되는 능력을 가진 소도시도 있고 이미 탄탄하게 자리 잡은 경제 기반을 잘 지켜온 소도시도 있다. 하지만 인구가 감소하는(그리고 규모가 작은) 도시는 성장하는(그리고 규모가 큰) 도시보다 사회적으로나 경제적으로 어려움을 겪을 가능성이 크고 새로운 투자를 유치할 기회도 적다. 축소 도시는 자원이 부족하기 때문에 인재와 능력 있는 지도자를 끌어들이기는커녕 그나마 도시에 남아 있는 사람들이 떠나지 않도록 붙드는 데 필요한 공공 서비스를 제공하고 삶의 질을 유지하는 데도 점점 더 어려움을 겪고 있다.

이 같은 현실에 미뤄볼 때 축소 도시들은 앞으로 수십 년 동안 닥칠 인구통계학적, 경제적, 환경적 격변의 압박을 견딜 준비가 제대로 되어 있지 않을 수 있다. 또한 쇠퇴를 거듭해 도시 시스템이 실패로 돌아가면 어떤 모습일지 보여주는 사례가 될 수도 있다. 일부 도시에서는 실제로 이런 일이 벌어질 수도 있지만 그렇다고 피할 수 없는 것은 아니다. 소도시, 주변 도시, 축소 도시도 격변하는 상황 속에서 쇠퇴하지 않고 번창할 수 있다. 하지만 번창하려면 서로 정반대인 두 경로 사이에서 중대한 선택을 해야만 한다. 즉 저항이 가장 적은 길을 택해 여전히 세계화의 덫에 걸린 상태로 점진적으로 쇠퇴하는 미래를 맞이하는 길을 택할 수도 있고, 지역화된 경제를 토대로 새롭고 좀 더 밝은 미래를 구축해 나가는 동시에 기존의 기술과 새로운 기술을 이용해 좀 더 넓은 세계와의 연결 상태를 유지하는 길을 택할 수도 있다.

기후 변화와 지정학적 불확실성 속에서도 많은 축소 도시가 좀 더 밝은 미래를 건설할 수 있다는 나의 확신은 중요한 전제를 바탕으로 한다. 일부 예외를 제외하면 이런 도시들은 매우 살기 좋은 곳이다. 혹은 그렇게 될 수 있는 곳이 많다. 이런 도시들은 오늘날의 대도시보다 파악하기 쉽고 덜 위협적인 동시에 다양한 기회와 활동을 제공하기에 충분할 정도로 규모가 크다. 그런 곳들은 자연과 녹지에 가까우면서도 산책하기 좋은 동네와 시내가 갖춰져 있다. 걷기 좋게 가꿔진 도심에는 에스프레소를 마실 수 있는 커피숍이 있고 예술 작품과 문화 행사가 펼쳐지는 활력 넘치는 공간이 겸비된 곳도 많다.

모두가 많은 사람이 북적대는 뉴욕이나 상하이, 런던에 살고 싶어 하는 것은 아니다. 소도시에서 두뇌 유출이 발생하는 것이 반드시 사람들이 떠나기를 〈원해서〉라고 볼 수는 없다. 그보다는 기회와 자원, 삶의 질을 원하지만 터전으로 삼고자 하는 지역이 이런 것들을 제공하지 못한 탓에 떠나는 경우가 많다. 그것들을 제대로 제공할수록 삶의 질이 높아지고 사람들이 떠나지 않을 가능성도 커지며 도시 자체도 더 강해지게 된다.

코로나19 팬데믹으로 이런 논리가 한층 분명해졌다. 도시가 폐쇄되고 사람들이 재택 근무를 시작하자 뉴욕이나 샌프란시스코에 있는 월세 4,000달러에 방 2개짜리 작은 아파트의 매력이 점차 줄어들었다. 일부 소도시에서는 갑자기 전례 없이 주택 수요가 치솟기 시작했다. 2012-2020년에는 맨해튼에서 기차로 2시간 떨어진 킹스턴Kingston이라는 소도시의 주택 중간값 상승률이 3%도 채 되지 않았다. 하지만 2020년 여름이 되자 킹스턴의 주택 가격이 급등했다. 2021년 중반에 부동산 중개인 에릭 애머럴은 이 업계에 몸담았던 지난 21년 동안 지금과 같은 상황을 본 적이 없다고 이야기했다. "작년에는 뉴욕에 사는 사람들이 어서 빨리 뉴욕에서 빠져나오고 싶어 한다는 절박함이 느껴졌습니다. '어서 빨리 좀 더 나은 곳을 찾아야 해'라는 분위기가 있었습니다." 킹스턴 집값은 단 1년 만에 34%나 상승했다.[1]

재택 근무가 확산하자 예전에는 인구가 감소하는 소도시에 불리하게 작용했던 요인들이 사라졌다. 물론 모든 도시가 그랬던 것은 아니다. 하지만 입지, 자연환경, 역사적 유산, 건축학적 우수성 등이미 충분한 자산을 보유한 일부 도시는 팬데믹이 초래한 사회적 변화를 통해 커다란 이익을 얻었다. 킹스턴은 뉴욕시로 매일 출퇴근하기에는 너무 멀지만 가끔 출퇴근하기에는 충분히 가깝고 문화를 즐기기에도 안성맞춤이다. 또한 아름답고 편의시설이 풍부한 허드슨 강 계곡에 자리 잡고 있으며 신규 이주자들이 입주할 수 있는 19-20세기에 지어진 주택이 많다. 물론 이런 집을 구매하면 수리와 공사에 예상보다 훨씬 많은 시간과 돈이 들 수도 있다.

하지만 킹스턴만큼 갑작스러운 수요 급증이라는 혜택을 즉각적으로 누릴 수 있는 도시는 드물었고 지금도 드물다. 따라서 지금부터라도 글로벌 환경과 경제의 장기적 변화가 초래할 영향을 극복할 준비를 시작해야 한다. 네트워크화된 지역주의는 소도시에 자산을 구축하고 삶의 질을 개선할 수 있는 경로, 즉 장기적이고 지속적인 방식으로 경쟁의 장을 평준화하는 데 도움이 되는 경로를 제공한다.

이것이 무엇을 의미하는지 이미 앞에서 대략 설명한 바 있다. 이 장에서는 전 세계가 고통스럽게 변화하는 상황에서 도시가 사회적 및 경제적 지속 가능성을 높일 수 있는 방법을 살펴볼 생각이다. 먼저 인구통계학적인 변화가 의미하는 바를 탐색한 다음 건전한 경제 기반 조성, 형평성과 기회 증진, 삶의 질 개선, 마지막으로 변화를 가능케 하는 정치적 및 사회적 틀을 구축할 수 있는 방법에 대해 살펴볼 것이다. 이런 요소들이 어떻게 어우러지는지 〈그림 9.1〉에 표시해 두었다.

성공적이지만 규모가 작은 축소 도시를 건설하는 데 필요한 요인 중 완전히 알려지지 않았거나 시도되지 않은 것은 거의 없다. 성공을 위해서는 우리가 이미 알고 있는 것을 토대로 서로 다른 다양한 요소를 한데 모아야 한다. 축소 도시에서 일하고 생활하는 사람들의

그림 9.1   네트워크화된 지역주의와 도시의 지속 가능성을 위한 핵심 요소

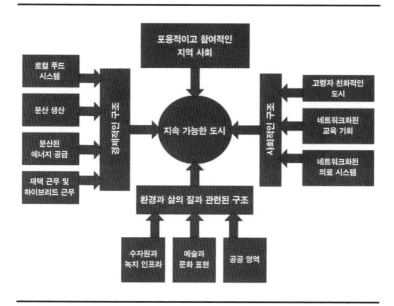

사고방식을 바꾸고 일이 진행되는 방식과 변화를 꾀하는 방식에 대해 다시 생각하도록 만드는 것이 스스로 변화를 만들어 내는 것보다 더 어려울 수 있다. 그것은 생각보다 훨씬 어려운 일이다. 이 책의 마지막 장에서 이렇게 어려운 일을 해낼 방법이 무엇인지 다시 살펴볼 것이다.

인구가 감소하는 곳이 직면하게 될 다양한 상황들

—

대부분의 다른 나라에 비해 인구통계학적인 요인보다는 경제적인 요인이 도시의 인구 감소에 좀 더 큰 영향을 미치는 미국을 일단 제외하고 살펴보면 대부분의 축소 도시들은 다음과 같은 인구통계학적인 공통점을 갖고 있다.

- 고령 인구가 증가한다.
- 아동 및 학령 인구가 감소한다.
- 생산 가능 인구가 줄어든다.
- 사망자 수가 출생자 수를 초과한다.
- 전출자가 전입자 수를 초과한다.
- 고령자가 포함된 가구수가 증가한다.

도쿄 중심부에서 북서쪽으로 자동차나 기차로 2시간쯤 떨어진 간토평야 끝자락에 있는 일본의 소도시 기류桐生에서 이 모든 추세를 확인할 수 있다. 1980년에 거의 14만 8,000명으로 정점을 찍었던 기류의 인구는 거의 30%나 감소해 2020년에는 10만 5,564명을 기록했다. 기류 인구의 36% 이상이 65세 이상이며(도쿄의 65세 이상 인구 비중은 22%에 불과하다), 65세가 넘는 세대원이 포함된 가구가 기류 전체 가구의 절반 이상을 차지한다. 최근의 이주 추세와 사망자 수가 출생자 수를 초과하는 현실을 고려하면 기류의 인구는 당분간 연간 약 2,000명씩 감소하여 2030년이 되면 약 8만 명이 될 것으로 예상된다. 기류의 인구 통계 현황은 〈도표 9.2〉에 표시되어 있다.

도표 9.2   일본 소도시 기류의 인구통계학적 특징

	2015년	전체 인구에서 차지하는 비중 (%)	2020년	전체 인구에서 차지하는 비중 (%)	인구수 변화	% 변화
총인구	114,954	100%	105,564	100%	−9,390	−8.2%
15세 이하 인구	12,062	10.5%	9,973	9.4%	−2,089	−17.3%
15-64세 인구	64,814	56.4%	57,199	54.2%	−7,615	−11.7%
65세 이상 인구	38,078	33.1%	38,392	36.4%	+314	0.8%
출생자 수를 초과하는 사망자 수	1,381		NA[b]			
인구 순유출	NA[b]		585[a]			

출처: 일본 통계청, citypopulation.de. / a. 2019년 데이터 / b. 유효하지 않은 값

소규모 학교와 혼합 교육 모델

기류의 인구통계학적 추세는 취학률에도 반영돼 있다. 2021년 기류의 9학년 학생은 770명, 5학년 학생은 684명이었지만 1학년 학생은 608명에 불과했다. 기류에 있는 초등학교의 평균 학생 수는 250명 미만이고 일부 초등학교는 100명을 겨우 웃돈다.[2] 미국의 많은 교육자에게는 학생 수 감소가 절반 이상의 학교를 폐쇄하고 학생들을 나머지 학교로 통합하는 좋은 이유가 될 수 있지만, 사회적으로나 교육적으로 아동에게 무엇이 최선인가라는 관점에서 생각해 보면 기류는 다른 축소 도시에 긍정적인 역할 모델이 될 수 있다(의도한 것이든 그렇지 않든 간에). 연구에 의하면 소규모 학교, 특히 소규모 초등학교는 학생들의 사회화, 사기, 학습 측면에서 실질적인 혜택을

제공할 뿐 아니라 징계 문제와 관료주의 문제도 적다는 것이 밝혀졌다.[3] 이에 대해 버몬트주 교육 전문가 로나 지머슨Lorna Jimerson은 다음과 같이 설명한다. "사회경제적 요인을 통제할 경우, 소규모 학교에 다니는 아동이 대규모 학교에 다니는 아동에 비해 학업 성취도도 높고, 졸업률도 높고, 좀 더 높은 수준의 강의를 듣고, 과외 활동에 참여할 가능성이 더 크다."[4] 또한 소규모 학교가 교사의 사기를 높이고 교사와 학생 간의 상호작용을 촉진한다는 증거도 있다.

하지만 미국은 소규모 학교가 본질적으로 비효율적이라고 여긴다. 그 결과 학생 수가 감소하면 학교는 문을 닫고 학생들은 규모가 큰 소수의 학교에 재배정된다. 이러한 모델은 많은 아동에게 유해할 뿐 아니라 학교가 문을 닫으면서 지역 사회의 몇 안 되는 구심점 중 하나를 잃게 되는 동네 주민들에게도 큰 충격을 안긴다. 소규모 학교는 본질적으로 효율성이나 비용 측면에서 효과가 떨어진다는 주장은 근거가 약하다. 이런 주장을 펼치는 사람들은 학교는 거대한 관료 체제여야 하고 학교 건물은 담장으로 둘러싸인 채 단일 기능만 수행하는 구조물이어야 한다는 개념을 당연한 것으로 받아들이기 때문이다. 실제로 신뢰할 수 있는 연구에 따르면 성공하는 학생들의 증가, 징계 문제 감소 등 모든 비용을 고려하면 소규모 학교가 대규모 학교보다 좀 더 비용 효과적일 수 있다.

신입생 등록 감소를 위기로 바라보기보다는 좀 더 학생 친화적인 가치관을 중심으로 학교 시스템을 재구축할 수 있는 기회로 여겨야 한다. 학생을 수용하기 위해 담장으로 둘러싸인 공장 같은 거대한 건물을 짓기보다 학교를 지역 사회의 일부로 만들 수 있어야 한다.

민간 개발업자에게 새로 짓는 주거용이나 상업용 혹은 기관용 건물에 소규모 공립 학교를 위한 공간을 요구하면 독립된 학교를 따로 지을 때보다 비용도 절감할 수 있을 뿐 아니라 학교와 다른 활동을 혼합하면 모든 관계자가 부수적인 이익을 얻을 수 있다. 많은 도시가 인구 고령화를 중요한 문제로 여기는 만큼 다음의 오클라호마 사례는 인용해볼 만하다.

오클라호마주 젠크스에 있는 노인 요양 시설 그레이스 리빙 센터Grace Living Center의 대표는 고령의 입주자들이 길 건너편에서 노는 아이들을 볼 때 좀 더 행복해한다는 사실을 깨닫고서 새로운 유형의 통합 시설에 대한 아이디어를 떠올렸다. 20만 달러를 투자해 요양원 안에 2개의 교실을 만든 후 해당 지역 교육청과 논의해 연간 1달러의 임대료만 받고 유치원에 공간을 임대했다. 이런 단순한 결정은 놀라운 결과로 이어졌다. 아동과 고령의 입주자가 공간과 활동을 공유하게 됐다. 서로 책을 읽어주고, 대화를 나누고, 그림을 그리고, 즉흥 연기를 했다. 노인들은 아이들과의 주기적인 교류를 통해 더욱 행복하고, 건강하고, 긍정적으로 변했다……. 그레이스 리빙 센터 노인들의 약물 복용 강도가 낮아지고 아동들의 읽기 능력은 3학년 수준 이상으로 향상됐다. 아이들은 고령의 입주자들과 어울리는 과정에서 책임감, 자제력, 관용, 다름을 수용하는 자세 등을 배우며 정서적으로 좀 더 성숙해졌다.[5]

이런 프로그램이 모두 기대 이상의 훌륭한 결과로 이어지는 것은 아니지만 상당수가 그와 같은 결과로 이어지고 있다.

그림 9.2 **오클라호마주 젠크스에 있는 그레이스 리빙 센터의
노인 입주자와 유치원생**

출처: © 올리

지역 사회에 기반을 둔 유치원이나 초등학교를 만드는 일은 그리 어렵지 않다. 어느 정도까지는 중학교까지도 어렵지 않게 만들 수 있다. 예상되는 수의 아동을 수용할 실내 공간과 학생들이 뛰어놀 야외 공간만 있으면 되기 때문이다. 고등학교와 대학은 좀 더 많은 시설이 있어야 하는 만큼 만들기가 조금 더 어렵다. 하지만 기술 발전으로 많은 것이 달라졌고 특히 대학 교육이 대거 달라졌다.

코로나19 팬데믹으로 대학의 전통적인 대면 수업 방식이 줌Zoom이나 유사한 온라인 플랫폼에서 진행되는 원격 수업으로 광범위하게 대체됐다. 이런 변화에 수많은 문제가 수반됐고 캠퍼스에서 직접 공부할 때 얻을 수 있는 개인적인 상호작용이 사라졌다고 한탄하는 사람도 많지만, 2년 동안 온라인 학습 경험이 누적되고 그에 맞는

학습 도구가 발달하고 사용자의 이용 수준이 높아진 결과 놀랍고 반직관적인 결과가 나타났다. 온라인 교육이 학습을 제한하지 않을 뿐아니라 많은 대학생이 직접 대면할 때보다 온라인에서 좀 더 뛰어난학습 성과를 보이기도 한다는 사실이 밝혀졌다. 많은 사람이 이상적으로 그리는, 캠퍼스에서 기숙사 생활을 하며 보내는 아름다운 대학생활은 일반적인 것이 아니라 예외적인 것이다. 기숙사 생활을 하는대학생은 미국 대학생 3명 중 1명, 전체 대학생 5명 중 1명도 채 되지 않는다.[6]

원격 학습의 질과 범위가 확대된다는 것은 곧 미래의 학생들이 인터넷 있는 곳이라면 어디에서든 우수한 고등 교육에 접근할 수 있을 뿐 아니라 새로운 복합형 고등 교육 모델을 활용할 기회가 많아진다는 뜻이다. 즉 각 지역 대학과 국립 대학이 소도시에 허브 캠퍼스나 위성 캠퍼스를 만들어 온라인 학습과 대면 상호작용 기회를 결합할 수도 있다. 학생들이 원격 수업을 듣고 서로 비공식적으로 교류하고, 각 지역의 전문가와 개별 지도 시간을 갖거나 그들이 개최한 워크숍에 참석하고, 대도시에서 온 학자들이 진행하는 강의를 주기적으로 듣거나 이들이 진행하는 정기 세미나에 참석하는 등 복합형 교육에 필요한 공간을 만들 수 있다. 사무실, 쇼핑 센터 내 일부공간, 용도 변경된 학교 건물 등 다양한 공간을 활용할 수 있다. 대학, 지역의 기업, 각종 기관이 이런 허브 캠퍼스를 이용해 다양한 실무 및 경력 개발, 평생 학습 프로그램 등 혼합 교육 모델을 만들 수있다. 이런 모든 노력이 규모가 작은 축소 도시에서 발생하는 두뇌유출을 줄여 교육 수준이 높고 잘 훈련된 인재를 앞으로 그 지역에서 활용하는 데 도움을 줄 수 있다.

의료 서비스 분야에도 비슷한 기회가 존재한다. 뉴햄프셔주 레버넌에 있는 지역 병원인 다트머스 히치콕 메디컬 센터Dartmouth Hitchcock Medical Center는 뉴햄프셔주와 버몬트주의 시골과 소도시 전역에 걸쳐 소규모 병원과 외래 환자 센터를 위한 지원 네트워크를 구축했다. 그 결과 응급의학, 신생아학, 신경학 등 다양한 분야에서 활동하는 전문가들에게 24시간 연중무휴 원격으로 접근할 수 있게 지원했다.[7] 2001년에 프랑스에서 환자의 담낭을 제거하기 위해 처음 도입된 원격 수술은 복잡한 수술까지 가능할 정도로 발전했고 덕분에 외과 의사들이 대도시에 있는 사무실에서 원격으로 소도시 병원에서 진행되는 수술을 집도할 수 있게 됐다. 사실 원격 수술이 더 널리 채택되지 못하도록 막는 주된 장애물은 기술적인 것보다는 사회적이거나 심리적인 문제다. 또한 사이버 보안에 대한 우려 역시 원격 수술이 발달하는 데 방해가 된다.[8]

하지만 이런 시스템 중 그 어떤 것도 미국이나 유럽, 일본의 전형적인 소도시에 존재하는 의사나 의원, 지역 병원을 대체하지는 못할 것이다. 원격 수술 시스템은 부족한 의료진을 보완해 소도시 주민들이 오늘날 대도시에서만 제공되는 수준과 유사한 의료 서비스를 이용할 수 있도록 도움을 줄 뿐이다.

고령 인구를 위한 지원 서비스

향후 수십 년 동안 축소 도시가 직면하게 될 가장 큰 인구통계학적 과제는 아마도 고령 인구 증가일 것이다. 인구 고령화는 단일 문제가 아니라 일련의 연쇄적인 과제다. 도시는 다양한 의미에서 〈고령 친화적인age-friendly〉 장소가 될 수 있도록 시스템을 재정비해야 한다. 가령 고령화된 인구의 노동 참여가 줄어들고 소비가 감소하면 경제 기반 자체가 악화될 수도 있지만 생산 가능 인구가 줄어드는 상황에서 나날이 늘어나는 고령 인구가 필요로 하는 서비스를 제공할 인력을 확보할 필요가 있기 때문이다. 더욱이 전통적으로 국가 차원에서 제공되는 연금 및 다른 지원 시스템을 제공할 수 있는 중앙 정부의 역량이 점차적으로 감소할 수 있음을 고려할 때 일부 도시는 예전보다 중앙 정부의 지원이 줄어든 가운데 이런 과제를 해결해야 한다.

대부분의 고령 인구는 자택과 지역 안에 머물고 싶어 한다. 이는 건강하게 나이 드는 데 도움이 될 뿐 아니라 제도적인 대안보다 비용도 덜 든다. 지난 수십 년 동안 미국은 다소 제한적이긴 했지만 노인이 이미 거주 중인 곳을 고령 친화적인 곳으로 만드는 노인 돌봄 모델을 점진적으로 시행했다. 고령화 전문가 스티븐 골란트Stephen Golant가 설명하듯이 이런 모델의 기본은 연결성이다.[9] 연결성이란 〈도표 9.3〉에 요약된 것처럼 다양한 요소가 모인 것이다.

골란트는 지역의 토지 사용 패턴 변화가 도표에 나타나 있는 모든 요소 중에서 가장 덜 중요한 경우가 많다고 강조한다. 이는 여러 측면에서 좋은 소식이다. 건축 환경을 물리적으로 재구성하는 방안은 모든 전략 중 가장 비용이 많이 들기 때문이다. 하지만 이는 사회주의 시대에 지어진 도시 외곽의 아파트 단지에 거주하는 고령의 동유럽 노인보다 교외 지역에 거주하는 미국 노인들과 좀 더 관련성이

고령층이 자택에서 노후를 보낼 수 있도록 연결성을 높이는 방안

연결성 요인	예시
활동, 사람, 재화, 서비스 등에 대한 차량 접근성	운전
	기존의 고정 노선을 이용하는 대중교통
	수요를 기반으로 하는 대중교통
	승차 공유
	자율 주행 차량
	운송 지원 시스템
	다목적 토지 이용
토지 이용, 건물 및 도시 설계를 통한 접근성 개선	보행자 친화적인 거리
	건물 재설계
	장애물 없는 동네
	계획에 따라 지어진 성인 중심 지역 사회
집에서 이용 가능한 활동, 재화, 서비스, 돌봄	주택 공유
	재화 배송 서비스
	현장에서 진행되는 사회적 지원
	유료 의료 지원 및 재택 간호
고령 인구가 집중된 지역에서 이용 가능한 활동, 재화, 서비스, 돌봄	자연 발생적인 은퇴 공동체를 겨냥한 서비스
	지원 서비스가 제공되는 노인 주택
	노인들이 거주하는 마을
	공동 주택
정보 기술을 비롯한 여러 기술을 통해 제공되는 활동, 재화, 서비스, 돌봄	이메일, 줌, 페이스타임, 소셜 미디어
	스마트 홈
	원격 의료
	로봇 기술

높을 수 있다.

어느 쪽이든 가장 중요한 것은 고령층이 필요로 하는 서비스와 시설을 모두 이용할 수 있는 환경을 조성하고 한 걸음 더 나아가 이런 서비스를 집에서 누릴 수 있도록 지원하는 것이다. 그러기 위해서는 집을 개조해야 할 수도 있다. 주민 대다수가 단독 주택에 거주하는 미국과 일본의 많은 도시는 거동이 불편한 노인을 위해 현관 앞 경사로 설치 비용을 지원하는 등 다양한 주택 개선 프로그램을 마련했다.

사회주의 시대에 지어진 동유럽과 러시아의 대규모 다세대 아파트 건물에는 미국과 일본과는 다른 접근 방법이 필요하다. 아파트 건물에 엘리베이터를 설치하면 고층에 갇힌 채 살아가는 수백만 명에 달하는 노인의 삶을 획기적으로 바꿔놓을 수 있다. 폴란드에서 이들은 "4층에 갇힌 죄수fourth floor prisoner"라고 불린다. 여기서 4층이란 미국인들이 5층으로 부르는 층을 말한다. 폴란드의 어느 잡지 기사는 다음과 같은 가슴 아픈 장면을 묘사한다.

75세의 다누타는 손이 잔뜩 여위었고 손톱은 투명하며 은백색의 머리카락은 발레리나처럼 묶어 올렸다……. 다누타가 마지막으로 외출한 건 언제일까? 5년 전? 다누타는 아프고 외롭다. 다누타가 걸을 수 있는 곳은 부엌에서 발코니로 가는 길뿐이다. 계단을 내려갈 수 있도록 도와주거나 공원에 갈 수 있도록 운전을 해주는 사람도 없다. 요양원 입소를 위해 2년 동안 기다렸지만 마침내 자리가 나자 혼자 요양원까지 갈 방법이 없어서 결국 포기하고 말았다.[10]

하지만 공공 부문의 관점에서 보면 이는 쉬운 일이 아니다. 오래된 아파트 건물에 엘리베이터를 설치하려면 많은 돈이 든다. 같은 기사에서 바르샤바의 어느 시 공무원은 5층짜리 건물에 엘리베이터를 설치하려면 약 7만 5,000달러가 든다고 이야기했다. 각 건물에는 여러 개의 계단이 있고 각 계단은 몇 안 되는 세대로 연결된다. 사회주의 시대에 지어진 전형적인 5층 건물에는 총 5개의 계단과 100세대가 있다. 건물 내 모든 세대가 엘리베이터를 이용하려면 총 5대의 엘리베이터가 필요한 셈이다. 동유럽 전역에 흩어져 있는 이런 건물에 수백만 개의 엘리베이터를 설치하면 그 비용은 엄청날 것이다. 게다가 동유럽 국가의 인구통계학적 추세를 보면 엘리베이터 설치를 통해 혜택을 받을 수 있는 아파트의 상당수가 이미 비어 있거나 머지않아 영구적으로 빈집으로 남겨질 가능성이 높은 곳이다.

일시적으로는 혼란스러워질 수도 있지만 고령 거주자를 저층 아파트로 이주시키려는 노력이 좀 더 도움이 될 수도 있다. 예를 들면 저층 아파트가 빌 때마다 고령 거주자를 저층으로 이주시킬 수도 있고, 장기적으로 보수를 계획 중인 고층 건물에 엘리베이터가 설치되는 동안 고령의 이웃과 집을 교환해서 사용하도록 젊은 세대에게 인센티브를 부여할 수도 있다. 일부 동유럽 도시에서 이런 방안이 사용되고 있지만 아직은 비정기적이고 비공식적인 수준에 머무르고 있다.

이런 아파트 단지를 미국에서 〈자연 발생적 은퇴 공동체〉라고 부르는 곳처럼 대하고 거주자들에게 지원 서비스를 제공하는 방법도 고려해볼 만하다. 이런 공동체가 증가하고 있는 만큼 미국에서는 약자로 NORC-SSP(naturally occurring retirement community-supportive service program, 자연 발생적 은퇴 공동체 지원 서비스 프로그램)로 알려진 장소 맞춤형 지원 서비스 프로그램이 등장하기 시작했다. 2002년부터 연방 기금까지 투입되기 시작하면서 NORC-SSP가 사회 서비스의 일부가 됐다. 여러 인종이 모여 사는 애틀랜타의 이스트포인트East Point에서는 풀턴 카운티와 애틀랜타유대인연맹이 공동으로 진행하는 프로그램을 통해 운송 수단 지원, 걷기 클럽, 노년층의 건강 및 안전 문제에 관한 월간 워크숍, 시력 및 청력 클리닉, 발 관리 클리닉, 건강 검진을 비롯한 건강 프로그램, 농산물 직거래 장터, 노인과 예술가를 이어주는 연례 행사, 혼자 살거나 외부 출입이 쉽지 않은 사람들을 위한 이웃 연결 프로그램, 자원 봉사자나 지역 사회로부터 추천받은 사람이 제공하는 집수리, 공공 도서관에서 진행되는 독서 모임이나 운동 수업 등을 제공한다.[11]

65세 이상 고령층이 전체 인구의 36%를 차지하는 일본의 기류는 도시 전체가 자연 발생적인 은퇴 공동체가 됐으며, 기류 정부는 고령 인구에게 서비스를 제공하기 위해 노력을 기울이고 있다. 기류시는 미국의 NORC-SSP와 유사한 마을 차원의 고령 시민 서비스 센터 8곳을 설립해 직접적인 서비스를 제공하고 환자 관리에 노력을 기울이는 한편 재택 돌봄 서비스도 제공한다.

기류시가 제공하는 일부 서비스는 주민들의 개별적인 요구를 섬세하게 보살피는 것으로 잘 알려져 있다. 기류는 운전면허증을 자발적으로 반납하는 고령의 주민에게는 1년 동안 이용할 수 있는 버스 무료 탑승권과 택시 쿠폰을 저렴하게 구입할 수 있는 기회를 제공하는 등 고령의 주민들이 운전면허증을 자발적으로 반납하도록 권장하는 정책을 시행 중이다. 특히 눈에 띄는 서비스로는 외출하기 힘든 고령층을 위해 연 3회에 달하는 미용사 방문 서비스와 80세 이상의 노인에게 매년 제공하는 존경의 선물gift of respect을 들 수 있다. 수령자의 나이가 많아질수록 기류시가 제공하는 현금 액수도 늘어난다. 또한 치매 환자와 간병인을 위한 다양한 서비스도 제공한다. 폴란드의 다누타를 비롯한 노인들이 기류시에 살았다면 사회 지원 시스템의 외면을 받는 일은 없었을 듯하다.

연결성 모델은 기본적으로 고령층을 개선의 수혜자 혹은 서비스를 받는 수혜자로 여긴다. 매우 중요한 관점이긴 하지만 이것만으로는 충분하지 않다. 노인 인구 중 상당수는 지역 사회에 기여할 수 있을 뿐 아니라 적극적으로 기여하기를 원한다. 기류 정부는 고령층이 자신의 시간과 기술을 이용해 사회에 공헌하는 등 활발하게 사회 활동을 할 수 있도록 뒷받침하는 것을 중요하게 여긴다. 일본에서는 65세에 기업이나 정부 조직에서 공식 은퇴하는 것이 일반적이다. 은퇴 후 다른 일을 찾는 노인도 많지만 매년 건강하고 고도로 숙련된 수천 명의 일본 은퇴자들은 마땅한 일을 찾는 데 어려움을 겪는다. 기류는 노인 인구 중 상대적으로 젊은 사람들을 채용해 더 나이가 많고 기술 수준이 떨어지는 사람들, 특히 요양원 같은 기관에 있는 사람들에게 서비스를 제공하는 일을 맡긴다. 또한 실버 인력 센터를 운영하는데 기류의 고령층 주민들은 3천 엔(약 2만 7천 원)을 내고 가입하면 추천을 통해 단기 근로 프로젝트에 참여할 수 있다. 두 가지 프로그램 모두 자원봉사 방식이 아니라는 사실을 특히 눈여겨봐야 한다. 두 프로그램의 참가자들은 모두 자신이 투자한 시간만큼 급여를 받는다. 금액 자체는 많지 않지만 이는 지역 사회가 참가자들이 하는 일을 가치 있게 여긴다는 중요한 메시지를 전달하는 셈이다.

20-64세의 생산 가능 인구가 줄어들고 있는 만큼 미래의 축소 도시는 고령층의 노동 참여를 장려하거나 기류시처럼 파트 타임 채용이나 간헐적인 업무를 담당하는 보조 인력으로 활용하는 등 고령 인구의 지역 사회 참여를 극대화하는 것이 매우 중요하다. 고령 근로자들은 지역 사회의 서비스 공백을 메우고, 청년층 교육을 돕고, 도시의 친환경 인프라를 구축하고 유지할 수 있다. 이를 통해 좀 더 충만한 인생을 사는 동시에 모두를 위해 도시의 삶의 질을 극대화하는 프로젝트에 공헌할 수 있다.

탄탄한 지역 경제 구축하기
—

앞서 8장에서는 지역 경제를 재구성하는 등 지역화에 중점을 둬야 한다고 강조했다. 이런 시스템이 어떤 모습일지 설명하기 전에 지역화가 무엇인지, 한 걸음 더 나아가 무엇이 지역화가 아닌지 살펴보는 것이 중요하다.

첫째, 지역화는 법적인 경계 안에 있는 중심 도시보다는 도시권과 좀 더 관련이 있다. 여기서 도시권city-region이란 중심 도시, 바로 인접한 교외 지역, 시골 농장과 숲 전체를 아우르는 배후 지역 모두를 포함한다. 정부가 행정적인 관리나 도시 계획 등 어떤 목적에서 법적인 경계를 정했든, 도시권은 하나의 상호의존적인 독립체이며 같은 도시권에 속하는 사람들은 같은 생산 자원을 공유한다. 도달 범위가 광활한 거대 도시권과 달리, 작은 도시와 연계된 도시권은 작고 쉽게 파악할 수 있고 서로 밀접하게 연결된 지역일 가능성이 크다.

둘째, 지역화는 도시나 도시권의 경제적 자급자족 혹은 완전한 경제적 독립과는 매우 다르다. 누군가에게는 유토피아적 환상일 수도 있겠지만 경제적 자급자족은 디스토피아적 악몽이 될 수도 있다. 지금부터 2050년까지 상상조차 하기 힘들 정도로 끔찍하고 예기치 못한 사건이 벌어지지 않는 한 국가와 국가 간의 교역은 사라지지 않을 것이다. 앞서 언급한 많은 이유로 날이 갈수록 커다란 압박을 받아 결국 세계 무역이 감소할 수도 있지만 그렇다고 아예 사라지지는 않을 것이다.

경제적 자급자족은 번성을 위한 방법이 아니라 기껏해야 생존을 위한 방법일 뿐이다. 적어도 오늘날의 세계에서는 그렇다. 경제적 자급자족은 도시 이전 지불 경제의 이면이다. 주 정부와 중앙 정부의 이전 지불에 의존하며 현지 생산 역량을 갖추지 못한 지역 경제는 사람들이 그저 최저 생활 수준으로 생존하도록 돕는 것 외에 별다른 도움을 주지 못하듯, 반대의 경우도 마찬가지다. 기류시가 날이 갈수록 늘어나는 고령 인구의 요구에 창의적으로 대응해온 것은 사실이다. 하지만 일본의 탄탄한 국민 건강 보험 제도와 연금 제도가 없었다면 시 차원의 노력은 지금보다 훨씬 효과가 적었을 것이다.

일본의 시스템만큼 포괄적이지는 않지만 축소 도시가 집중된 대부분의 나라에도 비슷한 시스템이 존재한다. 국가 차원의 사회적 및 경제적 지원 시스템은 각 지역의 활동을 뒷받침하는 중요한 토대의 역할을 한다. 국가에서 제공하는 지원 시스템이 사라지면 대부분의 도시, 어쩌면 모든 도시는 이를 대체할 만한 시스템을 내놓지 못할 것이다.

세계화의 덫에서 벗어난다는 것은 나머지 세계와의 관계를 단절한다는 뜻이 아니라, 좀 더 강력한 현지 생산 시스템을 구축해 소도시를 이류 도시로 전락시킨 시스템에 대한 의존도를 낮춘다는 뜻이다. 지역화된 혹은 현지화된 도시도 여전히 그와 같은 시스템에 참여는 하겠지만 의존도는 낮아질 것이다. 오늘날의 전형적인 소도시를 생각해 보면, 도시의 기반이 되는 생산 경제는 거의 전적으로 전국 시장이나 세계 시장을 겨냥한 제품을 생산하게끔 조직되어 있다. 소도시의 소비 경제 역시 수백 수천 마일 떨어진 곳에서 생산된 제품에 의지한다. 반면 지역화된 경제에서는 도시권의 생산 역량 중 좀 더 많은 부분이 해당 지역의 수요를 충족시키는 데 사용되고 좀 더 규모가 큰 국가 경제나 세계 경제를 위한 제품 공급은 부차적인 역할을 할 뿐이다.

미국 일리노이주에 있는 피오리아는 수 마일에 달하는 농지로 둘러싸여 있다. 피오리아를 에워싼 대부분의 농지는 가공 과정을 거쳐 전 세계로 수출될 농작물을 재배하는 데 사용된다. 피오리아가 속한 도시권의 최대 고용주인 캐터필러Caterpillar는 세계적인 중장비 제조업체다. 캐터필러는 2017년에 피오리아에서 시카고 외곽에 있는 상업 지구로 본사를 이전했고 그 결과 피오리아의 현지 고용

인력은 1만 8,000명에서 1만 2,000명으로 줄었다. 하지만 캐터필러는 여전히 카운티 전체 인력의 15%를 고용하고 있으며 간접적으로는 카운티 경제에서 훨씬 더 큰 비중을 차지하고 있다.

영스타운이나 존스타운 같은 도시와 비교하면 피오리아는 잘 해내고 있는 편이다. 피오리아의 인구는 1970-1990년에 10% 감소한 후 거의 일정한 수준으로 유지되고 있다. 전국 평균에 비해 실업률도 높고 가계 소득도 낮지만 그 차이가 크지는 않다. 하지만 전 세계 인구가 고령화되고 글로벌 경제 성장이 둔화됨에 따라 피오리아의 상대적인 안정성 또한 점차 위험해질 것이다. 피오리아 도심에서 일리노이강을 건너 조금만 걸어가면 이스트 피오리아East Peoria가 나온다. 캐터필러가 이스트 피오리아의 공장을 폐쇄하면 중서부의 많은 도시가 그랬듯 피오리아의 지역 경제 역시 곤두박질칠 것이다. 캐터필러가 1910년에 자사의 첫 번째 공장을 설립한 피오리아 지역에 정서적인 애착이 있을 수는 있지만 피오리아나 주변 지역에 경제적 애착을 느끼는 것은 아니다. 피오리아를 비롯한 비슷한 도시들은 미래를 통제할 수도 없고 영향조차 미칠 수 없다. 겉보기에 성공적인 것처럼 보일 때조차 그들은 세계화의 덫에 빠져 있다.

지역화된 경제는 3개의 중요한 요소, 즉 분산형 발전(전력 소비 지역 가까운 곳에서 전기를 생산하는 것), 분산 제조(고객과 시장 가장 가까운 현지에서 생산을 하는 것), 원격 근무에 의존한다. 기술 변화 덕에 소규모 생산과 지역에서의 자체 발전發電이 경제적으로 실현 가능할 뿐 아니라 경쟁력 있는 방법이 됐으며 전 세계의 사무직 인력과 기술 인력 중 점점 더 많은 사람이 원격 근무를 통해 분산되고 있다. 따라서 지역화된 경제의 성공 사례는 더 이상 환상이 아니라 얼마든지 가능성 있는 현실이다.

분산형 발전

선진국이든 개발도상국이든 전기는 대규모 중앙 집중식 발전소에서 생성되며, 발전소는 탄전(석탄이 묻혀 있는 땅)이나 수력 발전 댐 같은 에너지원이나 대도시같이 실제로 전기가 사용되는 곳과 가까운 데에 위치한다. 발전소에서 생산된 전기는 수백 마일에 걸친 송배전망(전기를 나눠 보내기 위하여 여러 곳에 벌여 놓은 배선 체계로. 통칭 〈그리드〉라고 불린다)을 통해 곳곳으로 전달된다. 태양광, 풍력, 지열, 바이오매스 같은 재생 가능 에너지원과 마이크로 터빈 같은 소규모 장치를 통해 이런 에너지원을 전력으로 바꿔놓는 효율성 높은 기술 덕에 새로운 발전 모델이 등장했다. 이러한 현지화된 발전 모델 혹은 분산형 발전 모델은 보다 경제적일 뿐 아니라 기존의 발전 방식보다 환경 측면에서 지속 가능성이 뛰어나다.

오늘날의 분산형 발전 시스템은 대개 그리드와 연결돼 있으며, 특히 태양광같이 간헐적인 에너지원에 의존하는 지역은 그리드를 활용하지만, 다양한 에너지원을 배터리 저장 기술 및 열병합 발전 기술과 통합하는 하이브리드 시스템을 활용하면 기존의 전력 시스템과 비용 측면에서 경쟁력이 있기 때문에 에너지 자립을 달성할 수 있다.[12] 비영리 단체인 록키산맥재단은 2014년에 〈그리드 이탈〉 전망을 언급한 연구 보고서를 내놓았다. 연구진은 "수십억 달러의 난방비와 전력 요금을 내는 수백만 명의 고객이 원하기만 하면 비용

효율적으로 그리드에서 이탈할 수 있는 상황에 놓일 것"이라고 결론내렸다.[13]

소수의 마을과 계획 공동체를 제외한 지역 중에는 그리드에서 완전히 이탈한 곳이 드물지만 지역화 현상이 점점 대두되고 있다. 버몬트주 벌링턴Burlington은 필요한 모든 에너지를 재생 가능한 에너지원을 통해 생산한다. 이 중 약 절반은 바이오매스와 수력 발전을 통해 현지에서 생산하며 나머지는 에너지 계약을 통해 공급받는다. 잉여 에너지는 뉴잉글랜드 지역 전력망에 판매된다.[14] 2012년에 리투아니아의 샤울랴이는 바이오매스를 이용해 전기를 생산하는 열병합 발전소에서 전력을 공급받기 시작했다. 현재 열병합 발전소는 샤울랴이 절반의 난방을 담당하며 샤울랴이 전체 발전 수요의 상당 부분을 책임진다. 열병합 발전소 덕에 샤울랴이 주민과 기업의 난방비가 13%가량 줄어들었다.[15] 2011년에 쓰나미와 후쿠시마 원자로 폭발 사고로 큰 피해를 본 미야기현 히가시마츠시마시는 재건 과정에서 도시 전력 수요의 25%를 공급하고 국가 전력망에 문제가 생길 경우 단기간 동안 예비 시스템으로 활용할 목적으로 태양광을 이용해 전력을 생산하는 마이크로그리드microgrid를 추가했다.[16] 에너지 수요를 충족시키기 위해 수입 천연가스와 석유에 대거 의존하는 리투아니아와 독일 같은 국가에서는 분산형 발전이 특히 가치 있다.

앞으로 수십 년 동안 전체적 또는 부분적 그리드 이탈은 소도시가 선택할 수 있는 점차 현실적인 방안이 될 것이다. 이 과정에서 도시들은 전력에 대한 공공 소유 시스템을 구축하면 어떤 이점을 얻을 수 있을지 고민해야 한다. 역사학자이자 도시 정책 전문가인 캐서린 텀버Catherine Tumber는 다음과 같이 지적한다. "전력이나 가스를 공급하는 공익 기업은 세금을 내지 않아도 되고, 민간 부문과 달리 경영자들에게 엄청난 급여를 제공하거나 주주들에게 분기별로 배당금을 지급할 필요가 없는 데다 저금리로 자금을 빌릴 수 있기 때문에 민간 기업보다 낮은 가격에 전력을 공급할 수 있다. 그들은 2009년에는 평균 9-13% 낮은 가격으로 전기를 공급했다."[17]

버지니아에서 인구 감소로 고군분투 중인 소도시 댄빌Danville은 한때 섬유 제조업 중심지였다. 댄빌에는 주민들과 현지 기업에 1875년부터 천연가스를, 1886년부터 전기를 공급해온 공익 기업이 있다. 이 기업의 홈페이지에는 다음과 같이 적혀 있다. "댄빌에서 살거나 일할 때 얻을 수 있는 장점으로는 공공 요금 안정성, 일자리 지원, 지역 사회의 우선순위에 부합하는 정책, 원활한 업무 수행을 위한 현지 정부의 금융 지원 등이 있다."[18] 댄빌 유틸리티Danville Utilities는 댄빌에 초고속 광대역 서비스를 제공하며 지방 정부와 적극적으로 협력하며 지속적인 경제 개발 파트너의 역할을 한다.

시설을 최신 상태로 유지하고 숙련된 기술자를 확보하기 위해 규모가 큰 민간 기업과 경쟁을 하느라 어려움을 겪고 있긴 하지만 다행히 댄빌에는 확고하게 자리 잡은 유익한 시스템이 있다. 하지만 전력의 공공 소유 시스템을 처음부터 구축하려면 많은 비용이 들고 외부의 지원이 없으면 포기할 가능성이 크다. 샤울라이의 경우 열병합 발전소를 짓는 데만 1억 유로가 넘는 돈이 들었는데 그중 1,800만 유로는 유럽연합이 지원했다.

분산 제조

19세기의 제조업은 대체로 규모가 작고 지역적인 특성이 강했다. 미국의 신생 도시였던 신시내티Cincinnati의 인구가 1만 명이 채 되지 않았던 1819년, 신시내티 안내 책자에는 주조 공장 2곳, 양철공 6명, 구리 세공인 4명, 은 세공인 9명, 못 생산 공장 1곳, 수납장 제작소 15곳, 통 제조업체 16곳, 벽돌 공장 25곳, 맥주 공장 2곳이 등록돼 있었다.[19] 하지만 19세기 말이 되자 대규모 업체가 제조 부문을 장악했다. 이런 현상이 정점에 달했음을 보여주는 기업이 바로 오늘날 세계에서 가장 큰 제조업체인 폭스콘Foxconn이다. 폭스콘은 중국 선전 안팎에서 35만 명의 직원을, 전 세계에서 130만 명의 직원을 고용하고 있다.

블랙베리, 아이패드, 아이폰, 아이팟, 킨들, 닌텐도 등 거의 모든 세계적인 유명 브랜드에 납품할 전자 제품을 생산하는 폭스콘은 세계화의 온전한 산물이다.[20] 독일 볼프스부르크Wolfsburg에 있는 공장에서 자동차를 생산하기 위해 6만 명의 직원을 고용하는 폭스바겐 역시 마찬가지다. 폭스바겐 홍보팀의 설명처럼 볼프스부르크 공장은 거대한 세계 공급망의 끝자락에 위치해 있다. "매일 이층 열차 180량과 185대의 자동차 운반 트레일러가 볼프스부르크에 있는 폭스바겐 공장을 떠난다. 또한 약 1,600곳의 공급업체에서 조달된 원자재, 부품, 시스템 모듈이 매일 약 100량의 객차와 750대의 트럭에 실려 공장에 도착한다."[21] 수많은 소규모 제조 공장들은 규모가 큰 시설을 지원하는 역할을 한다. 주요 자동차 생산업체에 납품하는 부품 제조업체를 생각하면 좀 더 이해가 쉬울 것이다. 폭스바겐에 납품하는 전 세계 업체만 4만 곳이 넘는다.

이런 모델은 대부분의 축소 도시에 도움이 되지 않는다. 피오리아 처럼 잘 헤쳐 나가는 도시가 있는 만큼 영스타운이나 플린트 같은 도시도 있다. 과거의 산업 도시들은 미국 중서부와 루르 계곡이나 실레지아 같은 유럽 일부 지역에서 가장 흔히 관찰되는데 이들은 대개 축소 도시가 되었다. 제조업 기반이 무너져 한때 많은 급여를 받았던 노동자들이 떠나고, 서로 긴밀하게 맞물려 있던 현지 공급업체 네트워크가 사라지자 인구가 줄어들었을 뿐 아니라 삶 또한 더욱 빈곤해졌다. 의료나 교육같이 새롭게 떠오르는 분야가 사라진 일자리 중 상당수를 대체한 도시에서조차 새로운 일자리, 특히 고등 교육을 받지 못한 대다수의 성인 인구가 얻은 일자리는 이전의 일자리에 비해 임금 수준과 직업 안정성이 훨씬 낮다. 무언가를 직접 만들고 유형의 제품을 생산하며 노조 가입을 통해 연대감을 느낄 때 노동자가 얻는 심리적 및 문화적 가치가 사라진 것은 두말할 필요도 없다.

현지화된 소규모 제조업은 좀 더 포용적인 방식으로 도시의 경제를 재건할 수 있는 경로를 제시한다. 도시 활성화 전략으로 소규모 제조업을 장려하는 컨설팅 조직 리캐스트 시티Recast City의 정의에 따르면, 소규모 제조업이란 유형의 재화를 생산하는 소규모 기업을 뜻한다. 분산 제조distributed manufacturing가 소규모 제조와 동의어로 사용되기도 하지만, 규모가 큰 네트워크에 통합된 소규모 제조 부문 중 특히 중요한 하위 집합을 언급할 때 분산 제조라는 표현을 사용하는 경우가 더 많다. 리캐스트 시티는 소규모 제조업체를 다음과 같은 세 가지 범주로 분류한다(〈도표 9.4〉 참조).[22] 개별 기업의 규모가

소규모 제조업체 분류

수공예 산업	소규모 생산	소규모 생산과 규모 확대
소형 공구와 수공 공구를 사용하는 기업. 이런 기업들은 대개 직접 소비자를 대면하고 온라인, 박람회, 팝업 매장, 소규모 상점 등 다양한 경로를 통해 판매에 나선다.	자체 제품을 생산하는 동시에 다른 설계자와 생산자의 의뢰를 받고 생산 서비스를 제공하기도 한다. 이런 부류의 기업들은 소비자를 대상으로 하는 제품과 다른 기업을 대상으로 하는 제품 모두를 생산하며 소비자나 도매상에게 직접 판매하기도 한다.	성장을 원하는 오너십을 갖춘 확장 가능한 기업. 이런 기업은 섬유, 하드웨어, 식료품 분야에 속하는 경우가 많고 생산 활동의 전체 혹은 일부가 현장에서 진행된다. 일부 기업은 특수 제품을 생산하는 전문 업체와 계약을 체결하는 등 분산형 생산 모델을 채택하기도 한다.

출처: 미국의 비영리 단체 스마트 그로스 아메리카Smart Growth America가 공개한 보고서 〈메이드 인 플레이스Made in Place〉의 내용을 정리

작고 제조와 소매 판매를 결합할 수 있는 잠재력이 있기 때문에 소규모 제조업체는 어려움을 겪는 소도시에 커다란 도움이 된다.

밀접하게 연결된 두 가지 현상이 소규모 제조 공정의 잠재력을 완전히 바꿔놓아 제조 공정의 본질이 비약적인 변화를 맞게 됐다. 그중 첫 번째는 제조 생산용 3D 프린팅 등 신기술을 사용하는 기계의 확산이다. 신기술이 적용된 기계의 사용이 늘어나자 비용 측면에서 효과적인 소규모 소량 생산이 가능해졌다. 두 번째는 정보 기술을 이용해 제품 설계를 비롯한 생산 이전 단계를 디지털 방식으로 처리하는 주요 플랫폼과 각 지역의 개별 제조업체를 연결하는 현상이다. 이 시스템을 활용하면 글로벌 시장에 비해 좀 더 경쟁력 있는 비용으로 현지 일자리를 늘리고 현지 기업가를 육성할 수 있다.

제조업 플랫폼인 조메트리Xometry는 흔히 생각하는 방식의 지역

화에 초점을 두고 있지는 않지만 분산 제조의 최첨단을 달리는 몇 안 되는 기업 중 하나다. 스스로를 "귀사의 주문형 제조 파트너"라 칭하는 조메트리는 미국과 유럽, 아시아에 있는 5,000개가 넘는 소규모 제조업체를 연결해 주는 플랫폼이다. 목적이 무엇이든 얼마나 많은 양이 필요하든 간에, 특정한 제품이 필요한 사람은 거의 대부분의 경우 조메트리에 원하는 사양을 전달할 수 있다. 이런 요청을 접수한 조메트리는 고객이 필요로 하는 원형을 제작하거나 고객이 요청한 양만큼 완제품을 생산할 수 있는 소규모 생산업체를 찾는다. 조메트리의 홈페이지에는 "3D 캐드 파일을 올리면 가격, 리드타임(제품을 생산하기 시작한 후 완성하기까지 걸리는 시간), 제조를 위한 설계 피드백까지 즉각 받을 수 있습니다"라고 적혀 있다.[23] 어느 관계자는 "분산 제조 모델을 적절하게 활용하면 장소에 구애받지 않고 최고의 인재를 찾을 수 있다"고 언급하기도 했다.[24]

분산 제조를 통해 특정 제품을 만드는 능력은 오픈 소스 소프트웨어를 통해 더욱 널리 이용되고 있다. 기술을 통해 기존 경제 시스템의 효율성을 높이는 것을 사명으로 삼는 듯한 조메트리나 또 다른 제조업 플랫폼인 HUBS와 반대로, P2P재단P2P Foundation은 분산 제조를 디지털 공유재를 통해 경쟁의 장을 평준화하는 수단으로 본다.

우리는 이 과정을 〈글로벌 설계, 현지 생산(Design Global, Manufacture Local, DGML)〉이라고 부른다. 지식, 소프트웨어, 디자인 등으로 이뤄진 디지털 공유재와 현지 생산, 자동화 기술이 융합돼 DGML의 토대가 된다. DGML의 핵심은 가벼운 것, 즉 지식은 글로벌 무대에서 유통되고, 무거운 것, 즉 물리적인 제조는 현지에서 이뤄진다는 것이다. DGML과 그것의 독특한 특징은 생산과 소비의 새롭고 지속 가능하며 포용적인 잠재력을 여는 데 도움이 된다.[25]

위키하우스Wikihouse는 합판으로 직접 집을 지을 수 있도록 해주는 영국의 비영리 기업이다. 지역 기업들은 무료로 설계도를 내려받을 수 있으며 컴퓨터 수치 제어 기계로 제작된 개당 1~3만 달러씩 하는 부품을 활용해 현장에서 조립할 수 있다. 2~3명의 인력이 함께 작업하면 하루 만에 주택 조립을 모두 끝낼 수 있다.[26] 새로 조성된 암스테르담의 위성도시인 알메러Almere에 27채의 위키하우스 주택이 자리한 시범 단지가 조성돼 있다(《그림 9.3》 참조).

현지화된 제조가 글로벌 시스템을 대체할 수는 없다. 기술적으로는 가능할지 모르지만 지역의 소규모 작업장에서 자동차와 트럭을 만드는 것은 합리적이지 않다. 마찬가지로 첨단 제품에 들어가는 희토류 같은 소재를 취급하는 공급망은 매우 복잡하기 때문에 지역의 제조업체가 확보하기는 힘들다. 하지만 현지화된 제조를 통해 가공식품, 소형 가전제품 및 생활용품, 가구, 섬유 등 개별 소비자를 공략하는 제품뿐 아니라 의료용 장비와 사무용 소모품 등 각 지역 조직을 겨냥한 다양한 제품을 생산할 수 있다. 주문형 소규모 제조 모델을 활용하면 새로운 소매 공간이나 사무실에 필요한 맞춤형 물품을 좀 더 저렴한 가격에 생산할 수도 있다.

그림 9.3   위키하우스 주택이 들어선 네덜란드 알메러의 시범 단지

출처: 스틴블린더 | Eelk.nl

원격 근무

2020년 시카고 대학교 경제학자 2명은 미국의 전체 일자리 중 37%는 원격으로 수행할 수 있다는 연구 결과를 내놓았다. 이런 일자리는 대개 IT, 금융, 전문직 등 임금 수준이 높은 부문에 집중돼 있으며 이들은 미국 전체 임금의 46%를 차지한다.[27] 또한 이들 일자리와 관련된 직장은 규모가 큰 도심과 대도시 중심지에 집중돼 있다. 2021년에는 미국의 모든 테크 관련 일자리 중 절반 이상이 캘리포니아, 텍사스, 뉴욕, 플로리다, 버지니아 등 5개 주에 자리하고 있었다.[28]

코로나19 팬데믹 이전에는 이론적으로 원격 근무가 가능하다 해도 실제로 그와 같은 근무 형태를 택하는 사람이 드물었다. 하지만

팬데믹 기간 동안 직장이 폐쇄되고 근로자들이 집에서 일하게 되면서 상황이 달라졌다. 2020년 중반이 되자 미국 노동 인구의 약 35%, 거의 4,900만 명에 달하는 사람들이 재택 근무를 했다. 불과 1년 전에 재택 근무자의 비율이 6%에 달했던 것에 비하면 엄청난 변화였다.[29] 유럽에서도 재택 근무자의 비율이 늘어났지만 미국만큼은 아니었다.[30] 최종 집계를 하기에는 아직 이르지만 팬데믹은 미국을 비롯한 세계 곳곳에서 수백만 근로자의 일과 가정생활의 방정식을 바꿔놓았다. 원격 네트워크 기업인 아울 랩스Owl Labs가 실시한 설문조사에서 풀타임 원격 근로자 74%가 재택 근무가 정신 건강에 더 좋다고 답했으며, 84%는 팬데믹 이후에도 계속 원격 근무를 하면 삶이 좀 더 행복해질 것이라고 답했다. 또한 많은 응답자가 재택 근무를 할 수 있다면 급여 삭감도 감수하겠다고 답했다.[31]

당연하게도 2022년이 돼 많은 직장이 다시 문을 연 후에도 상당수의 근로자가 재택 근무를 지속하는 쪽을 택했으며 사무실 근무로 복귀하라는 고용주의 요청을 거부한 경우도 많았다. 그러자 많은 고용주가 근로자의 재택 근무 요구를 재고해 풀타임 재택 근무나 재택 근무와 사무실 출근을 적절히 섞은 하이브리드 근무 체제를 허용했다. 일부 기업은 완전히 원격 근무로 전환하고 있다. 2021년 소프트웨어 기업 드리프트Drift는 다음과 같이 발표했다.

"직원들은 풀타임으로 재택 근무를 하게 될 것이며 사무실 공간은 회의, 협업, 행사 등을 위한 공간으로 사용될 것입니다. 이런 공간이 주요 업무를 위해 사용되거나 주요 업무에 걸맞게 정비되는 일은 없을 겁니다."[32]

앞으로는 고용주가 제공하는 업무 공간에 발도 디뎌보지 못한 채 채용되어 일하다가 결국 퇴사하는 근로자가 점점 늘어날 것이다.

이런 변화는 재택 근무를 할 수 있는 고소득 근로자를 채용하는 하이테크 기업 등을 유치할 가능성이 낮은 소도시에 중요한 기회를 제공한다. 실제로 경제적인 관점에서 보면 지역에 직장보다는 근로자가 있는 것이 좀 더 바람직하다. 교통 체증이나 대기 오염 같은 부작용은 줄어드는 반면 재화 및 서비스 소비와 주택 수요가 늘어나기 때문이다. 태어나고 자란 공동체를 떠나지 않고도 자신의 기술을 이용해 보수가 좋은 일자리를 얻을 수 있게 되면 현재 수많은 도시가 겪고 있는 두뇌 유출을 상당수 줄일 수 있을 뿐 아니라 매력적인 삶의 질을 발판 삼아 다른 곳의 원격 근무자도 쉽게 끌어들일 수 있다.

많은 지역이 자신들의 도시에 거주하는 원격 근무자에게 인센티브를 제공하는 프로그램을 고안했다. 그런 지역의 대부분은 농촌이지만 캔자스주의 토피카Topeka, 조지아주의 서배너Savannah 같은 일부 소도시도 이런 추세에 동참했다. 이 중 아마도 가장 잘 알려진 프로그램은 오클라호마주 북동부에 위치한 도시인 털사Tulsa가 시행한 털사 리모트Tulsa Remote다. 털사 리모트는 털사로 이주한 원격 근무자에게 1만 달러의 이주 지원금을 제공한다. 2018년에 시작된 이 프로그램 덕에 1,200명의 원격 근로자와 그 가족들이 털사로 이주했다. 워싱턴에 위치한 경제 혁신 그룹이 2021년에 이 프로그램을 평가한 결과, 장기적인 효과를 단정하기에는 아직 이르지만 이미 털사 경제에 매우 긍정적인 영향을 미치고 있는 것으로 나타났다.[33]

털사가 성공할 수 있었던 핵심 요인은 금전적인 인센티브를 제공하는 데 그치지 않고 신규 이주자를 누군가가 "기업가적 생태계"라고 칭한 곳과 이어주기 위해 열심히 노력한 점이다.[34] 신규 이주자에게는 기업가 중심의 협력 공동체에 참여할 수 있는 1년 무료 회원권과 워크숍 및 인맥 관리 행사에 참여할 수 있는 기회가 주어진다. 게다가 집을 구할 때도 도움을 얻을 수 있다. 금전적인 인센티브가 사람을 끌어들이는 데 도움이 될 수도 있지만 사람을 머물게 하는 것은 편의시설과 삶의 질, 지역 사회에 적응하는 데 도움이 되는 지원 시스템인 듯하다. 인센티브 프로그램이 여러 곳으로 확산됨에 따라 가장 커다란 혜택을 받는 도시는 가장 많은 지원금을 내놓는 도시가 아니라 가장 바람직한 생활방식과 가장 탄탄한 지원 시스템을 제공하는 곳일 가능성이 크다. 도시의 평판 역시 영향을 미칠 것이다. 원격 근로자들은 부정적으로 인식되는 도시보다 역사, 문화, 야외 스포츠 등 어떤 이유로든 긍정적인 평판을 받는 도시에 이끌릴 것이다.

이제 축소 도시가 지역화된 경제를 발전시키는 데 필요한 요소는 모두 갖춰졌다. 남은 문제는 방법이다. 이런 요소를 결합하려면 무엇이 필요할까?

지역 사회 생태계를 구축하기 위한 노력
—

이 장에서 지금까지 논의한 내용은 대체로 프로그램이나 프로젝트로 묘사될 수 있다. 다시 말해서, 어떤 식으로든 번성하고 지속 가능한 도시를 건설한다는 목표를 달성하기 위한 다양한 형태의 활동들이었다. 하지만 이런 활동이 성공하려면 좀 더 규모가 큰 사회경제적 생태계 속으로 통합돼야 한다. 그와 같은 생태계 속에서 각각의 활동은 광범위한 포용과 참여를 촉진하고 모두가 건강하고 활기찬 삶의 질을 누릴 수 있는 환경을 조성하는 데 기여한다. 즉 모든 도시는 도시 시스템을 구성하는 다양한 요소를 하나의 일관성 있는 완전체로 결합시키기 위해 각기 다른 형태의 사회적, 정치적, 공간적 접착제를 필요로 한다. 지역 사회의 다양성을 충분히 반영하는 적극적이고 포용성 있는 지역 정체성을 만들지 못하면 수동적인 세계화 경험을 대체할 현지화된 사회적 및 경제적 생태계를 성공적으로 구축할 수 없다.

지금부터 세 가지 요소, 즉 활력 넘치고 활동적인 공공 영역, 다양한 예술적 및 문화적 표현의 기회, 마지막으로 공공 조직과 기관의 협력적이고 포용적인 리더십이 어떻게 한층 탄탄한 지역 정체성을 구축하고 사회적 및 경제적 생태계가 출현하는 토대를 만들 수 있는지 살펴보겠다.

좋은 공공 공간의 필요성

모든 도시에는 공공 영역과 민간 영역이 있다. 민간 영역은 소유주나 사용자가 그곳에 있을 수 있는 타당한 권리를 가진 이를 제외한 모든 사람을 합리적으로 배제할 수 있는 곳으로, 집, 직장 등이 여기에 해당한다. 반면 공공 영역은 민간 영역 사이에 있는 공간, 즉 거리, 인도, 광장, 공원 등 모든 사람이 자유롭게 다닐 수 있는 곳이다. 공공 영역이 바로 도시의 공유 공간shared space이다. 모든 도시에는 공유 공간이 있지만 그렇다고 모든 도시의 상황이 같지는 않다. 베니스의 산 마르코 광장을 생각해 보면, 원래의 종탑은 사라지고 지금의 종탑은 20세기 초에 복원된 것이긴 하지만 사람들은 여전히 산 마르코 광장의 아름다움에 감탄한다. 하지만 오래전에 세상을 떠난 고관대작을 기리거나 특색 없는 공공 건물에 무게감을 더하는 것 외에 그 어떤 목적도 없이 도시 곳곳에 자리 잡은 황량하고 바람이 휘몰아치는 공공 공간을 우리는 실망스럽게 바라본다. 마찬가지로 대부분의 사람들은 야외 카페와 다양한 매장 진열대 그리고 무엇보다도 온갖 부류의 사람들로 붐비는 도시 거리를 걷는 즐거움을 경험해 봤을 것이다. 하지만 대형 할인 매장과 주차장이 간간이 늘어서 있고 교통 정체가 심각할 뿐 아니라 기본적인 인도조차 없는 교외의 전형적인 상업 지구를 따라 걷는 것은 고문에 가까운 일이다.

무엇보다도 공공 영역의 특성은 그곳에서 거주하거나 일하거나 방문하는 사람의 공유된 경험을 정의한다. 하지만 이런 경험은 단순히 수동적인 관찰자의 것이 아니다. 여러 측면에서 지역에 존재하는 공유 공간의 본질은 해당 지역의 정신과 정체성을 정의한다. 영국 건축가 리처드 로저스Richard Rogers는 이 점에 대해 다음과 같은 유려한 글을 썼다.

거대한 공간에서 친밀한 공간에 이르기까지 모든 형태의 안전하고 포용적인 공공 공간이 사회 통합과 결속에 무엇보다 중요하다. 민주주의는 공공 영역 내의 열린 공간, 즉 거리에서의 활동을 통해 스스로를 물리적으로 드러낸다……. 도시 공간에서 시민의 권리를 자유롭게 표현

그림 9.4   파세지아타, 이탈리아의 독특한 산책 문화

출처: 제이 월재스퍼 / 소셜 라이프 프로젝트

하면 자유의 경험이 쌓일 뿐 아니라 이런 권리를 보호하고 육성하는 데도 도움이 된다. 공공 영역의 물리적이고 지적인 접근성은 사회의 가치관을 확인하는 시금석과도 같다. 포용적이고 번성하는 공공 공간은 관용과 급진적인 사고를 촉진한다.[35]

개방된 공공 영역 혹은 공유지의 존재 자체가 사회적 통합과 화합을 보장하는 것은 아니지만 이런 공간이 없으면 사회를 하나로 묶어주는 가치가 등장하기 힘들다. 이탈리아와 스페인에는 각각 파세지아타passeggiata, 파세오paseo라고 불리는 산책 문화가 있다(〈그림 9.4〉). 저녁 무렵에 공동체 전체가 참여하는 이런 정기적인 산책 문

화는 사회적 결속력을 강화하는 데 커다란 도움이 된다. 이를 가능케 하는 것이 바로 광장이나 보행자 전용 거리의 형태를 띤 공공 영역이다. 모두가 공유하며 적극적으로 이용하는 쾌적하고 아름다운 공공 공간은 도시 사람들을 하나로 묶는 역할을 한다.

이때 공공 장소를 모두가 공유해야 한다는 원칙이 무엇보다 중요하다. 인종적으로나 경제적으로 분리된 경우가 많은 미국 도시에서는 다른 어느 곳에서보다 이런 원칙이 중요하게 여겨져야 한다. 역설적이게도 어떤 측면에서는 미국 사회가 포용력을 강화하는 방향으로 나아가고 있지만, 많은 미국 도시에서 도심 지역이 주로 백인이 거주하는 고급 주택가로 바뀌는 과정에서 공공 공간이 도시의 저소득층, 특히 유색 인종에게는 불편한 곳이 되어가고 있다.

매력적인 공공 공간을 가진 행운의 도시들도 많다. 그래도 좀 더 많은 사람을 끌어들이고 사람 간의 교류를 촉진하는 방향으로 그 공간에 활력을 불어넣거나 공간 자체를 변경시켜야 할 때도 있다. 대표적인 예로, 밴쿠버 도심의 번화가 랍슨 거리Robson Street의 평범한 보행자 전용 구간에 한 건축 회사가 제작한 설치물이 들어서자 거리는 활기 넘치는 곳으로 변했다. 그 회사는 흥미롭게도 자사의 업무를 "건축과 문학, 현실과 비현실, 평범과 환상 사이의 영역을 탐험하는 것"이라고 설명한다.[36] 〈그림 9.5〉에서 볼 수 있듯이 랍슨 거리에 들어선 조형물은 형형색색의 현관과 대문을 형상화한 포치 퍼레이드Porch Parade다. 수천 명의 사람이 이 작품을 즐기고 참여했다. 이 작품을 본 많은 시민이 집의 본질에 대해서 다시 생각하고, 현관 공간이 어떻게 공적 영역과 사적 영역을 연결하는 중요한 경계 공간

그림 9.5　밴쿠버의 포치 퍼레이드

출처: 디자인 위드 컴퍼니

이 될 수 있을지 고민해 보았기를 바란다.

　미국에서는 〈장소 만들기placemaking〉가 인기를 끌면서 많은 도시가 좋은 공공 공간의 필요성을 인식하게 됐고 그러면서 많은 곳에서 공공 공간이 생겨났다. 오스트레일리아의 설계 전문가 라라 호슬리Lala Horsley는 장소 만들기를 다음과 같이 정의한다. "장소 만들기는 공공 공간을 계획하고, 설계하고, 관리하기 위한 다각적인 접근 방법이다. 또한 사람들의 건강, 행복, 안녕을 증진하는 공공 공간을 만들려는 목적으로 지역 사회의 자산, 영감, 잠재력을 활용한다."[37] 밴쿠버의 포치 퍼레이드는 장소 만들기를 가장 잘 활용한 사례다.

　호슬리는 공공 공간이 어떤 식으로 지역 사회의 유대감을 형성하는지에 대해서는 주목하지 않지만 성공적인 공공 공간에는 지역 사회의 자산과 영감이 반영돼 있다는 중요한 사실을 지적한다. 즉 공공 공간은 지역 사회가 자신들의 문화를 드러내고 표현한 곳이다. 사회의 통합과 결속을 위한 수단으로써 공공 영역의 성공 여부는 공간 자체의 기능과도 관련이 있지만 도시의 다양한 인구가 그 공간에서 다양한 문화를 표현하는 정도와도 관련이 있다.

예술적, 문화적 표현은 항상 공공 영역과 긴밀하게 연결돼 있었다. 고대부터 도시의 공공 공간은 동상, 분수, 벽화, 모자이크 같은 형태의 예술로 정의되고 꾸며졌다. 또한 이런 공간은 신성하고 세속적인 의식을 위한 장소이자 연극, 음악, 무용 공연이 열리는 장소이기도 했다. 또한 예술품은 단순히 시각적인 즐거움을 주는 존재가 아니라 장소에 도시의 의미를 부여하는 수단이었다. 공연 역시 단순한 오락거리가 아니었다. 종교 행사든 순회 연주단의 즉흥 연주든 공연은 도시를 하나로 묶는 행사였다.

고대 아테네나 중세 유럽에서 그랬듯 오늘날의 도시에서도 마찬가지다. 옛 고관대작들의 조각상 경우처럼 과거와 관련된 도시 공공 예술의 의미를 놓고 격렬한 논쟁이 벌어지는 경우가 많지만 이런 논쟁은 공공 공간이 얼마나 많은 의미를 지니고 있는지, 그 의미가 어떻게 격렬한 논쟁의 원천이 될 수 있는지 명확하게 보여준다. 2020년 여름 리투아니아의 수도 빌뉴스Vilnius 시 정부는 빌뉴스에서 가장 규모가 크고 가장 중심지에 자리한 루키스케스 광장Lukiškės Square에 임시로 인공 해변을 조성하기로 했다. 모래와 해변용 의자, 파라솔, 가짜로 만든 "상어 조심" 표지판이 설치된 루키스케스 광장의 해변은 격렬한 논쟁을 불러일으켰다. 리투아니아의 유력 정치인들은 그 공간을 그토록 경솔하게 사용하면 그 광장에서 처형당한 19 세기 자유의 투사들과 소련 점령 시절에 광장을 마주 보는 위치에 있는 악명 높은 KGB 본부(지금은 박물관) 건물에서 고문당하고 살해 당했던 20세기 리투아니아인들에 대한 기억을 모독하게 된다고 주장했다. 결국 리투아니아 국회는 빌뉴스 시 정부에 해변 철거를 명령했다.[38]

하지만 그보다 몇 년 앞서 인공 해변과 마찬가지로 다소 경박해 보이는 분수가 광장에 설치됐을 때는 논란이 거의 혹은 전혀 없었다. 오히려 분수 때문에 광장이 빌뉴스의 어린이들과 시민들이 매우 즐겨 찾는 장소가 됐다(〈그림 9.6〉 참조). 어쨌든 당시 루키스케스 광장에 설치된 분수는 광장의 의미를 둘러싼 갈등, 즉 광장이 기념을 위한 공간인지 오락을 위한 공간인지 혹은 둘 다인지를 둘러싼 갈등을 해소한 듯했다. 리투아니아에서는 광장이 두 가지 역할을 모두 할 수 있는지, 그렇다면 어느 정도까지 할 수 있는지를 놓고 계속 논쟁이 이뤄지고 있다. 다만 이 질문을 통해 공공 영역이 얼마나 중요한지 잘 알 수 있다.

예술은 좀 더 강한 공동체를 구축할 수 있는 강력한 힘이다. 톰 버럽Tom Borrup은 『창의적인 공동체를 만들기 위한 안내서 *The Creative Community Builder's Handbook*』에서 공공 예술 프로젝트가 어려움을 겪는 지역 사회를 도울 수 있는 다섯 가지 방법을 소개한다.

공공 장소에서의 상호작용 촉진
기념 행사를 통한 시민 참여 증진

그림 9.6 **리투아니아 수도 빌뉴스의 루키스케스 광장.
과거에 KGB 본부로 사용됐던 건물 앞에 설치된 분수에서 아이들이
자전거를 타고 있다.**

출처: https://welovelithuania.com/vilnieciai-lukiskiu-aiksteje-svente-15-asias-lietuvos-istojimo-i-es-metines/

청소년의 참여 유도

장소가 가진 힘과 장소의 보존력 증진

시민 활동 참여 확대[39]

    모두 사실이지만, 예술이 도시를 재건하고 사회적 접착제를 만드는 데 기여하려면 도시를 구성하는 모든 다양한 사람들과 소통하고 이들의 참여를 이끌어내야 한다. 통치자의 권력을 표현하고 대중은 방관자 역할로 전락시킨 르네상스나 바로크 시대의 예술과 달리, 미래 도시의 예술과 문화 표현은 광범위하고 참여적이어야 한다.

도시는 다양성이 있는 공간이다. 오랫동안 이민자와 시골에서 온 이주민들은 기회와 더 나은 미래, 생각이 비슷한 사람들로 구성된 공동체를 찾아 도시로 이주했다. 미국의 도시들은 인종과 민족의 다양성이 매우 높으며 서유럽 도시에서도 이런 현상이 점차 두드러지고 있다. 그동안 다양성이라는 용어는 주로 인종이나 민족 집단을 지칭하는 데에 널리 사용되어 왔지만 상대적으로 동질성이 있는 지역에서도 나이, 관심사, 생활방식, 미적 취향, 성적 취향에 있어서는 매우 다양성이 높을 수 있다.

공동체를 정의하는 방식은 다양하지만, 도시를 구성하는 모든 공동체는 도시의 공간을 공유할 뿐 아니라 예술이나 문화적인 표현을 통해 가치관을 드러낼 수 있는 공간을 필요로 한다. 문화적, 사회적 분열 때문에 표현의 형태가 논쟁이나 갈등을 초래할 수 있는 세상에서 이런 공간을 마련하는 일은 쉽지 않다. 하지만 그와 같은 분열을 극복하기 위한 사례 중 하나로 1980년부터 "벽화 그리기 전통에 뿌리를 둔 협업 과정을 통해 공공 공간과 개인의 삶을 변화시키는 예술을 탄생시켜 온" 필라델피아 벽화 예술Philadelphia Mural Arts 프로그램을 들 수 있다.[40] 필라델피아의 벽화 예술가들은 다양한 동네에 거주하는 성인 및 청년들과 협력해 각 동네의 문화와 꿈을 표현하는 수백 개의 공공 벽화를 그렸다. 흑인 밀집 지역인 노스 필라델피아의 중심부에는 1960년대에 활동했던 상징적인 인권 단체인 세실 B. 무어 자유의 투사단Cecil B. Moore Freedom Fighters을 기리는 벽화가 그려져 있다(〈그림 9.7〉). 이런 벽화는 지역 주민들의 도시에 대한 공동의 주인 의식을 심어주는 데 도움이 된다.

그림 9.7　　　노스 필라델피아에 있는 인권 단체를 기리는 벽화

출처: 필라델피아 벽화 예술

　하지만 결국 주인 의식을 강화하기 위한 노력이 뒷받침되지 않으면 안 된다. 자원도 없고, 지역 기관의 투자도 받지 못하며, 지역 사회와 그 어떤 연결 고리도 없는 도심의 권력자들이 부리는 변덕에 시달리는 동네에서는 이런 벽화가 어떠한 울림도 주지 못한다. 공공 부문과 민간 부문이 협력적이고 포용적인 리더십을 통해 함께 도시를 관리할 때 의미 있는 공동의 주인 의식이 생겨날 수 있다. 네트워크화된 지역주의로 전환하는 과정에서는 이런 거버넌스 모델을 구축하는 것이 무엇보다 중요하다.

협력적이고 포용적인 리더십

통치가 협력적이고 포용적이어야 한다는 것은 공공 정책에 관한 글을 쓸 때 거의 진리처럼 여겨진다. 많은 저자들이 그 이유를 설명할 필요조차 느끼지 않을 정도로 자명하고 긍정적인 가치로 널리 받아들여지고 있는 것이다. 하지만 이 전제를 받아들이더라도 그와 같은 가치가 네트워크화된 지역주의에 왜 중요한지 그 논거를 제시하는 것이 중요하다. 이를 위해 경제 체제와 권력관계의 상호작용을 간략하게 살펴볼 필요가 있다.

글로벌 자본주의가 오랫동안 일부 지역을 세계의 중심으로, 나머지 지역은 주변부로 정의해 왔듯이 소도시들은 중요한 결정이 내려지고, 자원이 생성되고 소비되며, 권력이 행사되는 중심에 위치해 있지 않다는 이유로 주변부로 분류되는 경우가 많다. 소규모 도시권은 대개 해당 지역의 현 상태나 미래 전망에 대해 실질적인 발언권이 없다. 이런 지역의 지도자들은 수동적인 자세로 무슨 일이든 일어나도록 내버려 두는 때도 있고, 반대로 국내외의 대기업이나 정부 등 다른 곳에서 내리는 결정에 영향을 미치려고 애쓰기도 하지만 소용이 없는 경우가 많다. 앞에서 언급한 피오리아의 캐터필러 사례가 그렇듯 지역 지도자들에게는 이런 결정과 관련해 그 어떤 권한도 없다.

중앙 집중적이고 상명하달 방식을 따르는 정부가 들어선 도시에서는 대다수의 주민과 소규모 기업이 거의 같은 상황에 놓여 있다. 운명을 받아들이는 수동적인 방관자가 될 수도 있고 선거 독려나 시위, 그 외 간혹 성공적인 결과로 이어지기도 하는 다양한 방법을 통해 정부에 영향을 미칠 수도 있다. 이런 노력이 일시적으로 정부의 성격을 변화시킬 수도 있다. 가령 현 상태를 유지하는 수준에서 벗어나 기회를 확대하거나 적어도 소득 수준이 낮은 가구와 동네에 좀 더 많은 자원을 할당하기 위해 노력하는 정부로 거듭날 수 있다. 하지만 주민이나 소규모 기업의 노력이 성공하더라도 거버넌스 역학이 근본적으로 바뀌기는 어렵다. 혹은 재능이 뛰어나고 활력이 넘치는 주민들이 좌절감을 느껴 떠나버린 탓에 활력과 인재를 잃은 지역 사회가 그만큼 더 가난해지기도 한다.

세계화된 자본주의가 널리 만연해 있기 때문에 각 지역의 주체들은 현재 상황과 매우 다른 모습을 상상하기가 힘들다. 세계적인 중장비 제조업체인 캐터필러는 피오리아에 일자리를 제공하고, 글로벌 곡물 기업인 카길Cargill은 지역 농부들이 경작한 옥수수와 콩을 사들이며, 주 정부와 연방 정부는 나머지 주민들의 생존을 보장하기 위해 충분한 자원을 제공한다. 이런 시스템이 어느 정도 작동하고 있긴 하다. 하지만 변화를 꾀하는 사람들은 조금씩 고쳐나가고 글로벌 경제에서 얼마 안 되지만 조금이라도 더 많은 부분을 가져오기 위해 끝없이 노력하는 것 외에 달리 할 수 있는 일이 없다.

향후 수십 년 동안 성장 둔화와 기후 변화로 어려움을 겪게 될 이 세상에서 이와 같은 모델은 지속적인 쇠퇴 혹은 나날이 가속화되는 쇠퇴에 대한 처방이 될 가능성이 높다. 또한 가장 저항이 적은 경로가 될 수 있다. 쇠퇴를 환영하는 사람은 드물다. 하지만 변화가 갑작스럽게 일어나기보다 서서히 나타나는 경우에는 이미 익숙하고 편안한 행동 패턴과 거버넌스 체계를 포기하는 대신 컨벤션 센터, 마이너리그 야구팀, 카지노 같은 해결책을 찾는 것이 좀 더 쉽다.

이런 시스템의 기저에는 국민 대다수가 거버넌스와 분리돼 있다는 명제가 깔려 있다. 이를 용인하고 받아들이는 사람도 많지만 불만을 느끼는 사람도 많다. 어떤 경우든 이런 상태에서는 도시가 지역화된 경제로 거듭나는 데 필요한 기반이 되어주질 못한다. 세계나 국가 차원에서 지역 차원으로 경제 활동을 분산시킨 결과 지역화된 경제가 생겨나는 것이며, 그러한 경제 역시 도시권 내에서 한층 더 분산돼야 한다. 소수의 거대 산업이 아니라 수천 명에 달하는 개인 기업가의 에너지를 활용하는 수백 개의 소규모 공장과 작업장을 통해 성공적인 분산 제조가 이뤄져야 한다.

마찬가지로 도시의 활력을 결정하는 가장 중요한 요인 중 하나는 삶의 질이다. 삶의 질이 높아지면 현재의 지역 인재를 유지하는 도시의 능력이 대거 개선되고 원격 근로자 같은 다른 근로자도 유치할 수 있게 된다. 정치적 관점에서 볼 때, 이는 곧 점점 더 많은 인구가 삶의 질을 구성하는 도시의 요소에 깊은 관심을 갖고 점점 더 솔직하게 자신의 의견을 표현하게 된다는 뜻이다. 그렇게 되면 지역 주민들은 현지 기업가, 농부, 그 외 많은 사람과 함께 목소리를 높일 것이다.

지역화된 도시를 성공적으로 발전시킬 유일한 방법은 도시의 사람, 조직, 기관이 창의적인 에너지를 발휘할 수 있는 환경을 조성하는 것이고, 지속적으로 이런 에너지를 발휘할 수 있는 유일한 방법은 도시의 미래에 이들을 완전히 참여시키는 것뿐이다. 인재를 유출시키지 않고, 에너지를 발전시키고, 사람들을 유치하는 것은 세계화의 덫에 빠진 도시보다 지역화된 도시에 훨씬 더 중요한 일이다. 이런 과제를 성공적으로 해내려면 계획을 수립하고 의사 결정을 하는 과정에 많은 사람을 참여시키는 방식이 예외가 아니라 표준이 되는 새로운 형태의 리더십과 통치 방식을 택해야 한다.

결국 수많은 도시권은 오늘날의 세계화된 시스템 속에서 우위를 점하기 위해 경쟁하듯이 미래의 지역화된 시스템하에서도 경쟁하게 될 것이다. 경쟁의 현실은 변하지 않겠지만 규칙은 변할 것이다. 현재의 시스템하에서는 참여적이고 포용적인 거버넌스 시스템이 그 어떤 특별한 이점도 제공하지 않는다. 하지만 미래에는 이런 특징이 훨씬 중요해질 것이다.

10

—

2050년,
축소되는 세계에서 번성하며 살아가기

"계획은 아무런 쓸모가 없지만 계획을 세우는 과정은 반드시 필요하다."
— 드와이트 D. 아이젠하워Dwight D. Eisenhower

우리가 흔히 알고 있는 개미와 베짱이 이야기에는 잘 알려지지 않은 다른 버전도 있다. 그 버전에서 게으른 베짱이는 여름 내내 춤추고 노래한 다음 나이 많고 현명한 개미를 찾아가 조언을 구한다. 개미는 베짱이에게 바퀴벌레가 되라고 이야기한다. "바퀴벌레는 실내에서 살지. 실내에는 항상 먹을 것도 많아. 자네는 바퀴벌레의 삶을 정말 좋아할 걸세." 대화를 끝낸 베짱이는 며칠 동안 곰곰이 생각에 빠져 있다가 다시 개미를 찾아갔다. "질문이 하나 더 있습니다. 어떻게 하면 바퀴벌레가 될 수 있나요?" 개미는 잠깐 생각하더니 답했다. "미안하네. 그건 실행에 관한 문제야. 나는 근본적인 문제에 대해서만 조언을 해준다네."

우스꽝스러운 말장난처럼 들릴 수도 있지만 이 이야기에는 중요한 점이 있다. 자신이 제시한 방안이 현실이 될 수 있을지, 그 방안을 현실로 만들려면 어떻게 해야 할지 자신이 직접 개입할 필요가 없다면 진지하게 고민하지 않고 그럴듯해 보이는 거창한 방안을 제안하기가 쉽다는 것이다. 실제로 이런 일이 자주 벌어진다. 유토피아적인 시스템을 구축하려는 인간의 충동은 반복해서 모습을 드러낸다. 이런 충동은 불완전한 것이 틀림없는 지금의 세상보다 근본적으로 좀 더 나은 세상을 만들 수 있다는 가능성을 믿고 싶은 열망에 그 뿌리를 두고 있다. 나는 이런 현상에 〈유토피아의 덫Utopian trap〉이라는 이름을 붙였다.

그러니 질문을 던져 봐야 한다. 우리가 원하는 목적지에 도달하려면 어떻게 해야 할까? 오로지 지적인 활동만 할 작정이 아니라면 아이디어는 실현될 수 있을 만한 방법을 고심해서 만들어낼 수 있을 때만 타당하고 의미 있는 것이 된다. 물론 실현되지 않을 수도 있다. 장애물이 너무 클 수도 있고, 의지가 부족할 수도 있고, 아이디어 자체에 치명적인 결함이 있을 수도 있다. 하지만 그곳에 도달하기 위한 믿을 만한 방법이 없으면 결코 실현되지 않을 것이다. 지금까지나는 규모가 작은 축소 도시에도 번영의 길이 열려 있다는 주장을 펼치기 위해 노력했다. 따라서 이 장에서는 먼저 이전 장들에서 다룬 핵심 내용들을 요약한 후 축소 도시가 번영의 길을 찾는 데 방해가 되는 몇몇 장애물을 탐색하고 그것들을 극복할 방법을 소개할 생각이다.

하지만 피해야 할 덫이 하나 더 있다. 그것은 바로 〈작은 것이 아름답다는 덫Small is beautiful trap〉이다. 물론 작은 것은 아름답다. 하지만 작은 것은 작다. 변화가 작게 시작될 수도 있다. 하지만 의미 있는 변화가 되려면 합리적인 시간 안에 합리적인 규모로 이루어져야 한다. 이는 곧 참여자와 관찰자 모두가 그 진전을 볼 수 있을 정도로 빨리 변화가 이뤄져야 한다는 뜻이다. 물론 다음 주까지 달성해야 하는 것은 아니지만 지금부터 50년이 걸려서도 안 된다. 사람들이 겨울에 난방 온도를 몇도 낮추고 여름에는 냉방 온도를 몇도 높이게 하는 것은 좋은 생각이다. 하지만 다른 곳에서 좀 더 실질적인 에너지 절약을 이끌어내기 위한 더 큰 노력이 함께 진행되지 않는다면 이런 사소한 행동 변화는 기후 변화에 그 어떤 가시적인 영향도 미치지 못할 것이다.

또한 아무리 작은 것부터 시작한다 해도 변화를 추구하는 사람이 좀 더 원대한 목표에 대한 명확한 비전이나 적어도 자신이 생각해낸 아이디어를 확장할 방법에 대한 대략적인 방법을 갖고 있지 않다면 변화가 실현될 가능성은 낮다. 사람들이 난방 온도를 낮추도록 하는 데만 신경을 쓴다면 그것은 변화가 아니다. 난방 온도 낮추기를 넷제로 달성을 위한 첫 단계로 여긴다면 그것 자체도 변화일 수는 있다. 나는 개선을 위한 작은 노력을 깎아내리려는 것이 아니라 개선과 변화의 차이를 강조하는 것이다.

2050년, 앞으로 다가올 세상

—

이전 장들에서 나는 2050년경이 되면 이 세상이 어떤 모습일지 단계별로 설명했다. 우리가 알고 있는 문명의 붕괴를 보여주는 종말론적인 그림은 아니지만 그리 좋은 그림도 아니다.[1] 세계 대부분의 지역에서 인구 증가율 감소와 고령화, 나날이 심각해지는 각 국가의 내부 갈등과 지정학적 불안에 고온, 해수면 상승, 자연재해 및 기상 이변의 꾸준한 증가 등 기후 변화가 초래한 다양한 효과까지 더해져 글로벌 경제는 점진적으로 오랫동안 침체될 것이다.

대부분의 유럽, 동아시아, 남아시아, 북미, 라틴 아메리카 일부 지역 등 전 세계의 많은 지역에서 인구 성장이 마이너스로 돌아설 것이다. 2050년에도 세계 인구는 사하라 사막 이남 아프리카 지역의 성장세에 힘입어 여전히 증가할 것이다. 일반적으로는 다른 지역이 경제적 부진을 겪는 상황에서 특정한 지역의 인구가 늘어나면 인구 증가를 발판 삼아 경제적인 성장을 이뤄낼 수 있다. 하지만 정치적 불안, 물리적 인프라와 사회적 인프라의 미비, 기후 변화에서 비롯된 파괴적인 영향 때문에 사하라 사막 이남 아프리카 지역은 다른 지역의 경제적 부진을 성장의 기회로 활용하지 못할 것이다.

인구 고령화, 노동 인구 감소, 기후 변화의 영향에서 비롯된 소비와 생산성 감소로 수출 산업 또한 위축될 것이다. 이 모든 요인과 지속적인 지정학적 불안 때문에 글로벌 교역 역시 줄어들 전망이다. 날이 갈수록 고령 인구가 늘어나면서 모든 선진국이 자원 압박에 시달리겠지만 이미 재정과 사회적 불안이 심각한 상황에서 인구통계학적 현황까지 가파르게 바뀌고 있는 중국에서 이런 현상이 특히 두드러질 것이다. 그와 동시에 인구가 감소하고 경제가 위축되는 상황에서 그 누구도 승자로 간주되진 않겠지만 그래도 일부 지역은 다른 곳보다 좀 더 잘 헤쳐 나갈 수 있을 것이다. 만약 계속해서 많은 이민자를 환영하고 미국보다 내부적인 사회 갈등을 잘 관리하면 캐나다가 그런 나라 중 하나가 될 수 있다.

전 세계가 관대하고 창의적인 대응을 보이지 않으면 글로벌 사우스 지역에 해당하는 저개발국은 기후 변화로 인해 가장 심각한 파괴를 경험하게 될 것이다. 수요는 증가하는데 자원이 감소하는 상황과 마주한 이런 국가들은 점차 위기에 처할 수 있다. 반면 변화의 영향은 덜 받는 대신 좀 더 부유한 북반구의 선진국들은 전반적으로 줄어들고 있긴 하지만 그래도 여전히 상당히 많은 자원을 자체적으로 축적하고 국제 무대에서 한 약속 따위는 취소할 수도 있다. 이런 변화 때문에 국제 관계에서 악순환의 고리가 생겨난다. 즉 경제적 쇠퇴가 가속화되면 좀 더 큰 지정학적 불안을 초래하고 결과적으로 쇠퇴의 속도는 더욱 빨라지게 된다.

이런 상황에서 앞으로 수십 년 동안 미국, 유럽, 중국을 비롯한 많은 나라에서 규모가 작은 주변 도시들은 뒤처지게 될 테고 그중 많은 곳이 축소 도시가 될 것이다. 이런 도시들은 이미 세계화의 〈불쌍한 의붓자식〉 같은 신세가 됐다. 지난 수십 년 동안 신자유주의 경제가 이 세상을 휩쓸고 다닌 결과 세계 곳곳이 승자와 패자로 나뉘자 규모가 작은 주변 도시들은 성장도 줄어들고 그 도시로 유입되는 투자도 감소했다. 이들 도시의 산업은 문을 닫았고 인재들은 상하이, 도쿄, 뉴욕 같은 거대 도시와 주변 지역으로 흘러갔다. 그런 소도시에는 작은 부스러기만 남았다.

이제 도시와 주변 지역들은 글로벌 경제에 전적으로 의존한다. 앞서 미 중서부 지방의 소규모 축소 도시 중 한 곳인 피오리아를 소개한 바 있다. 피오리아는 글로벌 시장에 전적으로 의존하는데 음식에서부터 집에 딸린 가구에 이르기까지 피오리아 주민들이 소비하는 것 중에서 현지에서 생산되는 것은 드물다. 피오리아는 지금 세계화에 덫에 붙잡혀 있다. 세계적인 중장비 제조업체인 캐터필러가 떠나면 피오리아는 이전 지불에 의존하는 존스타운이나 영스타운 같은 도시로 전락해 주민들은 하루하루 겨우 살아갈 수 있을 만큼만 벌게 될 것이다.

전 세계의 이런 도시들은 이미 복잡하고 어려워 보이는 문제들과 씨름하고 있다. 텅 빈 건물, 나날이 악화되는 공공 인프라, 빈곤과 의존성 등은 가장 눈에 띄는 문제 중 일부에 불과하다. 지정학적인 요인과 기후 변화 때문에 경제 성장이 둔화되고 글로벌 공급망이 악화되고 있는 만큼 이들 도시의 미래는 지금보다 더 나빠질 것이다. 나날이 자원이 감소하는 세상에서는 가장 큰 우위를 지닌 도시, 지역, 국가가 자신들만을 위한 점점 더 많은 가용 자원을 비축해감에 따라 운이 덜 좋은 국가의 몫은 줄어들게 된다. 이렇게 되면 승자와 패자 간의 격차는 더욱 커질 것이다. 축소 도시들은 주 정부와 중앙 정부가, 유럽의 경우에는 유럽연합이 제공하는 공공 자원에 의존하지만 앞으로는 이 또한 줄어들 가능성이 크고 국가 연금은 날이 갈수록 늘어나는 고령 인구를 더 이상 지원하지 못할 수도 있다. 어디에 있든 축소 도시의 전망은 어두워 보인다.

나는 이전 장들에서 축소 도시들이 좀 더 지역화되고 현지화된 경제를 육성하는 동시에 오늘날의 기술을 이용해 좀 더 넓은 세상과의 연결성을 유지하면, 즉 앞서 소개했던 네트워크화된 지역주의 접근 방법을 따르면 이런 운명을 피할 수 있다는 사실도 설명했다. 지역화는 "지역, 카운티, 도시, 심지어 동네가 글로벌 경제에 과도하게 의존하는 방식에서 벗어나 자체적인 재정 자원, 자연 자원, 인적 자본을 통해 직접 자신들이 소비할 재화, 서비스, 음식, 에너지 등을 생산하는 과정"이라고 요약할 수 있다.[2]

지역화된다는 것이 곧 고립된다는 의미는 아니다. 대신 지역화는 〈네트워크화〉를 의미한다. 다시 말해서, 각 도시를 날이 갈수록 규모가 커지는 전국 및 국제 네트워크에 포함시켜 각 도시의 사람과 기관이 가진 자원과 역량을 배가시키는 것이 바로 지역화다. 또한 경제 성장이 둔화되더라도 가상의 네트워크가 닿는 범위는 늘어날 수 있다. 물론 지역화가 전 세계의 축소 도시를 괴롭히는 모든 문제를 해결할 수 있는 만병통치약은 아니다. 하지만 지역화는 축소 도시들이 세계화의 덫에 갇혀 있을 때보다 훨씬 더 번성할 수 있고 지속 가능한 미래로 나아가는 데 도움이 되는 길이다.

이 길을 찾기가 얼마나 쉬울지 어려울지는 관련 도시의 의지뿐 아니라 좀 더 광범위한 정치적 경제적 환경, 축소 도시가 속한 지역이 향후 수십 년 동안 다양한 난관을 잘 헤쳐 나가는 정도, 축소 도시가 네트워크화된 지역주의로 전환하는 데 필요한 인적 자본과 시스템 구축에 중앙 정부가 도움을 주는 정도에 달려 있다.

그러나 도시는 애초부터 평등하지 않았고 도시가 미래에 마주할 경쟁의 장은 오늘날보다 더 불평등할 것이다. 경제 성장이 감소한다는 것은 곧 가난한 나라들은 빈곤에서 벗어나기가 더욱 힘들어지고, 중국이나 태국같이 소득 수준이 중간 정도 되며 그동안 글로벌 교역을 통해 많은 돈을 벌어들여 수백만 명을 빈곤에서 벗어나게 한 나라들은 지금과 같은 상태에 머무르거나 오히려 후퇴하게 된다는 뜻이다. 심각하게 부당한 일임에 틀림이 없지만 소득 수준이 중간쯤 되는 저개발국가들이 기후 변화의 여파 또한 훨씬 더 혹독하게 체감할 것이다. 인도에서 우기가 날이 갈수록 불규칙해지고 장맛비의 파괴력이 점점 커지는 현상[3], 아프리카 남부의 만성적인 가뭄[4], 중동과 북아프리카의 기후 상승과 사막화가 대표적이다.[5] 가장 심각한 영향을 받는 사하라 사막 이남 아프리카 국가들은 앞으로도 수십 년 동안 인구 감소를 경험하진 않겠지만 중국, 태국, 브라질, 스리랑카 등 많은 나라들은 같은 기간 동안 인구 감소를 겪을 것으로 보인다.

선진국에 비해서는 적겠지만 이런 나라에서도 수많은 주변 도시가 수십 년 동안 축소를 경험하게 될 것이다. 기관의 영향력이 약하고 사회 안전망도 약한 데다 생산성이 높은 농경지도 점점 줄어들고 중앙 정부의 지원 가능성 또한 줄어들고 있는 만큼 유럽이나 북미 국가보다 변화에 적응하고 지역화에 성공하기가 힘들 것이다.

미국의 경제적 우위는 2050년에도 지속된다
—

동아시아나 북유럽, 북미의 나라들은 경제적인 측면에서나 기후적인 측면에서 상황을 잘 헤쳐 나갈 가능성이 크고 다른 나라들보다 규모가 작은 주변 도시를 지원하기가 훨씬 유리할 것이다. 하지만 이런 나라들은 저개발국과는 매우 다른 인구통계학적 궤적을 보이고 있으며 이런 현상은 경제에도 커다란 영향을 미칠 수밖에 없다. 분열되고 불안정한 경제적 사회적 환경을 생각해 보면 역설적으로 느껴질 수도 있겠지만, 향후 수십 년 동안 〈경제적으로〉 가장 막강한 위치를 가질 것으로 전망되는 나라는 미국이다.

이런 결론을 내린 이유를 자세히 살펴볼 필요가 있다. 왜냐하면 미국의 축소 도시들이 앞으로 나아갈 길을 찾는 데 도움이 되기 때문이다. 첫 번째 이유는 기후 변화가 미국에 심각한 영향을 미치지 않을 가능성이 크기 때문이다. 적어도 지금부터 2050년까지는 그렇다. 폭염과 물 부족 때문에 남서부 지역의 성장이 둔화되고 궁극적으로는 마이너스로 돌아설 수도 있고 해수면 상승이 일부 해안 도시를 괴롭히겠지만 다른 나라들에 비해 대부분의 미국 영토는 그래도 기후 변화의 영향을 훨씬 덜 받을 것이다. 혹 비슷한 영향을 받는다 해도 저개발국들과 달리 미국에는 남서부에 거주하는 대부분의 주민에게 냉방을 제공할 수 있고 해수면 상승이 초래할 가장 심각한 문제로부터 도시를 보호할 자원이 있다.

두 번째 요인은 인구통계학적 요인이다.[6] 지난 10년 동안 미국은 출산율이 급감했으며 이민이 대폭 증가하지 않으면 2050년 이전에 미국의 인구가 감소세로 접어들 가능성이 크다고 앞에서 언급했다. 하지만 이 이야기에는 또 다른 측면도 있다. 〈그림 10.1〉은 지난 60년간 미국, 중국, 독일의 출산율을 비교해서 보여준다. 세 나라 모두 출산율이 감소했지만 인구가 감소한 시기는 매우 달랐다. 독일의 출산율은 1960년대 말에 대체출산율 밑으로 떨어진 이후 줄곧 같은

그림 10.1 **1960-2020년 사이 미국, 중국, 독일의 출산율 비교**
(세로축은 합계출산율)

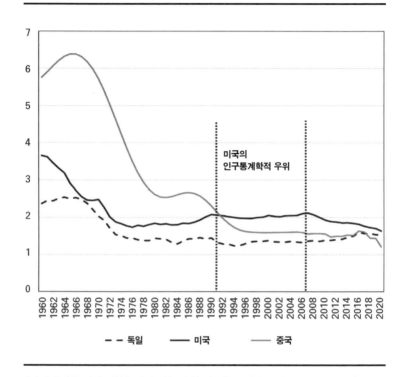

미국의
인구통계학적 우위

- - 독일 ─── 미국 ─── 중국

출처: 세계은행, 중국의 최근 데이터는 양, 장, 샌체즈-배리카트가 쓴 "중국의 출산율 변화China's Fertility Change"에서 발췌

수준에 머물렀다. 중국의 출산율은 1960년대부터 1990년대까지 급격히 하락한 후 여전히 낮은 수준에 머무르고 있다. 하지만 미국의 출산율은 2007년과 대침체기인 2009년이 시작될 때까지 대체출산율 수준이나 그 근처에 머물렀다.

따라서 1991년부터 2007년까지 미국의 인구는 중국이나 독일보다 훨씬 탄탄한 자연 증가를 보였다. 그 결과 오늘날 미국에서는 중국이나 독일에 비해 15-30세 인구가 전체 인구에서 차지하는 비중이 훨씬 크다. 이런 차이에서 비롯된 효과는 세월이 흐를수록 점점 사라지겠지만 그래도 향후 10-20년 동안 미국에서는 다른 선진국에 비해 노동 인구 규모는 덜 줄어들고 부양비는 좀 더 서서히 올라갈 것이다. 이런 연령 분포 특징 때문에 미국은 이 기간에 명확한 경제적 우위를 갖게 될 것이다. 독일은 이민을 통해 인구 문제를 상쇄하기 위해 노력해 왔고 앞으로도 계속 그런 노력을 하겠지만 정치적으로 용인 가능한 이민 수준은 미국과의 격차를 메우기 위해 필요한 수준보다는 훨씬 낮다. 중국은 젊은 여성들의 출산을 장려하기 위해 점차 절실하고 강압적인 조치를 취할 수도 있지만 그렇다고 해도 추세가 뒤집힐 가능성은 낮다.

세 번째 요인은 경제적인 것이다. 모든 선진국 중 단연코 수출이 경제에서 차지하는 비중이 가장 적은 나라가 미국이다. 2020년에 재화와 서비스 수출이 미국 GDP에서 차지하는 비중은 10%에 불과했다. 중국의 19%, 유럽연합의 47%에 비하면 미국 경제에서 수출이 차지하는 비중은 매우 적은 편이다.[7] 그 어떤 나라보다 내수 시장 구매력이 큰 나라이기 때문에 미국은 수출 시장보다 내수 시장에 좀 더 많은 관심을 기울일 뿐 아니라 농업, 에너지, 천연자원 부문에서도 자급자족률이 높다. 세계화의 물결이 조금씩 약해지고 많은 나라들이 점차 자국의 자원에 의존할 수밖에 없는 상황인 만큼 미국의 이 같은 특징은 커다란 도움이 된다.

미국 사회와 정치가 날이 갈수록 제대로 역할을 하지 못하는 현상과는 무관하게 미국 경제는 대체로 순조롭게 흘러갈 것으로 보인다.

양당 중 어느 쪽도 미국의 경제 구조를 (좋은 쪽으로든 나쁜 쪽으로든) 실질적으로 변화시키는 데 관심을 보이지 않는 만큼 정치적인 갈등이 악화되거나 미국의 민주주의가 와해되더라도 대규모 폭력 사태가 벌어지지 않는 한 지금의 상황이 계속 유지될 것이다. 할 수 있는 것이라고는 그저 희망을 갖는 것뿐이지만 문제가 이 정도로까지 심각해지는 않을 거라고 가정하면 미국 경제의 상대적인 강세는 적어도 10-20년 동안은 미국의 소규모 축소 도시를 지속 가능한 궤도에 올려놓는 데 커다란 도움이 될 수 있다. 도움이 "될 수 있다"라고 표현한 것은 이런 도시들이 어느 정도의 혜택을 얻게 될지는 연방 의회, 주 의회, 경제를 주무르는 기업들의 선택에 따라 크게 달라지기 때문이다. 미국 도시들이 당면한 많은 장애물을 생각하면 이런 지원은 성공과 실패를 가르는 중요한 요인이 될 것이다.

축소 도시의 변화를 막는 장애물

—

변화는 어렵다. 변화를 촉진하기 위해 행정가, 기관, 인적 자본을 하나로 결합시키는 것은 최상의 상황에서도 어렵다. 하지만 규모가 작은 미국의 축소 도시들은 그 이전에도 많은 난관에 봉착할 것으로 보인다. 아마도 유럽이나 아시아의 많은 나라보다 더 큰 어려움을 겪을 것이다. 미국 축소 도시의 변화를 막는 장애물은 다음과 같다.

경로 의존성

경로 의존성path dependence이란 사회학에 나오는 개념으로 "현재와 미래의 상태나 행동, 결정이 과거의 상태나 행동, 결정에 의존하는 것"을 의미한다.[8] 즉 과거에 내려진 결정이 미래에 관한 결정을 내리는 데 제약을 가한다는 것이다. 성장에 대한 미국의 집착을 경로 의존성의 한 예로 볼 수도 있지만 한때 산업 중심지였던 오래된 축소 도시보다 경로 의존성이 더 강하게 작용하는 곳은 드물다. 나는 「미국의 유산 도시를 재건하는 방법Regenerating America's Legacy Cities」이라는 보고서에서 "오랫동안 쇠퇴가 지속되면 쇠퇴 이외에 다른 어떤 것도 경험하지 못한 도시는 이전과는 다른 현실을 개념화하는 데조차도 어려움을 겪을 수 있다"라고 적었다.[9] 이는 축소 도시의 지방 공무원과 민간 분야의 다른 인사들이 성장에 대한 미국의 신념을 공유하지 못하는 것이 아니라 당면한 현실을 제대로 받아들이지 못하는 것이다. 따라서 이들은 인적 자원을 육성하고 좀 더 탄탄한 기관을 구축하기 위해 노력하기보다는 컨벤션 센터나 카지노를 짓는 데우스 엑스 마키나(deus ex machina, 긴박한 사건을 해결하기 위해 초자연적인 힘을 이용하는 극이나 소설의 기법) 식의 방안을 통해 경제적인 문제를 해결하려 든다. 결국 성장에 대한 믿음은 이들을 더욱 힘들게 한다. 도시가 축소된다는 것은 곧 아메리칸 드림의 요구에 부응하지 못했다는 증거로 간주되기 때문이다.

기저에 어떤 심리가 깔려 있든 간에, 경로 의존성의 정치적인 효과는 현 상태를 지속시키는 것이다. 다음은 위에서 언급한 나의 보고서에서 발췌한 내용이다.

시스템에 참여하고 현재 상황을 유지하는 사람에게 많은 혜택을 주는 유산 도시의 제도적인 구조 때문에 이런 현상이 영속된다……. 이런 시스템에서 공공 정책과 자원 할당은 과거의 관행을 따르거나 일종의 자비로운 후원 시스템이 되는 경향을 보인다……. 일부 정치 지도자들은 도시 성장 궤도를 대거 변화시키는 것이 현실적으로 불가능하다고 생각하고 어떤 정치적인 요인과 현실적인 요인이 변화를 방해하는지 잘 알고 있다. 이런 정치 지도자들은 생산적인 결과가 없을 것으로 보이는 일을 하느라 자신의 정치적인 입지를 위태롭게 만들거나 도시의 자원을 낭비하려 들지 않는다.[10]

이런 태도는 단순한 관성을 넘어 변화에 대한 조직적인 저항에 좀 더 가깝다. 경로 의존성은 미국에서만 나타나는 특이한 현상이 아니라 어디에나 있다. 하지만 다른 곳에서는 경로 의존성이 변화를 억제하는 역할을 하지 않는다. 동유럽 도시들은 인구 감소를 겪기 시작한 지 그리 오래되지 않았고 탈공산주의적 사고방식과 함께 국가 지도자들이 젊기 때문에 경로 의존성에 저항하는 경향이 있다. 또한 리투아니아나 불가리아처럼 대부분의 도시가 축소를 겪고 있는 나라에서는 전반적인 성장세가 여전히 탄탄한 상황에서 축소라는 낙인을 감내해야 하는 미국에 비해 축소 도시가 된다는 사실 자체가 사기 저하로 이어질 가능성이 낮다.

도시의 부족한 역량

널리 알려져 있지만 거의 논의가 이뤄지지 않는, 누구나 알고 있는 소도시만의 비밀이 하나 있다. 그것은 바로 많은 소도시가 쓰레기 수거나 거리 순찰같이 도시의 기본 업무로 여겨지는 것조차 제대로 수행하지 못할 때가 많을 뿐만 아니라 그 수준을 넘어서는 활동은 아예 계획은 물론 실행할 역량조차 갖추지 못했다는 것이다. 재정적인 제약이 있는 것은 사실이지만 대부분의 소도시는 보유한 자원을 가장 효과적이고 생산적인 방식으로 사용하지 못한다. 소도시의 시장 중 연간 예산이 수억 달러에 달하는 기업을 운영할 수 있을 만한 자격을 갖추고 있거나 도시가 직면한 어려운 문제에 대처할 수 있는 능력을 보유한 사람은 드물다. 게다가 뛰어난 전문 능력과 관리 역량을 갖춘 지자체 직원은 극히 드물다.

도시의 부족한 역량 문제는 지방 정부에만 국한되지 않는다. 영스타운은 다른 소도시들과 구분되는 예외적인 특징을 갖고 있다. 바로 영스타운지역개발회사다. 이 회사는 자체적으로 창의적인 프로그램을 진행할 뿐 아니라 시 정부와의 계약을 통해 영스타운 정부가 직접 실행할 수 없는 것을 수행하는 역량 있고 자원이 풍부한 비정부기구다. 하지만 영스타운은 예외적인 경우다. 인구가 6만 명쯤 되는 미국 도시 중 비정부 기구나 좀 더 강력한 지역 사회 구축에 집중하는 탄탄한 조직이 있는 곳은 드물다. 또한 소도시의 기업과 기관을 이끄는 지도자들은 대개 고용된 관리자들로, 이들은 교외에 거주하며 해당 도시와는 별다른 연고가 없는 사람들이다. 또한 풀뿌리 조직이 매우 중요한 역할을 할 수도 있지만 이들은 좀 더 세부적인 것에 집중하며 장기적이고 원대한 비전을 추구하기보다 일상적인 운영에 관심을 쏟는 등 좀 더 제한적인 경향이 있다.

유럽의 소도시들은 이런 측면에서 미국의 소도시보다 상황이 나은 편이다. 전문적인 역량이 좀 더 뛰어난 편인 데다 전문 자격과 경험을 갖춘 시장에 대한 유권자의 선호도가 높기 때문이다(적어도 독일에서는 이런 현상이 두드러진다).[11] 인구 23만 명의 축소 도시인 독일의 할레Halle는 시 정부의 도시 계획 및 환경 부서 안에 있는 여러 과중 한 곳에 불과한 도시 개발 및 공터 계획과에 17명의 전문 직원을 배치했다. 프로젝트 개발 업무를 담당하며 2개의 세부 지역 개발 계획 사무소를 아우르는 별도의 도시 개발과에는 14명의 전문 인력이 있다. 다른 과는 법률 문제, 인허가, 역사 유적 보호, 도시 재개발 재원 마련 등을 담당한다.[12] 규모가 비슷한 미국 도시라면 각 분야에 1-2명의 전문가가 있고 총직원이 5-6명만 돼도 운이 좋다고 생각할지도 모른다.

역량이 부족한 도시는 〈닭이 먼저냐 달걀이 먼저냐〉라는 딜레마에 빠지게 된다. 사회적, 경제적, 환경적 인프라를 제공할 수 없는 도시는 지속 가능하고 번성하는 도시가 되거나 이런 도시로 남는 데 필요한 사람과 기술을 끌어들이기가 불가능하다는 사실을 깨닫게 된다. 하지만 이런 기술과 인력을 확보하지 못하면 애초에 인프라 자체를 구축하지 못할 수도 있다. 그와 같은 곤경에서 벗어나려면 주 정부나 연방 정부의 개입 혹은 주립 대학이나 규모가 큰 다른 재단의 도움이 필요할 수 있다. 잠시 후에 관련 내용에 대해 좀 더 자세히 살펴볼 생각이다.

분열된 정치와 지역 주민의 무관심

　미국의 축소 도시들이 마주하게 될 세 번째 장애물은 사회적인 분열과 지역 경제나 정치에 대한 주민들의 무관심이다. 지역화된 경제를 구축하는 것은 어떤 상황에서든 어려운 일이다. 하지만 대다수의 성인이 기업가, 노동자 등으로 구성돼 경제 활동에 적극적으로 참여하고 새로운 경제 활동에 사용될 수 있는 기술을 갖춘 도시에서는 훨씬 수월하다. 이전 지불 경제에 의존하는 도시에서는 노동 인구의 참여가 훨씬 저조하고 도시는 지역 안에서 자원을 창출하기보다 외부에서 유입되는 보조금에 의존하게 된다. 디트로이트의 경우 명목상으로라도 노동 인구에 포함되는 성인 인구는 절반이 채 되지 않으며 실업 상태의 성인은 거의 15%에 달한다. 축소 도시에는 성인 인구 3명 중 1명만 노동 인구에 포함되는 지역이 많다.

　정치에 대한 무관심과 사회적인 분열이 경제적인 고립 문제를 더욱 악화시킨다. 미국의 많은 축소 도시에서는 대부분의 인구가 정치와 단절돼 있다. 뉴저지 트렌턴에서 열린 2018년 지방 선거에서 각 후보의 득표수 총합은 8,800표였다. 트렌턴 전체 성인 인구 6만 7,000명 중 약 13%만 투표를 한 셈이었다. 총 4개 중 2개 선거구에서는 이민자가 많아서인지 전체 성인 인구 중 투표에 참여한 사람이 10%도 채 되지 않았다. 이는 생존이라는 문제에 압도당해 엘리트를 극도로 불신하는 많은 사람이 정치에 관심을 보이지 않을 때 나타나는 현상이다. 이런 모습에는 사회 전반에 만연해 있는 경제적, 인종적, 민족적 차이뿐 아니라 미국 사회에서 끈질기게 지속되는 인종 분리 또한 반영돼 있다.

흑인과 라틴계 주민의 수가 거의 비슷하고 흑인과 라틴계 공동체 모두가 출신 국가나 문화에 따라 더욱 분열돼 있는 트렌턴 같은 도시에서 변화라는 의제를 중심으로 시민의 참여를 끌어내는 것은 문화적으로 좀 더 응집력이 높은 유럽의 도시나 그보다도 더 응집력이 강한 일본의 도시에서 같은 일을 추진하는 것보다 훨씬 어렵다. 미국에서는 의미 있는 지역 개발이 거의 전무하다는 사실에 잘 반영돼 있듯이, 중심 도시와 교외나 농촌 지역 간의 불신과 갈등으로 점철된 미국의 독특한 역사 때문에 변화를 위한 지역적 전략을 수립하기가 더욱 힘들어졌다.

대부분의 미국 도시에는 인종과 민족, 문화 차이를 넘어 사람들을 하나로 모으는 조직적이고 제도적인 포럼이나 이탈리아의 파세지아타같이 다양한 사람이 모여서 공통된 활동을 할 수 있는 공공 공간이 없다. 사실 일부 도시는 오히려 퇴보하고 있다. 최근 수십 년 동안 많은 축소 도시의 도심 지역이 재건됐지만 한때 도시의 다양성을 높이는 공동의 공간이었던 곳이 점차 백인 상류층이 거주하는 주거 지역으로 재편되고 있다. 디트로이트의 인구는 80% 이상이 흑인이지만 아름답게 복원된 캠퍼스 마르티우스Campus Martius 중앙 광장에서 여름에는 신나는 인공 해변을, 겨울에는 스케이트장을 즐기는 사람은 대개 백인이다(〈그림 10.2〉 참조). 이 광장은 모두에게 개방된 공간이지만 사실상 1920년대에 지어진 사무용 건물을 개조해서 만든 고급 아파트에 사는 대다수의 백인 거주자와 도심에서 일하는 백인 노동자들이 주로 이용한다.

그림 10.2   디트로이트 도심 캄푸스 마르티우스 광장에 꾸며진 인공 해변

출처: 공공 공간 프로젝트

축소되는 세계에서 성공으로 가는 길

—

성공으로 가는 길이 있을까? 도시와 지역이 성공으로 이어지는 길을 찾기가 어려울 수도 있지만 그런 길이 있는 것만은 틀림없다. 이전 장들에서 내가 제안한 축소 도시를 위한 지속 가능한 미래 비전은 상상력으로만 만들어낸 것이 아니라 얼마든지 실현 가능한 것이다. 오히려 서로 다른 많은 요소를 하나의 통합된 전체로 모으고 그것의 실현을 가로막는 장벽을 극복하는 과정이라 할 수 있다. 이 과정에서 가장 중요한 요소를 〈그림 10.3〉에 요약해 놓았다.

이것은 동시에 미지의 세계로의 도약이기도 하며 예측 가능하거

그림 10.3　　성공으로 가는 길: 단순화한 흐름도

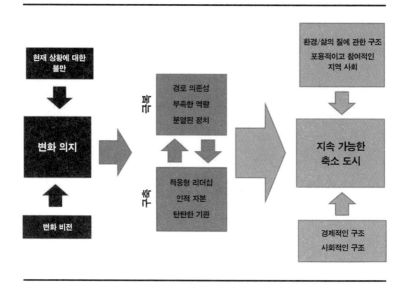

나 편안한 것과는 정반대의 길을 택하는 것일 수도 있다. 그중에서 가장 어려운 것은 첫 번째 단계다. 변화의 필요성, 즉 의미 있고 혁신적인 변화가 필요하고 그것이 가능하다고 자신과 타인을 설득하는 것이다. 많은 사람이 현 상태에 불만을 품고 있지만 또 다른 많은 사람, 심지어 가장 고통받는 지역에 사는 일부 사람들은 현 상황을 통해 오히려 이익을 얻는다. 또한 불만을 느끼는 많은 사람은 현 상태를 대체할 수 있는 것이라면 무엇이든 지금보다 더 나빠진 않을 거라고 믿는다. 물론 이런 생각이 비합리적인 것은 아니다. 자연재해와 달리 도시의 하락세는 점진적이어서 한 해에서 다음 해로 넘어가는 과정에서 거의 눈에 띄지 않는다. 임박하지도 않은 데다 거의 감지할 수도 없는 위험에 대응해 경로를 수정하도록 사람들을 설득하기는 쉽지 않다.

그 결과 축소 도시를 이끄는 수장들은 변화의 돌파구로 오로지 경로 의존성만 추구하며 다시 성장 열차에 올라타거나 주 정부와 연방 정부로부터 좀 더 많은 자금을 얻어낼 방법을 궁리하는 데만 골몰하는 경향을 보인다. 시장과 지역 경제 개발 담당자들이 아는 방법이 이것뿐이다. 하지만 뒤돌아보면 이런 방법이 통하지 않았을 때가 많았고 앞으로는 그 가능성이 더욱 낮아질 전망이다.

도시는 여기저기에서 미래로의 도약을 결정할 수 있다. 앞서 살펴봤듯이 구성 요소들은 이미 존재한다. 하지만 이런 요소들을 한데 모으려면 남다른 노력이 필요하다. 뉴욕주 이타카나 버몬트주 벌링턴같이 대개 진보주의 성향을 띄는 정치 문화, 건강한 경제, 남달리 풍부한 인재 집단, 지역화에 대한 이념적인 성향을 보이는 도시가 힘차게 도약할 수 있다. 이런 도시는 흔치 않은 아웃라이어 같은 존재다. 반면 가장 변화가 절실한 도시를 비롯한 대부분의 도시는 변화에 앞장서기를 훨씬 더 주저할 것이다.

지금껏 내가 지역화를 강조하고 축소 도시의 사람과 기관이 해당 지역의 미래에 좀 더 큰 책임을 져야 한다고 주장한 점을 생각하면 일관성이 없는 것처럼 느껴질 수도 있지만 변화를 위해서는 주 정부와 연방 정부가 전국적인 재단 및 기관과 함께 매우 중요한 역할을 해야만 한다. 이는 그저 돈을 보내고 마는 전통적인 것보다는 변화를 촉진하기 위한 수단을 만들고, 소도시와 축소 도시가 다양한 미래를 시각화하고 인적 자원을 구축하도록 돕고, 좀 더 지역화된 경제로 변화하는 데 필요한 기술과 전문성을 축적하는 것을 말한다.

이를 달성하기 위한 수단은 다양한 형태를 띨 수 있다. 예를 들면 미시간주, 펜실베이니아주, 오하이오주같이 규모가 작은 축소 도시가 많고 상당한 생산 자산을 갖춘 주는 지속 가능한 지역 경제 센터 같은 기관을 신설할 수 있다. 정보와 기술 이전 등을 담당하는 주립 대학교와 함께 이런 센터를 설립해 성공적인 변화의 기틀을 마련할 수 있다.

이런 센터가 소도시의 이해관계자들에게 지식과 전략을 적극적으로 전달하기 위해 탄생한 또 다른 단체와 합쳐질 수도 있다. 대학 교수진을 포함한 다양한 풀타임 및 파트 타임 전문가를 대거 고용해 지역 사회가 변화의 전략을 세울 수 있도록 돕는 동시에 지방 공무원들과 다른 이해관계자들을 훈련시켜 다양한 도시와 지역을 네트워크로 연결하는 역할을 맡길 수 있다.

독일의 노르트라인베스트팔렌주North Rhine-Westphalia는 행동과 변화를 돕는 영향력 있는 모델을 만들어 냈다. 노르트라인베스트팔렌주는 인구가 1,790만 명에 달하고(뉴욕주보다 약간 작은 수준) 오래된 산업 도시들이 가장 많이 집중되어 있는 독일 최대 주다. 그곳 주 정부는 16개의 독립적인 연구 센터로 이뤄진 요하네스 라우Johannes Rau라는 네트워크가 자신들의 주와 그 밖의 지역의 환경적, 경제적, 사회적 상황을 개선하는 데 도움이 되는 연구를 수행할 수 있도록 매우 중요한 재정 지원을 제공한다. 이 네트워크에 속한 연구소와 센터로는 지방 및 도시 개발 연구소, 경영 합리화 연구소, 수자원 및 폐기물 관리 연구소, 지하 인프라 연구소, 에너지 및 환경 기술 연구소, 독일-유대인 역사 연구소, 튀르키예학 및 통합 연구 센터 등을 들 수 있다.

이들 연구소는 전국적인 문제와 국제적인 문제에도 관심을 기울이지만 주로 각 주와 도시의 경제와 사회에 영향을 미치는 문제에 집중한다. 예를 들면 튀르키예학 및 통합 연구 센터는 튀르키예 출신의 대규모 이민자들을 통합하는 문제를 연구하고, 지방 및 도시 개발 연구소는 이동성, 사회 통합, 토지 사용 문제에 초점을 맞춘다. 각 연구소는 독립적으로 활동하지만 요하네스 라우 네트워크에 속한 조직들은 다음과 같은 네 가지 주된 주제를 중심으로 공동의 노력을 기울인다.

- 인구통계학적인 변화와 변화하는 요구 사항을 고려했을 때 살기 좋은 도시를 만들고 적절한 인프라를 구축하려면 어떻게 해야 할까?
- 생산, 물류, 이동성을 지속 가능하게 만들려면 어떻게 해야 할까?
- 디지털화는 우리 삶의 모든 영역에 어떤 기회와 도전 과제를 가져올까? 그리고 우리는 어떻게 개개인과 사회에 도움이 되는 방향으로 영향을 미칠 수 있을까?
- 세계 각지의 지역 및 지방 수준에서 어떻게 세계화의 영향을 인도주의적으로 형성할 수 있을까?

2020년에는 이 16개 연구소의 총예산이 1억 1,200만 유로에 달했다. 그중 1,800만 유로에 달하는 일반 운영 자금은 주 정부 예산에서, 특정 프로젝트와 활동을 위한 9,400만 유로는 연방 정부, 유럽

연합, 재단, 대학, 기업 등에서 조달됐다.[13]

여기서 눈여겨봐야 할 점은 두 가지다. 첫째, 노르트라인베스트팔렌주나 요하네스 라우 네트워크에 속하는 연구소 중 어느 쪽도 현재로서는 지역화로의 전환을 추구하고 있지 않지만 환경적, 경제적, 사회적 변화에 대응하기 위한 조직적 네트워크를 구축해 지역화로의 전환에 대비한 탄탄한 인프라를 구축해 놓았다는 점이다.

그 네트워크에 속한 조직들은 이미 숙련된 인력을 갖추고 있는데다 명확한 사명감을 갖고 있기 때문에 지역화로의 전환을 위한 노력의 가치가 명확해지면 그에 집중하는 방향으로 쉽게 전환할 수 있다.

둘째, 미국에서 규모가 크거나 중간 정도 되는 주 혹은 유럽의 작은 국가들이 손쉽게 감당할 수 있는 비용으로 이런 일을 해냈다는 점이다. 이와 같은 방향으로 움직이는 유럽의 작은 나라 중 하나가 국가 총인구가 미국 세인트루이스 대도시권 인구와 비슷한 리투아니아다. 여러 조직이 통합돼 2020년에 생겨났으며 정부의 지원을 받는 리투아니아 사회학 센터의 사명은 "공공 정책 해결 방안과 이를 기반으로 하는 혁신을 실행하기 위해 경제학, 사회학, 법학 분야에서 고급 사회과학 지식을 창출하고 보급하는 것"이다.[14] 이 센터에 소속된 기관인 경제학 및 농촌 개발 연구소는 현재 리투아니아의 국내 식량 공급망 강화, 고부가가치 제품 생산을 위한 현지 원재료 사용 강화 같은 핵심적인 지역화 문제를 연구하고 있다. 두 연구 프로젝트 모두 리투아니아 정부로부터 자금을 지원받고 있다.[15]

주 정부와 연방 정부가 변화의 씨앗을 뿌리는 데 도움을 줄 방법은 많다. 영스타운지역개발회사는 영스타운 정부의 한계와 다른 기관의 취약성으로 인해 생겨난 공백을 메우는 등 심각한 문제로 어려움을 겪는 영스타운 주민들의 삶의 질을 개선하는 데 중요한 역할을 해왔다. 물론 뛰어난 리더십도 커다란 도움이 됐지만 매년 핵심적인 운영 지원을 제공하는 레이먼드 존 윈 재단의 지속적인 노력이 큰 역할을 했다. 같은 대상을 꾸준히 지원하는 재단도 현실적으로는 매우 드문 일이다.

미국 연방 정부가 미국 전역 소도시에 있는 변화를 추구하는 지역 개발 조직 250곳에 각각 연간 100만 달러의 돈을 지원한다고 가정해 보자. 이 시나리오에서 연방 정부는 각 조직이 합리적인 수준에서 성과를 낼 경우 초기 종잣돈을 지원하는 데서 그치지 말고 필요로 하는 기간 동안 지속적으로 지원을 해야 한다. 훈련 프로그램 제공, 자재 개발, 결과 평가, 참여 조직 및 도시 네트워크 구축 등을 포함하는 지원 시스템을 유지하려면 일부 추가 비용이 발생할 수 있는데 이때 총비용이 대략 연간 2억 7,500만 달러에 달하게 된다. 이는 연방 예산 규모를 생각하면 전체 예산의 반올림 오차조차도 되지 않을 정도로 미미한 금액이다. 비슷한 돈이 있으면 미 농무부는 지역 식량 네트워크를 구축할 수 있고, 상무부는 분산된 제조 단체 네트워크를 만들 수 있다. 이런 단체와 그곳에서 활동하게 될 재능 있고 열정적인 사람들이 미국 여러 도시와 지역에 가져올 촉매 효과는 엄청나다.

결국 돈이 중요하다. 유럽연합은 결속 정책에 따라 훨씬 더 규모가 크고 훨씬 더 부유한 미국 도시들도 부러워할 만큼 동유럽의 여러 소도시에 공공 공간과 인프라를 구축할 수 있도록 자금을 지원해 왔다.

미국 축소 도시가 주민들의 생존 욕구를 충족시키려면 재정 지원이 필요하다. 덧붙여 일관된 변화 이론, 즉 이런 행동이 어떻게 목표 달성으로 이어지는가에 대한 명확한 이해와 설명을 기반으로 체계적인 변화를 유도하는 활동을 지원하기 위해서도 재정 지원이 필요하다. 변화 이론이 반드시 측정 가능하거나(물론 도움은 되겠지만) 증명 가능할(대개 불가능하다) 필요는 없지만 합리적이고, 일관성 있고, 이용 가능한 정보와 일치해야 한다. 미국 정부 정책에서는 이런 프로젝트를 찾아보기가 힘들다.

결론

—

앞으로의 수십 년은 쉽지 않을 전망이다. 세계적으로 인구 증가세가 둔화됨에 따라 인구통계학적 변화, 경제 성장 둔화, 정치적 불안정성, 기후 변화의 복합적인 효과가 전 세계 대부분의 사람에게 영향을 미칠 것이다. 이런 변화는 점진적으로 진행되면서 매년 조금씩 나타나겠지만 향후 수십 년 동안 누적되면서 미래는 우리가 현재 익숙하게 느끼는 것보다 여러모로 훨씬 어려운 세상이 될 것이다. 대대적인 변화보다 점진적이고 더딘 변화가 대처하기에 좀 더 수월할 것으로 생각될 수 있지만 실제로는 그 반대다. 그동안 많은 사람이 인간이라는 종족은 장기적이고 점진적인 변화를 계획하기보다 위기에 대응하는 데 좀 더 능숙하다고 지적했다. 총체적으로 볼 때, 우리 인간은 서서히 데워지는 물 속에 들어앉아서 어쩔 도리가 없는 순간이 돼서야 뒤늦게 현실을 깨닫는 개구리와 같은 존재다.

그러나 우리는 수천 년 동안 상상 가능한 갖은 변화에 적응해 왔고 지금도 적응을 위해 노력 중이다. 그 과정이 항상 아름답지만은 않았다. 하지만 우리 호모 사피엔스는 몇 번이고 다시 일어서서 어디 뼈가 부러진 데는 없는지 살피고 먼지를 털어낸 다음 다시 앞으로 나아갔다. 앞으로 수십 년에 걸쳐 이런 모습을 보게 될 것이다. 이미 그것은 시작됐다. 우리는 이미 환경적인 지속 가능성, 제조, 에너지 생산, 식량 안보, 좀 더 공평하고 포용적인 사회적 및 정치적 공동체 구축 등에서 온갖 실험을 목격하고 있다. 정치적인 역풍에도 불구하고 이런 실험은 매년 좀 더 늘어날 것이다. 어떤 실험은 아예 시작조차 되지 않을 테고 또 다른 많은 실험은 결국 실패로 돌아가겠지만 그래도 그 과정은 계속될 것이다. 변화는 골치 아프고 고통스럽겠지만 2050년은 지금의 세상보다 좀 더 불공평하고 양극화는 더 심해 있을 전망이다. 우리가 당면한 모든 문제를 해결하지도 못할 것이다. 하지만 끓는 물 속의 개구리와는 달리 너무 늦기 전에 솥에서 나올 방법을 우리는 찾을 것이다.

이 책을 쓴 데는 두 가지 목적이 있다.

첫 번째는 전 세계의 사려 깊은 사람들이 이 세계에 존재하는 수많은 축소 도시들이 앞으로 수십 년 동안 직면하게 될 도전 과제를 이해하도록 돕는 것이다. 두 번째는 이런 도시에 좀 더 건강하고 지속 가능한 미래를 선사할 실험을 추진하도록 사람들을 설득하는 것이다.

우리가 계속 제대로 된 질문을 던진다면 우리는 결국 정답을 찾게 될 것이다.

성장의 시대가 끝나고 축소의 시대가 온다

나는 지난 30년이 넘는 세월 동안 축소 도시에서 일하고, 그런 도시를 관찰하고, 그런 도시에 관해 생각하고 글을 쓰는 데 많은 시간을 보냈다. 그것은 1990년대에 주택 및 경제 개발 책임자를 지냈던 뉴저지 트렌턴에서 출발해 디트로이트, 플린트, 세인트루이스 같은 미국의 여러 도시를 거쳐 유럽과 일본으로 이어지는 긴 여정이었다. 그 기간 동안 나를 비롯한 거의 모두는 그와 같은 도시에 내재한 흥미로운 특징과 도전 과제에도 불구하고 축소 도시를 이례적인 현상으로 여기곤 했다. 인구와 GDP를 비롯한 모든 것이 성장하는 추세가 21세기 인류의 정상 상태로 여겨졌던 세상에서 축소 도시는 그야말로 아웃라이어였다.

하지만 어느 순간 나는 더 이상 그렇지 않다는 사실을 깨달았다. 경제 성장, 그중에서도 특히 인구 성장이 둔화됐을 뿐 아니라 기후 변화가 점점 더 파괴적인 영향을 미치는 탓에 앞으로 도시가 축소되는 속도는 더욱 빨라질 가능성이 컸다. 날이 갈수록 힘이 약해지는 거대한 구식 엔진의 밸브와 피스톤처럼, 글로벌 성장이라는 기계가 움직이는 속도 역시 느려졌고 이따금 멈추기도 했다. 성장이 금세 중단되지는 않겠지만 수십 년 후에도 인구가 계속 늘어날 것으로 예상되는 지역은 지구상에서 아프리카와 중동뿐이다. 하지만 그 두 지역은 동시에 기후 변화로 대대적인 파괴를 맞게 될 위험에 처한 곳이기도 하다. 바야흐로 위대한 〈성장의 시대〉가 막을 내리고 있다.

성장이 그 어느 때보다도 더딘 세상, 즉 많은 나라의 인구 성장이 잇따라 마이너스로 돌아선 세상에서는 축소 도시가 더 이상 이례적인 존재나 아웃라이어가 아니다. 일부 국가, 주로 동유럽과 동아시아에서는 축소 도시가 점차 표준이 되어가고 있다. 나는 이런 현상이 어떤 의미인지 궁금해졌다. 결국 오랜 세월을 거쳐 축소는 단순히 산술적인 문제가 아니라는 사실을 깨달았다. 성장이 사회적인 문제나 경제적인 문제를 해결하기 위한 만병통치약으로 여겨지는 세상에서는 특히 더 그랬다. 인구 감소가 좋은 결과로 이어질 때도 있지만 대개는 사회적, 경제적, 환경적 측면에서 부정적인 결과를 낳는다. 그렇다면 이 세상이 축소 도시로 가득해지면 어떤 일이 벌어질까? 단순한 인구 감소와는 차원이 다른 방식으로 도시가 쇠퇴하게 될까? 그렇지 않으면 인구 감소를 경제적 쇠퇴와 빈곤과 분리할 수 있을까?

나는 이런 질문들 때문에 이 책을 쓰기로 결심했다. 많은 사람이 전 세계 인구 성장세의 안정 및 둔화 그리고 종래에 찾아올 성장 중단이 어떤 영향을 미칠지 생각하기 시작했다. 이러한 새로운 추세에 관해 설득력 있는 분석 자료를 내놓는 부류도 있고, 좀 더 야심 찬 행보를 보이며 러시아의 정치가이자 혁명가인 레온 트로츠키Leon Trotsky가 이야기한 것처럼 자본주의가 역사의 쓰레기통 속에 내동 댕이쳐지기를 기대하며 자본주의를 대체할 새로운 경제 체제 설계에 열을 올리는 부류도 있다. 하지만 우리가 실제로 살아가는 곳은 관념적인 세상이 아니라 실존하는 장소다. 또한 우리가 살아가는 바로 그 장소가 축소 도시나 그 주변 지역이 되는 경우가 점점 늘어날 것이다. 나는 이 세계에서 발생하는 좀 더 거대한 변화가 도시에 어떤 영향을 미치며, 도시는 그 변화에 어떻게 대응할 수 있는지 살펴보고 싶었다. 내가 확신하는 한 가지 원칙은 세계 각국의 도시에서 살아가는 사람들은 좀 더 거대한 세력의 손아귀에 붙잡힌 인질이 아니라, 자신이 생각하는 것보다 미래를 가꿔나갈 좀 더 강력한 힘을 가진 존재라는 것이다.

지난 2년은 모험과 같은 시간이었다. 집필을 시작한 후 이 주제를 제대로 다루려면 인구 통계, 이주, 기후 변화, 지정학 등 많은 주제를 함께 살펴보아야 한다는 사실을 깨달았다. 하지만 그 탐구 과정에서 이 모든 조각들이 하나로 모이자 이 세계는 성장 없이도 번성하고 지속 가능한 미래를 꾸려나갈 방법을 배울 수 있다는 깨달음이 왔다. 이것이 바로 이 책의 핵심 메시지다.

오랫동안 도시와 인구에 대해 나와 같은 열정을 가진 많은 사람을 만나고 그 사람들과 친구가 되는 축복을 누렸다. 그분들에게서 미처 다 갚을 수 없을 만큼 많은 것을 배웠다. 감사한 분들의 이름을 일일이 열거할 수는 없지만 똑같이 많은 도움이 된 분 중에서도 특히 라베아 브라크먼, 마이클 브래버먼, 찰스 부키, 존 갤러거, 빌 길크리스트, 마샤 네들랜드, 다이앤 스터너, 토드 스완스톰의 이름을 언급하고 싶다. 격려와 지지를 보내준 아킬라 왓킨스와 지역 사회 발전 센터 동료들, 아네그레트 하스와 카트린 그로스먼, 토르스텐 와이크먼, 수산나 프랭크, 외르크 플뢰거, 보그단 나돌루, 그라시안 미하일레스쿠, 에와 코르셀리–올레니차크, 긴타레 포시우테를 비롯한 유럽의 많은 동료들에게도 깊은 감사를 표한다. 이분들은 미국인 학자뿐 아니라 대부분의 미국인이 잘 알지 못하는 세계 각지의 중요한 지역으로 나를 이끌어주었다.

로버트 애들러, 데이비드 그린, 데이비드 허스톰, 존 샤피로 등 기꺼이 실험용 쥐의 역할을 자처해 내가 생각하는 아이디어를 테스트할 수 있도록 도와주거나 원고를 읽어준 친구들에게 특히 감사의 마음을 표한다. 그리고 원고가 나올 때마다 꼼꼼하게 읽고 적절한 시기에 사려 깊은 의견을 제시해준 사라 시엘로프에게 깊은 감사를 전한다. 편집자 헤더 보이어의 흔들림 없는 지지와 참여에도 감사를 전한다. 보이어가 이 책이 좀 더 일찍 완성되기를 바랐다는 사실은 잘 알고 있지만 이제 책이 완성됐으니 그 결과에 만족하기를 기대해 본다.

참고문헌

들어가는 글

1. Paul Ehrlich, *The Population Bomb* (New York: Ballantine Books, 1968), xi.

2. Ibid., xii.

3. Ibid., 127.

4. Christopher C. J. Murray, remarks (slightly edited) at "The Emptying Planet: The Global Impact of Declining Fertility Rates: A Virtual Roundtable," Council on Foreign Relations, July 15, 2020. https://www.cfr.org/event/emptying-planet-global-impact-declining-fertility-rates-virtual-roundtable.

5. Harvey Molotch, "The City as a Growth Machine: Toward a Political Economy of Place." *American Journal of Sociology* 82, no. 2 (1976): 309–32. As of mid-2021, this article had been cited in over 4,300 publications.

6. 2010 NPR interview, reported in Kevin J. Ryan, "Four Things Alvin Toffler Predicted about Work in 1970," *INC*, June 30, 2016, https://www.inc.com/kevin-j-ryan/4-things-futurist-alvin-toffler-predicted-about-work-in-1970.html.

7. Nassim Nicholas Taleb, *Antifragile: Things That Gain from Disorder* (New York: Random House, 2012), 6.

1. 고대 로마에서 21세기 대한민국까지, 전 세계 인구 변천사

1. Harvey Molotch, "The City as a Growth Machine: Toward a Political Economy of Place," *American Journal of Sociology* 82, no. 2 (1976): 309–32.

2. See Robert Nisbet, *A History of the Idea of Progress* (New York: Basic Books, 1980).

3. Lewis Mumford, *The City in History* (San Diego, Calif.: Harvest/HBJ Books, 1961), p. 410.

4. Peter G. Goheen, "Industrialization and the Growth of Cities in Nineteenth-Century America," *American Studies* 14, no. 1 (1973): 49–65, 49.

5. Ibid., 50.

6. Chinmay Tumbe. *Urbanization, Demographic Transition and the Growth of Cities in India, 1870–2020* (London: International Growth Centre, 2016).

7. 82 percent in Lowell, 79 percent in Lawrence, 70 percent in Fall River, and 67 percent in New Bedford in 2017.

8. Vaclav Smil, *Made in the USA: The Rise and Retreat of American Manufacturing* (Cambridge, Mass.: MIT Press, 2013), 104. For those interested in the history of American manufacturing, this book is the best short introduction to the subject.

9. William H. Frey, "Big Cities Saw Historic Population Losses while Suburban Growth Declined during the Pandemic," The Brookings Institution, July 11, 2022, https://www.brookings.edu/research/big-cities-saw-historic-population-losses-while-suburban-growth-declined-during-the-pandemic/.

10. David Mail, "Was the Decline in Liverpool's Historic Population Really That Unusual?," *CityMonitor*, November 17, 2017, https://citymonitor.ai/politics/was-decline-liverpool-s-historic-population-really-unusual-3490.

11. Hartmuth Häusermann and Walter Siebel, "Die schrumpfende Stadt und die Stadtsoziologie (The Shrinking City and Urban Sociology)," *Kölner Zeitschrift für Soziologie und Sozialpsychologie Sonderhefte* 29 (1988): 78–94.

12. https://www.citypopulation.de/en/bulgaria/cities/.

13. Radio Prague International archive, "Ostrava Braces for Huge Demonstration as Economic Decline Continues," May 22, 2003, https://english.radio.cz/ostrava-braced-huge-demonstration-economic-decline-continues-8074097.

14. Peter Rumpel et al., *Urban Shrinkage in Ostrava, Czech Republic*, Research Report, Shrink Smart Initiative (Brussels: European Commission, 2010), https://www .acad emia. edu/1174793/Urban_shrinkage_in_Ostrava_Czech_Republic. Arcelor Mittal Notes 283 sold the Ostrava plant to the Liberty Group, part of the network of businesses owned by the Sanjay Gupta family, in 2019.

15. "Rural Depopulation," https://www.nakasendoway.com/rural-depopulation/.

16. Keiro Hattori, Kiyonobu Kaido, and Mihoko Matsuyuki, "The Development of Urban Shrinkage Discourse and Policy Response in Japan," *Cities* 69 (2017): 124–32.

17. Alana Semuels, "Can Anything Stop Rural Decline?," *The Atlantic*, August 23, 2017, https://www.theatlantic.com/business/archive/2017/08/japan-rural-decline /537 375/.

18. Quoted in Jenna Wang, "Waiting for the End in Japan's Terminal Villages," *Forbes*, July 31, 2019, https://www.forbes.com/sites/jennawang/2019/07/31/waiting-for-the-end-in-japans-terminal-villages/?sh=20e7cb7c1e03.

19. Hiroda Masuda, "The Death of Regional Cities: A Horrendous Simulation: Regional Cities Will Disappear by 2040, a Polarized Society Will Emerge," *Discuss Japan: Japan Foreign Policy Forum, Politics* 18, January 20, 2014.

20. Xiangfeng Meng, Zhidian Jiang, Xinyu Wang, and Ying Long, "Shrinking Cities on the Globe: Evidence from LandScan 2000–2019," *Environment and Planning A: Economy and Space* 53, no. 6 (2021): 1244–48.

2. 2070년 전 세계 인구가 감소하기까지

1. Sarah Bryson, "Childbirth in Medieval and Tudor Times," The Tudor Society, https://www.tudorsociety.com/childbirth-in-medieval-and-tudor-times-by-sarah-bryson/#comments.

2. Max Roser, Hannah Ritchie, and Bernadeta Dadonaite, "Infant and Child Mortality," *Our World in Data* (2013, rev. 2019), https://ourworldindata.org/child-mortality.

3. *Livre du Faits du Bon Messier Jean le Maingre, Dict Boucicaut, Maréchal de France, in Collection Universelle des Memoires Particuliers Relatifs à l'Histoire De France, Tome VI*, http://www.guyenne.fr/Publications/Memoires_Boucicaut.htm.

4. See generally Lynn White Jr., *Medieval Technology and Social Change* (Oxford, UK: Oxford University Press, 1962).

5. https://sweden.se/migration/.

6. Hannah Ritchie and Max Roser, "Urbanization," *Our World in Data* (2018), https://ourworldindata.org/urbanization#long-run-history-of-urbanization.

7. Roser, Ritchie, and Dadonaite, "Infant and Child Mortality."

8. All data on total fertility rates in this chapter except where otherwise indicated come from the World Bank, https://data.worldbank.org/indicator/SP.DYN.TFRT.IN.

9. Shahbnam von Hein, "Iran's Declining Birth Rate Alarms Country's Leaders," *Deutsche Welle*, July 30, 2020, https://www.dw.com/en/iran-birth-rate-decline/a-54371973.

10. Matthew Connelly, "Controlling Passions," *Wilson Quarterly* 32, no. 3 (Summer 2008): 60–66.

11. Ibid.

12. Judith R. Seltzer, *The Origins and Evolution of Family Planning Programs in Developing Countries* (Santa Monica, Calif.: RAND Corporation, 2002), 1.

13. Donald J. Hernandez, "The Impact of Family Planning Programs on Fertility in Developing Countries: A Critical Evaluation," *Social Science Research* 10, no. 1 (March 1981), 32–66. Jacqueline Darroch Forrest and John A. Ross, "Fertility Effects of Family Planning Programs: A Methodological Review," *Social Biology* 25, no. 2 (1978): 145–63, reached similar conclusions.

14. "The Iranian Miracle: The Most Effective Family Planning Program in History?," *The Over-Population Project*, March 21, 2019, https://overpopulation-project.com/the-iranian-miracle-the-most-effective-family-planning-program-in-history/#:~:text=The%20first%20official%20target%20of,goal%3A%20two%20births%20per%20woman. For a good description of Iran's family planning programs during their heyday, see Farzaneh Roudi-Fahimi, *Iran's Family Planning Program: Responding to a Nation's Needs* (Washington, D.C.: Population Reference Bureau, 2002).

15. Meimanat Hosseini-Chavoshi, Mohammad Jalal Abbasi-Shavazi, and Peter

McDonald, "Fertility, Marriage, and Family Planning in Iran: Implications for Future Policy," *Population Horizons* 13, no. 1 (2016): 31–40.

16. Barbara H. Settles et al., "The One-Child Policy and Its Impact on Chinese Families," *International Handbook of Chinese Families* (New York: Springer, 2013): 627–46.

17. Vivian Wang, "More Children? No Way, Families in China Say," *New York Times*, June 2, 2021.

18. Jane Golley and Rod Tyers, "China's Gender Imbalance and Its Economic Performance," *Economics Discussion/Working Papers* 12-10 (Perth: The University of Western Australia, Department of Economics, 2012).

19. See Rachel Nuwer, "Singapore's 'National Night' Encourages Citizens to Make Babies," *Smithsonian Magazine*, August 8, 2012. The jingle can be heard at https://www.youtube.com/watch?v=8jxU89x78ac.

20. Joseph Chamie and Barry Mirkin, "More Countries Want More Babies: An Analysis," *Population Connection* (2020), https://www.populationconnection.org/article/more-countries-want-more-babies-an-analysis/.

21. See Marie-Monique Huss, "Pronatalism in the Inter-War Period in France," *Journal of Contemporary History* 25, no. 1 (1990): 39–68.

3. 도시와 경제가 인구를 이동시킨다

1. Convention and Protocol Relating to the Status of Refugees (Geneva: United Nations High Commissioner for Refugees, 1951), 14 (slightly paraphrased on UNHCR web site).

2. UNHCR website, https://www.unhcr.org/refugee-statistics/.

3. Carlo Levi, *Christ Stopped at Eboli (Christo si è fermato a Eboli)* (Turin, IT: Giulio Einaudi Editore, 1945), Eng. Edition, 124.

4. Ernst Georg Ravenstein, "The Laws of Migration, I," *Journal of the Statistical Society* 48, no. 2 (1885): 167–227.

5. King, *Theories and Typologies*, 14.

6. World Bank databank, Personal Remittances, received (% of GDP), https://data.worldbank.org/indicator/BX.TRF.PWKR.DT.GD.ZS?view=chart.

7. See, e.g., Kendra Dupuy and Siri Aas Rustad, *Trends in Armed Conflict, 1946–2017* (Oslo: Peace Research Institute Oslo, 2018).

8. United Nations High Commissioner for Refugees (UNHCR), Syria Refugee Crisis, https://www.unrefugees.org/emergencies/syria/.

9. UNHCR, https://www.unhcr.org/refugee-statistics/.

10. UN International Organization for Migration, *Environmental Migration Portal, Environment and Climate Change Nexus* (Cairo: UN IOM Egypt, 2020).

11. Jose A. Marengo, Roger Rodriguez Torres, and Lincoln Muniz Alves, "Drought in Northeast Brazil—Past, Present, and Future," *Theoretical and Applied Climatology*

129 (2017), 1189–200, https://doi.org/10.1007/s00704-016-1840-8.

12. Ernesto F. de L Amaral, "Brazil: Internal Migration," in *The Encyclopedia of Global Human Migration* ed. Immanuel Ness (Oxford, UK: Blackwell Publishing Co., 2013).

13. Xiaochu Hu, *China's Young Rural-to-Urban Migrants: In Search of Fortune, Happiness and Independence* (Washington, D.C.: Migration Policy Institute, Jan. 4, 2012).

14. Chelsea Edgar, "The New Vermonters: Fleeing COVID-19, Newcomers Find Temporary— or Permanent—Refuge in the Green Mountains," *Seven Days*, September 9, 2020.

15. Wendell Cox, "The Evolving Urban Form: Tokyo," *New Geography*, June 19, 2012,\ http://www.newgeography.com/content/002923-the-evolving-urban-form-tokyo.

16. Jacob Riis, *How the Other Half Lives* (New York: Charles Scribner's Sons, 1990), 22.

17. Kaivan Munshi and Mark Rosenzweig, *Why Is Mobility in India So Low? Social Insurance, Inequality, and Growth*, no. w14850 (Washington, D.C.: National Bureau of Economic Research, 2009).

18. Clément Imbert and John Papp, "Costs and Benefits of Rural–Urban Migration: Evidence from India," *Journal of Development Economics* (2020): 102473.

19. Gregory Randolph and Sahil Gandhi, "Migrants Aren't Streaming into Cities, and What This Means for Urban India," *Hindustani Times*, July 22, 2019, https://www. hindustantimes.com/analysis/migrants-aren-t-streaming-into-cities-and-what-this-means-for-urban-india/story-FcyA2hJkzq4cpyf1T9Yz3L.html.

20. Jack Smith, "Give Me Shelter: L.A.'s Post-WWII Housing Shortage Foreshadowed the Crisis of the 1980s," *Los Angeles Times*, September 17, 1989, https://www.latimes. com/archives/la-xpm-1989-09-17-tm-78-story.html.

21. Becky Nicolaides and Andrew Wiese, "Suburbanization in the United States after 1945," *American History*, Oxford Research Encyclopedias, online publication at http://oxfordre.com/americanhistory/view/10.1093/ acrefore/9780199329175.001.0001/acrefore-9780199329175-e-64.

22. Leah Platt Boustan, "The Culprits behind White Flight," op-ed essay, *New York Times*, May 15, 2017, https://www.nytimes.com/2017/05/15/opinion/white-flight. html.

23. W. Edward Orser, *Blockbusting in Baltimore: The Edmondson Village Story* (Lexington: University Press of Kentucky, 1994), 4.

24. Orser, *Blockbusting*, 5.

25. For the former, see Robert A. Beauregard, "Federal Policy and Postwar Urban Decline: A Case of Government Complicity?," *Housing Policy Debate* 12, no. 1 (2001): 129–51. For the latter, see Michael Danielson, *The Politics of Exclusion* (New York: Columbia University Press, 1976).

26. Leah Platt Boustan, "Was Postwar Suburbanization 'White Flight'? Evidence from the

Black Migration," *Quarterly Journal of Economics* 125, no. 1 (2010): 417–43.

27. Katrin Bennhold, "One Legacy of Merkel? Angry East German Men Fueling the Far Right," *New York Times*, November 5, 2018, https://www.nytimes.com/2018/11/05/world/europe/merkel-east-germany-nationalists-populism.html.

28. Enrico Moretti, *The New Geography of Jobs* (New York: Houghton Mifflin Harcourt, 2012), 156.

4. 인구 감소는 주택 수요에 어떤 영향을 미치고 있는가

1. Irving Howe, "The Cities' Secret," *The New Republic*, January 22, 1977, quoted in Robert A. Beauregard, *Voices of Decline: The Postwar Fate of American Cities* (Oxford, UK: Blackwell, 1993), 264.

2. Quoted in Richard A. Lamanna, "Change and Diversity in American Community Life," *The Review of Politics* 34, no. 4 (1972): 26–43.

3. Jonathan Mahler, *Ladies and Gentlemen, the Bronx Is Burning: 1977, Baseball, Politics and the Battle for the Soul of a City* (New York: Macmillan, 2005).

4. Annegret Haase, Matthias Bernt, Katrin Großmann, Vlad Mykhnenko, and Dieter Rink, "Varieties of Shrinkage in European Cities," *European Urban and Regional Studies* 23, no. 1 (2016): 86–102.

5. John Gallagher, *Reimagining Detroit: Opportunities for Redefining an American City* (Detroit: Wayne State University Press, 2010), 21.

6. For a more extended discussion of this subject, see Mallach, *The Divided City: Poverty and Prosperity in Urban America* (Washington, DC: Island Press, 2018), 83–85.

7. Eugene Robinson, *Disintegration: The Splintering of Black America* (New York: Doubleday, 2010), 66.

8. Kendra Bischoff and Sean Reardon, "Residential Segregation by Income 1970–2009" (New York: Russell Sage Foundation, 2013), 15.

9. For a detailed discussion of this phenomenon, which the author has dubbed "hypervacancy" see Alan Mallach, *The Empty House Next Door: Understanding and Reducing Vacancy and Hypervacancy in the United States* (Cambridge, Mass.: Lincoln Institute of Land Policy, 2018).

10. Ewa Szafrańska, "Transformations of Large Housing Estates in Central and Eastern Europe after the Collapse of Communism," *Geographia Polonica* 88, no. 4 (2015): 621–48, 625.

11. Matthias Bernt, "Partnerships for Demolition: The Governance of Urban Renewal in East Germany's Shrinking Cities," *International Journal of Urban and Regional Research* 33, no. 3 (2009): 754–69.

12. The aerial view on Google Earth, dated 2021, indicates that no further building demolitions have taken place since 2013.

13. "Plattgemacht: Wenn ein Stadtteil verschwindet," ZDF.de (2019), https://www.zdf.de/

dokumentation/37-grad/37-plattgemacht-100.html.

14. 2011 data from *Bulgaria: Housing Sector Assessment* (Washington, D.C.: World Bank, 2017). Both years based on data from the Bulgaria National Statistical Institute.

15. Ibid., 53.

16. Ibid., 91.

17. For a vivid description of one such Roma community, on the outskirts of Plovdiv, a major city, see Nate Robert, "The Largest Gypsy Ghetto in Europe—Stolipinovo," https://yomadic.com/stolipinovo-gypsy-ghetto/ (2016).

18. *Bulgaria: Housing Sector Assessment*, 133.

19. See Szafrańska, "Transformations."

20. Robert Krzysztofik, Jerzy Runge, and Iwona Kantor-Pietraga, *Paths of Shrinkage in the Katowice Conurbation: Case Studies of Byton and Sosnowiec Cities* (Sosnowiec, Poland: Faculty of Earth Science, University of Silesia, 2011).

21. Maciej Potyra, *Household Projection for the Years 2016–2050* (Warsaw: Central Statistical Office, 2016).

22. Japan Statistics Bureau, *2020 Statistical Handbook of Japan* (Tokyo, Japan Statistics Bureau, 2020), 11.

23. Masahiro Kobayashi, *The Housing Market and Housing Policies in Japan* (Mandaluyong, Philippines: Asian Development Bank Institute, 2016). This understates the actual disparity, because many of the existing homes were sold only after extensive rebuilding.

24. See, e.g., Shoko Yoshihara, *Realities and Challenges of Land Issues in the Era of Depopulation* (Tokyo: Tokyo Foundation for Policy Research, 2021).

25. Shoko Yoshihara, ed., *Forum Report: Land Rights and Responsibilities in the Twenty-First Century* (Tokyo: Tokyo Foundation for Policy Research, 2018).

26. Special Measures Act on Promotion of Measures on Vacant Houses, Act no. 127 of 2014, Art. 14.

27. Narufumi Kadomatsu, James J. Kelly, Jr., Romain Melot, and Anne Pilniok, *Legal Responses to Vacant Houses: An International Comparison* (Singapore: Springer, 2020).

5. 줄어드는 인구는 우리의 경제적 삶에 어떤 영향을 끼치는가

1. Zachary Karabell, "The Population Bust: Demographic Decline and the End of Capitalism as We Know It," *Foreign Affairs* 100, no. 5 (September/October 2019).

2. Among the most notable were Harry Harrison, *Make Room, Make Room!* (1966); oger Zelazny, *The Dream Master* (1966); John Brunner, *Stand on Zanzibar* (1968); and Joanna Russ, *And Chaos Died* (1970). The movie *Soylent Green* was loosely based on Harrison's novel.

3. The data as well as the table are from Wan He, Daniel Goodkind, and Paul Kowal, *An Aging World: 2015* (Washington, D.C.: US Bureau of the Census, 2016).

4. Julia Isaacs, Katherine Toran, Heather Hahn, Karina Fortuny, and C. Eugene Steuerle, *Kids Share 2012: Report on Federal Expenditures for Children through 2011* (Washington, Notes 291 D.C.: Urban Institute, 2012).

5. Yuki Yasuhiro, "The Challenges Facing Japan's Long-Term Care Services," Nippon. com, February 5, 2020, https://www.nippon.com/en/in-depth/d00530/the-challenges-facing-japan%E2%80%99s-long-term-care-services.html.

6. Frank Tang, "China's State Pension Fund to Run Dry by 2035 as Workforce Shrinks due to Effects of One-Child Policy, Says Study," *South China Morning Post*, April 12, 2019, https://www.scmp.com/economy/china-economy/article/3005759/chinas -state-pension-fund-run-dry-2035-workforce-shrinks-due.

7. US Census Bureau, International Database.

8. See Shekhar Aiyar, Christian Ebeke, and Xiaobo Shao, "The Impact of Workforce Aging on Euro Area Productivity," *IMF Country Report* 16 (Washington, D.C.: International Monetary Fund, 2016): 220; Liu, Yihan, and Niklas Westelius, "The Impact of Demographics on Productivity and Inflation in Japan," *Journal of International Commerce, Economics and Policy* 8, no. 2 (2017); Adam Ozimek, Dante DeAntonio, and Mark Zandi, "Aging and the Productivity Puzzle," *Moody's Analytics* (2018).

9. Organization of Economic Co-operation and Development, *Germany "Perspective 50 Plus"—Employment Pacts for Older Workers in the Regions* (Paris, OECD, 2006), https:// www.oecd.org/employment/leed/37729545.pdf.

10. Paul Krugman, "Learning to Live with Low Fertility," *New York Times*, May 17, 2021.

11. Board of Governors of the Federal Reserve System, FAQ, https://www. federalreserve.gov/faqs/economy_14400.htm, accessed Nov. 20, 2021.

12. Latvia Central Statistical Bureau, "Each Fifth Dwelling in Latvia Has No Permanent Residents," Press Release, June 20, 2013, https://www.csb.gov.lv/en/statistics/ statistics-by-theme/population/census/search-in-theme/1335-housing-and-population-census-2011-data-housings.

13. Benjamin M. Friedman, "The Moral Consequences of Economic Growth," *Society* 43 (January/February 2006): 15–22.

14. Quoted in Julie Scharper, "Mayor's Goal: Bring 10,000 New Families to City in a Decade," *Baltimore Sun*, December 6, 2011.

15. Alan Mallach, *The Divided City: Poverty and Prosperity in Urban America* (Washington, DC: Island Press, 2018), 159–62.

16. Data from 2015–2019 Five-Year American Community Survey.

17. Data from US Census Longitudinal Employer–Household Dynamics (LEHD) database, https://onthemap.ces.census.gov/.

18. Charlie LeDuff, "Inside a Broken Police Department in Flint, Michigan," *The New Yorker*, February 25, 2018.

19. Civil Rights Division, US Department of Justice, *Investigation of the Ferguson Police Department* (Washington, D.C.: Department of Justice, March 4, 2015).

20. Reihan Salam, "How the Suburbs Got Poor—Places that Thrived in the Era of Two-Parent Families Are Struggling Today," *Slate*, September 4, 2014, https://slate.com/news-and-politics/2014/09/poverty-in-the-suburbs-places-that-thrived-in-the-era-of-two-parent-families-are-struggling-today.html.

21. Organization of Economic Cooperation and Development, *Key Data on Local and Regional Governments in the European Union* (Paris: OECD, 2018).

22. Congress of Local and Regional Authorities, *Monitoring of the Application of the European Charter of Local Self-Government in Bulgaria* (Strasbourg: Council of Europe, 2021), https://rm.coe.int/CoERMPublicCommonSearchServices/DisplayDCTMContent?documentId=0900001680a28bb8.

23. Centre for Cities, *City Outlook 2019: A Decade of Austerity* (London: Centre for Cities, 2019), https://www.centreforcities.org/reader/cities-outlook-2019/a-decade-of-austerity/.

24. US data from the Bureau of Labor Statistics, EU country data from Eurostat database, https://ec.europa.eu/eurostat/data/database.

25. Joanna Jasinska, "Flat-Pack Success: IKEA Turns to Poland for Its Furniture," *The First News*, November 24, 2021, https://www.thefirstnews.com/article/flat-pack-success-ikea-turns-to-poland-for-its-furniture-13823.

26. CBN Editor, "Local Government Land Sale Revenues in China Rose from 50 Billion to 8.4 Trillion Yuan in Just over Two Decades," *China Banking News*, June 15, 2021, https://www.chinabankingnews.com/2021/06/15/local-government-land-sale-revenues-in-china-rose-from-50-billion-to-8-4-trillion-yuan-in-just-over-two-decades/. Of this total, roughly half goes to pay for the costs of acquisition and extension of infrastructure to the sites.

27. Yoko Kubota and Liyan Qi, "Empty Buildings in China's Provincial Cities Testify to Evergrande Debacle," *Wall Street Journal*, October 4, 2021.

28. Bloomberg News, "China's Hidden Local Government Debt Is Equal to Half China's GNP, Goldman Says," *Bloomberg News*, September 29, 2021, https://www.bloomberg.com/news/articles/2021-09-29/china-hidden-local-government-debt-is-half-of-gdp-goldman-says.

29. Ryan Woo and Liangping Gao, "China's Land Sales Slump for Second Month as Property Chill Bites," *Reuters*, October 22, 2021, https://www.reuters.com/world/china/chinas-land-sales-slump-second-month-developers-stay-away-2021-10-22/.

6. 축소 국가, 미국!

1. Harvey Molotch, "The City as Growth Machine: Toward a Political Economy of Place," *American Journal of Sociology* 82, no. 2 (1976): 309–10.

2. US Bureau of the Census, *Annual Characteristics of New Housing* (2020), https://www. census.gov/construction/chars/. According to the Census Bureau, 63.5% of all US households in 2021 contained either one or two household members. https:// www.census.gov/data/tables/time-series/demo/families/households.html.

3. https://www.iseecars.com/most-popular-cars-study. See also Angie Schmitt, "Big Cars Are Killing Americans," *The Atlantic*, December 29, 2021, https://www.theatlantic. com/ideas/archive/2021/12/suvs-trucks-killing-pedestrians-cyclists/621102/.

4. William K. Reilly, ed., *The Use of Land: A Citizens' Policy Guide to Urban Growth*, A task force report sponsored by the Rockefeller Brothers Fund (New York: Thomas Y. Crowell Company, 1973), 13, 17.

5. Edward Walsh, "Carter Proposes $100 Million Solar Energy Bank," *Washington Post*, June 21, 1979, https://www.washingtonpost.com/archive/politics/1979/06/21/ carter-proposes-100-million-solar-energy-bank/7d7ced0d-56ee-4e30-95c8-4f16e4c038a7/.

6. Quoted in Mallach, "What We Talk About," 109–15.

7. The term was coined at a convention in Detroit by the American Assembly in April 2011. See *Reinventing America's Legacy Cities: Strategies for Cities Losing Population* (New York: American Assembly, 2011).

8. William H. Frey, "US Population Growth Has Nearly Flatlined, New Census Data Notes 307 Shows," Brookings Blog, December 23, 2021, https://www.brookings. edu/research/u-s-population-growth-has-nearly-flatlined-new-census-data-shows/.

9. Fox example, Claire Rafford, "US Population Growth in 2021 Slowest since Nation's\ Founding," *Politico*, December 21, 2021, https://www.politico.com/ news/2021/12/21/united-states-population-growth-2021-525832, accessed May 25, 2022.

10. Derek Thompson, "Why U.S. Population Growth Is Collapsing," *The Atlantic*, March 28, 2022, https://www.theatlantic.com/newsletters/archive/2022/03/american -population-growth-rate-slow/629392/.

11. Sandra Johnson, *A Changing Nation: Population Projections under Alternative Immigration Scenarios*, U.S. Bureau of the Census, Current Population Reports, February 2020.

12. Dan Balz, "A Blinking Light Ahead: Slowing Population Growth Raises Questions about America as a Land with Unlimited Horizons," *Washington Post*, May 9, 2021, https://www.washingtonpost.com/politics/america-growth-slowing/2021/05/09/3a4b81ba-b032-11eb-ab4c-986555a1c511_story.html.

13. Nicholas Eberstadt, "Can America Cope with Demographic Decline?," *National Review*, October 6. 2021.

14. Doug Lederman, "The Number of Colleges Continues to Shrink," *Inside Higher*

Education, August 2, 2021, https://www.insidehighered.com/news/2021/08/02/number-colleges-shrinks-again-including-publics-and-private-nonprofits.

15. Wim Naudé, "The Surprising Decline of Entrepreneurship and Innovation in the West," *The Conversation*, October 8, 2019, https://theconversation.com/the-surprising-decline-of-entrepreneurship-and-innovation-in-the-west-124552.

16. See Giovanni Dosi, Patrick Llerena, and Mauro Sylos Labini, "The Relationships between Science, Technologies and Their Industrial Exploitation: An Illustration through the Myths and Realities of the So-Called 'European Paradox,'" Research Policy 35, no. 10 (2006): 1450–64; and Thanos Fragkandreas, "Innovation Paradoxes: A Review and Typology of Explanations," *Prometheus* 35, no. 4 (2017): 267–90.

17. Twitter feed, quoted in Gabrielle Bruney, "Trump Called a Baltimore Congressional District a 'Disgusting, Rat and Rodent Infested Mess,'" *Esquire*, July 27, 2019, https://www.esquire.com/news-politics/a28527054/trump-elijah-cummings-baltimore/.

18. Mike Pearl, "Phoenix Will Be Almost Unlivable by 2050 Thanks to Climate Change," *Vice*, September 18, 2017, https://www.vice.com/en/article/vb7mqa/phoenix-will-be-almost-unlivable-by-2050-thanks-to-climate-change.

19. https://www.phoenix.gov/humanservicessite/Documents/Cooling%20Ordinance.pdf.

20. Quoted in Max Dulin, *Floods vs. Forever Homes: What Drove Decisions to Rebuild Rather than Relocate after Harvey?* Kinder Institute for Urban Research, Rice University, September 1, 2021, https://kinder.rice.edu/urbanedge/2021/08/31/floods-harvey-relocation-repair-friendswood.

21. Hans Johnson, "Who's Leaving California—and Who's Moving In?," Blog post, Public Policy Institute of California, March 28, 2022, https://www.ppic.org/blog/whos -leaving-california-and-whos-moving-in/.

22. Joshua Bote, "California Tech Workers Are Moving to Boise, Driving Up Costs," *Governing*, June 14, 2021, https://www.governing.com/community/calif-tech-workers-are-moving-to-boise-driving-up-costs.

23. Charles E. Ramirez and James David Dickson, "Gilbert Announces $500M to Revitalize Detroit Neighborhoods," *The Detroit News*, March 25, 2021, https://www.detroitnews.com/story/news/local/detroit-city/2021/03/25/gilbert-announces-500-m-revitalize-detroit-neighborhoods/6994554002/.

24. Age and Gender Table 1, https://www.cms.gov/Research-Statistics-Data-and-Systems/Statistics-Trends-and-Reports/NationalHealthExpendData/NHE-Fact-Sheet.

25. Chris Pennington, "We Are Hard-Wired to Resist Change," Emerson Human Capital Consulting, April 3, 2018, https://www.emersonhc.com/change-management/people-hard-wired-resist-change#:~:text=rest%20of%20us.-,We%20are%20

hardwired%20to%20resist%20change.,actually%20protecting%20you%20from%20 change.

26. Quoted in Claire Cain Miller, "Why Men Don't Want the Jobs Done Mostly by Women," *New York Times*, January 4, 2017, https://www.nytimes.com/2017/01/04/ upshot/why-men-dont-want-the-jobs-done-mostly-by-women.html.

27. See Steven H. Cady, R. Jacobs, R. Koller, and J. Spalding, "The Change Formula: Myth, Legend or Lore?," *OD Practitioner* 46, no. 3 (2014): 32–39.

28. Ronald Heifetz, Alexander Grashow, and Marty Linsky, *The Practice of Adaptive Leadership* (Cambridge, Mass.: Harvard Business Press, 2009), 14.

29. Ibid., 28.

30. Ibid., 169.

31. OECD, "Productivity, Human Capital and Educational Policies," https://www.oecd. org/economy/human-capital/, accessed June 9, 2022.

32. Tik Root, "This City Just Voted to Decarbonize Every Single Building," *The Washington Post*, November 3, 2021, https://www.washingtonpost.com/climate-solutions/2021/11/03/ithaca-new-york-decarbonize-electrify/.

33. Brian A. Jacob, "What We Know about Career and Technical Education in High School," Washington, D.C.: The Brookings Institution, October 5, 2017, https:// www.brookings.edu/research/what-we-know-about-career-and-technical-education-in-high-school/.

34. Lisa Hudson, *Data Point: Trends in CTE Coursetaking* (Washington, D.C.: US Department of Education, National Center for Education Statistics, November 2013).

7. 축소되는 세계가 마주하게 될 3대 도전 과제

1. H. G. Wells, *The Discovery of the Future* (New York: B.W. Huebsch, 1913), https://www. gutenberg.org/files/44867/44867-h/44867-h.htm.

2. See William Nordhaus, "Climate Change: The Ultimate Challenge for Economics," *American Economic Review* 109, no. 6 (2019): 1991–2014.

3. For a good overview of the Russian perspective, see Abraham Lustgarten, "How Russia Wins the Climate Crisis," *New York Times Magazine*, December 16, 2020; also Marshall Burke, Solomon M. Hsiang, and Edward Miguel, "Global Non-Linear Effect of Temperature on Economic Production," *Nature* 527.7577 (2015): 235–9.

4. Rick Gladstone, "Russia Blocks UN Resolution to Treat Climate Change as a Security Threat," *New York Times*, December 14, 2021, 4.

5. Damian Carrington, "Climate Tipping Points Could Topple Like Dominoes, Warn Scientists," *The Guardian*, June 3, 2021, https://www.theguardian.com/ environment/2021/jun/03/climate-tipping-points-could-topple-like-dominoes-warn-scientists.

6. Sarah Kaplan, "Crucial Antarctic Ice Shelf Could Fall within Five Years, Scientists Say," *Washington Post*, December 13, 2021, https://www.washingtonpost.com/climate-environment/2021/12/13/thwaites-glacier-melt-antarctica/, accessed December 14, 2021.

7. Damian Carrington, "Climate Crisis: Scientists Spot Warning Signs of Gulf Stream Collapse," *The Guardian*, August 5, 2021, https://www.theguardian.com/environment/2021/aug/05/climate-crisis-scientists-spot-warning-signs-of-gulf-stream-collapse; see also Nikas Boers, "Observation-Based Early-Warning Signals for a Collapse of the Atlantic Meridional Overturning Circulation," *Nature Climate Change* 11, no. 8 (2021): 680–88.

8. Quoted in Peter Guest, "The Impossible Fight to Save Jakarta, the Sinking Megacity," *Wired*, October 15, 2019, https://www.wired.co.uk/article/jakarta-sinking

9. Ibid.

10. See Jonathan Woetzel, Dickon Pinner, Hamid Samandari, Hauke Engel, Mekala Krishnan, Brodie Boland, and Peter Cooper, *Can Coastal Cities Turn the Tide on Rising Flood Risk?* (Washington, D.C.: McKinsey Global Institute, April 2020).

11. John Vidal, "We Expect Catastrophe—Manila, the Megacity on the Climate Frontline," *The Guardian*, March 31, 2014, https://www.theguardian.com/environment/2014/mar/31/ipcc-climate-change-cities-manila.

12. Warren Cornwall, "Europe's Deadly Floods Leave Scientists Stunned," *Science*, July 20, 2021, https://www.science.org/content/article/europe-s-deadly-floods-leave-scientists-stunned.

13. James Palmer, "China's Drowned City Is a Bleak Sign of a Changing Climate," *Foreign Policy*, July 21, 2021, https://foreignpolicy.com/2021/07/21/china-flooding-climate-change-damage-supply-chains/.

14. Keith Schneider, "Water Could Make the Great Lakes a Climate Refuge: Are We Prepared?" *Great Lakes Now*, February 16, 2021, https://www.greatlakesnow.org/2021/02/water-great-lakes-climate-refuge-prepared/; and Craig Farrand, "Michigan Is Perfectly Prepared to Become an Oasis for Climate Migrants," *Sterling Heights News-Herald*, April 14, 2021, https://www.thenewsherald.com/2021/04/14/michigan-is-perfectly-positioned-to-be-an-oasis-to-climate-migrants/.

15. Eric Klinenberg, *Palaces for the People: How Social Infrastructure Can Help Fight Inequality, Polarization and the Decline of Civic Life* (New York: Crown Publishers, 2018), 1.

16. UK Health Security Agency, "Heat-Health Advice Issued for All Regions of England," July 15, 2022, https://www.gov.uk/government/news/heat-health-advice-issued-for-all-regions-of-england.

17. International Energy Agency release, "Air Conditioning Use Emerges as One of the Key Drivers of Global Electricity-Demand Growth," May 15, 2018, https://www.

iea.org/news/air-conditioning-use-emerges-as-one-of-the-key-drivers-of-global-electricity-demand-growth.

18. Ivana Kottasová and Rob Picheta, "Europe Prepares for Scorching Heat Wave with Public Cooling Rooms, Mist Showers and Health Warnings," CNN, June 26, 2019, https://www.cnn.com/2019/06/25/world/europe-weather-heat-wave-preparation-grm-intl/index.html.

19. Burke, Hsiang, and Miguel, "Global Non-Linear Effect."

20. Ibid.

21. Ibid.

22. United Nations Convention to Combat Desertification, Article 1, adopted 1994. For a good overview of desertification and climate change, see Robert McSweeney, "Explainer: 'Desertification' and Climate Change," *Carbon Brief*, August 6, 2019, https://www.carbonbrief.org/explainer-desertification-and-the-role-of-climate-change.

23. S. Feng, and Q. Fu, "Expansion of Global Drylands under a Warming Climate," *Atmospheric Chemistry and Physics* 13, no. 19 (2013): 10081–94.

24. James Manyika, *Technology, Jobs and the Future of Work* (Cambridge, Mass.: McKinsey Global Institute, 2017).

25. Zia Qureshi, "Technology, Change and a New Growth Agenda," in *Growth in a Time of Change*, ed. Zia Qureshi and Hyeon-Wook Kim (Washington, D.C.: Brookings Institution Press, 2019), 3–4.

26. Kelsey Piper, "It's 2020: Where Are Our Self-Driving Cars?" *Vox*, February 28, 2020, https://www.vox.com/future-perfect/2020/2/14/21063487/self-driving-cars-autonomous-vehicles-waymo-cruise-uber.

27. Todd Litman, *Autonomous Vehicle Implementation Predictions: Implications for Transport Planning* (Victoria, B.C.: Victoria Transportation Policy Institute, 2021).

28. Quoted in Piper, "It's 2020."

29. US Department of Transportation, *Transportation Economic Trends* (Washington, D.C.: USDOT, 2018).

30. Kevin Carey, "Do Not Be Alarmed by Wild Predictions of Robots Taking Everyone's Jobs," *Slate*, March 31, 2021, https://slate.com/technology/2021/03/job-los-automation-robots-predictions.html.

31. Miyako Takagi, "Japanese Society: Where Humans and Robots Coexist," *International Journal of Social Science and Humanity* 10, no. 1 (2020): 13–16, 16.

32. Suetonius, *Lives of the Caesars* (Trans. Catherine Edwards), (Oxford, UK: Oxford University Press, 2000), 270.

33. Jeremy Rifkin, *The End of Work* (New York, NY: G.P. Putnam's Sons, 1995), xvi–xvii.

34. Summary report for 47-2061.00 Construction Laborers, O-NET On Line, US

Department of Labor, https://www.onetonline.org/link/summary/47-2061.00.

35. Francis Fukuyama, "The End of History and the Last Man," *The National Interest* 16 (Summer 1989), 3–18.

36. William A. Galston, "The Populist Challenge to Liberal Democracy," *Journal of Democracy* 29, no. 2 (April 2018), 5–19, 5.

37. Fukuyama, "The End of History."

38. Gunter Schubert, "Democracy under One-Party Rule? A Fresh Look at Direct Village and Township Elections in the PRC," *China Perspectives* 46 (March–April 2003). See also Yu Liu and Dingding Chen, "Why China Will Democratize," *The Washington Quarterly* 35, no. 1 (Winter 2012): 41–63.

39. Anne Applebaum, "The Autocrats Are Winning," *The Atlantic*, December 2021, 42.

40. Fukuyama, "The End of History."

41. Maryla Klajn, "Polskosc: The Legacy of Polish Past in Its Present Identity Struggles," *Border Criminologies Blog*; Faculty of Law, University of Oxford (2018), https://www.law.ox.ac.uk/research-subject-groups/centre-criminology/centreborder-criminologies/blog/2018/02/polskosc-legacy.

42. "Poland Is Consecrated to the Sacred Heart of Jesus," *Catholic News Agency*, June 11, 2021. https://www.catholicnewsagency.com/news/247973/poland-is-consecrated-to-the-sacred-heart-of-jesus.

43. Anton Troianovski, Ivan Nechepurenko, and Valerie Hopkins, "A Prickly Russia Cultivates a Military Mind-Set," *New York Times*, December 22, 2021, 6.

44. David Brooks, "How the Bobos Broke America," *The Atlantic*, September 2021, https://www.theatlantic.com/magazine/archive/2021/09/blame-the-bobos-creative-class/619492/.

45. Michael J. Sandel, *The Tyranny of Merit: What's Become of the Common Good?* (New York: Farrar, Straus and Giroux, 2020), 18.

46. *Education at a Glance 2016: OECD Indicators* (Paris: Office for Economic Cooperation and Development, 2016), 42.

47. Applebaum, "The Autocrats Are Winning," 46.

48. Ahmad Madjidyar, "IRGC's Role in Iran's Economy Growing with Its Engineering Arm Set to Execute 40 Mega-Projects," Washington, D.C.: Middle East Institute, May 7, 2018.

49. Jason Gewirtz, "Revolutionary Guard Has Tight Grip on Iran's Economy," CNBC, December 8, 2010, https://www.cnbc.com/2010/12/08/revolutionary-guard-has-tight-grip-on-irans-economy.html.

50. For a clear-headed (and frightening) assessment of the prospects for 2024, see Barton Gellman, "January 6 Was Practice," *The Atlantic*, January–February 2022.

51. Mark Galeotti, "How Migrants Got Weaponized," *Foreign Affairs*, December 2, 2021,

https://www.foreignaffairs.com/articles/2021-12-02/how-migrants-got-weaponized, accessed December 23, 2021, among many others.

8. 인구든 경제든, 성장은 끝났다!

1. Quoted in Beauregard, *Voices of Decline*, 28.

2. See Alan Mallach, "What We Talk About When We Talk about Shrinking Cities," *Cities* 69 (2017), 109–15, 111.

3. Kurt Schindler, *People Count: Population Growth Causes Economic Growth, Part 3* (East Lansing: Michigan State University Extension Service, January 19, 2017), https://www.canr.msu.edu/news/people_count_population_growth_causes_basic_economic_growth

4. J. B. Wogan, "Population Growth Means a City Is Thriving, or Does It?," *Governing*, August 29, 2017.

5. Brian Walsh, "America's Slowing Population Growth Puts Limits on Its Future," *Axios*, May 15, 2021, https://www.axios.com/america-slowing-population-growth-immigration-51b81d03-bad4-420c-a691-f48ce66beaf6.html.

6. Derek Thompson, "Is Slow Population Growth Good or Bad for the Economy?," *The Atlantic*, December 23, 2010, https://www.theatlantic.com/business/archive/2010/12/is-slow-population-growth-good-or-bad-for-the-economy/68487/.

7. Jeff Gammage, "Philly Slips from Fifth to Sixth, as Phoenix Rises," *Philadelphia Inquirer*, May 25, 2017, https://www.inquirer.com/philly/news/pennsylvania/philadelphia/Philly-slips-from-fifth-to-sixth-as-Phoenix-rises.html.

8. Quoted in Christine McDonald, "Detroit Population Rank Is Lowest since 1850," *Detroit News*, May 20, 2016, https://www.detroitnews.com/story/news/local/detroit-city/2016/05/19/detroit-population-rank-lowest-since/84574198/.

9. City of Youngstown, "Youngstown 2010 Citywide Plan," 7.

10. Ibid., 18.

11. Ibid., 7.

12. City of Flint, "Imagine Flint: Master Plan for a Sustainable Flint, Land Use Plan," 47.

13. City of Johnstown, PA, "Comprehensive Plan 2021–2030," 4.

14. Ibid., 97.

15. Ibid., 77.

16. Kris Hartley, "No Shame in Shrinkage," Asia & the Pacific Policy Society, *Policy Forum*, April 12, 2019, https://www.policyforum.net/no-shame-in-shrinkage/.

17. Catherine Tumber, *Small, Gritty and Green: The Promise of America's Smaller Industrial Cities in a Low-Carbon World* (Cambridge, Mass.: MIT Press, 2012), xxxiv.

18. Paul A. Samuelson and William D. Nordhaus, *Economics* (Boston, Mass.: McGraw- Hill, 1998),

19. For a more detailed critique of the Kuznets curve, see Kate Raworth, *Doughnut Economics: 7 Ways to Think Like a 21st Century Economist* (White River Junction, Vt.: Chelsea

Green Publishing, 2017), 141–45.

20. United Nations, *UN75 Issue Briefs: Inequality—Bridging the Divide* (New York: United Nations, ND), https://www.un.org/en/un75/inequality-bridging-divide.

21. From an interview with *Woman's Own* magazine, October 31, 1987.

22. Jodi Dean, "Neofeudalism: The End of Capitalism?," *Los Angeles Review of Books*, May 12, 2020, https://lareviewofbooks.org/article/neofeudalism-the-end-of-capitalism/.

23. Many writers have made a similar point; for a detailed analysis, see Timan Sanatrius, *Green Growth Unravelled: How Rebound Effects Baffle Sustainability Targets When the Economy Keeps Growing* (Berlin: Heinrich Boell Foundation, 2012).

24. Jeremy Lent, "Overcoming the Climate Crisis Will Require a Shift away from Our Growth-Based, Corporate-Dominated Global System," *Salon*, October 9, 2021, https://www.salon.com/2021/10/09/solving-the-climate-requires-the-end-of-capitalism/.

25. Karl Marx and Friedrich Engels, *The Communist Manifesto*; orig. pub. 1848, Marx/Engels Internet Archive, 2000, https://www.marxists.org/archive/marx/works/download/pdf/Manifesto.pdf.

26. https://degrowth.info/en/degrowth.

27. https://steadystate.org/discover/definition-of-steady-state-economy/.

28. https://steadystate.org/discover/policies/.

29. Ibid.

30. Samuel Alexander, "Life in a 'Degrowth' Economy, and Why You Actually Might Enjoy It," *The Conversation*, October 1, 2014, https://theconversation.com/life-in-a-degrowth-economy-and-why-you-might-actually-enjoy-it-32224.

31. "China's Xi Says Country's Low Carbon Push Must Guarantee Energy, Food Security," *Reuters*, January 25, 2022, https://www.reuters.com/world/china/chinas-xi-says-countrys-low-carbon-push-must-guarantee-energy-food-security-2022-01-26/.

32. Gerard Delanty, "The Future of Capitalism: Trends, Scenarios and Prospects for the Future," *Journal of Classical Sociology* 19, no. 1 (2019): 10–26, 21.

33. Jeremy Nowak and Bruce Katz, *The New Localism: How Cities Can Thrive in the Age of Populism* (Washington, D.C.: Brookings Institution Press, 2017), 101.

9. 지속 가능한 도시를 위하여

1. Spectrum News Staff, "Why Kingston's Real Estate Market Is the Hottest in the Country," *Spectrum News 1*, July 22, 2021, https://spectrumlocalnews.com/nys/hudson-valley/news/2021/07/22/why-kingston-s-real-estate-market-is-the-hottest-in-the-country.

2. City of Kiryu municipal website, https://www.city.kiryu.lg.jp.e.wt.hp.transer.com/

kosodate/gakko/shochu/1001447.html.

3. For good overviews of the research, see Lorna Jimerson, *The Hobbit Effect: Why Small Works in Public Schools* (Arlington, Va.: Rural Schools and Community Trust, 2006) and Bruce O. Barker, *The Advantages of Small Schools*, ERIC Digests, 1986, https://www.ericdigests.org/pre-923/small.htm.

4. Jimerson, *The Hobbit Effect*, 5.

5. Tinka Rogic, "Using Mixed Use Education to Build Communities," *Planetizen*, August 20, 2013, https://www.planetizen.com/node/64762, based on Ken Robinson (with Lou Aronica), *The Element: How Finding Your Passion Changes Everything* (London: Penguin Books, 2009).

6. Urban Institute, *Understanding College Affordability: Room and Board* (Washington, D.C.: Urban Institute, n.d.). Data are for 2015–2016. http://collegeaffordability.urban.org/prices-and-expenses/room-and-board/.

7. See https://www.dartmouth-hitchcock.org/connected-care.

8. Hidaya Aliouche, "What Is Remote Surgery/Telesurgery?," *News Medical*, last updated November 11, 2021, https://www.news-medical.net/health/What-is-Remote-SurgeryTelesurgery.aspx.

9. Stephen M. Golant, "Connectivity as an Indicator of Older People's Housing Quality," in *The Routledge Handbook of Housing Policy and Planning*, ed. Katrin Anacker, Mai Thi Nguyen, and David P. Varady (New York: Routledge, 2020), 231–42.

10. Ewa Wołkanowska-Kołodziej, "Prisoners of the Fourth Floor," originally published in Polish in *Pismo, Magazyn opinii* (2019), reprinted in English translation by European Press Prize, https://www.europeanpressprize.com/article/prisoners-fourth-floor/.

11. US Department of Housing & Urban Development, "Community-Centered Solutions for Aging at Home," *Evidence Matters*, Fall 2013, https://www.huduser.gov/portal/periodicals/em/fall13/highlight3.html.

12. Aishwarya S. Mundada, Kunal K. Shah, and Joshua M. Pearce, "Levelized Cost of Electricity for Solar Photovoltaic, Battery and Cogen Hybrid Systems," *Renewable and Sustainable Energy Reviews* 57 (2016): 692–703.

13. Rocky Mountain Institute, *The Economics of Grid Defection* (Basalt, Colo.: Rocky Mountain Institute with Homer Energy and CohnReznick Think Energy, 2014).

14. Sasha Weilbaker, "For Burlington, Vermont, Going 100% Renewable Was Just the Start," *Next City*, July 22, 2022.

15. Ekspertai.eu, "In Siauliai, a New 40 MG Cogeneration Plant Is Powered by Biofuels," July 19, 2012, https://www.ekspertai.eu/siauliuose-nauja-40-mw-galios-termofikacine-elektrine-kurenama-biokuru/.

16. Aaron Sheldrick and Osamu Tsukimori, "Quiet Energy Revolution Underway in Japan as Dozens of Towns Go off the Grid," *Reuters*, September 19, 2017, https://

www.reuters.com/article/us-japan-energy-revolution/quiet-energy-revolution-underway-in-japan-as-dozens-of-towns-go-off-the-grid-idUSKCN1BU0UT. Notes 305

17. Catherine Tumber, *Small, Gritty and Green: The Promise of America's Smaller Industrial Cities in a Low-Carbon World* (Cambridge, Mass.: MIT Press, 2012), 111.

18. Danville Utilities, *Strategic Plan 2020–2025* (Danville, Va.: Danville Utilities, n.d.), 5, https://danvilleutilities.com/attachments//Final_DANVILLE%20STRATEGIC %20 PLAN_270819.pdf.

19. Cincinnati Federal Writers Project, *They Built a City: 150 Years of Industrial Cincinnati* (Cincinnati, Ohio: The Cincinnati Post, 1938), 4.

20. https://en.wikipedia.org/wiki/Foxconn.

21. https://www.volkswagen-newsroom.com/en/volkswagen-ag-wolfsburg-plant-6811.

22. Graphic from Smart Growth America Staff and Ilana Preuss, Recast City, *Made in Place: Small Scale Manufacturing and Neighborhood Revitalization* (Washington, D.C.: Smart Growth America, 2017), 9.

23. https://www.xometry.com/.

24. https://www.globaltranz.com/distributed-manufacturing/.

25. https://primer.commonstransition.org/1-short-articles/1-4-what-is-distributed-manufacturing.

26. https://primer.commonstransition.org/4-more/5-elements/case-studies/case-study-wikihouse.

27. Jonathan I. Dingel and Brent Neiman, "How Many Jobs Can Be Done at Home?," *Journal of Public Economics* 189 (2020): 104235.

28. Computing Technology Industry Association (CompTIA), *State of the Tech Workforce/ Cyberstates 2022* (Downers Grove, Ill.: CompTIA, 2022).

29. Patrick Coate, *Remote Work before, during and after the Pandemic* (Boca Raton, Fla.: National Council on Compensation Insurance, 2020), https://www.ncci.com/SecureDocuments/ QEB/QEB_Q4_2020_RemoteWork.html.

30. Eurostat, "Working from Home across EU Regions in 2020," News Release, September 23, 2021, https://ec.europa.eu/eurostat/web/products-eurostat-news/-/ ddn-20210923-1.

31. Bryan Robinson, "Remote Work Is Here to Stay and Will Increase into 2023, Experts Say," *Forbes*, February 1, 2022, https://www.forbes.com/sites/ bryanrobinson/2022/02/01/remote-work-is-here-to-stay-and-will-increase-into-2023-experts-say/?sh=17390fb720a6.

32. Kathryn Vasel, "These Companies Decided to Go Fully Remote—Permanently," *CNN* Business, January 27, 2022, https://www.cnn.com/2022/01/27/success/full-time-remote-decision-pandemic/index.html.

33. Daniel Newman, Kennedy O'Dell, and Kenan Fikri, *How Tulsa Remote Is*

Harnessing the Remote Work Revolution to Spur Local Economic Growth (Washington, D.C.: Economic Innovation Group, 2021).

34. Elissaveta M. Brandon, "Inside Tulsa's Forward-Thinking Talent Attraction Game," *City Monitor,* January 11, 2021, https://citymonitor.ai/economy/jobs/inside-tulsas-forward-thinking-talent-attraction-game, accessed May 6, 2022.

35. Richard Rogers, *Cities for a Small Planet* (London: Faber and Faber, 1997).

36. https://www.designwith.co/About.

37. Lara Horsley, "What the Hell Is 'Placemaking,' Anyway?," post on LinkedIn, June 3, 2018, https://www.linkedin.com/pulse/what-hell-placemaking-anyway-lara-horsley-%E6%8B%89%E6%8B%89/.

38. Associated Press, "Lithuania Lawmakers Vote to Remove Disputed Artificial Beach," June 29, 2020, https://spectrumlocalnews.com/ap-top-news/2020/06/29/lithuania-lawmakers-vote-to-remove-disputed-artificial-beach.

39. Tom Borrup, *Five Ways Arts Projects Can Improve Struggling Communities* (New York: Project for Public Spaces, January 1, 2009), https://www.pps.org/article/artsprojects.

40. https://www.muralarts.org/about/.

10. 2050년, 축소되는 세계에서 번성하며 살아가기

1. For readers interested in an entertainingly written presentation of the apocalyptic view, I can recommend, at least for readability, Peter Zeihan, *The End of the World Is Just Beginning: Mapping the Collapse of Globalization* (New York: Harper Business, 2022).

2. John Talberth et al., *Building a Resilient and Equitable Bay Area: Toward a Coordinated Strategy for Economic Localization* (Oakland, Calif.: Redefining Progress, 2006).

3. John Schwartz, "A Million Years of Data Confirm: Monsoons Are Likely to Get Worse," *New York Times,* June 4, 2021, https://www.nytimes.com/2021/06/04/climate/monsoons-climate-change.html.

4. Leo Holtz and Christina Golubski, "Figure of the Week: Climate Change and African Agriculture" (Washington, DC: The Brookings Institution, May 20, 2021), https://www.brookings.edu/blog/africa-in-focus/2021/05/20/figure-of-the-week-climate-change-and-african-agriculture/.

5. Ranj Alaaldin, *Climate Change May Devastate the Middle East. Here's How Governments Should Tackle It* (Washington, D.C.: The Brookings Institution, March 14, 2022), https://www.brookings.edu/blog/planetpolicy/2022/03/14/climate-change-may-devastate-the-middle-east-heres-how-governments-should-tackle-it/.

6. Although the analysis of the data is my own, I owe the underlying insight to an observation in Zeihan, *The End of the World.*

7. https://data.worldbank.org/indicator/NE.EXP.GNFS.ZS, accessed June 21, 2022.

8. Scott E. Page, "Path Dependence," *Quarterly Journal of Political Science* 1, no. 1 (2006):

87–115.

9. Alan Mallach and Lavea Brachman, *Regenerating America's Legacy Cities* (Cambridge, Mass.: Lincoln Institute of Land Policy, 2013), 48.

10. Ibid., 48.

11. See Ronny Freier and Sebastian Thomasius, "Voters Prefer More Qualified Mayors, but Does It Matter for Public Finances? Evidence for Germany," *International Tax and Public Finance* 23, no. 5 (2016): 875–910.

12. Data assembled by author from https://www.halle.de.

13. Johannes Rau Research Network, *2021 Annual Report (Jahresbericht)* (Düsseldorf: Johannes-Rau-Forschungsgemeinschaft, 2022), 17, https://jrf.nrw/wp-content/uploads/2022/04/jrf-jahresbericht-2021.pdf.

14. Lithuanian Center for Social Sciences, https://lcss.lt/en/apie-lsmc/.

15. Institute of Economics and Rural Development of the Lithuanian Center for Social Sciences, https://www.laei.lt/?mt=moksliniai-projektai.

옮긴이 김현정

한양대학교 경영학과를 졸업한 후 삼성경제연구소(SERI)에서 경제·경영 전문 번역가로 일했다. 옮긴 책으로는『회복하는 힘』,『성격, 탁월한 지능의 발견』,『하버드 피드백의 기술』,『경제 저격수의 고백』,『뇌를 위한 다섯 가지 선물』,『매크로위키노믹스』,『홍보 불변의 법칙』,『능력주의는 허구다』,『이 모든 것은 자산에서 시작되었다』등이 있다.

축소되는 세계

1판 1쇄 펴냄 2024년 1월 20일
1판 6쇄 펴냄 2024년 11월 30일

지은이 앨런 말라흐
옮긴이 김현정
펴낸이 권선희
펴낸곳 사이
출판등록 제313-2004-00205호
주소 03938 서울시 마포구 월드컵로 36길 14 516호
전화 02-3143-3770
팩스 02-3143-3774
이메일 saibook@naver.com

ⓒ 사이, 2024, Printed in Seoul, Korea

ISBN 978-89-93178-52-4 03300

• 잘못된 책은 구입하신 서점에서 교환해 드립니다.